新曲綫 | 用心雕刻每一本......
New Curves

http://site.douban.com/110283/
http://weibo.com/nccpub

用心字里行间　雕刻名著经典

社会心理学精品译丛

编委会

主　编： 彭凯平

副主编： 钟　年　刘　力

态度改变与社会影响

[美] 菲利普·津巴多
迈克尔·利佩 著

邓 羽 肖 莉 唐小艳 译
刘 力 审校

人民邮电出版社
北 京

图书在版编目(CIP)数据

态度改变与社会影响：中译本：修正版 /（美）菲利普·津巴多,
（美）迈克尔·利佩著；邓羽，肖莉，唐小艳译.
—北京：人民邮电出版社，2018.3（2024.8重印）
（社会心理学精品译丛）
ISBN 978-7-115-47916-7

Ⅰ.①态…　Ⅱ.①菲…　②迈…　③邓…　④肖…　⑤唐　…Ⅲ.
①社会心理学—研究 Ⅳ.①C912.6-0

中国版本图书馆CIP数据核字（2018）第038450号

态度改变与社会影响

◆　著　　　　[美] 菲利普·津巴多　迈克尔·利佩
　　译　　　　邓　羽　肖　莉　唐小艳
　　策　划　　刘　力　陆　瑜
　　责任编辑　王伟平
　　装帧设计　陶建胜
◆　人民邮电出版社出版发行　北京市丰台区成寿寺路11号
　　邮编　100164　电子邮件　315@ptpress.com.cn
　　网址　http://www.ptpress.com.cn
　　电话　（编辑部）010-84931398　　　（市场部）010-84937152
　　廊坊市都印印刷有限公司印刷
　　新华书店经销
◆　开本：710×1000　1/16
　　印张：27
　　字数：410千字　2018年7月第1版　2024年8月第11次印刷
　　著作权合同登记号　图字：01-2004-3330

定价：138.00元

本书如有印装质量问题，请与本社联系　电话：（010）84937152

内 容 提 要

　　《态度改变与社会影响》（中译本修订版）是社会心理学精品译丛中非常重要的一部经典著作，这本书的出版经过了 30 多年的酝酿过程。最初的灵感来自津巴多教授为研究生开设的"态度改变原理"讨论课，后来在津巴多教授的研究生李·罗斯、朱迪·罗丁和埃比·埃布森（现在都已成为著名的社会心理学家）的协助下，先后出了两个版次的《态度影响与行为改变》。之后与司法心理学家利佩教授合作，增加了社会影响在司法、健康与幸福服务中的应用等内容，本书出版后深受社会心理学专业人士的认可，成为研究社会影响过程必备的参考书目，同时也深受普通读者的喜爱。

　　《态度改变与社会影响》系统地总结了心理学在态度形成和改变方面的研究理论和实践，从而帮助读者理解你是如何影响他人的，反过来又是如何被他人和其他系统性力量所影响的。本书包括社会影响的所有内容：说服、顺从、从众、认知失调和自我归因、条件作用、社会学习、态度与行为的关系、态度的卷入、偏见、非言语沟通，甚至阈下影响。

　　此次我们对《态度改变与社会影响》的中译本进行了修订，重新设计了封面和版式，调整了字号和行距，让整本书变得更为舒朗和美观，进一步提升读者的阅读体验。同时我们修改了中译本中一些翻译痕迹过重的句子，以适合中文行文风格。此外，我们还更正了中译本中出现的一些错漏之处，使之更加忠实于原文。

　　本书既可作为社会心理学专业高年级及研究人员的教材和参考用书，同时，因其深入浅出、生动有趣的写作风格，更因其广泛的主题、鲜明的实践特点，所以也适用于从事思想政治工作、教育、新闻、外交、管理、市场营销、文化、宣传等工作的人，还包括所有关注自己和社会的人。正如第一作者津巴多教授所言，当你真正读懂这本书，并在日常生活中加以运用时，那么你在改变他人或社会时可能变得更加有影响力；另外当你遇到一些负面的从众、屈服和服从压力（比如传销或邪教宣传）时，应用书中的知识能帮助你更好地抵制这些压力。

目　录

译 丛 新 序

❖

1979 年，我在北京大学校园开始了我的心理学求学生涯，当时我们心理学系的老师委婉地告诉我们，你们学心理学可能早了 20 年。老实说，年轻的我们当时并没有完全领会这句话的多重含义。

2004 年，我在美国伯克利加州大学的校园，开始了和新曲线出版咨询有限公司的合作，推荐出版《社会心理学精品译丛》。坦率地说，我并没有预料到这样一套关于人性、人情、人欲、人世的学术丛书，会有这么大的社会影响，成为中国出版界发行的最畅销的心理学丛书之一。

2013 年的今天，我已经到了清华校园。受清华大学之邀、加州大学之托，五年前我开始帮助清华大学恢复它历史上曾经辉煌的心理学系，并出任复建后的首任系主任。五年的国际穿梭，以及和国内心理学界同仁的同甘共苦，已经让我看到了中国社会心理学的兴起，等来了中国心理学的春天！

所以，当新曲线公司的同事们决定出版该丛书的十周年纪念版，不仅新增《社会认知：洞悉人心的科学》《不确定世界的理性选择》《社会冲突》《社会心理学之旅》《社会心理学纲要》等新品种，而且对《态度改变与社会影响》《决策与判断》等原有品种的译文进行精益求精的再加工，将丛书以更加精致、高雅、系统的方式介绍给我们的读者，并邀请我为新书重新写序时，我已经一点也不感到意外，并相信它一定会成为人们喜爱的优秀的心理学书籍。

那么，为什么短短几年社会心理学会在中国变得如此大受欢迎呢？甚至我们还可以问，为什么清华大学要在 2008 年恢复它的心理学系呢？我觉得，中国的现代化是背后最主要的原因。正是在 2008 年，中国的人均 GDP 达到 3 400 美元。根据经济学家在上世纪 40 年代提出的人均 3 000 美元的现代化标准，这正式表明中国已经迈入现代化国家的门槛。美国人是在 1962 年首先进入现代化国家的行列的，英国人是 1968 年，法国人是 1972 年。

现代化国家的一个重要标志就是"人"变得比"物"更为重要。现代化之前，我们追求小康，以物质的丰富作为社会发展的目标，现代化以后，我们追求和谐、文化、美丽和幸福，以人民的尊严和完美生活为奋斗目标。这种变化，也不断反映在中国政府的执政理念变化上。从"全面建设小康社会"到"构建和谐社会"，从"建设文化强国"再到"建设美丽中国"，这些理念其实反映的正是中国社会的发展进步，特别是人民基本需求的变化和提升。心理学家马斯洛早就提出人类的需要层次理论，就是说人类从一开始衣食住行的生理需要，逐渐上升到安全、归属、爱和尊重的社会需要。再往上，就得有文化和知识的需要，以及对美的追求。人类最高级的需要就是马斯洛的自我实现，而其中一个很重要的心理指标就是幸福的巅峰体验。

2007 年的中共十七大报告明确提出："科学发展观，第一要义是发展，核心是以人为本。"那人又是什么？其实，人最重要的标志是他有心理活动。"人者，心之器也。"正是因为人类的心理活动，人生活得才有意义，才有价值。没有心理活动，人就是行尸走肉。

自然科学的研究对象，没有人类的心理，可以照样存在。没有人类，星空依然灿烂，太阳照常升落，但一旦人类的活动参与进来，星空就不仅是自然科学研究的对象，它还成为心理学的研究对象。在中国东海，北纬25°40′~26°和东经123°~124°34′之间有一片岛屿，这本来是一个地理科学的概念，是属于自然科学的知识，但当我们意识到，这片岛屿就是钓鱼岛列岛时，这一知识点就变成社会心理学的研究范畴。它就有了感情、意识、行动。没有人类的思想和意识，自然世界本身是不会有特别意义的。

科学发展，以人为本。它呼唤的其实就是社会心理学。因为社会就是人的集合；人的本质就是心理的载体。正是人类的心理活动，如需求、欲望、价值、信念、判断、决策、竞争、合作、冲突、博弈，等等，使得我们的生活更加丰富多彩，也更加复杂多变，需要更多的智慧、理性、善良、宽容和理解。

中国社会的发展变化为中国的社会心理学提出了无数引人入胜的新课题。社会如何管理？创新如何推进？什么是中国人共同的民族意识？中华文化薪火相传，传的到底是什么？甚至还包括一些看起来肤浅、实际上很难回答的问题，比如，你幸福吗？

2000 年，美国科学院组织了一批著名的学者讨论人类的未来科学究竟有哪些重要领域，他们的结论是 NBICS（纳米—生物—信息—认知—社会）。

"在下个世纪,或者在大约五代人的时期之内，一些突破会出现在纳米技术（消弭了自然的和人造的分子系统之间的界限）、信息科学（导向更加自主的、智能的机器）、生物科学和生命科学（通过基因学和蛋白质学来延长人类生命）、认知和神经科学（创造出人工神经网络并破译人类认知）和社会科学（理解文化信息，驾驭集体智商）领域，这些突破可以加快技术进步的步伐，并可能再一次改变我们的物种，其深远的意义完全可以媲美数十万代人以前人类第一次学会使用口头语言进行交流。"

　　其中提出的社会科学问题——理解文化信息，驾驭集体智商——正是我推荐社会心理学精品译丛的初衷。丰富中国人民的社会文化生活，提高我们中国人的集体智商，正是这个时代赋予我们这些心理学工作者的责任，让我们大家一起为人民的心理幸福而奋斗。

彭凯平

清华大学心理学系伟清楼501

2012年12月12日

译丛序

————————— ❖ —————————

　　社会心理学是在第二次世界大战后兴起的一门社会科学学科，它研究的是人的心理和社会现象之间的关系，试图探讨人的思想、情感和行为是如何受到其他人影响的，这些影响包括实际的、想象中的和推测出来的人际作用。社会心理学家通常思考的问题有：我们如何认识他人（社会认知），我们如何与他人打交道（社会互动）以及文化、社会、团体如何作用于我们（社会影响）等方面的内容。

　　众所周知，社会心理学研究向来有心理学的、社会学的和符号学的三种取向，其中心理学取向的社会心理学更强调实证的研究和对社会中个体心理的关注。本译丛以津巴多（Philip G. Zimbardo）主编的"麦格劳－希尔社会心理学系列丛书"为基础，从中遴选出精品（如《决策与判断》、《自我》、《亲密关系》、《态度改变与社会影响》），并在更大的范围内，补充一些近年来有着广泛影响的社会心理学新著。

　　十几年前，香港著名社会心理学家彭迈克（Michael Bond）就曾经说过："心理学不幸是由西方人创建的，结果，西方的心理学研究了太多的变态心理和个性行为。如果心理学是由中国人创建的，那么它一定是一门强调社会心理学的基础学科。"确实，这门学科是我们中国人有可能做得比其他国家的学者更好的心理学领域，因为我们的文化几千年来就很强调人与人、人与环境、人与社会的关系，而这些关系正好是社会心理学关注的焦点所在。可惜时至今日，中国的社会心理学并没有得到它所应有的关注。我们推出这套丛书的目的，一方面是为了让国内有志于学习、研究和应用社会心理学的各界人士较为系统地了解当代社会心理学的来龙去脉、重大发现以及最新前沿；另一方面，更重要的是，我们希望通过这套丛书，为推动中国社会心理学的发展以及提高中国社会心理学的国际影响贡献绵薄之力。

彭凯平

美国加州大学伯克利分校心理学教授

2004年9月

主编序

❖

　　我们生活在充满社会影响的世界里。我们不妨现在就做一个简单的心理学实验：你只要数一数每天企图控制和影响你思想和行为的事件和人物，就会意识到你的存在本身就是社会影响的产物。社会影响包括：对你提出要求的人、迫使你行动的因素、影响你购买的广告、让你破费的事件、提示你行程的标识、告诉你如何思考与应答的宣传；社会影响还包括：重复的口号、记住的歌曲、接受的态度以及各种意识形态。所有这一切都是社会影响心理学的范畴。这还不包括报纸、广播、电视、政府机构、网络，以及你的家人、邻居、同事、朋友和你的上下级。这些都是我们生活中不可或缺的社会影响源。这种种社会影响会让你相信某些事情或者去做某些事情。如果你计算的社会影响少于 20 种，你要么居住在另一个世界，要么根本缺乏对外界事物的自主判断。

　　在某种程度上，社会意是由那些互相影响、说服、请求、强迫、勒索和控制的人群所组成的。我们把它称为社会，是因为它使用的大多是社会影响的技巧，而非武力的逼迫。这种影响相对而言是和平的，也是有效的。想象一下，如果我们的社会影响不是通过说服而是以武力逼迫的方式来进行的，我们的社会将变成什么样子？当你超速时，警察不是使用罚单而是使用枪支让你遵守社会秩序，或者你的老板不是使用奖励而是使用体罚来让你勤奋工作，或者政府不是通过宣传而是使用屠杀来改变人们的态度，这样的社会，是不可能维系的。因此，社会的兴衰在某种程度上依赖于社会影响的成功与否。

　　从另一个角度看，那些知道如何说服别人的人也最能从社会中受益。那些能够有效说服自己伴侣的人，婚姻生活往往更幸福。管理者通常要花 80％的工作时间与上下级沟通，成功的沟通者往往也是优秀的管理者。能够流利、自信、鲜明地表达自己的看法和思想的政治家往往更能激励下级实现某种政治目标。同样，聪明的广告往往能吸引更多人的注意，取得销售的成功。

　　因此，影响他人及抵制影响的能力与人们的成功紧密相关。但遗憾的是，很少有学校开设社会影响这一课程。尽管教育学家、心理学家、政治工作者、新闻工作者、市场营销专家、管理人员和外交人员都或多或少地运用了社会影响的技巧，但其原则、原理、方法、局限性和道德性都没有得到认真而系统的探讨与总结。很多人都意识不到社会影响的存在，通常过高估计了自己决策和判断的自主性和自由度。社会影响无处不在而又无孔不入，置身其中的个体应该学会控制影响情境，选择最佳的影响技术，从而影响他人或抵制他人的影响，这是个体生存的最基本技能之一。

那么什么是社会影响呢？从心理学的角度来看，社会影响指的是通过某种方式改变个体的行为、态度和信念。行为上的变化叫作接受，态度上的变化叫作说服，信念的改变叫作宣传或教育。

接受通常并不要求被影响的人同意影响者的观点和看法。它只需要被影响者表现出某种行为倾向。比如你为了让年轻人参加一次反战游行，你可以不要求这些青年接受你的观点，而只需要他们参加你的集会，这样，播放一些年轻人爱听的音乐或者找一些俊男美女热舞助阵就足以把他们吸引到你的聚会上来。这就是行为的服从，也是常见的社会影响方式之一。

说服却是要赢得被影响者的心，必须有态度的改变，包括情感的改变。虽然说服他人通常较难，但它的效果一般更持久。如果你想让一位好朋友停止抽烟，你就必须给他讲抽烟的害处或者谈论某一位抽烟者出现的可怕后果。这可能会引起对方的兴趣或反感。重要的是，你们可以开始心平气和地讨论抽烟的坏处，包括治疗抽烟恶果的昂贵费用和戒烟所带来的正面效果。你可以指出对方看法中的矛盾和错误。通过这样的讨论，对方最后可能同意逐渐减少抽烟的次数和数量。这种变化使得你愿意答应你的好友为他做更多事情，直到他停止抽烟。如果你是一名成功的说服者，那么你的好朋友就真的会戒烟，甚至还意识不到这一变化来自你的影响，而认为是他自己的决定和态度所致。

在中外交往中，最让人误解的概念是"宣传"（propaganda）。在现代西方语言中，宣传指的是政治集团利用大众影响的方法来控制人们支持某种信念。它是一个贬义词。最早使用这一概念的人是教皇乔治十五，1622年他试图利用各种宣传来增强教会的势力。我们常说的宣传更应该称为教育。教育的含义是指学习新的知识。宣传和教育这两个概念的差别在于你试图影响的信仰对方是否早已相信。

比宣传更极端的影响方式是洗脑和思想控制，通过强大的操纵方式剥夺个体的自主性和自由，灌输个体不能自主选择的态度和观念。思想控制通常将个体与其社会关系隔离开来以施加影响。因此，我认为洗脑和思想控制不应该视为正常的社会影响。虽然它的影响者通常是某种社会集团和机构。

自从亚里士多德在《修辞学》首次阐述说服的原则以来，人类不断地试图发现、定义和创造成功的社会影响方法和原则。社会影响可以说是所有人类社会都关注的一种技巧和艺术。但是从现代的社会科学领域来看，社会影响的学术研究源于第二次世界大战期间的社会心理学研究。当时的美国总统罗斯福非常关心如何维持民众对政府和军队的支持。因此，他邀请了社会心理学家卡尔·霍夫兰研究社会和军队里的士气问题以及维持士气的方法。此后，社会影响的研究就成了社会心理学的一个重要分支领域，产生了很多有影响的研究理论和研究方法。

《态度改变与社会影响》这本书是对社会心理学在影响、说服、服从等方面研究进行的精辟总结。作者津巴多是社会影响研究领域里卓有成效的研究者。他本人也是一位社会影响的大家。他主导的"斯坦福监狱实验"是社会心理学研究中一个著名的实验。由于津巴多过人的宣传技巧，这个实验也成了大众语言中最有名的词条之一。在著名搜索引擎谷歌上，有关津巴多的斯坦福监狱实验的条目超过了上百万。因此，由一位社会影响的大家来撰写一本有关社会影响的著作，其科学性与权威性是毋庸置疑的。

津巴多教授也非常支持本书中文版的出版和发行，他的夫人马斯拉奇教授是我在加州大学伯克利分校的同事，我们经常谈到社会心理学在中国的发展和前途。在主编这套《社会心理学精品译丛》时，我曾向他们要求推荐书目，这本书就是他俩的首选。这次，津巴多教授还特意为本书的中文版专门作序以表达他对本套译丛的关怀和支持。

这本书的适用对象不仅是那些对心理学感兴趣的人，也包括那些从事思想政治工作、教育、新闻、外交、管理、市场营销、文化、宣传等工作的人，还包括所有关注自己和社会的人。学习这本著作不仅让你能够掌握一门社会心理学领域的知识，更重要的是让你能够发现和意识到存在于你周围的社会影响。这种发现也是对自我的一种解放。它将使你对人性、人生和人心都会有完全不同的认识。在阅读完这本书以后，你再来回答我在本文开头所提的问题：你在每一天中所遇到的社会影响有哪些？你就会发现你的回答数目远远多于你最初所能意识到的社会影响。这种变化也许就是对这本书本身影响力的最好证明。

彭凯平

美国加州大学伯克利分校心理学教授

2007年8月

作者序（中文版序）

————————— ❖ —————————

　　我非常高兴地得知中国读者有机会阅读《态度改变与社会影响》一书的中文译本。本书中文版的出版和发行，对我而言有三重意义：首先，中国是一个具有悠久历史的文明大国，中国传统的儒教、道教和佛教一直就在为中国人提供欣赏自己生活的指导，这些古老的智慧与心理学的智慧有很多相通的地方，它们都试图更好地了解人性，从而帮助每个个体最大限度地实现自己的潜能。不过据我所知，传统的科学心理学在中国的历史并不是很长，我猜测，这一发展的延迟可能与中国的文化传统有关。因为传统的心理学更多关注的是个体的思维、情感和行为，而传统的中国文化强调的则是集体、家庭和社会对个体行动的决定性作用。这就与传统心理学的个人主义倾向形成抵触。不过令人欣慰的是，现代科学心理学在世界范围内已经发生了天翻地覆的变化，尤其是社会心理学的兴起使得我们更关注个体及其所属的群体在各种社会情境中是如何行动的——这些情境就构成了人类行为的背景。此外，社会心理学家也开始讨论创造、维持和赋予情境合法性的社会系统的作用。在一定程度上，现代社会心理学家，包括本书的作者都在试图通过研究各种社会力量（包括经济、政治、文化、法律等）系统如何影响社会情境，而情境又如何与个体相互影响，进而创造出结合了个人主义和集体主义思维范式的新社会心理学。

　　本书中文版出版的第二重意义是，该书涉及的观念和研究可能对当前日益变化的中国社会具有应用的价值。世界上还从没有任何一个国家像中国这样经历着如此剧烈的生活方式、生活习惯以及价值观念的改变。随着中国逐渐地成为世界工业、商务、金融和政治中心，变化恐怕会成为中国甚至世界人民每天都必须面对的问题。我所知的中国人所体会到的变化可能包括从农村到大城市的迁徙、家庭结构的改变、工作方式的调整、教育体制的革新，甚至文化价值体系的突变等等。世界各地的年轻人还通过互联网、电影和流行音乐形成了一个新的全球社会，他们的生活与几十年前他们的长辈所能体验到的生活可能有天壤之别。我可以大胆地说，**中国就意味着变化**（China is change）。

伴随这些社会巨变的是沟通方式的革命。在人与人之间，在普通人与掌握着各种资源的人之间，沟通和影响尤为重要。为了社会、家庭、公司、团队等各种群体的利益，我们就应该在行为、态度和价值观上朝着某个方向改变。本书系统地总结了心理学在态度形成和改变方面的研究理论和实践，能帮助你更好地了解这一领域。它能使你明白，你是如何影响他人的，反过来你又是如何被他人和其他系统性的社会力量所影响的。了解社会影响的过程，起码会对你产生两种影响：第一，这一知识会使你在希望成为改变社会的力量时，变得更有影响力；第二，这一知识也能帮助你抵制你不需要的从众、服从和盲从的压力。

本书中文版出版的第三重意义是，下一代中国的心理学家在了解西方心理学有关态度改变和社会影响的工作之后，能够从事新的研究，提出新的理论来改进和提高这一令人痴迷的研究领域。它的根本问题就是要研究人性是如何受社会条件影响的。中国人的智慧应该能在这一最古老而又年轻的问题上有所作为，我希望能在自己的有生之年欣赏到中国学者在这一领域的研究成果。

我很高兴应我的朋友加州大学伯克利分校的彭凯平教授的邀请，为本书的中文版作序。特此序之。

津巴多教授

美国斯坦福大学心理学系

2007年8月

作者序（英文版序）

———————— ❖ ————————

在美国心理学被行为主义教条控制的几十年里，那些敢于冲破学术框架，探索心理学新领域的创新者大部分都是社会心理学家。他们看重人类在生活过程中的个人看法，欣赏不同的观察者所提出的对现实的不同解释，捍卫不同文化、不同社会机构、不同个体内部和外部的相互作用。

长期以来，社会心理学在心理学里都处于从属地位。但社会心理学正在逐渐向现代心理学的中心地位迈进。这是因为社会心理学确立了心理学所欣赏的认知理论和方法，而这些理论和方法在过去十几年内已经成为主流心理学最重要的特点。社会心理学也是心理学中所有心理学学者的家园，是那些试图了解人性的深度和广度的学者所向往的领域。社会心理学关注困扰了社会学家几百年的大问题，但并不古板，并不反对新研究方法所涉及的新领域。因为只有这样，社会心理学才能对我们逐渐了解的最重要的问题提供基于实证研究的答案。最后要指出，社会心理学家已经成为心理学领域中的先锋，力图突破传统心理学的束缚，做出对现实生活真正有意义的学术贡献。在健康、生态、教育、法律、和平和冲突解决等领域中都可以看到社会心理学家的身影。因此我们可以毫不吹嘘地说，没有任何与人性有关的问题是社会心理学的研究和探索所不涉及的。

撰写这本有关态度改变教科书的想法，来自我在哥伦比亚大学教的一门研究生讨论课，其中部分的灵感来自观察学生们扮演影响者和被影响者之间的互动活动。李·罗斯和朱迪·罗丁这样的优秀社会心理学研究生激发了我，一定要写一本关于态度改变概念和实践问题的教科书。我最初打算写一本简单的读本。但第二年，在斯坦福大学教学期间，我说服了埃比·埃布森（我当时的一个研究生）与我合作写这本书。结果才有了 1970 年出版的《态度影响和行为改变》。这本书给研究说服、态度改变和行为矫正的学生与学者提供了一本基础的入门教材。而这一领域的应用部分则在第二版（1977 年出版）中得以添加，特别是得到了我的夫人马斯拉奇的帮助。她现在任教于加州大学伯克利分校。

我的新合作者利佩相信，将这本书的内容更新，以纳入更多有关态度和社会影响认知研究的时候已经到了。他继承了在俄亥俄州立大学向格林沃尔德（Anthony Greenwald）学习到的社会认知传统。但随着我们共同创作的推进，一本与最初想法不同、但更好的书逐渐浮现出来。这本书保留了以往版本中关于社会影响、说服和态度改变过程的基本内容。这些中心内容不仅与社会心理学关系密切，它也与我们现实生活中许多的日常交往很有关系。但这本书与以往版本的不同之处是，增加了很多关于人在受他人和媒体影响后行为改变的实验证据。同时，它也能为当今复杂世界里的学术研究工作提供很多应用技巧。

菲利普·津巴多

前　言

———— ❖ ————

　　现在是我们这些研究和思考态度改变和社会影响的人所处的最令人振奋的时代。在过去的几十年里，针对人们如何改变这一基本问题的研究和理论得到了空前的发展。学界对社会认知的重视始于 1970 年代，这给说服和顺从背后潜藏的认知过程和心理结构带来全新而重要的洞察。如今，对于动机、情感和卷入再次兴起的兴趣催生了全新的研究方向，有望将态度、认知、行为和情感的相互作用真正整合起来进行理解。在基础研究和理论的长足进展的基础之上，社会科学家也在日常生活中的重要问题上运用影响力心理学。社会影响是许多紧迫的社会问题的核心（比如提倡健康生活方式、提高环保意识、新闻审查的效果、政治中的"形象处理"，极其巧妙的广告和市场推销）。而且基础和应用研究也越来越关注这些问题及其产生的背景。

　　上述研究的迅猛发展拉动了本书的问世。我们希望在这本书里，整合社会影响领域广泛的研究、理论和应用。事实上，我们其中的一个目标就是要在相对较短的篇幅内总结关于说服和态度改变理论的一些好书，比如理查德·佩蒂和约翰·卡乔波合著的《态度与说服：传统和当代的研究》（Petty & Cacioppo，1981），另一本关于顺从和从众的经典著作是罗伯特·西奥迪尼的《影响力》（Cialdini，1988）。

　　结果这本书就包括了社会影响的所有重大主题：说服、顺从、从众、服从、认知失调和自我归因、条件作用、社会学习、态度与行为的关系、态度卷入、偏见、非言语沟通甚至阈下影响。因此本书涵盖的内容是广泛的，这些广泛的内容均可整合在本书中一再出现的态度系统这一主题中。在这个系统中，态度、认知、行为和意图都受到外部影响动因的作用，又都受到彼此内部因素的影响。

　　我们用了整两章来探讨社会影响原则的应用。我们觉得应用是现在与将来关键的"成长领域"。其中一章主要关注在法律系统中社会影响的作用，另一章关注如何提高生活质量，包括环保、个人健康、心理幸福等。

　　我们主要的读者是学习社会心理学的学生。我们想把社会影响科学研究中令人兴奋的进展报告给这些学生，让他们振奋，产生兴趣，并意识到这些知识对他们的个人生活和整个社会的意义。因此，我们尽量以学生感兴趣的方式来写作。在我们介绍各种研究实例和理论观点时，不断穿插实际问题、应用和日常生活中的例子。我们的重点是精心选择社会心理学实验和现场研究（包括新的和传统研究），以生动的细节来呈现，而且不断将研究与大学生感兴趣和理解的活动以及生活经历联系起来。我们希望这本书既具有学术价值，读来又能轻松愉快。

这本书的主要阅读对象是本科生。心理学的基础知识可能有助于阅读这本书，但并不是阅读和欣赏本书的必要条件。这本书也可以作为一门社会心理学入门课程的阅读材料，也可以是一门主干课程的补充材料，或者心理学课程和研究生讨论课的主要材料，课题名称包括"说服与态度改变""社会影响"甚至"心理控制"。那些教授社会心理学、传播学，以及商务课程的教授也可以考虑在诸如"媒体环境""宣传和沟通""大小群体的社会影响"以及"广告概论"等课程中使用本书。本书包括与这些学科有关或选自这些学科的材料。

心理学、社会学和传播学的研究生应该也会发现这本书有意思，信息丰富。我们希望书中大量的例子和应用能扩展他们对自己计划研究的问题之间的关联和互动性的认识。如果有学生在阅读了本书后受到启发，提升了自己的知识水平，我们会尤感欣慰。

第 *1* 章

充满影响力的世界

———— ❖ ————

　　清晨醒来，你满脑子的想法和计划都可能是这一天要做些什么。先做什么，再做什么，然后（千万别忘记）又做什么。也许你想与朋友共进午餐，为此你要早点溜出教室或者偷偷离开工位。你得做出决定。也许你还要决定晚上怎么过。晚上不必工作，所以你总算可以观看那部朋友们极力推荐的影片了。或者，你还可以接受邀请去参加聚会。你得做出决定。但是，事有先后，早餐吃什么？如果你在意胆固醇和热量，或者想到这周已经吃了每周定量的熏肉和煎蛋，那么麦片和果汁要比吐司加咖啡更合适。总之，你自己决定。

　　想想看，每天都有这么多事情要你做出选择。穿什么衣服，看什么节目，投谁的票，选读哪个专业，住在何处，与谁结婚——选择无穷无尽。对大多数人来说，生活就像超市，充满各种选择，任你挑选。人们对自己想过什么样的生活看着很大的控制权。

　　毫无疑问，我们对自己的生活有着很大的控制权。可是，如此多的人都拥有如此多的自由，那么在追求个人目标和梦想的时候，大多数情况下我们如何避免彼此冲突呢？面对无数的选择时，为什么如此多的人又会表现出如此多的相同之处呢？在追求个人目标时，为什么你常常可以让别人为你服务，而往往并不需要诉诸一些明显的影响力量，诸如法律、金钱、体能或特权？而别人又如何限制你的选择，塑造你的好恶，引导你的行动呢？

　　与我们一样，你是否曾经遵从权威的建议或命令，即使这样做与你的信念格格不入，有违你的个人价值观？可以肯定地说，你隶属的团体曾对你施加压力，影响你的言谈举止，事后你才意识到这不是"真实的你"。你有没有买过某种实际上并不需要的广告产品，只是因为广告有说服力？

以上问题都关涉社会影响（social influence）——由他人行为所导致的个人变化。我们无疑都能自由地决策，但是所有人都浸染在社会环境中，或多或少会受到他人的影响，进而影响我们的选择。实际上，我们往往愿意接受那些聪明、公正而且关心我们的人的影响。作为社会成员，我们不可避免地要参与有来有往的社会互动，融入赋予我们生活意义的社会环境中。当然，反过来讲，我们每个人作为影响的主体又会试图影响他人——让别人做我们的朋友；陪我们学习或看电影；给我们工作；与之分享我们的观点甚至我们的生活。

社会影响无处不在，发生在任何地点、任何时间，这个世界本来如此。要想成功地为人处世，就需要知道何时、何地及如何利用这些影响，有能力辨别施加于你的社会影响，警醒地决定接受或拒绝特定的社会影响。本书旨在介绍社会影响的心理学，为你提供一些实用的建议，以抵制不需要的影响源，更有效地影响他人。以上观点建立在社会心理学、政治心理学和大众传播领域中所做的大量有关说服和顺从的研究。在这本书中我们要考察一下学术界的实证研究和理论，进而整合影响行业专业人士的观点和信息。这些人擅长的领域包括营销、广告、推销、民意调查、游说、筹款，甚至征兵以及为邪教组织招募成员。

社会影响的过程和情境

社会影响过程涉及一个人改变另一个人对某一事物的行动、感觉或者想法的行为（甚或意图）。其主题可以是政治问题（如堕胎）、产品（如无糖饮料）或者某种活动（如考试作弊）。于是，你可能会试图说服朋友在堕胎问题上同意你的立场；你可能劝说另一个朋友尝试你喜欢的新饮料。当一个敬仰你的朋友向你坦白作弊的念头时，你自己诚信考试的记录可能会给他树立一个榜样，帮助他抵制作弊的诱惑。在以上三种情况下，你扮演的角色就是社会影响者。

上述每个例子中，你改变或试图改变目标个体的行为、感受和对某个问题、事物及行动的想法。有时候刺激物是你自己：影响者。比如，你可能会通过潇洒的举止和迷人的微笑来赢得刚认识的人对你的喜爱。还有一种情形，刺激物可能是你影响的对象——比如，你给一个沮丧的朋友打气，鼓励他提高自信心。咨询师和心理治疗师都是专业的影响者，他们的目标往往就是改变对方的自我意象。

最后一种情形是，你自己既是影响者又是被影响者。比如，决定采取一些改变自己的方法，以实现减肥、结识新朋友、按时完成工作等新年心愿。

社会影响的技巧多种多样，但是最终都可归结为几种基本的影响过程，它们取决于人类思考、记忆、感觉和决策的方式。在讨论做什么以及如何做才能最有效地影响对方之前，首先最关键的是要了解为什么这样做会产生社会影响，也就是说，懂得影响力心理学。

本书作者的意图即在于此。本书的学术目标是提供各种社会影响本质的基本信息。从应用角度讲，我们期望这些知识在你的日常生活中体现出价值：使你成为更成功的社会影响者和更明智的公民，能够识别并抵制不利的社会影响和不公正的权威。

但是我们先要从三种迥异情境下所发生的一些具体而生动的社会影响例子说起。这三种情境分别发生在人际领域、说服领域及大众传媒领域。它们的差别首先表现在个人化或个体化程度上；其次表现在影响的大小、范围和目标受众上。

最个体化的影响情境是人际情境——直接参与的人数有限，而且影响者和被影响者存在一对一的沟通。两个要好的朋友试图说服你同他们一道去看电影便是人际影响的例子；以及妈妈督促她忙碌的孩子收拾自己的房间，或者轿车销售人员向你推销某种款式的轿车。

说服情境也很常见。这里的沟通者通常是演讲者，试图取得听众的赞同，或者采取他倡议的某些行动。说服是指一位影响者试图同时影响很多人。传教士就是通过说服来改变听众态度和行为的典型。说服情境不如人际情境那样具有个体性，但是，有些沟通者却能够以充满激情和感染力的演说，神奇而有效地征服听众，因此我们认为他们魅力非凡（charismatic）。

社会影响也发生在大众传媒情境中。各种信息和图像通过电视、广播、印刷品传递给全球的亿万人口。究其本质，这种影响非常客观——不仅因为这种传播的设计针对众多个体，而且沟通方式也要通过某种媒介。沟通者既不能置身现场，通常也不能明显地确认为某个人或某种实体。即便如此，大众传媒能带来非常强烈的影响。每年花费在无数商业产品和政治候选人包装上的亿万资金便是传媒影响效力的明证。

在介绍三种主要的社会影响情境之前，我们先看看当今社会及历史上的这些社会影响实例。对于人际影响情境，我们来考查一下文鲜明统一教派招募年轻人加入他们邪教组织的技巧。对于沟通和说服情境，我们来回顾一下那些富有魅力的沟通者（如马丁·路德·金、罗纳德·里根等人）和那些极具煽动性的蛊惑者（如阿道夫·希特勒和人民圣殿教头目琼斯等人）号召力的来源。至于大众传媒影响，我们将着重探讨烟草公司引诱人们抽烟以及让抽烟者抵制戒烟宣传所采取的策略和技巧。这些实例和随后的理论综述将展现我们在后面章节加以详述的主题和原则。同时，这些例子来自实实在在的生活，而不是像某些学生误以为的纸上谈兵。

关于影响——来自"名人堂"（"恶人谷"）的故事

人际影响：皈依和个人接触

你很可能听说过文鲜明统一教派——1970年代的邪教极端组织。这个组织是由自诩为新救世主的韩国富商文鲜明发起的。文鲜明统一教派曾成为非传统宗教运动的先锋，在大学校园和城市中心积极招募年轻成员，使成千上万人皈依。接着读下去你会发现文鲜明统一教派在1990年代仍兴盛不衰，很可能就在你的大学和中学招募成员。不同的是，这种招募方式更新，比以前更奏效和隐蔽。

以下是该邪教招募的典型过程。首先邪教成员在街道上接近某个可能的招募对象，并交给他一个小册子。招募人可能解释说她是"关注世界未来的国际青年学生组织的代表"。他们聊了一会儿，她对这名年轻人的印象很好，于是邀请他参加当天晚上的免费便餐。年轻人可能会问"晚餐何人提供？"她的回答是："真理研究大学联合会。"这个名称听上去权威，很难让人反感。那个眉清目秀、衣着整洁的年轻女性滔滔不绝地说，这个聚会多么有趣和充满意义，还建议"如果你今晚没有什么特别的事情，为什么不参加呢？"

假如他接受了邀请，这个招募对象便会在那个晚上走进装饰优雅的"接待中心"，周围还有10～20个年轻人，其中大约六七个人是和他一样的受邀者，而其余的人则是训练有素的影响者。晚餐美味可口，环境幽雅欢快，而且令人感到"无条件得到接纳"。这就意味着对于来客坦诚的喜爱与尊重，对他所说的任何事情都不排斥。那些老会员——通常是大多数——则得心应手地引导着谈话的进程；介绍该组织在世界各地的善行以及现代生活中的不幸和苦恼；尽管这些社会、经济和政治问题错综复杂，但其解决方法却可能很简单。

　　晚餐过后，收拾干净，接下来是吉他表演。充满节日气氛的歌舞表演持续一个小时左右，一名笑容可掬、能言善辩的资深成员才开始正式演讲。受邀者需要回答，他是否愿意生活得更幸福，他所感受到的前途渺茫和不满是否因为社会的不公与不幸。如果受邀者说出了他们想听的，他们全都微笑满面，专心听他的每一句话。而听到负面或不确定的回答，这些人便皱起眉头，目光移向别处，像是阴了天。有时候，受邀者可能意识到自己正身处宗教运动追随者们的包围之中，但这种感受很快消失，至少在此时此刻。幻灯片很快地闪现，上面出现的是快乐的人群在统一教派的美丽农庄里聚会的温馨场景。之后，他们便会邀请新来的人去那里度周末或者住上一周。"我们有车今晚就去！"大家握手又拥抱，一派亲密气氛。你想融入其中，还是拔脚离去，回到你自己那孤独寂寞、不受赏识、与世隔绝的处境中呢？这就是快乐的受影响者头脑中所能想到的问题。

　　如果受邀者接受周末度假的邀请，正如其他客人一样，在驱车前往的路上，他们就会轻松地谈及宗教信仰问题。接下来的两天则是从早晨八点钟到晚上十一点钟严格无间歇的日程安排。早晨被一群唱歌的成员唤醒，新来者要与他们一起晨练和祷告、吃早餐、唱歌。接下来是要听两个统一教派的讲座，详细解说该邪教的原则和信仰，然后吃午餐。午餐后是体育活动、歌曲练习、另一个讲座、晚餐和晚上小组讨论。一切都令人兴奋，就像回到从前最好的夏令营，除了不能私下交谈之外；这是一种非世俗的快乐。这里的正式成员在每天的工作和生活中看起来都很心满意足。而新成员也会在讲座或讨论会上听到严肃的话题——圣经、耶稣基督、人生的意义。强调的主题始终是爱、信任和道德；重点是这个社会已经走向歧途，而追随文鲜明的理念就能拨乱反正。

　　他们从不让新成员离开视线，至少有一名邪教成员——往往是颇具魅力的异性——会自始至终伴随他们。讨论和进餐时每个新成员通常至少会有一名邪教分子陪同。如果细心观察，你会发现那些邪教分子在小心翼翼地操控人们的沟通——勾勒邪教的信仰；打压与主题无关的言论和意见；如果发现新成员有消极迹象则立即收起笑容；而对积极态度则大为赞赏。总而言之，邪教成员们相互帮助以创造一种和谐与睿智的景象，而让新成员感觉自己非常特殊——比如，成为"大家庭中的一员"、重磅力量的一部分或者暗中获悉秘密消息。周末即将结束时，新成员会被邀请多逗留一周或更长时间，以便"增进对我们的了解"，进一步探讨那些"我们还来不及谈及"的话题。

一名统一教派成员正对一位无处可遁的听众鼓吹文鲜明。

　　现在你可以看到整个过程有多隐秘。潜在的新会员与影响者进行长达几小时甚或数天的面对面接触，影响者的任务就是要改变新会员的信仰和行为，让他加入他们的组织，成为邪教成员。似乎你正接到邀请前往天堂，远离你从前过的地狱般的日子。听起来蛮不错的交易，对吧？你怎么可能出差错呢？

　　大约三分之一的受邀者在度过这个周末之后，会接受主人的挽留，逗留更长的时间，而大约十分之一的人会最终加入邪教，成为正式的邪教成员（Galanter，1989）。这些数字使你感到惊奇吗？30% 和 10% 可能看起来并不大，但任何一个广告商或者走门串户的推销员都会很高兴地接受这一说服比率，因为假以时日经过继续努力，这些数字就会变成许许多多成功的案例。毫无疑问，这就是有组织的社会影响。那些相信并加入邪教之人的典型行为是：放弃学业，为了邪教信仰捐出所有的金钱和财产，抛弃家人和好友，全心全意地追求所谓"弃恶扬善"的邪教目标——拉新人入伙。邪教成员甚至情愿让文鲜明教主决定自己的婚姻对象。1982 年，文鲜明在麦迪逊广场花园为 2 100 对新人主持了一个大型婚礼——全是他"指定"的婚姻，其中很多对新人此前并不相识。

　　加入邪教往往是个很彻底的过程。的确，1970 年代，邪教被认为是全社会的毒瘤，涉嫌"洗脑"。许多大学开设入学课程，教育新生抵制邪教的拉拢，还有些家长想把自己加入邪教的孩子"绑架"回家，有时雇用武力强行将孩子从邪教手中抢回来。因此一项新的服务应运而生，叫作"反灌输"。许多家庭参加了这个方案，一整套高强度的反影响教育要支付高达两万美元的费用（而且不保证一定奏效）。"抓回来"的新邪教成员会交到"反灌输者"的手里，后者则使用类似于统一教派的影响方法来解除导致前者加入邪教的那些社会影响，从而重新改造加入邪教的人，使其回归正常。后来法庭裁决否定了这种"绑架式反灌输"的合法性，从而减少了它的使用（San Francisco Examiner and Chronicle, 2/12/90）。

回到未来。尽管这类邪教已不像以往那样流行，但类似于统一教派的数千个邪教组织仍然就在我们身边。事实上，前述邪教招募新会员的情形选自《旧金山时报》1989年8月刊登的一篇主题文章，作者在1989年夏就曾被邪教"招募"（Nix，1989）。统一教派从未消失；变得更为隐秘，适应时代的变化。尽管他们灌输和蛊惑的方法没有什么变化，但他们调整了言语措辞，与今天年轻人较为保守的观点保持一致，并蒙上了一层主流社会相互尊重的光环。统一教派现在称自己为"统一主义者"。教会以前的青少年分会和城市分会早已从类似嬉皮士的

1982年7月1日，文鲜明牧师为4000多名统一教派信徒在纽约麦迪逊广场公园举行集体婚礼，这些年轻人全部接受了文鲜明为他们个人选择的配偶，有些人在婚礼之前根本就不认识。

名字，如"创造性社区项目"，更名为更适应主流的名称，如"真理研究大学联合会"。谁能对这样的名称吹毛求疵呢？主要由于法律原因，邪教那些更为极端的灌输项目已被取缔。例如，邪教成员在招募过程中隐瞒身份，直到新成员加入邪教集会之后才揭晓其身份的欺骗做法（所谓"天堂的欺骗"），还纠正了长达一周的日常封闭强化训练，有时包括剥夺睡眠和食物。统一教派的现行政策是一种公开的保守主义。该组织对保守派政治事业捐献大量资金，致力于国会政治游说，并自1982年起拥有极端保守主义的日报《华盛顿时报》。

然而招募活动一如既往。在美国有多达一万名以上的信徒致力于以传统的方式招募新成员。另外有 4～5 万名统一教派成员遍布全美各地，过着主流社会的生活，其成员在韩国及其他国家正在不断增加。

极其正常的社会影响。统一教派招募新成员如此奏效的原因何在？他们并未采用群体催眠或洗脑的方法。统一教派成员并非像僵尸一样四处走动，邪教也没有使用身体强迫。与某些流言相反的是，在统一教派的农场和聚会地点周围既没有尖锐的铁丝网，也没有武装的卫兵，更不见口念咒语、神通广大的演说者诱惑这些年轻人踏入此路。大多数新成员从未与文鲜明直接接触，而他本人也并不具备与人沟通的卓越才能。我们可以从正常的心理学过程来理解这种社会影响技巧，其导致相当快速的宗教皈依。这种皈依看来迅猛而"异常"的原因有二。第一，大多数受蛊惑的年轻人都感到一定程度的疏离和孤独，或者对自己不确定的未来感到焦虑不安。的确如此，统一教派招募者刻意接近那些看似孤独无望、无生活目标的年轻人，尤其是外国留学生以及假期旅行者。所以最可能被招募的对象特别容易受任何关注和"糖衣炮弹"影响，容易相信这个邪教能给他们带来更美好的生活。第二，招募者所用日常影响技巧的纯粹数量和多样性也有利于产生极端效果。一般来说，在任何特定的场合，我们只遭遇到一种影响技巧。而统一教派的招募者则是将所有影响武器悉数尽用，全方位攻击其影响对象。

在随后的章节中，我们将详细探讨这些影响手段的心理学本质。也许读到这些典型的招募手段时你已经意识到了。其中就有（1）从起初小小的许诺开始逐一升级，每一步升级，被招募者都必须为此找到借口（首先是晚餐，然后度周末，然后是逗留一周，最后是把你的钱都给我们）；（2）重复具有说服力的论证为烦恼的个人问题提供明确易行的解决方法；（3）强大的群体动力——包括这些令人愉快、可以和睦相处的会员的强大阵容和他们的吸引力；（4）使被招募者忙碌于信息沟通和活动而无暇提出异议（绝不让其独处）；（5）积极强化（微笑、美食及让人感到备受瞩目的特别关注），等等。

多种人际影响技巧的综合运用绝不仅限于邪教。邪教招募和保留成员的方法与无名戒酒会（Alcoholics Anonymous）帮助酗酒者戒酒的做法极为相像（Galanter，1989）。在这个非常成功的自助群体中，有着各种宣誓仪式和群体对个体的说服，使个体信奉严格的教义，改变原来的生活方式。同样，紧密联系的运动队里彼此也存在诸多人际影响。而不利的一面则是，某些恐怖主义组织的灌输与统一教派系统如出一辙。

这种社会影响合法吗？ 邪教组织，尤其是统一教派，在1988年又在新闻中隆重登场——话题则是有关加州最高法院对前统一教派成员戴维·摩尔科（David Molko）和特雷西·利尔（Tracy Leal）诉讼案的裁决。这两个人曾分别被统一教派招募并灌输教义，其方式如前所述。他们作为自愿和积极的被招募者，在位于北加州的统一教派农场逗留了几个月，并最终成为正式的成员。他们前往不同的营地和村庄接受专门的演讲和训练。俩人也都回到城市以沿街贩卖鲜花的方式为教会募捐。

摩尔科27岁，刚从法学院毕业，加入统一教派6个月，捐献自己的6000美元给教派头目，通过该教的赞助选修律师资格考试的复习课程，并参加律师资格考试。利尔是一名19岁的大学生，加入该教派4个月。他们在执行教派任务时被父母所雇的"反灌输"工作人员绑走。通过反灌输教育，两人都同意脱离该教派。随后，他们决定起诉统一教派使用欺骗和洗脑手段引诱他们入会，非法地限制他们的活动，使他们遭受精神创伤。

法庭基于此诉讼违宪而不予受理。美国宪法第一修正案禁止对宗教信仰和思想自由予以干涉。而统一教派作为真正的宗教，与其他宗教一样，只是表达其宗教思想和招募成员。上诉法庭因此赞同上述决定。但是，加州最高法院在1988年10月推翻此项裁决。法庭裁定摩尔科和利尔有权对该教派的欺骗行为及其带来的精神创伤起诉，但不能起诉非法拘禁。法庭认为，该教派使用"强制性说服或精神控制这类高强度的灌输方法"，而摩尔科和利尔对此毫不知情或者并未同意参与，从而导致他们"无能力做出不加入该教派的选择"（Molko/leal v. Holy spirit

Association，1988，《旧金山时报》，1988 年 10 月 18 日）。

这项裁决引起了很大的争议。什么才算"强制"？什么才是"精神控制"？这项裁决向心理学家以及每个公民提出了一些基本的问题：什么情况下自由意志能主导我们的选择？什么情况下不可抗拒的情境力量决定了我们的选择？仔细思考一下这个案例。的确，在摩尔科和利尔的招募过程中，统一教派的招募者运用了"天堂的欺骗"，并在被招募者询问时隐瞒他们教派成员的身份。但是几天之后，已经告知他们在与何人相处。而且两人继续逗留了好几个月，并在法庭上公开承认他们曾被告知可以自由离去。没有任何证据或主张表明该教派曾对他们施用暴力。摩尔科和利尔都说当初他们对去留的决定是多么挣扎，而之后他们自己决定逗留更长时间。他们还讲述当时面临的社会压力，而且承认在当时也意识到这种压力的存在。既然他们意识到这种压力，难道他们不能自由地抵制它吗？矛盾的是，他们最后是被迫才离开这些"捕获者"的。

统计数据有时能揭示事实真相。你可能还记得只有不到10% 的被招募者成为邪教成员。更进一步的研究显示，在这不到10% 的人群中，相当一部分人在被招募前就已经倾向于类似统一教派的思想和生活方式（Barker，1984）。从这些事实很难得出结论：摩尔科和利尔被灌输的经历中所遭遇的这种神秘的高压强制力量，会使几乎所有面对它的人不可抵御。由于惧怕宗教自由受到侵害，很多传统教会在这个问题上支持统一教派。还有一些"法院之友"提起法律诉讼，力辩如果当事人身体未受束缚或生命未受威胁，就不可能发生"强制性说服"。

尽管目前我们不会在高压强制问题上偏向任何一方，但是我们可以肯定地说，统一教派的确娴熟地运用了大量人际影响技术来争取信众。众所周知，这些技巧很是奏效，特别是巧妙地组合成和谐的脚本时，在某种情形下可以诱使一些人发生极端变化。然而，统一教派的手腕对于其群体成员并不"怪异"或特别，人们在无数影响情境中都会运用它们，极少人认为其具有强迫性甚至没有一点"精神控制"。从高压推销到协同努力劝说人们不要酒后驾驶，再到拒绝毒品和安全性行为，有效的社会影响技术被有意识地大量运用于几乎每个人的日常生活之中。

争议的真正问题是：（1）在什么情况下"典型和通常"的心理压力会变成异常和不公正的，或者过于强大以致常人无法抵御；（2）在个体完全没有受到身体限制的情境下，我们能否说他失去了抵制或逃避的自由？但是话又说回来，难道不正是对情境的主观解释（见解）指导着人们的行为，造成"天堂般的地狱或者地狱般的天堂"吗？随着你对社会影响过程的了解，这些问题都值得深思。而现在，摩尔科与利尔诉讼案的裁决突出了社会影响潜在的力量和复杂性。对此我们将在本书中进一步解释和阐述。

沟通与说服："山姆，再说一遍"

有力的演说可以影响许多人，而要挨个影响人则要费力得多。人际影响要花很多功夫，因此效率并不非常高。但是通过巧妙用词即所谓的雄辩术（rhetoric）则可以有效地影响庞大的人样。这种技巧鲜有人能掌控。而那些精于此道的人则可以推动世界前进。不幸的是，他们也可以让世界倒退。下面所列举的例子就是这样的雄辩家。包括被世人尊敬的两个人，也有被世人鄙视的两个人。

自由之声：马丁·路德·金。 他的演讲至今仍缭绕在无数人的耳中。"我一直到山顶，看到了一片净土。""我们必胜！""我有一个梦想！""自由了！自由了！感谢全能的上帝，最后我们终于自由了！"称马丁·路德·金为雄辩家并非言过其实。他是20世纪50～60年代人权运动的领袖，其领导才能和贡献表现在多方面。他写书，领导游行，组织和平抗议和联合抵制活动，曾被小人算计，也曾为信仰受监禁之苦。而他的雄辩口才，胜过其他任何才能，开创了美国种族关系历史上的社会革命。他的演说能力可以深深打动广大听众的心弦——无论黑人和白人、穷人和中产阶级——促使人们行动。他的演讲影响了大批的听众，使他们投入非暴力的人权运动，以非武力的方式面对枪口、警犬和警棍。正如圣雄甘地在印度领导的非暴力反英运动一样，马丁·路德·金证明了语言的威力胜于刀剑。

马丁·路德·金究竟有哪些演讲技巧，能如此有效地打动听众？当然，作为演讲家，他言语流畅，充满激情。而作为训练有素和经验丰富的传教士，他的布道抑扬顿挫，能唤起教众的感情共鸣。他可以娴熟地将非言语的"声音"传递给听众。他的表情和声调——无论是表达愤怒、同情和快乐——都和他的言辞密切相应。听他的演讲，你绝不会感受到任何伪善或冷漠。恰恰相反，你感受到的是一个献身理想、对更美好的未来社会充满激情的人。金似乎也善于观察听众的反应。他总是恰到好处地停顿，让感到敬畏的听众细细体味，然后声调渐渐提高，引来听众的赞同声。这是他演讲的突出特点。像所有伟大的演讲家一样，金传达的信息简单易懂，直截了当，不时重复重要的词语，以使听众能够同声附和。我

与各个阶层的听众都有深层沟通的演说大师：1963年马丁·路德·金神父在做题为《我有一个梦想》的著名演讲。

们将在后续章节详尽阐述非言语信号（包括声调、表情等）的重要性。

　　马丁·路德·金演讲的内容也具有深远而强大的影响。他是位敏锐而聪颖的天才演讲家，他明白现场的听众已经差不多赞同他的立场和目标。他有效地利用这一点，在阐述他自己的希望和信念时，用"我们"和"我们的"这样的字眼。通过运用这些重要的词语和内团体性暗示，使听众感到自己是一场重要运动特别的成员——一个站在梦想起点的自己人。这样有助于把单纯的赞同变成主动的行为。同时还带来有感染力的欢呼声，让很多中立者公开地发出赞同的呼声。这便是他的"主场优势"。

　　电视和广播拥有更广泛的受众——沉默的大众，但他们并不全都热心于金的事业。金作为说服者的真正杰出之处，是使得美国广大听众认同并支持黑人的人权解放运动。在他的演讲和布道中，金"强调自己与听众，人权运动与听众的共同之处"：都是基督徒，都是美国（一个坚持个人信仰自由的国家）公民。金一再提醒他的听众，自由是犹太基督徒和美国人民的共同理想，争取种族平等的运动神圣而公正，正像为世人称道的古以色列人（希伯来人），早期基督徒和移民美国的英国清教徒所从事的斗争一样正义。他的演讲常引用圣经以及著名的黑人传教士和深孚众望的政治家（如约翰·肯尼迪）的言论。这些熟悉而经典的话语会引起很多人的共鸣。这种将新思想与人们熟悉并赞赏的思想联系起来，是一种绝妙的修辞方法（Bettinghaus，1980）。总之，金运用听众认同的语言将自己的演讲与宗教、文化和爱国主义精神保持一致（Miller，1986）。金所娴熟运用的两个成功说服的关键因素是：（1）确定演讲者和听众之间的感知共同性；（2）在人们的意识中建立积极的联想。稍后我们将详细探讨这两个因素。

让信息一听就懂甚至更为重要。金十分擅长让信息容易理解。修辞学家们发现，尽管金受过高等教育，能言善辩，他的言辞中却总是融入许多日常用语和所谓的"圣经方言"（Marbury，1989）。他将通俗易懂的语言巧妙地与圣经语录和主题融为一体，清晰地传达给广泛而虔诚的追随者。他的观点简单易懂，不断重复，鼓励受众将听到的内容齐声颂唱、重复和表示赞同——这被称为"呼唤和回应"技术。受众听到信息，开始相信，发生改变，然后付诸行动。

卓越的沟通大师：罗纳德·里根。美国前总统里根的演讲也通俗易懂，这一点很能说明他被誉为"卓越的沟通大师"并非浪得虚名。他表达的观点很简单：如果我们每个人都遵纪守法，回归根本，一切都会变好。据很多心理学的研究，这种积极乐观的主题很能博得人们的欣赏（Zullow et al.，1988）。但是，使里根及其政策广得人心的原因则是他表达信息的方式。讲话时他的面部表情诚恳并稍显迷惑，仿佛在说，"我并不明白为什么人们把这事弄得如此复杂；任何有常识的人都该知道……"在1980年代，有很多选民认为自己具备常识，而且他们很高兴有这样一位领导人物与他们想法一样（而不是迷失在抽象的文字游戏之中）。里根平稳而流畅的嗓音也让人感觉舒适。同时，里根还具备有魅力沟通者的典型素质（Baron & Byrne，1981）。他对社会趋势和变化非常敏感。在他那个年代，正是美国中产阶级抨击强大的政府、自由主义以及越战"不爱国"情绪弥漫的时期。他熟练自如地将"寻回骄傲、价值和爱国精神"这一主题加入他的公开演讲中，不唱高调，也不深奥难懂，但却很有效。

值得一提的是，里根有过职业演员的训练，这使他面对电视镜头时表现自如，而他的许多政敌，如卡特和蒙代尔，面对镜头却有些惊慌和窘迫。他看向镜头时，就像在面对南希的笑容交谈。而他的对手们却好像面对黑色的洞口，如同看着他们的汽车储物箱那样冷漠。

直截了当的信息和真诚的面孔，使得美国前总统里根成为"卓越的沟通大师"。

这里我们谈及了两位影响深远的演说家——马丁·路德·金和罗纳德·里根。他们在演说中所表现的情绪截然不同。金是一个感情激烈的传教士，而里根则显得举重若轻、平易近人。他们与听众沟通的方式完全不同，但背后主要的共同点是乐观的思想主张，显而易见的诚恳态度，表现出与听众的认同和相似，以及信息的简洁明了。历史一次又一次地证明，如果这几个方面搭配恰当，就能非常有效地说服他人。

毁灭性的辩才：阿道夫·希特勒。消极地看，说服力的确能带来毁灭性的影响。希特勒便是一例，这个小个子无论是形象，还是气质都与马丁·路德·金不可同日而语。至少在人性和道德方面希特勒的理想和行为恰好与马丁·路德·金背道而驰。但是，希特勒却有一点与金相似：能打动听众——众多的听众。他演讲时情绪激动，声音抑扬顿挫，从而取得最好的效果。他演讲时紧密联系当时德国人民的思想情绪——受挫的爱国主义自尊心，由于第一次世界大战的羞辱性惩罚导致的怨恨和挫折感。正如其他杰出的演说家，希特勒恪守着一条真理：尽量简单。如今这一做法仿佛是政治演讲必循的准则。用希特勒自己的话来说：

大众的接受能力极为有限,他们能懂的很少。另一方面,他们忘性极大。既然如此,所有有效的宣传都必须集中局限于少数几个要点,而且一定要用标语口号的形式来表现,直到每一个人都懂得这个口号的意义。牺牲这一原则而去追求面面俱到,就必然使有效的宣传工作功亏一篑,因为人们无法理解或者记住讲给他们的东西。(Hitler,1933,p.77)

希特勒除了演讲术之外,还有一个绝招,这可以算作他的特别发明,那就是庞大的演讲场面。你或许已经看过关于纳粹德国的新闻影片以及不计其数的电影片断:成千上万踏着正步的军人,巨大的红色条幅高悬在威严高升的讲台之上,神秘(令人毛骨悚然)的聚光灯,瓦格纳歌剧进行曲。所有这一切都唤起一种让人震撼的情绪,把一种强大的权力感和重大历史意义传递给置身于大型集会而迷失个体的德国人。这些情绪和力量就与希特勒以及他那根本邪恶的思想联系在一起。

奎尔特曾在其专著《宣传与心理战》一书中描述了这种庞大的场面(Qualter,1962,p.112):

希特勒通过庞大的场面来强化他演讲信息的情绪蛊惑力。

　　希特勒和戈培尔所设计的制服、条幅、旗帜和标志全都是纳粹德国宣传机器的组成部分，他们用这些有力的物件来增加其言辞的冲击力。集会绝不仅仅是人们聚在一起演讲的场合，而是精心策划的戏剧表演：背景、光线、背景音乐以及入场和出场的时间都经过周密设计，将本来已经高呼口号、情绪高涨的听众推向兴奋的巅峰。

　　有趣的是，即使在今天，希特勒在这种庞大场合下的演讲仍然能引起人们的注意——即使是那些对德国一无所知的美国学生！沟通者所传递给听众的不仅有语言信息。

致命的说服力：吉米·琼斯。 希特勒蛊惑纳粹德国发起了残酷的战争，使世界支离破碎，他的宣传所到之处，遍地死亡与毁灭。更近期，另一位具有超凡魅力的宗教领袖——一个与希特勒相比并不知名的基督教牧师——说服教徒们做出不可思议的事情：毒死自己的孩子、自杀、杀害不从命的其他教徒。其策划的集体自杀夺去了913条生命，包括200多名儿童。在现代史上这么多人集体自杀，令人震惊，可谓史无前例。

　　自杀悲剧发生的时间并不久远，1978 年 11 月在南美圭亚那的一个偏僻社区，这个社区名为琼斯镇，于 1974 年由一个名叫吉米·琼斯的传教士所创建，琼斯称自己是预言家。琼斯将他的"人民圣殿"邪教组织，从旧金山迁至此地，隐居并寻求极端组织的支持。当听说该组织的成员被虐待时，一名美国国会议员率领记者以及相关成员的亲属来到琼斯镇进行调查。这一行动使当时正吸毒并患病、且有偏执妄想的琼斯惊恐万分。他深恐自己的阵营被人侵入，失去对几千名信徒的完全控制（Galanter，1989）。我们永远也无法知道（在他扭曲的心里）他是否真正害怕对这些人的冷酷杀害。琼斯对访问团热情款待，并回答提出的任何问题。琼斯试图掩盖在这个边陲的丛林小镇他对信徒的噩梦般的宣传，而他的表演险些瞒天过海。直到一小部分教徒提出要随雷恩众议员返回美国时，琼斯才露出马脚。议员及其随行人员即将登机离开圭亚那之时，琼斯派人前去阻拦并暗杀这些人。与此同时，琼斯召集所有信徒，花言巧语地蛊惑，首先描绘出一旦暗杀计划暴露，美国军队反击的恐怖后果；接着描述"为革命献身"的荣耀，在另一个世界可以找到和平和公正。最后，他命令集体自杀开始。当他的命令执行后，琼斯一边向自己开枪，一边命令手下开枪自杀。

让我们来想象一下这种不可思议的情景：吉米·琼斯站在那里满口谎言，做着他的最后布道，几百名教徒则一步步走向装满掺有氰化物饮料的木桶，每人喝下递给他的一杯毒饮，成人自愿地强迫自己的孩子先喝下去。要让每个人都喝下致命的毒药，将近千人的长队不是一时半会儿就可以完成的。排队等候的人无疑会看到前面服毒之人的垂死挣扎，尤其是儿童的惨叫和挣扎——这些孩子们不愿喝有苦味的饮料，似乎意识到了喝下它的后果。即使如此，人们依旧井然有序地走向饮料桶。据仅有的几位幸存者回忆，少数不甘服毒的教徒被强迫注射了氰化物。但绝大多数教徒在没有外力强迫的情况下自愿殉教。随着队伍向前移动，教徒们向被称为"爸爸"或者"慈父"的伟大领袖致以感人的褒奖，然后为他而死。这一切怎么可能发生呢？

由于琼斯认定自己会影响历史，他录下了长达几百小时的演讲和会议录音。琼斯镇的最后时刻自始至终地录了下来，而录音听得人毛骨悚然。随着惨案的细节公诸于世，人们明显地认识到，如果没有琼斯的竭力劝诱，这一集体自杀的悲剧根本不会发生。从录音中你可以听到，琼斯的声音平稳，同时根据需要调整语气，时而缓和，时而恭维，时而明确。你也可以感觉到他"迷惑大众"的高超手腕。当然，琼斯已经掌控了他的信徒。用影响心理学的术语来讲，琼斯已经成为可靠、值得信赖和权威的信息来源。他的信徒因为从一开始就与主流文化有隔阂，很容易转而相信他的歪理邪说——一种所谓社会主义和圣经典范的混合思想。琼斯镇由于与外界正常社会隔绝，到了1978年已经完全接受了琼斯的世界观。琼斯认为，"爸爸"就是耶稣、菩萨等救世主的化身，因此也是他们应该为之奉献全部生命的偶像（Galanter，1989）。与统一教派一样，人民圣殿教每个成员所处的心理环境都经过精心布控——教义只有更加极端和隔离，控制才更加全面和强大。

但你又如何能"宣扬"集体自杀呢？琼斯首先利用他的个人信誉，在他宣布自杀计划时，他提醒他的听众，他从来没有让他们失望过，赐予他们和平和幸福，他多么爱他们，而且努力给他们营造美好的生活。他鼓励听众发表意见，但是有策略地选择那些他认为能奋力支持他观点的人。因此，我们所听到的就是那些感谢"爸爸"的发言。

琼斯的自杀演讲包含沟通理论所称的问题解决结构（Bettinghaus，1980）。琼斯首先提出了问题。他告诉他的信徒，国会议员会被一名愤怒的教徒成员私自杀害（实际上是琼斯下的命令）。所以美国军队将要进攻琼斯镇，会把他们全都杀死，而且是从儿童和老人开始。对这一报复行动没有任何其他解决办法，只能是自己殉身以防止大屠杀。然后，他想方设法制造恐怖效果。现在的问题就变成了如何保护教徒中的弱小成员。琼斯声称："要对儿童和老人友善。"那么整个情形就变成了如何决定自己的归宿，而不由外来势力控制。琼斯说"伟大的耶稣曾经说过，自从有人类以来，没有人能剥夺我自己的生命，而只能是我自己贡献我的生命。"然后琼斯又说："我们不是自杀——我们是革命"。从雷鸣般的掌声中可以看出，琼斯对自杀的重新定义不仅被信徒接受，而且鼓舞了他们。他炮制了一幕新的大家都接受的现实画面，尽管这一现实是疯狂的——但他的宣传方法与卫生官员建议人们多锻炼以增强心血管功能的公众演讲如出一辙。

问题解决结构也能强化"我们"与"他们"的对立心态。而这正是很多人民圣殿教徒顽固的思维方式，琼斯向他们描绘了一幅美国敌人将要屠杀信徒的悲惨景象，激发了他们强烈的情绪反应，产生了防止这一悲剧发生的迫切需要。而在这种情绪鼎沸的气氛中，理性思维会逐渐消失，琼斯从而确保了疯狂行为的发生。

而且，琼斯非常狡猾地消灭了异议者。他首先请这些人发表意见。当一个能说会道的年轻妇女与之辩论可避免自杀的其他合理解决方案时，琼斯所表现出的是一种支持和公平的态度。他说："我喜欢你，克里斯蒂娜，我一直就很喜欢你。"然后又用陈词滥调反驳她，而且挑动其他人，最后迫使最忠诚的信徒走上来公开怀疑她的忠诚。最终，她的意见被否决——由于她的失败，琼斯赢得了这场辩论。而他的信徒却葬送了生命。

当所有的信徒接受了琼斯的这种所谓的"最后解决方案"，即每一个人都开始喝下毒药时，琼斯开始表露对那些仍然犹豫不决的人的不满，他不时地用平稳的语调来说服他们："与你的孩子一起去做。我觉得这是很人道的，而且没有什么痛苦。"不时又像一个失望的家长，表现出不耐烦的语气："应该死得有尊严，别这么婆婆妈妈的。"

从最后的分析来看，琼斯富有煽动性的演讲在说服近千名普通美国公民最后自杀这一悲剧上起到了极大作用。他用花言巧语赢得声誉，然后利用其声誉和口才影响他的信徒自杀。历史上很少有这样能让大众服从宣传者的例子。因此，我们都应该汲取琼斯镇的基本教训——这就是社会影响的作用——来防止这样的人类悲剧再次出现。这也是我们要写这本书的一个目的。

也许我们很难找到有说服力的沟通攸关生死的更生动的例子。但是当我们接下来读到第三种（也是最后一种）影响背景——大众传媒时，就会发现，至少长期来看，这种影响作用具有生和死的意义。而这种意义在很大程度上取决于我们对日常生活中社会加诸于我们的影响所做出的反应。

大众传媒的影响：烟草及广告

想象一下：你在政府办公大楼一间舒适的会议室里参加一个管理层的会议。有十个人出席会议，其中六个人在会议开始后不到半小时就抽了一支烟。而另外四个人几乎一直在抽烟。你作为一个不抽烟的人，对这种情形几乎已经忍无可忍了。通常情况下，抽烟不会特别让你讨厌，身边总会有抽烟的人，而你一般连烟味都不会意识到。但是这间会议室实在太小，空气流通也不好，所以你受不了这越来越浓的烟味，甚至嗓子都有点发痒。但不知为什么你想都没有想过，请这些"烟囱们"不要抽烟了。你是孤立的，你是不同的，谁愿意为这事去得罪大家。

这种状况貌似很奇怪。的确，现在的大学生很难想象以前大多数人都会抽烟，而不抽烟的人被迫保持缄默，不然就会遭社会排斥。但是，这种烟雾缭绕的会议室，正是不久前大多数管理层会议的真实写照。抽烟是潮流，因为它时尚、性感和成熟。如果你不相信我们的话，请观看一些老电影——比如《卡萨布兰卡》这样经典的影片——并数一数其中的抽烟场景。

确实，自从哥伦布把烟草从新大陆带回西班牙，有很多人公开反对抽烟这一陋习。1604 年，英格兰国王詹姆士一世就发动过一场禁烟运动。两百多年后，抽烟在英格兰泛滥，当时的维多利亚女王公开地批评这一陋习。从耽于享乐的 1890 年代到喧嚣纷扰的 1920 年代，禁烟组织发动过不少激烈的禁烟活动——香烟在 1860 年代就开始大规模生产。这些组织声称，抽烟对健康很不利。有些国家甚至把抽烟列为违法行为。有关禁烟运动的辩论，在报纸和杂志上随处可见。

但是，早期的禁烟运动根本没有对社会大众产生任何效果。事实上，禁烟的一方在公众舆论中完全处于下风。从 1930 年代到 60 年代早期，抽烟在西方世界非常普遍，史无前例。我们的大众传媒，不断灌输给我们的是：抽烟是美好生活必不可少的一部分。

从趋之若鹜到离经叛道：抽烟不再酷了。所有这一切始于1964年美国卫生部长的报告，将抽烟和肺癌联系在一起。在1950年代，18岁以上的美国人中有一半都抽烟。大多数男人都抽烟。到了60年代末，抽烟率降到了42%；到了70年代末，降到了35%；到了1985年，只有31%（Shopland & Brown，1987）。在成人的环境中，抽烟现在已经不受欢迎。在很多公众场合和航班上，抽烟都是禁止的。在公众场合抽烟不仅会引起旁人愤怒的藐视，甚至会遭人谩骂。20年内，这样的变化可谓惊人。抽烟现在已经成为小众行为了。

这种巨大的变化彰显了社会影响的力量，社会影响是通过不带个人色彩却又无处不在的大众传媒来实现的。与早期禁烟运动不一样，1960年代兴起的禁烟运动是通过电视、广播电台、杂志、报纸和各种公益广告来进行的。美国人周而复始地听到和看到精心制作的警告香烟危害健康的广告。而且禁烟运动正式得到了联邦政府和医疗界的高度支持，这对普通人而言都是非常可靠的信息源。虽然早期医疗界对禁烟的看法非常不一致，但此时确实得到医疗界的普遍支持（Troyer & Markle，1983）。抽烟危害健康的证据简直无比确凿，毋庸置疑。

在如此大力支持和正当合理的背景下，大众传媒的禁烟运动产生了巨大的影响。我们将在本书第4、5和9章深入探讨大众传媒影响人们心理的方法和原因。但你凭感觉就知道，不断重复的信息是"有效的说服材料"，可以影响我们的意象、恐惧和注意力。不断唤起人们对癌症和心脏病的恐惧，成为戒烟和不尝试抽烟最强大的动机。如此禁烟组织才可能最终给抽烟者贴上"离经叛道"的标签，而且一"污"到底（Troyer & Markle，1983）。虽然美国癌症协会和肺医学学会只告诉我们"抽烟对你不利，请不要抽烟"，但有些组织像"反对抽烟者污染空气组织"（GASP）就不断宣扬被动抽烟的危险："二手烟对人更有害，所以不要让人在你身边抽烟。"如果你还记得1980年代的情况，你就知道后面这条信息不断被媒体宣扬、让人相信，直接导致抽烟的人受到限制，最终破坏了抽烟者的公众形象。

那么为什么许多人仍然抽烟？ 抽烟的减少及大众传媒在其中所起的作用非常引人注目。每年约有150万美国人停止抽烟。但是，大众传媒对抽烟的社会影响甚或有着更引人注目的一面：尽管总的来看抽烟在减少，但抽烟仍然普遍存在——香烟公司的市值也蒸蒸日上。每年约有125万美国人开始抽烟，其中包括刚开始抽烟的人和一些戒烟失败的老烟鬼。

让我们全面而客观地看待这一现象。戒烟运动得到一切社会力量的支持，你可能会认为禁烟将会形成一股不可抗御的力量，几乎能彻底从这块土地上根除抽烟行为。这并不是说戒烟运动本身有错，香烟确实能杀人、害人和伤人。1984 年，美国的公共卫生服务局估计，抽烟每年在美国会引起 35 万人的过早死亡。1990 年，美国卫生部长估计，抽烟每年致死的人数增加到 39 万。也有人估计高达 48.5 万人（Ravenholt，1985）。抽烟已经成为美国可预防死亡案例中的头号致死因素，也是由个体主动促发的唯一重大致死风险。美国香烟的消耗量当时还是世界第一，每年每个成人平均抽 3500 支香烟。一天抽一盒烟的人在 10 年内大概要花费 7000 美元。与抽烟有关的疾病，大概花掉了 500 亿美元的医疗和保险费用，导致的经济损失超过 400 亿美元（Davis，1987；Sullivan report to Congress，1990）。随着抽烟危害健康的证据越来越多，你可能认为抽烟现在几乎是明日黄花了。

请三思！无数的美国人还在抽烟，世界其他地方也一样。约有 31％的美国人抽烟，即使逾 90％的美国人都意识到抽烟的严重危害（Shopland & Brown，1987）。当然你会说，要戒除生理和心理的成瘾是很困难的。现在还在抽烟的人大部分难道不是无法戒烟的老烟枪吗？要真是这样就好了。事实是，每天有数千人加入抽烟的大军中，其中许多人都是青少年。每天 5 个青少年中就有 1 个开始抽烟。1980 年代这一数据基本没有变化。发生变化的是越来越多的女性青少年开始抽烟。在人类历史上，女性抽烟的人数第一次超过男性（Davis，1987）。抽烟人数在女性青少年中不断增加，并且在所有女性中保持稳定，即使男性抽烟人数在下降。因此，在不远的将来，在整个青少年和成人中，抽烟的女性将比男性多。

抽烟恶习的持续真正说明了我们这个时代大众传媒巨大的影响力——这种怪象完全是由资金雄厚的烟草公司创造的。他们财大气粗，足以进行最有诱惑力和创造力的香烟广告和市场营销活动。1984 年，烟草商在香烟广告和宣传上花费了 21 亿美元——是 10 年前的 7 倍（David，1987）。到 1989 年，这一数字已经增加到 30 亿美元，是居于第二和第三位的广告产品——药品和酒的两倍（Blum，1989）。我们这里谈论的是精明的商人花费大笔金钱制造扭曲现实的形象，引诱美国人实施伤害自我的行为——就像琼斯所做的那样，只是程度轻得多。

健康、强壮和自由的形象。烟草商对付健康警告的策略，就是推出焦油和尼古丁含量低的香烟。就像我们将在本书多次看到的那样玩弄文字游戏（故弄玄虚），这是许多社会影响常用的伎俩。抽这种"轻"香烟，对健康影响较小，很容易被理解成"更健康"，至少"更安全"（即使没有直接这样说）。比如有一条著名的香烟（Vantage）广告，一名健康的帅哥说"我听说高焦油香烟不好，所以我开始寻找低焦油香烟"。显然，这样一来，你不可能说低焦油香烟不好。当然事实并非如此，低焦油香烟同样致癌。

最近，低焦油和低尼古丁的广告策略又有了变化（Altman et al.，1987）。现在的广告只是在老品牌的香烟和美国人积极健康的生活方式之间建立关联。"新港"香烟提出"快乐生活"。仅从广告上看，香烟和许多人们喜欢的娱乐活动联系在一起。棒球场上"温斯顿"香烟的口号是"温斯顿，成功的口味"。"万宝路"针对西部牛仔的口号是"新精神"。滑雪者会发现"阿尔卑斯"香烟的口号是"高峰新体验"。所有这些从事积极活动、看上去很健康的人怎么会抽烟损害自己的健康呢？

香烟的销售商们推出了特别针对妇女的香烟——它们有自己专门的品牌。当"弗吉尼亚"牌轻巧型香烟首次推出时，它的口号是"宝贝，你终于来了"。它很巧妙地把抽烟和妇女解放运动联系在一起，使抽烟不再受男性和由男性制定的社会规则所左右。这是一则成功的广告。当然设计者是男人。此后一大批针对女性的香烟汹涌而来：Eve、Silva Thins、Salem Slim Lights、Satin、Ritz 以及Superslims。女性香烟别具一格：小巧，带过滤烟嘴，有专门设计的漂亮商标。女性香烟的形象是鲜明的，就是要表达抽烟让你看起来苗条、小巧、新潮和时尚。

当然，性感是女性香烟的另外一个卖点。衣着暴露的女性和浪漫的背景是1970 年代和 1980 年代香烟广告中第二种最常见的情境，仅次于娱乐广告（Altman et al.，1987）。

宣传和市场策略。烟草广告主为了鼓励抽烟，不仅制作了这些形象突出的广告，同时还非常认真地研究广告的投放场所。年轻人爱读的杂志（如《滚石》）刊登的香烟广告都与娱乐和活力有关。成年妇女杂志（如《大都会》）的广告则浪漫，宣扬苗条、小巧和独立。而香烟的广告牌主要竖立在以蓝领工人和少数族群为主居住的地方，因为这些地方抽烟的人很多。这一切看来都经过周密安排。确实是这样的，一切都为了赚更多的钱。

从 1960 年代开始，烟草公司就大力赞助重大体育赛事和文化项目。"弗吉尼亚"轻巧型香烟就首次冠名赞助了职业女子网球巡回赛，此举增加了女子体育项目的奖金，提升了公众对女子运动的关注度。也许你会问，为什么烟草公司每年

致命的形象：香烟广告试图帮 '喜欢抽烟的人' 将抽烟与快乐、体育、音乐、性事、浪漫、高贵和自由联系起来。

都给参与贫民区发展的人颁发"库尔成就奖"，或者为什么烟草公司会赞助拉丁裔的街道联欢、室外爵士音乐节，或其他能够悬挂烟草公司标识的重大活动。如果烟草公司为我们的社区付出了这么多，难道我们不应回报一下，抽点它们的香烟吗？赞助这些活动使烟草公司的形象得到正面宣传，很像黑手党头目给小教堂大笔捐款。

记者和名人的帮助。烟草公司在塑造其良好形象方面也得到了其他大众传媒的帮助。你有没有注意到几乎所有的音乐视频中都有抽烟场景？有没有想过麦当娜和助手在MTV音乐颁奖会上公然抽烟的行为会对无数的青少年粉丝带来什么影响？在影片《白夜逃亡》中，男主角疯狂地抽烟和跳舞会给大众带来什么影响？当记者和评论家们谈论吸毒和艾滋病导致名人死亡时，却很少有人提及曾经的耶鲁大学校长、美国棒球协会主席巴特"每天三包烟"的恶习造成他51岁时死于心脏病。大众传媒在传播戒烟信息的同时也试图说明，抽烟还有一些正面作用。比如，很多重要人物都抽烟，或者相对于一些真正的社会问题（吸毒、不安全性行为等），抽烟只是小恶。大众传媒和烟草业狼狈为奸的主要原因是杂志和报纸收取了巨额的平面广告费，而获得资助的国会政治游说团体则竭力说明联邦、州和地方政府从烟草税收中得到的收益多么巨大。他们需要这笔钱，因此要抵制任何想要人们戒烟的企图。

媒体搭建舞台。我们刚利用抽烟这个问题来说明大众传媒的社会影响，信息即使以与个人根本无关的方式传播也会影响人的思考与行为。当然，抽烟还受到其他因素的影响。比如同伴压力（特别是在青少年之间）、尼古丁的成瘾作用（特别是当抽烟已经变成习惯时）以及抽烟带来的生理快感（将抽烟与宜人的活动联系在一起）。但请注意，麦迪逊大道和好莱坞营造的正面抽烟形象，主要是让更多人抽烟，而这些人转而成为施加同伴影响的人或者自认的成瘾者。

烟草业煽风点火。烟草商还在不断想方设法保持烟草业的繁盛。不再使用"低焦油和低尼古丁"口号，现在的口号是"低度抽烟"。近来弗吉尼亚轻巧型用整版广告宣称："低度抽烟轻巧迷人。再见了，重度抽烟！拥抱这专为女性制作的第一支轻度香烟！"（San Francisco Chronicle, 2/20/90）。同时他们也攻击戒烟运动的成员，称他们为"戒烟狂"，污蔑他们为试图控制美国人自由的极端分子。烟草业把抽烟从一个健康问题转变为一场宪法危机：抽烟是美国人的自由选择，而戒烟倡导者却试图剥夺抽烟者的基本权利（Blum, 1989）。有关香烟广告的多重作用参见表1.1。

表 1.1　香烟广告的作用

1. 从"脆弱群体"中吸引新的抽烟者。

2. 维持烟民对抽烟的忠诚（抵御来自反对抽烟者的戒烟压力）。

3. 诱惑戒烟的人重新抽烟。

4. 诱使抽烟者尝试新的品牌或尝新的特色（每年只有大约 10% 的人这样做）。

5. 通过将抽烟与正面价值和"美好生活"联系在一起，制造抽烟为社会接受的假象。

6. 通过展现抽烟者的正面形象，使得不抽烟者在抽烟的健康危害和社会威胁方面变得淡漠。

7. 建立免疫机制以抵抗议员、记者和商业利益群体的抨击。

（资料来源：Alan Blum，1989.）

　　烟草广告的目标也在发生变化，从白人中产阶级男性（戒烟人数最多）转变为女性、青少年、同性恋者、蓝领工人以及黑人和西班牙裔的消费者。我们会简要谈一谈最近针对"豪放女"的香烟广告运动。最后要谈一谈"香烟的种族大屠杀"。

　　根据《华盛顿邮报》（The Washington Post，2/17/90）刊登的一则故事，最近一家广告公司为雷诺兹烟草公司推出了详尽的营销战略，主要针对"没有受过良好教育的年轻白人女性，公司称为'豪放女'"。针对 18 ～ 24 岁女性的市场竞争变得非常激烈。因为这一人群的抽烟人数猛增，而其他群体的抽烟人数却在减少。它在达科他州新的香烟营销目标锁定"豪放女"消费群，她们的受教育程度不超过高中，很想早点结婚，虽有工作但没有前途。她们喜欢旅游和聚会，喜欢跟男朋友一起参观车展，喜欢全部由男性组成的摇滚乐队。因此在推出广告之前，公司决定组建自己的摇滚乐团，乐团的名字就叫"达科他"。

"抽烟的种族屠杀"。1981年的美国癌症协会手册指出，烟草业一系列企图增加美国黑人和西班牙裔抽烟的营销行动是"种族屠杀"，这一点也得到那些批评烟草业居心叵测地危害少数族群居民健康人士的认同（Blum，1989）。下面我们看一看抽烟对黑人社区的影响，简单回顾一下烟草业支持抽烟和压制戒烟的各种方法。然后用例子说明针对黑人抽烟者的广告运动。

　　1990 年美国国家癌症研究所（National Cancer Institute）发布的癌症死亡统计表明，美国黑人癌症死亡率的攀升比白人快得多，前者是后者的 20 ～ 100 倍。在过去 30 年中，美国黑人男性的癌症死亡率从每年 10 万人中的 189 人增至 250

人，而同期白人男性的增幅很小，从 10 万人中的 174 人增加到 188 人。美国黑人男性的癌症死亡率比白人男性高 44%，与此一致的是黑人女性的癌症死亡率比白人女性高 14%。生活方式以及饮食、酗酒等因素可以解释癌症数据诸如此类的种族差异。但是抽烟增加的种族差异直接导致黑人更易罹患肺癌、咽喉癌和口腔癌。为什么他们要抽烟？为什么他们抽烟越来越凶，死亡率如此之高？

其中一个原因是媒体的广告宣传增加了抽烟对黑人的吸引力，广告公司设计的烟草广告都迎合黑人的基本价值观。在这类社会影响之外还有次要因素：广告收入以各种形式回馈黑人社区。一些针对黑人的杂志（如《乌木》《黑玉》《精髓》）刊登了很多香烟彩色广告。公共交通站、加油站、洗衣房、电影院和其他地点的电子广告牌和海报给黑人社区的很多人带来了收入。据估计，少数族群社区的广告 80%～90% 都是烟草广告。如上所述，烟草公司对社区活动的各种资助和奖励是其用来消解潜在的反对力量的一种策略。无怪乎某位黑人广告公司的总裁不无忧虑地说，如果他们取消烟草和烈酒的广告，黑人的报纸和杂志可能无法生存，同时一位黑人营销杂志的出版商哀叹："每个人都将损失巨大"（Newsweek，2/5/90，p.46）。

对烟草巨额收入依赖的结果就是，大部分面向黑人读者的出版物很少报道香烟和癌症的关联，也很少报道探讨少数族群癌症问题的公开会议。对抽烟危害报道的缺失，直接导致人们认识不到抽烟的危害性。1986 年研究者对 1000 名芝加哥居民调查发现，89% 的黑人受访者和 86% 的西班牙裔受访者不知道抽烟是致癌的 9 大风险之一（Dolecek et al.，1986）。

就像"达科他"广告运动针对女性一样，烟草公司也用"市场细分"策略来让黑人抽烟。这种针对黑人的广告和销售计划，宣传的是黑人的需要、价值观和自我意象。最近费城城区的黑人就受到一条新广告的冲击。新香烟的名字叫"上城"，花哨的广告宣扬魅力、时尚和夜生活。广告词是："上城，你向往的地方；你追求的品味"。

由于社区和政府有关部门对这一广告策略的公开反对，迫使雷诺兹烟草公司不情愿地撤销了这一计划。虽然黑人社区赢得了这场战争，但谁也不能肯定，哪一方将最后赢得这场香烟战争。但鉴于烟草带来的税收和利润，谁也不能肯定说烟草公司一定落败。虽然将这种影响情境称为"种族灭绝"有点极端，但是少数族群确实成为诱惑抽烟的目标，而抽烟将导致很多人死亡，并且这种针对性可能

特别针对城市少数族群而设计的香烟广告是常见的市场细分方法。

还在延续。有关辩论还会在美国和世界各地持续下去。

　　抽烟问题是支持者和反对者互相说服的战场（Troyer & Markle，1983）。它说明社会影响的策略和过程在整个国家层面影响我们所有人，不管我们是否抽烟。我们要为抽烟致病或死亡的人的医疗买单。我们付出的代价表现为保险费、医疗和研究资源的消耗以及人员损失的悲痛。另一方面，与香烟有关的问题，例如人身自由以及对自由的限制，也是这场争议的焦点。如果抽烟应当受到限制，接下来我们又会限制什么？由此可见，抽烟这个例子，以及前述说服和信念改变的例子，都表明虽然只有学术界研究社会影响，但社会影响实际上远远超出了学术范畴。社会影响是我们生活的一部分，有时攸关生死。

影响的ABC：态度（Attitudes）、行为（Behavior）和认知（Cognitions）

　　影响者的目标归根结底是要改变影响目标的行为。邪教的招募者希望他们招募的对象在隔绝的社区生活、工作和祈祷。他们希望招募对象为了宗教理念献出金钱和时间。金博士努力说服白人和黑人一起参加非暴力的游行示威、积极投票，他还希望普通大众能够包容其他种族的人。烟草商斥巨资做广告企图让人们开始抽烟和继续抽该品牌的香烟。这种影响人的游戏其实更应称为行为改变。

但是，如果影响目标的行为并没有改变，能否说影响的企图就完全失败呢？绝对不是这样！影响的努力却可能成功地改变目标的信念或态度。假设一位新招募的统一教派成员在周末访问该教派的乡间隐居处，他周一就走了，也没有加入这个组织。但在听到教会成员描述他们如何生活、希望得到什么，观察到这个教派村落的日常生活之后，他不由得会放弃自己之前对统一教派的看法：偏执、危险、不合法。他现在的看法是，统一教派展现了另一种适当的生活方式，也许符合某些人的需要。进而可以想象，他离开时的确对他们的生活方式有了好感，也有一点喜欢自己遇到的统一教派成员。

最后的这些变化正好说明"新人"已经对统一教派产生了正面的态度。本质上，态度就是对某特定目标的评价性倾向。它是一个人对特定事物或者个体在喜欢到讨厌或赞成到反对的连续谱上所给出的评价。态度关乎我们喜欢什么，讨厌什么，我们推崇什么，反感什么，是我们评价自己与环境关系的方式。态度是一种倾向性，在这个意义上态度是习得的倾向，以某种特定的方式思考某个事物、某个人或某个问题。

态度和信念的改变能给影响者带来什么好处？好处多多，因为这些内在变化往往奠定了后来行为改变的基础。个体对统一教派新形成的正面态度，会使他将来更容易相信支持统一教派的信息，或者在人生失意时更可能加入这一邪教组织，或者更可能支持其他人加入这个组织。

也许更好的例子还是那些无情的香烟广告。任何一条广告（甚至 100 条广告）也许都不能让一个 15 岁的女孩开始抽烟。但是香烟广告不停地将抽烟与快乐、时尚、性感、令人激动的名人（如麦当娜）联系起来，可能就会让人对抽烟产生正面态度（也许不在于香烟的味道怎么样，而是在于抽烟时看起来如何）。此外，香烟广告中那些健康强壮的模特，或者广告不断强调的现代化的低度香烟，也许会让人认为抽烟也许没有那么不健康。现在请想象一下，如果这个女孩受到了 10 年级同伴的压力，开始尝试抽烟。那么有了这些媒体带来的正面态度和信念，她在抵制同伴压力时与她从未受这些态度和信念影响一样吗？未必一样。因此，信念和态度的改变，也许不会直接引起行为的变化，但是却使个体更容易受到后续社会影响的作用。

态 度 系 统

以上例子说明了我们对社会事物的 5 种反应。第一种是行为本身，我们投票、购买商品、在请愿书上签名、献血，这些都是行为。第二种是行为意向，指在做某事之前的期望和具体的行动计划，有点像新年的誓言，这些计划可能从不会实施。第三种是指引我们行动的观念、信念或者（更宽泛地说）认知，包括关于某个事物和个体"应该"如何对待它的一些信念和知识。第四种是情感反应、情绪或"本能的感受"，反映了个体处在生理唤醒水平上的态度（快感，悲伤等等）。最后是态度本身，即对某种事物的整体评价，包括以上方面。因此我们可以将态度宽泛地定义为建立在认知、情感反应、行为意向以及过去行为基础上的评价性倾向，这种倾向本身可以影响我们的认知、情感反应、未来意向和行为（Zanna & Rempel，1988）。

这一定义意味着态度的各个部分不是独立或割裂地分散在心理的不同角落。恰恰相反，它们的相互联系非常紧密。认知和态度协调一致形成所谓的对某个事物的心理表征。事物出现在心头时会引起情感反应和外在行为，反过来它们又会给该事物的心理表征注入新的信息。因此，关于某个事物和问题的态度、行为、认知和情绪就构成了一个人特有的反应系统。因为态度是这个系统的整体概括

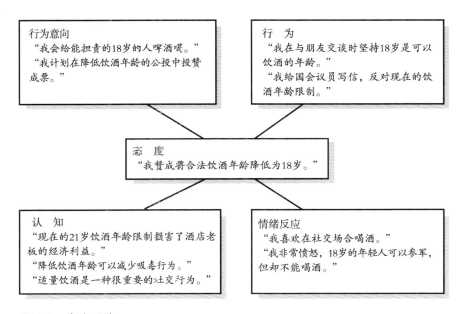

图 1.1 态度系统

（如"我喜欢它"），所以又称为态度系统。图 1.1 就是态度系统的示例。

下面我们由浅入深地探察心理表征。先举个具体的例子，如相机。你可以想起普通相机的意象。想一想它，然后列几条关于相机的知识（比如它如何工作，它值多少钱）和各种有关相机的观点（比如用好相机需要对光影知识有足够的了解）。这一意象还包括你使用相机的倾向和行动经验（如你在度假时买了相机，在圣诞节早上获得相机）。毋庸置疑，在你想相机时，将意识到自己对相机至少有了一定的态度（你可能有点喜欢相机，毕竟相机确实留下了你幸福生活的一些回忆）。

总而言之，你对相机有着复杂的心理表征：一套有组织的相互关联的想法和情感。实际上，我们对生活中的许多事物都有心理表征，比如社会问题（堕胎、税收），社会团体（邪教、自由党）和信念（民主、言论自由）。比如，个体除了有反对或支持堕胎的态度外，还可能有关于堕胎的事实性知识（在头 3 个月里打掉的胎儿并没有可辨认的人形）、各种观念（生命始于受孕）、情绪和情感反应（想到有位朋友堕胎时的伤感）以及行为倾向（给支持堕胎或反对堕胎的政治候选人投票）。

一个正在组织化的主题：以变促变

在有组织的系统里态度、认知、情感、意图和行为之间的相互联系有着非常重要的意义。它意味着任何一部分的改变都可能引起其他部分的变化。信念的改变可以导致态度的变化。就像前面的例子所揭示的，新的态度最终会导致新的行为（或者如后面的章节所示：行为的变化也可以引起态度的变化）。总之，新的态度会影响我们如何认识社会事物，因此，态度的改变也可以导致信念的改变。

必须指出，态度系统的组织并不总是很严密。有些态度可能主要建立在感情基础上，也许与我们的信念或观点关联甚少，除非我们花大力气仔细思考我们的态度（Millar & Tesser，1986；Wilson et al.，1989）。不过一般情况下，态度的各个部分还是存在一定的相互联系的，总是"结伴"出现的。

这种相互联系实际上还能引申到其他方面。个体对某个事物的态度和信念，也许与他对另一个事物的态度和信念有关联。比如，某个人对美日自由贸易持负面态度，而对给予大公司税收减免持正面态度，也许正反映其下共同的观念：促进美国经济的关键是降低国内的失业率。如果改变这种观念，那么上述两种态度也许都会发生变化。

总之，这里探讨的是态度主题，态度是我们理解各种社会影响现象的基础。具体而言，态度系统是有组织的系统（无论在态度内部的各个组成部分之间，还是在不同的态度之间），因此，改变个体态度的某一个方面，通常会引起其他方面的变化。

以态度为中心的其他主题

从影响的角度看，态度一般是态度系统和相应心理表征中最重要的部分。评价的倾向性（形成态度）是人类的本能。的确，我们似乎会自动地对碰到的任何事情做出评价，不管遭遇多么短暂，或者事情多么轻微（Zajonc，1980）。当人们对人或物有了首次体验后，要求他们进行描述，几乎不可避免地给出某种或好或坏的判断（Osgood et al.，1957）。那么态度就成为一种普通而弥散的心理反应。即使我们对某个事物的心理表征事实上并没有形成观念，也缺乏真实的了解，仍能形成对它的态度（喜欢或讨厌）。我们的许多偏见（我们对自己了解很少的一群人所持有的负面态度）都是这样形成的。

态度影响知觉和思维。 在后续章节我们将看到，原本缺乏知识基础的态度，可能会影响后续知识的获取和观念的形成，而这些后来获得的知识和观念最终可能"填充"以前空白的心理表征（Pratkanis & Greenwald，1989）。我们对于事物的整体评价影响了我们对其见闻的解读。比如，你对某个摇滚新人有很好的第一印象，你可能会特别关注他的音乐中适合你既有品味的细小方面。如果你一开始讨厌他的音乐，你可能只听见那些你不喜欢的东西。

这可以总结在第二个正在组织的主题里（第一主题强调心理的组织和联系）。态度确实受到思维的影响，反之亦然。所以我们第二个基本主题就是态度引导知觉和认知过程。

态度是易获取的评价性总结。 态度的另一个重要作用来自其作为评价性总结的地位：我们对问题持何种立场。作为总结性评价，态度较易进入脑海。人们没有时间和脑力去仔细思考自己碰到的所有刺激和情境。如果要对社会事物进行决策，特别是不重要的决策时，我们不会想起与该事物有关的所有观念和事实。而是直接要结果，回想我们通常的态度，并让它引导我们。

态度作为易获取的评价性总结，引出了本书频繁遇到的第三个主题。根据情境因素和个人因素，人们对影响企图的反应可以从一个极端变为另一个极端：从深思熟虑、仔细分析、系统考察，到肤浅、匆忙、自动甚至几乎"没脑子"地反应。在"没脑子"这一端，先前的态度就足以引起反应。在极端的"没脑子"状态下，我们可以看到行为反应就像自主性反射活动，几乎完全不考虑态度。这种情况通常出现在态度很弱或者根本没有态度时。

态度可以定义自我。最后，态度也是对于事物的立场（"我讨厌这个""我支持那个"）。准此而论，更重要的态度有助于我们形成自我的定义（Pratkanis & Greenwald，1989）。也就是说，态度告诉外界（和我们自己），我们是什么样的人。态度具有"徽章价值"（badge value）（Abelson & Prentice，1989）。我们是所有态度的总和。我们将会看到，定义自我的态度会影响我们对很多重要问题的行为和态度。而且，人们并不会轻易改变定义自我的态度。这些事实会使潜在的影响者感到头疼，这也显示了最后一个主题：既然人们对重要问题的态度有利于维系个体的自我定义和自尊，那么许多影响过程可能会改变人们的自我认知，而不仅仅是改变态度本身。在后面章节的一些例子中，我们会看到社会影响的目标不仅是改变人的态度和行为，它的野心甚至要"改变人格"或者"完全控制人的心灵"，就像一些邪教或军事组织所做的那样。

由于这些原因，态度就是诸多影响策略至关重要的突破口。社会影响的最终目标可能是改变行为，但通向这一最终目标的很多途径都要经过复杂的态度系统。

社会心理学视角

虽然本书引用的研究资料来自许多不同的领域，包括传播学、社会学、政治学、工商管理和消费行为学，但是大多数都来自社会心理学。事实上，我们研究社会影响的主要方式是社会心理学取向的。

什么是社会心理学的取向呢？基本上，社会心理学取向具有 4 个主要特点。第一，其作为心理学的焦点是个体行为和心理过程。社会学家侧重于群体和机构。传播学研究者一般关注传播本身的结构和内容。相形之下，社会心理学更关注人们的心理过程，以及他们的思想、感情和行动是如何受其他人影响的。我们可能已经让大家体会到了这一特点，在前面导入部分讨论的就是人们的态度、信念和其他心理事件是如何形成并互相影响的。

社会心理学取径的第二个特点是强调行为的情境原因。社会心理学的一个重要原则是，人们头脑中的活动（心理过程）主要是由外在因素决定的。特别重要的因素有：别人的言行以及具体情境的特点，情境会通过个体过去习得的经验引发特定的解释和行为模式。社会心理学的先驱勒温很早就提出了一个简单的公式，即行为是个体特定人格和他所处情境的共同函数。社会心理学家强调这个公式的第二部分——"情境的作用"，虽然他们也意识到在决定行为时个人倾向性所起的作用。当然，态度就是社会心理学家感兴趣的个人倾向性变量。他们意识到人们在态度上的个体差异的重要意义。但是，社会心理学家主要关注态度和其他内在倾向是如何受社会情境影响的，以及情境又是如何总对行为和思想产生如此强烈的影响，以至于这种影响能够超越人们之间的个性差异，使不同的人面对同样的情境做出类似的反应。本章前面的一些例子生动地说明了当前情境的重要作用，特别是琼斯镇大规模自杀事件。

社会心理学的第三个特点，是对主观知觉的强调。人们如何定义社会情境往往比客观现实本身更重要。比如，你对一位刚认识的朋友的积极态度，更多地取决于你对他与你有很多共同点的认识，而不是他人评定的你们彼此间实际的共同点。事实上，如果现实证明他与你并不太相似，你可能想知道为什么自己一开始会喜欢他呢。答案就是社会心理学的解释：那时起作用的是个人的主观知觉，或者说我们对现实的社会建构。

社会心理学的第四个特点，也是最后一个特点，是其科学性和实验性。像其他社会科学家一样，社会心理学把人的行为当作自然现象。与自然界其他现象（如地震断层的运动、火箭推进剂中的化学反应、植物细胞的生长）一样，"人类行为"也必须在有控制的情况下进行研究，从而理解其运行原理。"只做理论总结不动手实验"对社会心理学家而言过于主观，容易出现偏差（特别是当研究对象是我们自己时），而且容易疏忽一些很难"看到"的原因。因此，社会心理学取径是进行有控制的观察，这种观察遵循严格的规则，包括观察的时机和对行为的编码。

社会心理学最常用的方法是实验法。它的主要优点是能够对各种变量进行有效的控制。如果研究者怀疑甲导致了乙，他就可以设计一个实验，让一些参与者曝露于甲（实验组），而另一组参与者则不会曝露于甲（控制组）。同时，其他变量对于两组参与者的影响保持一致。如果实验组比控制组表现出更多的行为乙，那么根据逻辑研究者就会得出结论：甲导致了乙，直到其他研究数据表明还有其他结果。

本书提及的所有社会影响的知识和理论实际上都来自科学研究。书后的两个附录总结了各种研究方法。如果你以前没有学过心理学研究方法，或者你认为自己需要重温这些知识，你可以仔细地阅读这些附录。虽然说这不是必需的，但熟悉一些社会心理学的研究方法肯定能加深你对书中心理实验的理解。

各章概要

现在我们做好了探索日常生活中社会影响诸多有趣途径的各种准备。那么我们现在先简单地预览这一旅程。请记住态度系统这一基本概念，即态度是由情感、认知和行为构成的个人化系统对某一事物所做的评价性总结。同时请记住，态度系统可以介入任何层面，包括态度本身、情绪、信念和行为。之后的 4 章主要探讨通过态度系统发挥作用的 3 种影响途径。第 2 章我们要探讨直接针对行为也能改变行为的影响力，这种影响力不必先引起任何态度或者信念的变化。你也许早已经听说过一些描述这些过程的说辞，如服从、从众、顺从和条件作用。第 3 章主要讲述相互关联系统这一思想，我们将看到行为的直接变化是如何引起态度和信念变化的心理连锁反应。也许，你对自己做过的事情在事后会找各种合理化的理由。这是"先改变行为，后改变态度"这一连锁反应的一部分。第 4 和第 5 章主要探讨说服过程——这一常被马丁·路德·金以及今日的电视传播者所偏爱的影响技巧。说服过程试图通过呈现信息和论据来改变人的态度。一般的影响过程是从信念到态度（第 4 章），从而引起行为改变（第 5 章）。其中一个关键问题是如何使说服持续起作用（第 5 章）。

然后，我们转而关注另一个主题，即有些态度能定义自我，以致持有这种态度的人即使面对最理性的恳求也固执己见——或者荒谬的是，那些假装和他们有相同观点的影响者却可以操纵他们。第 6 章更广泛地探讨对社会影响极端抵制和极端接受的对立状态，以及这些状态是如何改变的。我们要讨论一些让极端分子软化态度的一般策略，或者训练青少年抵制香烟广告和同伴压力的具体办法。

第 7 章要探讨在被影响者意识不到的情况下受影响的程度，特别重要的是一些引起情绪反应的影响技术和沟通技术。这类技术包括条件作用、非言语沟通（面部表情等）以及阈下信息。

　　第7章最后我们将讨论社会影响最基本的理论和研究课题，此间我们会顺带谈谈社会影响理论的实际应用和多方面的意义。最后两章的重点将会转向实际应用，必要时才会回到理论。第8章主要讲述司法领域里的影响过程。心理学与司法的结合越来越紧密。无怪乎社会影响成为警察讯问、法庭陈述、陪审团审议等司法活动的重要组成部分。第9章侧重于所谓的亲社会影响。你也许知道能利用心理学来销售产品和赢得选票。但你是否知道还能利用心理学影响人们去保护环境和自己？而且，你是否知道在正常人身上起作用的影响技术稍加改变就可以用于心理治疗，帮助苦恼的个体恢复心理健康？第9章将探讨这些实际的应用。

　　最后，我们要提醒大家，阅读这本书，一定会改变你。如果你认真而审慎地阅读这本书，你就可能成为很有效的影响者，也能更好地抵御生活中有害的影响。所以，预先提出警告，我们的目的就是要改变你信念系统的某些方面。至于你的行为是否随之改变，就不是我们能够控制的。行为变化很大程度上是由你和你所处的情境决定的。请享受这段旅程，我们已经体验到了这一智慧旅程的快乐。

小　结

　　第1章我们探讨了社会影响，用生动的例子说明了人际、说服以及大众传媒所产生的影响。然后我们描述了人们面对各种问题、人物和客体所表现出的心理和行为反应，都可以理解为态度系统。最后，我们总结了社会心理学的取径，介绍了后面几章要探讨的问题。

- 在社会影响过程中，一个人的行为会改变（或企图改变）另一个人的行为、感受和想法。
- 社会影响无处不在，广告、政治竞选、心理治疗都涉及影响，一如我们日常生活中与朋友、家人和同伴的互动。影响的情境可以根据个别化程度和受影响的人数来归类。在人际情境中，一个或者少数几个影响者对一个或少数几个对象进行一对一的沟通，说服情境包括一个影响者试图改变很多对象，大众传媒情境包括通过大众传媒（如电视）向数百万的对象传播不针对特定个体的信息。
- 邪教组织（如文鲜明统一教派）的招募和灌输说明了人际影响的力量。年轻人处在人生的过渡阶段，很容易被一些有吸引力的招募者说服，加入邪教组织，献出大量时间招募成员和募捐。邪教团体会使用很多影响技术，如强化、承诺、连续说服、资源控制等，促使很多被招募者信奉邪教教条。

- 说服的精髓在于有效地使用文字与修辞。虽然马丁·路德·金激情澎湃，里根总统沉着冷静，但他们都是有效的沟通大师，都带来了社会的变革。他们都重视与听众的认同和一致，传送清晰而积极的信息，利用声音和表情表达真诚。希特勒和琼斯使用了类似的说服技巧，精心安排情绪强烈的情境，从而宣传大规模屠杀和自杀行动。

- 自1960年代开始，抽烟有害健康的信息导致了抽烟人数的剧减，由此可见大众传媒的影响。尽管大众传媒不断谈到香烟的危害性，仍有30%的美国成年人继续抽烟，而且每天都有几千美国人（特别是青少年和妇女）开始走向抽烟的道路。香烟广告的抽烟形象普遍是健康的、性感的，象征着个人自由，同时烟草公司又赞助一些体育赛事和文化盛事来进一步提升抽烟的形象和魅力。通过复杂的市场细分研究，香烟广告攻势主要针对可能开始或继续抽烟的人群，开展促销活动，满足他们的需求。

- 即使某次影响并没有立即引起行为变化，但可能改变信念和态度，这样就奠定了以后行为变化的基础。态度是个体对某个事物的评价性倾向，这种倾向构成了关于这一事物的态度系统的核心。态度系统包括5个部分：态度、认知（信念和知识）、情感反应（感受）、行为意图和行为本身。

- 由于态度系统是有组织的整体，因此，任何一部分的变化（如态度）都可以引起任何其他部分（如行为）的变化。对于某一事物（如抽烟）的态度系统发生变化，可以引起对有关的其他事物（如广告公司）的态度系统变化。

- 态度是态度系统中最重要的组成部分。我们的态度会影响我们的思想和认识，起到总结我们立场的作用，能从我们的记忆中提取出来，并轻易地使用，从而维系我们对同一性的感觉。

- 影响研究的社会心理学取径主要有4个特点。第一，关注个人行为和心理过程。第二，强调社会情境对行为的动因作用。第三，假定个体对社会情境的知觉比客观现实本身更能影响人的行为。第四，依赖科学的方法获取和评价证据。

问题与练习

1. 请对比人际情境、说服情境和大众情境。你认为最近被这三种情境影响的例子有哪些？这些情境及相应的影响技巧相似吗？它们有哪些差异？

2. 大多数人不时都会接受某个社会团体（如学生社团、体育队、俱乐部）的态度、价值观和信仰，请说明这些团体所采取的影响方式与邪教组织（如统一教派）的异同点？为什么邪教组织比以上组织更具有"强迫性"？

3. 请列举公共健康运动促上百万人戒烟成功的原因。针对每个原因谈一谈香烟广告又是如何反扑的。为什么你认为这些反扑在有些人身上起作用，而在另一些人身上不起作用。

4. 请描述你对于重要问题或事物的个人态度系统。指出这个系统的5个组成部分，解释这些态度成分如何定义你的自我，以及如何对你起作用。

第 **2** 章

影响行为：直接途径

❖

以下的行为改变有什么共同点？

- 贾森是一个青年工人，他非常喜欢夜生活和参加聚会，上班经常迟到。现在工厂实行了一项新的制度：每月的奖金与准时上班以及全勤挂钩。新制度实施后，贾森连续 20 个早晨提前到岗打卡。

- 哈维将他的经济学课本戏称为瞌睡书。因为每当他要读这本书时，他总是很快就睡着了。可是，当经济学教授询问班上同学有哪些人喜欢她指定的这本教材时，与班上的另外其他 5 位同学一样，哈维非常认真地点头表示自己喜欢。

- 希拉里不愿意借钱给简。当简向她借 100 美元时，希拉里没有答应。希拉里知道，简不仅借钱从来不还，而且还是一个"买东西买到手软"的购物狂，总是缺钱。但是，第二天简哭着向希拉里借 20 美元时，希拉里妥协了。因此，希拉里就得努力挣工资。

这些常见事例都涉及社会影响。行为不会主动地发生改变。行为是通过他人提供的金钱、同伴压力或者使人感到内疚的小伎俩（如简的例子）而被动改变的。但是，行为的改变还有其他一些共同点。以上行为改变的例子未必先有（甚至伴随着）态度或信念的改变。相反，在每个事例中，似乎都有一种针对特定行为的相当直接的影响。

如果我们告诉你只有当金钱（奖金）存在时，贾森才能够听到早晨的闹铃，你肯定不会感到吃惊。贾森并没有突然地喜欢上了准时上班，也没有把守时的积极态度内化为自己的基本人格特质。同样，你会认为哈维是真的喜欢自己的经济学课本吗？或者希拉里在短短一天里就会觉得简值得信任，并且确实需要这笔钱吗？大概不会吧。事实上，他们的行动并不是出自个人信念或者自己先前的态度，而是与信念和态度相反，响应情境的力量——诱因、团体压力和所谓"闭门羹效应"的顺从—诱导策略，再加上额外的一点儿内疚，使他们做出了与自己态度相反的行为。

本章我们要重点探讨这些直接针对行为的影响过程和原因。首先，我们将考察社会学习过程。通过社会学习过程而产生的影响，在本质上是基于奖励和惩罚的力量。在贾森后来出现的守时行为背后，就隐藏着社会学习过程——工具性学习。其他一些影响方法也部分地基于我们对实际或想象的社会奖惩的关注——尤其是他人的认可和反对。我们将在探讨从众（哈维的事例）和服从以后，进一步讨论这些问题。最后，我们将考察顺从过程，顺从可以解释为什么希拉里在拒绝简的一个较大请求后，却能满足她的一个较小请求。日常生活中许多顺从技巧都很有效，因为它们充分利用了社会交往中的某些特定"规则"。我们在社会上成长时不断习得这些"规则"并且自动地加以运用。

本章所讨论的影响过程构成了直接控制行为的方法，而信念和态度却基本上没有改变。尽管如此，我们在这里需要提醒读者，一组彼此关联的行为、行为意向、态度、信念和情绪共同组成了态度系统。因为这一系统的各个部分是相互关联的，所以直接针对行为的影响可能会触发涟漪效应，进而扩散改变人们稍后对行为对象的思考与情感。行为直接影响可能产生的这些更深的后果，将在本章略为涉及，更详细的讨论见第 3 章。牢记态度系统各部分之间的这种相互关联性，将有助于我们更好地理解本章内容。

行为得以强化时的学习

学习理论家们，如已故学习理论家斯金纳（B. F. Skinner），一直强调情境性刺激（如环境事件）对行为的直接影响。情境性刺激以两种方式影响行为。第一，作为行为的外部结果，情境性刺激起强化物的作用，它增加先前行为发生的频率。当某一行为与其结果在一定条件下相关联（即行为 X 出现，则结果 Y 以某种可预期的方式随之发生）时，由该行为所导致的环境结果就起到了强化物的作用。第二，情境性刺激通过其信号功能对行为进行控制。这些刺激提示我们强化事件在何时或何地紧随行为发生。当情境性刺激充当辨别性刺激（discriminative stimuli）时，它提示我们如果此时此地实施行为 X，就能够获得预期的行为结果 Y。但是，如果情境性刺激发出另一种不同的信号，同一行为可能不会获得强化，甚至可能会带来麻烦。我们将在本章后面讨论情境性刺激的辨别功能。

作为一个激进的行为主义者，斯金纳认为态度、意向、信念和情感等内部心理事件只是外显行为的副产品。态度或信念的改变并不导致行为的改变，外显行为的改变是由强化物所导致的。在社会学习理论（social learning theory）中，内部心理事件占有相对重要的地位，尤其是在该理论经由斯坦福大学心理学家艾伯特·班杜拉（Bandura，1977，1987）得到了进一步发展后。该理论关注人们如何通过直接强化以及对他人行为结果的观察而习得一定的行为模式。此外，社会学习理论还关注个人、环境和行为三者之间的交互作用。

工具性学习与列联强化

当我们的行为是改变环境中某些方面的手段时，即行为是实施改变的工具时，我们就会在某一特定反应和该反应的结果之间建立一种联系。在工具性学习[instrumental learning，亦称操作性学习（operant learning）]中，行为主体的行为改变了环境，即行为结果对环境产生影响。当行为结果是令人满意、有益的或者是令人愉快时，相应的行为就会不断地被重复，并最终可能成为一种习惯。当获得强化的行为非常复杂，或者个体难以习得这一行为时，就必须先对该行为进行"塑造"。塑造（shaping）是一种学习程序。在这一学习程序中，最初对任何与目标行为相类似的行为都给予奖赏；然后逐步提高标准，只对与目标行为越来越相类似的行为予以奖赏；最后，只有在目标行为真正出现时，才予以奖赏。一些教师把这一工具性行为塑造方法应用于日常教学中。例如，在训练学生对问题的思考时，起先，无论学生给出何种答案，教师都对学生勇于举手这一行为给予口头表扬；然后，有选择性地对那些越来越好的回答给予奖励。

人们喜欢重复那些能为自己带来益处的行为，而工具性学习就是这一原则运用的直接结果。在工具性学习中，行为成了获得益处的"工具"，而"这些益处"就是一种正强化；在这里，强化被定义为一种能够增加行为发生频率的刺激。通过工具性学习，我们学会继续实施那些能够带来奖赏的行为，而终止那些不能得到奖赏或会带来麻烦的行为。的确，这些简单的原则已经被广泛而有效地应用于日常生活中。

社会学习理论

在许多情形下，学习并不涉及外显行为的实施和具体奖赏的获得。我们可以通过观察他人、聆听和阅读等方式，间接地学习那些能够为他人带来积极结果的行为，同时回避那些使他人陷入困境、受到伤害、感染疾病、被拒绝或带来更糟糕后果的行为。通过引入观察性学习（observational learning）这一概念，社会学习理论扩展了工具性学习的基本原则。在观察性学习中，我们先观察特定榜样的行为及其结果，然后模仿榜样的行为。另一方面，在不亲自尝试某种行为或观察他人行为的情况下，我们还可以以另一种方式进行学习，即通过言语指导学习行为规则。这些规则是指导人们在特定情境中如何表现的行为准则，它以说明、命令、建议或者谚语和故事等言语的形式体现出来。例如，文法学校的箴言教导人们：你希望别人怎样待你，你就怎样待别人。按照这一箴言，虽然我们没有从陌生人那里得到任何帮助或好处，但是我们仍然应该善待陌生人。规则学习涉及识别与规则相关联的行为背景，然后理解遵循或违背这些规则的可能结果。通过向后代传递适当行为的规则，社会不仅传承了世代积累的圣贤思想，也传承了偏见和非理性观念。当这些行为规则被内化，被我们视为"我自己的规则"而起作用时，这些规则就会对我们的行为和自我概念施加强大的影响。对于那些羞怯、低自尊、神经质或者易受他人说服影响的人而言，他们的许多消极行为模式可以追溯到他们不顾现实情境强加于自身的自我限定规则。

由此我们可以看到社会学习理论的另一个重要特征，即强调自我期望和认知对行为的重要影响。当我们在特定情境中与特定他人一起完成某一特定任务时，每一个人都会形成一种关于自己能够在多大程度上完成这一任务的主观判断。当我们有较高的自我效能感时，就会预期自己一定会成功，从而更加努力地尝试，坚持的时间也会更长。同时，我们会认为那些消极的反馈结果，只是意味着这一任务对于任何人来说都很难，所以需要付出更大努力（Bandura，1982）。只要我们持有这样的信念并且不断努力，那么，我们成功的机会就会大大增加。而成功的经验又会反过来进一步提升我们的自我效能感。那些低自我效能感的人，从一开始就会设想自己并不特别擅长数学、运动、舞蹈或辩论等等。对这些情境的回避，使得他们得不到必要的锻炼。当他们不得不去从事这些活动时，就变得十分焦虑。由于预期到自己会失败，所以低自我效能感的人在完成任务的过程中往往不够努力。他们非常容易分心，当遇到困难时（即使这种困难对每一个人都存在），他们很难坚持下去。他们会认为困难是因为自己缺乏能力所造成的，而不是任务本身困难的缘故。低自我效能感的人也常常以失败的结果来实现对自己行为的预期（"看吧，我早就说过我会失败的"）。而当他们成功的时候，他们又会怎么说呢？"我猜这一次我可能比较幸运。"因此，成功或积极结果并不能够改变他们消极的自我知觉。

这些自我效能感的例子表明，一系列主体内部的信念可以影响行为，而行为又转而对环境产生影响。由行为引发的环境事件会反过来进一步影响个体的自我意象。个体、行为和环境三者间的相互影响是一种持续不断的交互作用，在这一过程中，其中一个因素会受到其他两个因素的影响，并且又反过来对其他两个因素产生作用。由于我们的所作所为对环境施加了影响，于是我们认为我们自我的某些方面才是这种影响的动因。通过对活动、任务、情境和同伴的选择与反应，我们的思想、信念、预期和情绪可以支配我们的行为。行为，那些被认为是由行为所导致的结果，以及对自己行为和行为结果的思考与感受，共同构成了一个行为系统，而它可以促进或者减缓个体发展。

然而，我们思想和情感的某些方面并不总是外显地表现在行为中。同样，我们的某些行为是无目的或自动化的，这些行为不会反过来对我们的内部心理状态产生影响。因此，在不先改变内部心理过程的条件下，就可以直接改变某些行为。相似地，不必对行为做相应的改变，就可以改变某些态度和信念。

产业效能的事例。贾森准时上班频率的提高应归功于与这一新行为相关联的新奖赏。每准时上班一次时，他就为月底获得奖金多挣了一个积分。为了使员工能够准时上班，一些公司实际上已经运用这一技术并且取得了成功。例如，一个有创新性的硬件公司利用强化的力量使秘书、销售人员和仓储人员的出勤习惯有了积极转变。公司实行了一个"抽奖计划"，如果员工在某一个月份中保持全勤且无迟到（因出席葬礼和休假造成的缺席除外），那么到月底时该员工就有资格参加一次抽奖。参与抽奖的员工将有机会赢得彩电以及其他的一些物质奖赏，而每一个参与者中奖的概率为1/25。根据该公司人事部门的统计，在"抽奖计划"开展的第一年中，员工旷工与迟到的比例下降了75%（Nord，1970）。在硬件研发行业中，有许多如同贾森一样获得"月度明星雇员"荣誉的员工。

在零售业的大型百货商场中，也有大量类似案例。研究者在大城市中的一个大型百货零售公司中进行了一个现场实验来考察列联强化（contingent reinforcement）是如何影响销售人员业绩的（Luthans et al.，1981）。研究者首先连续4周对16个销售部门的销售人员进行了观察。观察内容包括销售人员的销售工作、库存工作、出勤情况和其他一些工作行为。研究者记录那些达到了公司要求标准的行为频率。4周以后，研究者谨慎地提醒这些销售人员注意公司的标准——公司期望的销售业绩、可允许的离岗时间等。然后在后续的4周中，从这16个部门中随机选取其中8个作为实验组。当实验组员工的表现达到或者超过了公司的标准时，就给予系统强化。每周一次的强化包括：（1）带薪假期或者等值现金；（2）获得一次参加抽奖的资格——有机会赢得一个由公司付款的双人游。而另外8个部门作为控制组，其员工的出色表现没有得到任何奖赏。第二个4周过去以后，研究者再次对员工达到公司标准的行为进行统计。结果如何呢？图2.1中根据"总体零售行为"，分别描绘了两个组达到期望的工作行为的频率。在第一个4周中，两组员工表现（基线水准）几乎一样。但是，在第二个4周中，实行了奖赏计划的强化组的工作绩效超过了控制组。

儿童的事例。在美国加州，积极强化以一种不同于常规的方式帮助了那些初中的"问题学生"（Gray et al.，1974）。一位心理学家和一位特殊教育教师并没有通过列联奖赏对"青少年违法行为"进行直接的影响。相反，他们对学生们进行训练，以帮助学生们去塑造教师对待自己的行为。研究者们将那些"问题学生"聚集在一起，教他们如何去改变那些给自己制造"问题"的老师的行为。这样做的原因是，这些孩子通常具有较差的社交技巧，并且已经被打上了"无可救药"的标记。这两个因素似乎导致了教师对他们产生微妙的偏见以及一种很明显的倾向，即教师不理睬这些学生并放弃对他们的教育。因此，研究者从一个被认为是"无可救药"的班级中选取了7名12～15岁的学生，并对他们进行了训练，让他们进行行为矫正（behavior modification）的练习。研究者教给学生许多可用于塑造自己老师行为的强化方式。这些强化方式包括微笑、进行目光接触，以及在自己的座位上保持笔直的坐姿。学生们也会练习赞扬自己老师的方法，例如，对老

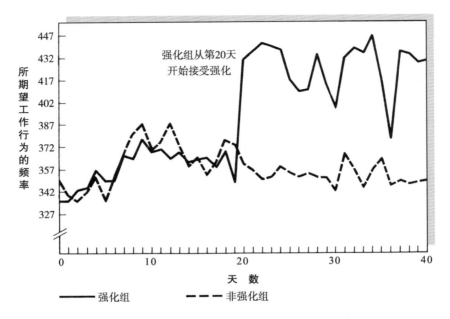

图 2.1 鼓励的作用

系统强化增加了所期望的高效率的销售行为。当百货商场的销售人员开始接受带薪假期和奖券作为高绩效工作习惯的奖励时，与那些没有得到强化的销售人员相比，他们的工作业绩大为提高。

（资料来源：Luthans，Paul & Baker，1981.）

师说"我喜欢在老师对学生很好的课堂里学习"。同样，他们也学会通过一些语言来阻碍教师的一些消极行为，例如学生会说"当您对我生气时，我很难好好学习"（Gray et al.，1974，p.44）。这些技巧尽管学习起来非常难，但是最终还是被学生所掌握，而这些孩子们最后就拥有了他们自己的奖赏宝库，从而可以不再受教师的控制。

学生和中立观察者的记录显示，学生与教师之间积极接触的次数显著增加，而消极接触的次数则相应降低。在学生运用所学技巧进行"反击"的一周前，平均每个学生与教师有 8 次积极接触和 18 次消极接触。而在进行了 5 周的行为矫正后，教师与学生的积极接触上升到了 32 次，而消极接触则为零。

以上实验给教育者的最重要启示为：学生通过对教师实施行为矫正，对自己控制学校环境的能力有了自信。换句话说，影响者本身受到了影响。他们认识到他们拥有一定控制力。在实践层面上，这一研究展示了一种改善人际关系的强有力方式。同时，这一实验也提望我们，尽管有时并没有被注意到，但我们的行为确实会对他人产生强大的影响。本书作者之一和他的女儿们相处时，这些孩子们对他了如指掌，从而使他总依照女儿们希望的方式来行动，还自认为这是他自己想要做的。这一情形恰好与上述研究结果相吻合。

当然，你也知道并非所有行为的结果都是积极的。一旦某种行为产生了消极结果或者受到了惩罚，这种行为再次出现的可能性就降低。惩罚就是紧随行为而出现，导致行为发生频率减少的刺激。一旦你的朋友因做出不恰当的评论而受到你的严厉斥责，那么很可能（也是你所希望的）你的这位朋友从此不再会给出类似的评论了。

强化紧随习得行为而出现，而强化的消失会导致该习得行为出现的频率降低，这种"关闭"反应被称为消退（extinction）。例如，一个初中学生在健康教育课上向教师提问，希望教师能够对人类的性行为进行讲解。如果教师忽略该学生的提问，那么这个学生就会认为自己的行为不能获得强化（即获得答案）。该学生很可能再也不向这位老师提问。如果成人回避学生就敏感性问题进行的信息询问，那么学生可能会停止所有关于敏感问题的询问，或者通过一些"地下的方式"获得相关信息。

侵犯行为的模仿

如前所述，人可以通过观察和亲身实践进行学习。观察性学习是一种间接的、通过观察他人行为及其结果而进行的学习。因此，观察性学习也被称为"替代性学习"（vicarious learning）。班杜拉进行了一系列经典研究，以了解侵犯行为的观察学习（Bandura，1965；Bandura et al.，1961，1963）。在一个典型实验中，作为实验组的一组幼儿观察到一个成人榜样殴打一个成人大小的充气塑料娃娃（Bobo doll），而作为控制组的幼儿要么观察不到任何人殴打塑料娃娃，要么就看到一个成人榜样非常友好地与塑料娃娃玩耍。在某些实验情景下，暴力榜样得到赞扬，并得到苏打水和糖果作为对其侵犯行为的奖励。在某些实验情景下，暴力榜样受到严厉批评，甚至好像被打了一巴掌。在另一些实验情景下，暴力榜样对充气塑料娃娃施以侵犯行为以后，既不受到奖励也不受到惩罚。这一系列研究的结果都显示了一个毋庸置疑的结论，那就是：暴力衍生暴力（violence breeds violence）。当儿童有机会与充气塑料娃娃和其他玩具玩耍时，那些观察到暴力榜样的儿童比那些没有榜样或观察到了非暴力榜样的儿童对充气塑料娃娃表现出更多的暴力行为。其中，那些看到暴力榜样没有受到惩罚的儿童的侵犯性最强。

有趣的是，即使暴力榜样的侵犯行为没有得到强化，儿童仍然会模仿暴力榜样。后来的研究发现，除非强化非常有力并且非常明显，否则，对榜样的强化并不能够增加对榜样行为的模仿（Rosenkrans & Hartup1967）。因此，似乎观察性学习并不总需要对榜样进行强化。进行观察性学习的必要条件是观察者注意到并记住榜样的行为，并且有机会将观察到的行为付诸行动。根据社会学习理论家们的观点，强化决定了榜样行为的实施，而不是对榜样行为的学习。在充气塑料娃娃的侵犯行为研究中，儿童可能习得了如何对目标物实施侵犯行为。同时，他们可能也知道了一旦实施了所习得的行为，他们自己能获得什么——这一预期因他们观察到的不同结果而有所不同。如果儿童观察到榜样获得了奖励，那么他们会认为在该情形下攻击充气塑料娃娃可能给自己带来好的结果。如果榜样没有受到外在奖励但表现出乐在其中时，他们会认为攻击充气塑料娃娃将给自己带来乐趣。而当榜样受到惩罚时，他们会认为此时此刻殴打充气塑料娃娃是一件不可为的事情，可能会激起成人的愤怒。但是，在另一种情形下，如果儿童觉得自己不会受到惩罚并且有可能获得榜样所拥有的乐趣时，那么他就会被榜样吸引，并实施暴力行为。因此，通过简单的观察就可以学习怎样做、何时做和做什么。行为的实施（performance）取决于在相同或相类似的情境中对强化或者惩罚的预期。如果殴打充气塑料娃娃的行为在许多不同情境中都受到惩罚，那么进行观察的儿童即使知道怎么攻击娃娃，也不会去实施这类暴力行为。

在你身边也许每天都有许多儿童会在电视上看到各种暴力榜样——这些榜样不仅没有受到惩罚，有时甚至会因为他们的侵犯行为而得到奖赏。通过观看那些充斥着超级英雄、警察、盗贼和恐怖的杀人犯的电视电影，儿童是否会习得侵犯行为呢？人们对这一令人担忧的问题进行了长期的研究，结果表明，某些儿童较为严重的侵犯性行为的确与他们频繁地接触媒体暴力有关（Liebert & Sprafkin，1988；Wood et al.，1990）。我们将在下一章中更详细地讨论这一问题——以及用于减少暴力这一社会问题的影响方法。

榜样的阴与阳

当榜样的力量非常强大，并且榜样被认为能够对观察者所处的环境和环境资源进行有力的控制时，观察性学习的作用就会更加明显。使榜样更具影响力的第二个因素是人性积极的一面，即当榜样被视为热心的和乐于助人的时候（Grusec，1971；Grusec & Skubiski，1970）。这些榜样因素（modeling factor）具有许多父母的特征，它们增加儿童关注榜样行为的概率，也增加儿童期望通过模仿榜样行为而获得积极结果的概率。父母的另一个特征是他们经常共同出现。当多个榜样做相同事情时，会导致更多模仿榜样的行为（Fehrenbach et al.，1979）。

良好行为的榜样。 榜样的影响不仅限于游戏行为和破坏性行为。模仿良好行为的一个生动例子是引导贫困儿童将自己所获得的一部分奖金捐献给慈善机构。在英国伦敦进行的一项实验研究中，一群7～11岁工薪阶层的子女与一个作为榜样的成人共同参与到一个保龄球游戏中。在游戏中，孩子们将有机会赢得一些代币，而这些代币能用来换取一些自己喜欢的奖品（Rushton，1975）。在一种实验条件下，让榜样充当第一个玩游戏的人，他（她）总是把自己赢得的一些奖品放到"救助儿童基金会"海报下在一个大碗中；而另一种实验条件下，榜样从不把自己赢得的奖品捐献出去。根据社会学习理论的观点，我们会预期，那些接触到慷慨榜样的儿童会比那些接触到自私榜样的儿童更多地捐献出自己赢得的奖品。而实际的结果是，那些接触到慷慨榜样的儿童其捐献数量竟是那些接触到自私榜样儿童捐献数量的8倍！同时，相比没有任何榜样的控制组，拥有慷慨榜样的实验组儿童捐献的数量更多，而拥有自私榜样的实验组儿童捐献的数量更少。两个月以后，在另一个不同的房间使用不同的慈善广告重新进行这个实验时，不同组儿童的捐献情况仍然存在较大差异。因此，这一特定行为的改变具有时间和跨越空间的持久性效应。

榜样对成年人同样具有作用。研究表明，成人榜样有可能使路人暂停自己的旅程去帮助一个车胎漏气的人，也有可能影响到人们在圣诞期间向救世军（Salvation Army）的募款箱捐款的行为（Bryan & Test，1967），还有可能提高人们无偿献血的可能性（Rushton & Campbell，1977）。

在日常生活中，我们会发现替代性学习在各个方面都在发生作用。例如，酒吧男招待或者衣帽间的服务员会在自己装小费的瓶子里放入一些硬币或纸币，希望客人能够模仿"前面的客人",给一些小费。十字军东征时,福音会招募了数以千计的同盟者。这些被安插进来的同谋者都是事先受过训练的崇拜者,他们被要求在得到献身召唤时按预定时间自告奋勇地给那些已经被感动、听过感召或者已经获得重生的人充当神圣榜样(Altheide & Johnson,1977)。

条件作用的憎恨。本书作者之一在回忆自己青春时光时想到了一个令人不安的例子,这个例子讲述了一个年幼儿童对少数族群群体的态度和行为是如何受到社会学习过程的影响的。在为一位即将结婚的高中同学举行的只有男性参加的社交晚会上,这位作者与新郎的父亲以及其他一些老邻居一起玩扑克游戏。新郎的父亲在赞扬自己的孩子们时,向大家讲述了一个故事。他认为,这个故事能够显示当时只有3岁的小儿子戴维开始萌芽的智慧。有一天,小戴维在自己的起居室里透过窗户向外面看,忽然他看到一个黑人从外面走过,在这个只有白人居住的社区里,有黑人出现是一件稀罕的事。戴维向自己的父亲跑去,边跑还边叫着:"爸爸,爸爸,我刚刚看到了一个黑鬼。"这位始终保持着微笑的骄傲父亲叙述到这儿的时候,告诉在场的听众们,当他听到这句话时,他不禁笑了起来并表扬儿子做出那样"聪明"评论。这件可悲的轶事向我们展现了工具性学习与观察性学习的结合运作。戴维能学会这一侮辱性的称呼只有一种可能,即他曾听到像自己父亲这样重要的榜样说过。同时,因为这一社区中存在着非常严重的偏见(大多数玩扑克的人都觉得这个故事很有趣),所以孩子们可能目睹自己的父亲和其他人因做出偏见性评论而受到强化。而现在小戴维正因为做出了相同的陈述而得到强化。重要的是,这一塑造直接对行为产生了影响。小戴维以"黑鬼"来称呼黑人,并不是他个人的原因。作为一个年仅3岁的孩子,戴维可能还没有形成对黑人的态度。但遗憾的是,一旦戴维对那些得到了强化的消极标签进行思考,他的态度和信念——消极成见,我们称之为偏见——紧接着就会形成。在下面的章节中,我们将更详细地讨论这些过程。

当戴维长大成人进入大学后,辨别性刺激的出现将对他是否会把习得的偏见付诸行动产生重要影响。当戴维与童年时的朋友一起在当地的酒吧时,那么信号就是"放行":把偏见说出来,将之付诸行动,坚持这样的信念(say it,do it,be it)——此时偏见是被接受和被认可的。而当一些更加开明的大学教授和同伴在场时,戴维会得到这样的信号,即一个持有偏见的人是不合时宜、令人无法宽恕的，并且有可能会受到惩罚。因此，戴维可能就会有所节制，避免带有偏见的言语，并更加冷静地行动。如果这时戴维遇到其他种族的成员，他可能会更加留意该种族成员的积极品质，而这些积极品质对他的那些无中生有的成见构成了挑战。在这样的情况下，一些带有偏见的态度将会开始逐步减弱。

因此，辨别性刺激为人们根据先前习得的方式做出反应创造了条件。根据其所发出信号的不同，辨别性刺激的出现既能够引发某种行为，也能抑制某种行为。比如你在公共场合对坦尼娅做出的善意且具有建设性的批评，会被视为是充满敌意的；而你在私下对她做出的批评则会被认为是有益的。这时，他人在场就成为一个辨别性刺激；当你试图劝告朋友时，应对该辨别性刺激特别谨慎。一旦我们知道辨别性刺激如何在一个特定情境中发生作用，那么，对这些辨别性刺激的操纵就是一种强有力的行为控制方式。一些宣传者使用一些象征符号作为辨别性刺激，以使反对者感到恐惧而做出回避反应；而这些象征符号则激发了拥护者的爱国主义，进而做出趋近反应。

认可与不认可：社会奖赏的力量

我们的一些例子都涉及了社会性奖惩，而不是物质性或有形的奖惩。对于小戴维而言，他那有偏见的父亲对他的赞扬就是一种强化。而对于敏感的坦尼娅，在他人面前看上去很糟糕就是她想要避免的一种惩罚。的确，对于大多数人而言，他人对自己的看法和他人对待自己的方式是我们行为的最有效影响源之一（Baumeister，1982）。这样的结论并不奇怪。被同伴拒绝对于儿童而言是一种灾难性的事件。因为这意味着这个儿童将无办法获得社会归属与社会激励（social affiliation and stimulation）这两种人类基本需要的满足。被自己的父母或者其他看护者拒绝将是一种更加糟糕的情况。它会在儿童的社会心理发展过程中留下永久的烙印。相反，在儿童早期发展中，被社会接纳（social acceptance）则意味着能获得精心养育、安抚、安全和诸如食品等其他一些强化物。因此，通过与作为行为结果的食品和安全等产生联系，社会认可构成了一个强有力的奖赏；而被社会拒绝则构成了一种强有力的惩罚。

让我们考察一下人们经常经历的另外一种联系：即偏离与拒绝之间的联系。与他人意见的不一致，即作为一个偏离者，通常会受到令人恐惧的社会疏远

（social cold shoulder）。你是否注意到这一现象？研究者斯坦利·沙克特（Stanley Schachter）就注意到了。在一项经典研究中，沙克特（1951）组织几组大学生围绕少年犯约翰尼·罗克应该被宽大处理还是从严治罪这一问题展开讨论。每组由9个成员组成，其中3人是主试同谋；他们经过培训，在实验中扮演某种特定角色。这3个主试同谋的角色分别是：第一个人是"赞同者"，他会采取与另外6名真参与者观点相一致的看法（无论另外6名真参与者的观点是宽大处理还是从严治罪）；第二个人是"异议者"，他完全采取相反的立场，自始至终地坚持与小组观点相反的观点；而第三个人则是一个"滑头者"，他在讨论开始时持相反立场，但最后他会妥协，让小组成员改变他的观点，使自己与小组其他成员的观点保持一致。

　　沙克特利用多个小组进行了这项研究，均发现了类似的结果。在讨论约翰尼·罗克的案子时，真参与者直接针对"异议者"的意见不断增多。相对于"赞同者"，"异议者"与真参与者有更多的沟通，尽管在讨论开始时这样的沟通还足以令人愉悦，但随着"异议者"始终对团体的观点加以抵制，"异议者"与真参与者之间的沟通会变得越来越充满愤怒。在一些小组中，真参与者最终不理睬"异议者"，并且忽视"异议者"的意见。可以认为，"异议者"最终遭受了"沉默对待"。

　　讨论结束后，要求真参与者对3名主试同谋进行评价。结果显示，真参与者最喜欢的是始终如一的"赞同者"，而最不喜欢的是"异议者"。当要求真参与者就未来案例评估小组委员会挑选成员时，几乎没有人把"异议者"作为他们自己的选择。这些真参与者通过排挤和孤立"异议者"，对小组的边界进行了重构。"异议者"仅仅因为坚持表达一种不同的观点而成了"人民的公敌"。而"滑头者"和始终如一的"赞同者"则没有受到这种歧视。正如沙克特后来在一个电视访谈节目中所评论的那样，一些人有罪仅仅是因为持有不同的意见，而人们常常粗暴地对待这样的人。

　　与其有罪以及遭受某种地狱般的折磨，我们当然宁可"随大流"了——做其他人做的事，说其他人说的话，按照他人的愿望行事。当我们为了被他人所接受，避免被他人所拒绝而按这种方式行动时，我们就经历了心理学家称为规范性社会影响（normative social influence）的过程（Deutsch & Gerard, 1955）。规范性影响包括在表面上采纳某一团体的主导标准或者规范，寻求获得（或者避免失去）来自规范界定团体的正向情感——喜欢、尊敬和接纳。

我们可将规范性社会影响与信息性社会影响（informational social influence）做一个对比。请注意"信息性"这个词。没有任何人拥有关于在各种不同情境中应如何行动的全部信息。因此，我们需要求助于他人来获得相关信息。当我们在一个新的情境中不能确定应该做什么时，我们就需要"附和"他人，依靠那些知识更丰富的人来获得指导。例如，高年级学生会在迎新周会给新生们提供课程排名，以帮助他们选到合适的课程并避免一些不合适的课程；同时还告诉他们在各种情境下正确的行为方式。根据这一分析，我们就会发现，赞同他人可以获得的强化不是一种，而是两种：社会认可和正确感。

费斯汀格在他的社会比较理论（theory of social comparison）中提到，人们有评价自己的观念和态度，进而确认它们正确性的基本需要（Festinger，1954）。坚信自己行为和信念的正确性或适当性，会使人们获得能对自我命运进行自主控制的可靠感和对自身能力的满意感。费斯汀格指出，就信念和社会行为而言，"正确性"是一个非常主观的概念。这种正确性是由社会现实所界定的，它并不是绝对客观的。这就类似于要判断你作为田径选手有多棒，就会将你和其他人相比较，而不是仅仅用秒表上的时间来评估你跑步的能力。换句话说，他人的想法和行为常常是我们衡量社会方面正确性的标准。也正是这种对正确性的需要的推动，人们开始去注意他人的信念和行为——尤其当人们处在一个新的或者不确定的社会背景中时。

规范性社会影响与信息性社会影响的概念有助于人们理解从众和服从。而社会心理学家们对从众和服从这两个概念进行了系统的甚至可以说是经典的研究。下面我们将讨论隶属于社会控制（social control）范畴的这一对概念。

从众：保全面子与赢得体面，获得知识

还记得哈维吗，那个在听到同学对教科书的吹捧后就承认自己也喜欢经济学教科书的学生？哈维的行为就是从众。我们把从众（conformity）定义为在既没有遵从于团体的直接要求，也没有任何改变行为的充分理由的条件下，个体为了适应真实或想象中的团体压力而改变自己的行为或信念。在最早的一个证实从众的实验中，谢里夫（Sherif，1936）发现，即使团体由一群彼此完全陌生的人组成，仍然可能会出现从众现象。在实验中，谢里夫利用了"似动效应"，即在一个完全黑暗的房间中观察一个静止的光点时，会产生光点在运动的错觉。在一个典型研究中，参与者估计了他们感受到的光点移动的方向和距离。不同人看到的光点以迥异的方式运动：一些人认为光点只是在做小范围移动；而另一些人则声称他们看到光点在做大范围的移动——他们甚至能够详细描述出光点移动的轨迹。每一个参与者都形成了他自己的光点似动范围。然后，将几个参与者集中在一起，并要求他们依次做出判断。在这一团体背景下，很快就形成了一个新的属于团体的似动范围。以前认为光点做小范围移动的参与者将看到光点在更大范围内移动，而以前看到光点在大范围内移动的参与者则看到光点在更小范围内移动。简言之，仅仅是听到彼此的判断结果就导致判断上越来越多的一致性。至此，一个新的团体规范就形成了，它迫使每一个个体的判断都向团体规范靠近。

你可能会认为，错觉是模糊不明的，面对模棱两可的情况时，即使最擅长独立思考的人也会参考利用他人的判断结果。谢里夫观察到的从众现象可能纯粹就是一种信息性影响。参与者可能会想："要确定光点移动了多远确实是一件很难的任务，所以让我看一下其他参与者是如何想的吧，他们也许比我知道得更多一些。"20年后，所罗门·阿施（Solomon Asch，1951）试图证实当用于判断的刺激物明确且简单时，那么可能就不会出现对陌生人意见的遵从了。但令他惊讶的是，自己的预期是错误的。他关于独立性的研究最后成了一个关于群体压力的规范性影响的经典从众研究。

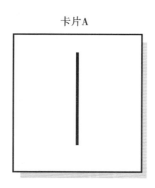 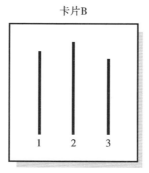

一群男大学生被告知他们在参加一个视觉判断的实验。在实验中，他们每人都将看到2张卡片：其中一张卡片上有3条线段，而另一张上则只有1条"标准"线段（见图2.2）。参与者需要判断3条线段中的哪一条是与标准线段长度相同的。事实上，这3条线段在长度上的差异非常明显，因此每个人都能够轻易地找出与标准

图2.2 阿施的任务

阿施的从众研究中所使用的刺激范例。参与者必须从卡片B中挑选出一条与卡片A中线段长度相等的线段。在从众测试中，参与者可能会发现其他参与者毫不含糊地认为图片B中的线段"1"与图片A中的线段长度一致。

线段长度相同的那条线段。实验者拿着标准线段和用于比较的线段，要求每个学生依次告诉他答案。实际上，参加实验的所有学生中除一个学生外其他人均是主试同谋，并且真参与者通常最后一个作答。最初，这些主试同谋的判断是一致的，但是稍后就会发生一些奇怪的变化。在实验中，除真参与者以外，其他每一个人都说他们看到短一些的那条线段与标准线段一样长，而实际上长一些的那条线段才与标准线段长度相等。在某几次关键的判断中，所有的主试同谋都选择了同一条错误线段。这些就是实验中关键的"从众判断"（conformity trial）。当自己关于明确刺激物的知觉与团体中大多数人的一致意见相矛盾时，真参与者将如何作答呢？

实验组中 1/3 的参与者给出了与主试同谋答案一致的错误估计。而私下里将答案写在纸上的对照组中，参与者在这一简单判断任务上几乎没有犯错。实验组中 30% 的真参与者在总共 12 次的关键判断中，同意多数派意见的次数至少占一半以上。大约 70% 的真参与者至少有一次从众，只有很少的真参与者在面对群体压力时保持了独立性——仅仅 25% 的参与者从未表现出从众。如果你面临如此情境，你又会怎么做呢？

从众的成因

阿施的惊人发现非常清晰地表明，即使面对一个清晰而客观的标准，群体规范仍然能够对我们的行为产生影响。不出所料，这一结论引发了大量研究。后来，阿施在实验中引入了一些变量，从而帮助我们更好地理解从众行为的原因，以及学会如何抵制从众压力。

行为的认可动机。如果那个孤单的真参与者得到少许的社会支持，即还有另外一个反对多数派错误判断的人，那么情况又如何呢？为了找出答案，阿施让一个主试同谋在一些从众判断中竭力反抗意见一致的趋势，并公开地反对多数派意见。结果发现，真参与者在这些判断中从众的发生率只有6%。对异议者给予少许社会支持就能减弱从众的束缚。这一结果令人信服地表明，从众行为的目的就是为了避免社会支持的完全丧失。当同样持有异议的伙伴提供了一定的社会支持时，团体社会支持的丧失就没有那么绝对。但是，当原本支持的同伴抛弃了这个参与者，开始同意多数派的意见时，多数派的力量就会重新发挥它的最大功效——从众发生率重新上升至30%。因此，在阿施设置的情境中，起作用的最主要力量无疑是规范性社会影响而非信息性影响。

　　规范性影响的关键作用在其他一些实验中也同样非常明显。当参与者被允许私下作答，即其作答不会被多数派看见时，从众的发生率就会低很多（Deutsch & Gerard，1955；Insko et al.，1985）。另一方面，当群体对个体有足够的吸引力时，那么从众就更严重（Sakarai，1975）。如果你喜欢多数派中的人，那么你必定会表现出更多的从众行为，因为你希望他们能够喜欢你而不是把你驱逐出团体。

对真理的探索。信息性影响在从众现象中也发挥作用。特别是当有一定风险的判断本身就具有不确定性，而且在身边似乎有一些专家时，信息性影响更为重要。除了判断清晰线段的长度这种简单任务以外，社会心理学家们还创设出许多其他的从众情境。这些情境包括：在聆听了预先安排好的他人反应以后，要求没有任何怀疑的参与者对妇女衣物的感官质量进行判断；在一个复杂社会问题的几个备选解决方案中进行抉择；以及在进行短暂观察后，判断用以比较的电脑屏幕上的圆点数量是否与作为标准的屏幕上的圆点数量相同。这类实验所设置的情境使人们觉得某些人在特定任务上比其他人更在行，当意见一致的多数派被认为是在该任务上更在行时，就会有更多的从众行为发生。尽管在第8章我们将看到少数派有时也会产生影响，但团体规模越大，通常就会促使越多的从众行为发生（Campbell et al.，1986）。

　　自信同样会对从众产生影响。当你在挑选适合某一场合并符合自己个人风格的时装时，你是否对自己的能力感到自信呢？如果回答是肯定的，那么你可能就会对那些有关"今年流行趋势"的街头电视访谈节目无动于衷。但是，那些对自己的"时尚感"没有信心的人却常常会根据这些电视节目来快速决定该添置怎样的新衣。

性别和单一参与者。从众的性别差异与自信有关。人们的刻板印象和早期研究认为，相对于男性，当女性成为意见一致的多数派的唯一对立面时，她们更容易放弃自己的观点。但进一步的研究却发现事实并非如此。更确切地说，男性或女性谁表现出更多的从众，取决于这两个群体谁更加自信。当男性对从众目标比女性更加熟悉和感兴趣时，女性倾向于比男性表现出更多从众；而当女性对从众目标会更加熟悉和感兴趣时，那么男性则会表现出更多从众（Karabenick，1983；

阿施从众研究中的一个场景。编号为6的个体才是唯一的真参与者，当其他人就哪些线段长度相等做出了一个明显错误的判断时，这个真参与者大吃一惊。

Sistrunk & McDavid，1971）。

　　例如，在一项研究中，男大学生与女大学生需要对一些橄榄球用具和女性流行服饰的照片进行评价（Cacioppo & Petty，1980）。这些照片上留有一些意见，

"哎呀，如果你们这些聪明人都同意了，那我凭什么反对呢？"

通过信息性影响产生的从众。

并且据称它们是由先前参加实验的参与者留下的。这些意见总共有 4 类，其中的 3 类是关于照片实际情况的，而第 4 类则是评价性的意见（如"那是一个很棒的用品"或者"这是一款很漂亮的时装"），这种评价性意见既有正确的（实际上这一用品确实不错），也有错误的（这是一个不怎么样的用品）。参与者除了要自己对每一张照片上物品的质量进行评价以外，还要评定他们对照片上已有意见的同意程度。当先前的评价性意见不准确时，男性参与者和女性参与者都表现出了较多的不同意见，而不只是一味地表示赞同。但是在男性参与者和女性参与者确实表现出了从众的情况中，相对于女性参与者，男性参与者在女性流行服饰上表现出了更多从众；而相对于男性参与者，女性参与者则在橄榄球用品的不准确评价上表现出了更多从众。这一结果清晰地表明，当缺乏关于某一主题的知识和自信时，个体会在这一主题上表现出更强的从众。简而言之，从众再次受到了信息性影响的作用。

在从众中，什么发生了改变。我们关于从众的定义允许行为与信念二者其一或者两者同时发生改变。但实际上，从众通常只限于行为的改变，而行为改变中又涉及对群体规范的公开赞同，这种赞同主要是为了获得或者保持群体对个体的接纳（规范影响）。但当个体向群体求助是为了从群体中获取关于正确性的必需信息（或者至少部分地是为了获取这种信息）时，赞同群体规范的行为可能就同时反映出了行为与信念两者的变化（信息性影响）。这是一种简洁的两分法。但实际上整件事情绝不是那么简单。无论是为了获得接纳还是为了获取信息，从众均有可能涉及比行为"更深层次"的心理过程，而不仅仅是做出从众行为。

你应该还记得谢里夫利用似动效应而进行的从众实验吧。实验中形成了一个群体规范，而且群体中的所有参与者都做出了相似的判断。这种社会影响是对每个参与者的实际知觉产生了持续性的效应呢？还是一个短暂的效应呢？在这场群体判断之后很长一段时间，甚至一年以后，让参与者重新单独进行这一实验，参与者仍然坚信自己所"看到"的移动幅度与先前群体规范所确定的范围相接近（Rohrer et al.，1954）。可见，社会影响的效果非常持久！

与知觉转变类似的改变同样可以发生在认知水平上。假设在一次交谈中，一些与你在很多方面都很相似的熟人非常一致地表示，他们不会改变自己的原则去帮助他人，如果这意味着放弃个人的一些快乐。这一令人吃惊的表露必定会使你踌躇。但是你会同意这样的观点吗？在一项研究中，一些大学生就面临这类情境（Allen & Wilder，1980）。结果表明，如果你确实表现出了从众，那么可能是因为这一不寻常的群体规范迫使你对它的含义进行了"认知重构"。例如，在这一背景下，你可能会推断："改变你的原则"意味着付出更加沉重的代价和更大的牺牲，而不是简单的一点不方便。在从众情境中，我们总尽力想要辨认出我们是否遗漏了什么东西，进而常常"恍然大悟"（Campbell et al.，1986）。在这一过程中，我们可能会"发现"某些东西，然后开始以不同角度"对事物进行理解"。我们可能不仅改变了自己对情境的反应方式，还改变了对情境含义的理解。或许就如同阿施描述的那样，我们可能不又改变了我们对某一对象的判断结果，而且还改变了我们自己关于这一对象的认识。

说"不"的困难。综上所述，人们表现出从众既是为了维持社会认可，又是为了增加他们在不确定情境中正确行事的机会。个人的这些动机越强烈，群体吸引力和凝聚力越强大，那么群体施加于个体的压力就越大。由于这种压力取决于个体如何对群体进行反应，因此个体不可能轻易地抵制它。在这方面，想想由美国前第一夫人南茜·里根发起的"对毒品说不"运动。在海报、电视广告以及里根夫人在全国学校进行的演讲中，相同的信息被传递给了这个国家的青少年：对毒品说不；当面对毒贩、伙伴或者聚会成员给出的毒品时，应直接拒绝。毫无疑问，这一明智的口号大力推进了"抵制毒品的战争"，它无疑增强了公众对毒品使用危险性的意识，并且减少了使用可卡因、大麻和其他管制药品的青少年人数。然而，根据你已有的关于从众的知识，你就会发现"对毒品说不"这一忠告入耳而不入心。许多青少年以拥有高地位的同伴为"酷"，从而显示他们的老练和提高他们的身份。此外，这些同伴时刻在青少年身边生活着，而不只是一个遥不可及的电视形象。同伴压力（peer pressure）也是一种从众压力，它可能非常强烈。同伴压力常常发生在一些青少年帮派中，某人的同伴压力取决于他在这些帮派中的社会地位和个体生存状态。如果"不，不，南茜"运动能够引导青少年拒绝同伴提供的诱惑，那么它就会十分有效；如果无法回避那些有影响力的同伴，那么"不"就可能输给"好吧，让我们开始堕落并且变坏吧"。幸运的是，正如我们将在第6章所讨论的，儿童可以学会一些更为有效的用以抵制同伴压力的方法。

表达异议。 获得认可和正确性的愿望并不是从众的唯一心理基础。人们在一些情况下会拒绝从众，代之以公开地表示异议，从而显示自己独特的个性。作为一种自我表现的行为，表达异议特别容易出现在一些人们有更多选择，而非简单地对多数派意见表示赞同或反对的社会影响情境中。当有可能提出第三种意见的时候——而这第三种意见可能与多数派的意见相容，也可能不相容——一些人就会采纳第三种意见。在验证这一效应的研究中，实验者要求加州大学伯克利分校的大学生听一些故事。这些故事描述了大学生常会遇到的一些特定问题（Santee & Maslach，1982）。图2.3呈现了其中的一个故事。每个故事后，要求参与者给出他首选的问题解决方案。共有三个备选方案呈现给参与者，其中的两个是普遍被认为明智的好方案，而剩下的一个则毫无疑问是一个很糟糕的方案。参与者可以从这3个方案中选择一个，也可另外提供一个他自己的解决方案。但是，在从众判断中，参与者会获悉：最好的一个解决方案是其他3个参与者共同选择的那个结果。如先前我们已经看到过的研究一样，多数派的在场将会对决策结果产生明显的影响。相对于在单独作答时参与者只有50%的情况会与多数派选择相同的答案，当多数派在场时参与者在近70%的情况下与多数派做出了相同选择。

那么，没有表现出从众的那30%的反应又是怎么回事呢？在这部分反应中，除极少数是同意糟糕的备选方案之外，其余的一半是选择另一个好的备选方案。而另外1/3的非从众反应则是由参与者自己提出解决方案。因此，非从众可能具有不同的形式和实现方式，有时异议只是表达不同的意见，拒绝附和大众的意见；

现代从众研究项目样例

杰拉尔丁与兰尼是大学生，他们两人同住在学校附近的一所公寓中。兰尼的零用钱用来购买食品，他们两人共同分担房租。杰拉尔丁告诉她的父母自己是与另一个女生一起租房，而现在她的父母将要来看望她。在这以前，杰拉尔丁的父母从来没有来过她的公寓。杰拉尔丁已经告诉兰尼让他在自己父母来这个小镇的这段期间内先搬出去一段时间。

兰尼应该这样做吗？

1. 是的，他搬出去能省去很多与杰拉尔丁的父母碰面所带来的麻烦。

2. 不。他们这样做是一种伪善，所以杰拉尔丁应该在她父母来之前告诉父母真相。

3. 是的，但是杰拉尔丁应该支付兰尼搬出去后所需的房租和食品费用。

4. _____

图 2.3 从众研究示例

研究从众情境中的创造性异议所使用的项目样例。样例中前两种解决方法被判断者评定为是好的，而第三种则被评定为是坏的。在获悉了其他参与者选择了两种好的备选项中的一项后，参与者需要做出一个选择。除了在1、2、3这3种备选项中做出选择外，参与者可以创造出一个他自己的解决方案作为第4种选择（Santee & Maslach，1982）。

而有些时候，异议会更具创造性——例如，"各位，这儿有一个更好的主意。"此外，似乎存在特定的人，他们倾向于通过给出一个新答案而"创造性地表达异议"。在进行从众研究的几周前，实验者对参与者进行了一系列的人格测量。然后把这些测量的分析结果与在从众情境中的反应相联系，从而勾勒出一个"创造性异议者"的轮廓：这类人通常具有较高的自尊水平，在社交情境中的焦虑水平较低，并且有较强的个性化（individuated）倾向（Maslach et al.，1985）。个性化在这里意味着一种希望以与他人不同的方式行动的愿望，从而坚持表达不同的意见。可假定的是，拥有这些特点的人有非常强烈的自我表现的需要。因此，当有这样一个机会时，他们必然会加以利用。

再谈性别与单一参与者。 个性化和自我表现的倾向与从众中存在的性别差异有着很强联系。我们在前面已经看到，就从众而言，相对于知识和自信，性别的影响并没有那么重要。然而就整体而言，似乎存在这样一种趋势，即男性表现出较少的从众，因为他们更倾向于把持有异议视为一种表达自身能力的方式。男性倾向于相信"与众不同"是一种能力，他们必须保持独立性；相反，女性则倾向于认为，就与群体内其他人合作以及与他们意见一致才是能力的体现。因此，对于女性而言，她们能够通过从众来实现积极的自我表现（Santee & Jackson，1982）。然而请注意，这些性别差异只是针对"平均水平"而言的；它们当然不能刻画所有男性和所有女性的特点。实际上，相对于后天习得的个性风格和兴趣的性别差异，生物学上的性别差异并不那么重要。那些具有符合传统概念中"女性化"个人品质和兴趣的男性，会与那些具有相同个人品质和兴趣的女性表现出一样多的从众。而更具"男性气概"的女性和男性都则会表现出较少的从众（Maslach et al.，1987）。这一研究为我们提供了一个极好的事例，它说明了人格或个体差异是如何与情境变量相互作用的，进而决定人们在从众的背景中如何进行反应。

从众：好事还是坏事

对于绝大多数人来说，建设性的异议（constructive dissent）和独立性都是非常值得称道的品质，特别是对于那些被教育应该重视这些品质的美国人来说则更是如此。但是，从众是否值得称道呢？假如我们称呼你为"墨守成规的人"，或者（更糟糕的）"盲从者"，你会如何反应呢？也许你会口吐粗言进行反击。但事实上，在大多数情况下，从众却有着非常重要的社会价值。社会的平稳发展要求人们能够遵从于某些特定的规则。对社会规则和社会规范的从众在社会交往中起着润滑作用。同时，从众使我们能够建构社会行为，并预测他人的反应。此外，个体可以通过向他人寻求指导从而避免重大的个人灾难。

从众压力甚至可以导致某些社会事件。在 1986 年，数百万菲律宾人采用和平抗议的方式，对马科斯的独裁政府进行反抗。抗议包括了静坐示威、罢工斗争以及政府军士兵采取的非暴力妨碍运动。最后，这些公众行为的蔓延变成了成功推翻马科斯政府并有利于克拉松·阿基诺的无流血政变的工具。尽管民众对菲律宾军事独裁的愤恨早已存在，但是只有在大批民众积极采取了一些抗议活动后，才会有越来越多的人参与到抗议人群中——尽管人们经常恐惧那些会迅速出现的惩罚。从众可能不是整个事件最主要的导火索，但它通过引入更多的反抗者或心存畏惧的中立者，从而推动了整个事件的发展。从众过程（conformity processes）在其中所起的推动作用是：大批的民众参与到同一行动中必然会吸引更多的民众参与，从而最终形成了一大批享影响力的民众。

服从：权威下的行为

　　到目前为止，我们已经考察了从众。从众就是在没有明确要求的情况下，个体改变自身行为以与"其他人"的行为保持一致的现象。要对某个人提出的直接而明确的要求说"不"，也是一件非常困难的事，尤其是当这个人以权威的身份出现时。这就是服从（obedience）现象，或者说，是在没有任何个人意愿的情况下按照他人的要求而行动的现象。像从众一样，服从也是一种日常生活事件。例如，当父母命令孩子回自己的房间时，孩子通常会照做。当救生员告诉沙滩上玩耍的人们说太吵时，这些人就会把他们的收音机关掉。一个非常可怕的极端服从案例是，二次大战时期在纳粹死亡集中营中，年轻的德国士兵服从上级命令杀害了数百万的无辜民众。当然，在许多这样的案例中，违抗命令的后果都是非常严重的，因为命令的发出者具有强迫命令接受者实施命令的权力，有时这种权力还具有暴力性。但由斯坦利·米尔格拉姆（Stanley Milgram，1965；1974）——所罗门·阿施的一个学生——所进行的一系列著名的电击实验发现，当说出"不，我拒绝按照你要求的那样做"并不会导致消极的暴力性结果时，对非正义权威的破坏性服从仍然会发生。

米尔格拉姆的脚本：如果希特勒叫你电击陌生人，你会服从吗

　　以参与者的视角对米尔格拉姆的实验进行描述是一种最好的方式。让我们假设你就是一名参与者，通过报纸上的一个广告，你签约参加了一个名为"记忆与学习"的研究。你按约定的时间到达了实验室，受到一位身穿白色实验室外套、看上去很严厉的实验者的欢迎。当然，这里还有另外一个参与者。实验者以亲善的措辞简要地告诉你，这一实验的目的是为了发现帮助人们改善记忆力的方法。然后，他继续向你们两人解释说，已经有研究证实了奖励有助于提高记忆力，但是还没有人研究过对错误进行选择性惩罚是否会有助于提高记忆力。而这一实验就涉及惩罚对学习和言语记忆的作用。在实验中，你们中的一人将扮演"教师"的角色，而另一人则扮演"学习者"。你们俩依次从一个帽子中抽取一个纸条，而随机抽签的结果决定你将扮演教师，而另一位则扮演学习者，即你的学生。实验

中，教师先把一对对匹配的单词念给学习者听；然后，教师给出每一配对单词中的第一个词，要求学习者给出与之相联系的另一个词，从而来测试学习者的记忆力。当学习者给出了错误答案时，他就受到电击惩罚，电击是通过轻击"电击发生器"的 30 个开关中的某一个来进行的。这些开关以 15 伏特为单位，分别标注了从 15 伏特到 450 伏特渐增的指定伏特数。同时这些开关上也有一些描述性的标注。例如，"轻微的电击"是 15 ～ 60 伏特，"非常强的电击"是 375 ～ 420 伏特。435 ～ 450 伏特则只是简单地标注上了"×××"。实验者告诉你，作为教师，先用较为温和的 15 伏特的电击来惩罚第一个错误，然后以 15 伏特为单位，逐步增加对后续每个错误的电击强度。

接下来，你跟着实验者，以及与你同道的参与者，即学习者——一个温和并且讨人喜欢的中年人——一同走进附近的一个房间中。学习者被固定在房间中的一张椅子上，并且夹上了传送电击的电极。但是，他的皮肤上会先被涂上电极糊——以"避免产生水泡或者被灼伤"。这个学习者有一点担心，向实验者和你提到说他患有"轻微的心脏病"，但实验者向他保证说，"虽然电击会有一点疼痛，但绝不会造成永久性的组织伤害"。接着，实验者将你带到主控室中的座位上，在你座位的前方就是电击发生器。实验者会对你进行一次示例性电击，这一电击让你退缩了一下。你估计这一电击可能是 75 伏特，但实验者说实际上它只有 45 伏特。

现在，让我们开始使用你那特殊的教学辅助手段来帮助学习者提高他的记忆吧。第一个错误答案出现了，并且一个电子蜂鸣器响了；你按了一个电击开关，纠正了错误——然后让我们进入下一轮问答。错误答案继续出现（大约每 4 个回答中有 3 个是错误的），而你给予的电击强度按照 15 伏特的小步伐不断地增加。到 75 伏特时，你听到学习者发出"啊"的呻吟声。而在 150 伏特时，学习者开始叫喊着要求出去，说他感到心脏很难受。当电击强度为 180 伏特时，学习者说他不能够忍受电击带来的疼痛感了。到 210 伏特时，学习者威胁说将不再做出回答并且要求停止实验。当 270 伏特时，他疼痛得发出尖叫。当电击强度超过 300 伏特时，学习者的尖叫变得极其痛苦，并且时间延长。然后，在给予了 330 伏特的电击后，周围安静了。你向实验者求助，告诉他学习者这次没有做出反应，而你也不想再继续进行下去。实验者提醒你说规则中说没有做出反应也是一种错误，应该用下一级水平的电击进行惩罚，他要求你继续下去（见图 2.4）。

你代表你的学习者表示抗议，而实验者则使用这样一些陈述进行反驳，例如，

"你继续下去是绝对有必要的"和"你没有其他的选择，你必须继续"。好，你开始有点儿想服从了，不过就谁为那个家伙负责这一问题你提出了疑问。而你被说服去相信实验者将承担所有的责任。"老师，请继续下去！"你会吗？你会继续下去吗？到了何种地步这一切才会全部结束呢？仅仅在一个权威的命令下，普通人——比如你——在450伏特电压的范围内，究竟能实施这种残忍的甚至是致命的电击到怎样的程度呢？在正式实验以前，米尔格拉姆曾经对大学生做过调查。调查表明，就平均而言，普通人在违背实验者的命令并放弃教师这一角色时，他们所给予的电击强度可能会达到135伏特。绝大多数人认为，没有人会达到450伏特的电击强度。平均起来，接受调查的大学生们估计100人中会有1个人会坚持到底。接受米尔格拉姆调查的40名精神病学家则估计1000人中只有1人——那些虐待狂——可能会坚持到最后。米尔格拉姆自己则预测几乎没有绝对服从的存在。

然而，实际结果表明，这些估计都偏低。在米尔格拉姆（1963）测试的第1

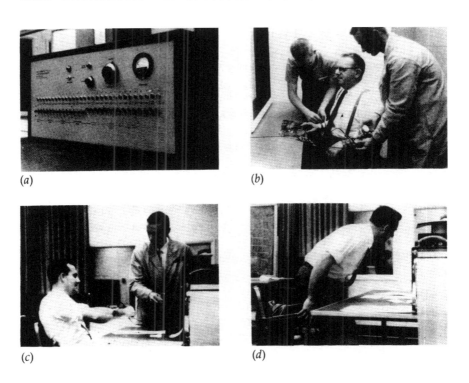

米尔格拉姆的服从研究实验室的几个场景：（a）电击发生器；（b）给"学习者"安上电极；（c）实验者指导参与者（"教师"）；（d）参与者离开他的位置。

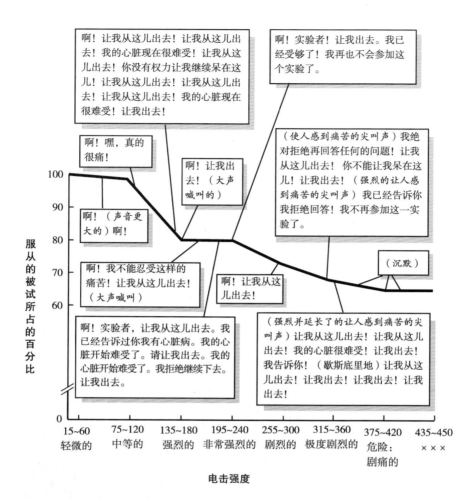

图 2.4 米尔格拉姆的一个早期实验的电击结果

批共 40 个参与者中（均为从 20 到 50 岁的男性参与者），有 25 个参与者一直将电击加大到了 450 伏特；也就是说，有 63% 的参与者对无辜的学习者给出了最大可能电击，从而使其成为实验的受害者。正如图 2.5 总结的那样，在第 2 次实验中，65% 的参与者给予了最大强度的电击。多数人表现出了绝对服从。

此时，在你必然地感到恐惧时，我们至少可以向你保证，其实学习者并没有受到任何电击。那个学习者只是一个受过训练的扮演这一角色的主试同谋；而那些呼喊和尖叫声则是预先录制好的。教师—学习者的抽签也是被操纵了的。但是扮演教师角色的真参与者并不知道这一情况。通过实验后的访谈，以及对记录该残酷实验过程的胶片中所反映出来的紧张与忧虑的分析，可以判断参与者们相信实验中的所有事情都是真实的。

从普通人的角度来解释异常的行为

仅仅是因为权威人物的要求，个体就将如此强烈且无疑具有危害性的痛苦施加到另一个人身上。怎样来解释这种出人意料的失常行为呢？一个直接的自然反应是对参与者样本的怀疑：可能这些参与者发疯了，或者正好是一群虐待狂？但是，由于"教师们"本人表达了他们所亲历的痛苦和不安，我们可以断定上述怀疑是不可靠的。许多参与者显得极度紧张，并且事实上所有的参与者都在抱怨，在言语上表达了不满，即使他们不断地按着电击开关。米尔格拉姆（1963）报告说"观察到参与者们有出汗、颤抖、口吃、咬嘴唇、呻吟和将指甲嵌入了自己肉中的现象"，并且出现了"经常性的神经质式的发笑"。当女性参与者在这种实验中扮演教师角色时，她们常常会哭泣——虽然在继续着她们那痛苦的提高记忆力课程。有人认为实验脚本不可信，参与者并不是真的相信另一个人正在受到伤害，才按要求行事的（Sheridan & King，1972）。但上述证据和其他数据排除了这种可能性。

参与者样本的人口统计学特征，以及其他一些参与者样本重复验证了这一结果的真实性，也反驳了"坏家伙"的解释。从总体上说，米尔格拉姆采用的样本对于美国人口而言是十分具有代表性的。他真实地测试了数以千计的参与者——包括邮递员、建筑工人、工程师、高中教师、售货员、工人、大学教授以及耶鲁大学的学生。所有的实验结果是一致的：温顺地服从非正义的权威。

因此，我们似乎不得不把米尔格拉姆所观察到的服从视为社会影响的"常规"事例。如果确实如此，那就让我们来看看在服从中，规范性社会影响和信息性社会影响是否会起作用。首先，充当教师角色的参与者处在一个非常新异的情境中：一个实验室，一个科学家在场，还有一个很奇怪的任务。简言之，参与者几乎没有可以依赖的经验或者已知的行为规则可作为行为的向导。"规则"由一个拥有高地位和权威的人提供，并且这个人大概是现场所发生事件的专家。这一情景似乎适用信息性影响。实验者拥有参与者所需的信息。由于教师面临一种严重的冲突：是继续伤害那个可怜的人，还是停止伤害并扰乱一个看上去很重要的实验，因此实验者拥有的信息对教师而言就具有异常重要的价值。同时，参与者在处理这一问题时是有时间压力的，正如米尔格拉姆（Milgram，1963）所指出的那样，

"实验只给了参与者很少的考虑时间"。在持续压力的作用下，参与者可能就会接纳实验者的信息，即"他继续进行实验对于科学研究而言是非常重要的，并且不会对他人产生身体上的伤害"。当参与者意识到道德问题时，他可能会就实验者所宣称的真相提出一些质疑。但是，因为没有机会确认这些疑问或通过与他人讨论来思考它们的含义，所以这些疑问常常又会被忽略掉。

另外，规范性影响也会发挥作用。停止实验是否会让参与者看上去像一个冲动的傻瓜？身为心理学家的实验者是否会认为这个参与者无知、冲动、过于敏感，或者"怯懦"，继而表现出他的不满呢？如果你拒绝继续实验，可能会导致这些人际间的麻烦；而不提出任何质疑，继续下去，则会更容易一些。

服从：部分规范性，部分信息性。米尔格拉姆的进一步研究证实，信息性压力与规范性压力——期待正确和避免耻辱——迫使人们在这一令人吃惊的展现破坏性服从的实验中以违背他们自己意愿的方式行动。这一点清晰地反映在图2.5中，该图总结了米尔格拉姆利用1000多个参与者进行的18个不同实验的研究结果。最初的研究是在耶鲁大学这所令人崇敬的学术殿堂进行的。而在一个有点破旧的市区建筑物中（这座建筑外挂有名为"布里奇波特研究协会"的牌子）重复这些实验时，绝对服从的比例从63%下降到了48%。当由一个"普通人"来发出命令时，服从的比例下降到20%左右。但是当以中学生为参与者，在普林斯顿大学进行该研究时，服从的比例则上升至80%（Rosenhan，1969）。据此，我们预期存在这样的变化形式：伴随着实验者的专家性质或权威性的降低，信息性影响压力在下降，从而导致服从比例的下降；反之亦然。

你一定想要打破这种"服从效应"，想要证明服从效应是源于一些情境因素，而非参与者的人格特征，对吧？那么你只需看一下图中编号分别为12、14、15、11和17条件下的数据。在这些条件中，学习者要求被电击而实验者没有作此要求，这时参与者并没有服从学习者的要求；参与者不服从的情况还可能是权威成为受害者；或存在两个权威，但他们的意见相矛盾，从而使权威的地位有所下降；或安排了两个不服从并且反抗命令的同伴。简言之，有许多情境力量能够增加或者减少服从效应。当情境的一些方面传递信息说，这个权威有着非常高的地位和权力（信息性的），或者如条件18中那样，当观察到同伴中有人率先服从并实施了电击，那么服从效应就会增强（规范性的）；而当权威的力量减弱，或者异议

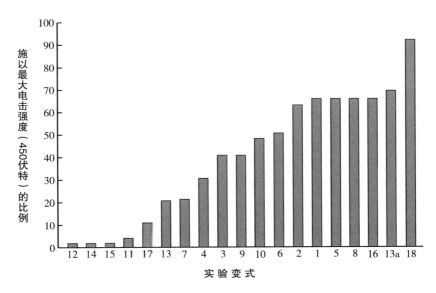

1. "学习者"与"教师"
   距离较远，没有直接
   接触
2. 给予声音反馈
3. "学习者"与"教师"
   相邻而坐
4. "学习者"与"教师"
   之间有触摸行为
5. 新低基线
6. 人员变动
7. 权威的邻近性
8. 女性被试
9. 受害者的有限契约
10. 机构背景
11. 被试能够自由选择
    电击强度
12. 学习者主动要求被
    电击
13. 由普通人发出电击的命令
13a. 被试担当旁观者角色
14. 权威充当受害者——由普
    通人发出命令
15. 两个权威——相互矛盾的
    命令
16. 两个权威——其中一人充
    当受害者
17. 充当"教师"的另外两个
    同伴进行了反抗
18. 一个同伴被试实施了电击

图 2.5 18项实验中的服从现象

在米尔格拉姆的19个研究变式中，关于从弱到强的服从效果的剖析图。

（资料来源：Miller，1986）

和反抗获得了一定的社会支持时，服从效应就会减弱。当参与者与受害者的直接接触更少时，服从也会增多。这会让人们以更加不人道的方式看待受害者。因此，人们遵从权威——它的信息价值和规范性力量——有时会带来好的结果，有时却会带来坏的结果。

显然，这一实验引起了关于在科学研究中如何对待人类参与者这一严肃伦理问题的忧虑。由于研究者们对伦理问题较强的敏感性，以及联邦委员和大学委员会对研究工作的审查，现在当然无法再进行这样的实验，但是，对米尔格拉姆服从实验的价值与谬误的争论仍然在继续（Baumrind，1964，1985；Miller，

1986）。

服从权威是一种根深蒂固的习惯。使用相同概念对米尔格拉姆的服从实验和阿施的从众实验进行解释是明智之举，它能够阐明这两种现象的一些重要的相似之处。但是，"希望正确"和"希望被喜欢"并不能够完全解释米尔格拉姆实验中"教师们"表现出的服从（Insko et al.，1985）。我们需要就第1章讨论过的情境力量做更进一步的探讨。但为什么情境的力量会如此强大呢？米尔格拉姆本人认为，服从"可能是一种根深蒂固的倾向，它实际上是一种能够征服道德规范、同情心和社会操行的强大驱力"（Milgram，1963，p.371）。另一位著名的社会心理学家罗杰·布朗（Roger Brown）对这一观点表示赞同，他认为"打破习惯性服从的'反服从训练'，其必要性不亚于消防训练"（Brown，1986，p.35）。

米尔格拉姆与布朗所讨论的是，学习行为的指定性规则在这个复杂的现代社会中所起的作用。无任何异议地服从合法权威是我们学会的其中一条规则。通过我们前面已经讨论过的工具性学习和观察性学习，通过父母、宗教领袖、教师和政治人物的教育，我们充分地学习了这一规则。就像从众一样，服从也有其益处。服从通过让社会避免混乱和无政府状态，从而使社会受益；因此，在社会生活中命令广泛存在。同样，通过学习那些能够帮助我们避免某些惩罚（例如，因蔑视老板而失业；因忽视警察发出的靠边停车的命令而被逮捕）和获得某些奖励（例如，专家的合理忠告）的经验规则，使我们个人也能在服从中受益。

但是，问题仍然存在。"服从合法的权威人物"这一规则可能会被人们学习得太好以至于人们会对它过度使用，把权威角色与服从之间的关系过度概括化。社会心理学家西奥迪尼在这一问题上有一个非常有趣的观点（Cialdini，1988）。他认为当社会环境能够提供某些特定线索时，一些类似于"服从权威"的社会规则就能够被自动激活——辨别性刺激发信号说已经为快速反应做好了准备，请不必思考，按照已有脚本行事。

停一下！你刚才所读到的都只是一些抽象原则，这些抽象原则可能与你的个人生活没有什么关联，所以请停止对它们进行继续加工。让我们来进行一个思维实验。回想一下米尔格拉姆的基本范式中的实验脚本，并且假设你就是拒绝服从的少数强硬派中的一员。你不会将实验进行到底，在给出了300伏特的电击后你就放弃了实验。这使你感觉到自己像英雄一样，不是吗？你抵制住了压力，而大多数人却屈服于这样的压力。好，那现在又该怎么办呢？你下一步行动是什么呢？你是否会从你的指定座位上站起来，然后去帮助那位学习者，你的学生，或者仅仅是去确定一下他的情况？你已经对他进行了伤害，也许是严重的伤害。这是此时应该做的仁慈明智之举，不是吗？"嗯，当然，我一定会这样做。"但是我们却坚信你不会这样做，甚至于我们可以大胆地打赌说，你，或者其他任何一个人，都不会从指定的座位上站起来。为什么我们会如此肯定呢？猜猜在参与过这些研究的众多人中有多少人是以这种"英雄式"的方式做出反应的呢？

曾与斯坦利·米尔格拉姆一起就读于纽约布朗克斯街区门罗中学的同学对上述问题的答案感到非常好奇。他的答案非常敏锐而简洁："一个也没有，绝对不会有。"那么，为什么会这样呢？为什么在那些参与者中没有任何人能够勇敢而诚实地放弃实验，拒绝绝对地服从？为什么不去做这种理智的事情，去直接帮助那个被他们伤害了的人呢？

"呆在你的座位上，直到我告诉你能够离开为止。"这可能是我们早期童年教育中所接受的最持久的教导之一——通常来自小学教师。这种行为规范被充分地内化，它控制了"英雄们"在米尔格拉姆实验中的反应方式，这些"英雄们"违背了实验者提出的外部命令，但是却绝对服从了这一根深蒂固的内在命令。在这个意义上，我们认为在米尔格拉姆研究中所反映出来的对一般权威的服从是绝对的，完全100%的。

启发式的服从。一个貌似权威的人物向我们发出一个命令，于是我们便以类似于膝跳反射的方式，选择了服从。这类盲目的反应，这种习惯性的反射，源于我们对心理效能（mental efficiency）的需要。在决定采取行动之前，对每一项社会接触都进行分析是对时间的无谓耗费。因此，我们求助于"经验规则"或者启发法判断（judgmental heuristic）。启发法判断是一些类似于"服从权威"的心理捷径，能够降低思考的需要并加快反应的速度。通常这些捷径规则都能很好地发挥作用，这也是我们经常使用它们的原因。但是，这些规则也可能让我们陷入困境。考虑一下安迪·鲁尼对这些捷径的使用。安迪·鲁尼是哥伦比亚广播公司"60分钟"电视栏目的评论员，他在1990年因对一名杂志记者做出偏见性的评论而被停职。10年前，鲁尼公然对抗那些批评CBS同性恋节目的人，称他们为"同性恋者"（而实际上他们并不是）。鲁尼说他知道他们是同性恋者，用他的话说，是因为："我是一个记者，多年来在进行快速判断时，偏见帮我节约了大量时间。"（San Francisco Chronicle，1/29/90）。

有时，问题在于对规则的误用。我们没有注意到顺从情境中的一些关键性细节，因此没有发现这个人其实并不"合法"，或者命令或建议其实是错误的。除了规范性影响压力和信息性影响压力外，这种对规则的误用也正是发生在米尔格拉姆实验中教师角色身上的状况。权威的象征符号——实验者身上的白色实验室外套、他的名气、头衔、科学气氛——使参与者草率地运用了"服从权威"这个会有很多例外情况的规则。

在米尔格拉姆实验中，情境的压力与冲突加速了服从规则的错误运用。人们在焦虑的时候就更加难以进行理性思考。同时，想要一劳永逸地解决困境的愿望会变得更加强烈。不作任何质疑的"无头脑地服从"有时被认为是一种逃避情境的表现。个体会想："就让我一劳永逸地解决这件事吧"。然后就不会再思考，而是执行权威的命令。

按下不服从的退出按钮

米尔格拉姆的实验情境中有很多"服从暗示"——而那些表示可以藐视权威的"不服从暗示"却很少。回想一下，当身边有不服从的榜样出现时，充当教师角色的参与者就会表现出更少的服从。榜样不仅为那些希望放弃对学习者进行电击的参与者提供了社会支持，而且可能还"向他们展示了不服从行为的方法"。实际上，参与者单独一人时可能不知道在这种不寻常的情境中应该如何表达拒绝。社会心理学家李·罗斯（Lee Ross，1988）指出，如果在米尔格拉姆实验中设置一个参与者能够看得见的、容易触及的"放弃"按钮，那么参与者的服从就会大大减少，因为这一按钮向参与者暗示了停止他们的破坏性服从的正确性以及停止的方法。

这一点可以扩展至日常生活中的顺从情境。例如，你因为不知道如何在不伤害他人感情或能够保持礼貌的情况下，轻松而优雅地从电话推销员或上门推销者的推销中抽身而出，因此你不得不聆听他们的推销说辞。那些职业游说者们就是依靠这种反应来使他们的受众能够聆听他们关于捐献或者购买的信息。当面对这样的情境时，你可用的对策包括：（1）相信自己"似乎有什么不对劲"的直觉；（2）不要接受他人呈现给你的对当前情境的解释，他们追求的既定利益可能与你的有所不同；（3）考虑一下"糟糕的情形"，并且按照这种可能性去行动；（4）制订出一个逃脱计划，并且尽快实施；（5）不用顾虑别人会因你的行为而对你形成什么样的印象。请记住，当你处在一个安全情境中，如果你犯了错误，那么你任何时候都能够就此而道歉；（6）考虑上述逃脱计划的具体情境，并在脑海中进行一次预演，把它运用到你生活的不同情境中去。

在你的人生中，你可能会经历很多这样的情境，一些权威向你施加压力并迫使你遵从他们的要求。在这些情境中，有些要求可能是不道德的、违法的、邪恶的，或者对你来说是不合理也不合适的。发生在政府、军队以及商业高层中的许多丑闻，均可最终归结为强势权威人物要求他们的下属按照自己的要求行事，比如成为"团队成员"，不要"捣乱"等等。但是，同样的情况也会不时地发生在医生与护士、老板与员工、教师与学生、父母与子女之间。你该怎么做呢？无疑，必须迅速制定一套心理对抗策略。这类诱发顺从的情境在某些方面看上去似乎不怎么适当，并且与其他一些顺从情境有着重要差异，因此需要对这些方面保持警觉。当你注意到这点时，应该对它进行质疑，切勿不加批判地接受。例如，如果米尔格拉姆的实验者真的想要研究不同强度的电击对学习和记忆的影响效果，那么，为什么他需要由你来实施电击；为什么他不自己来实施呢？——当然，除非研究者对你和你的反应感兴趣。一旦开始思考这些问题，你必须在心理上从即时的、进行中的情境要求中退出来，从而得到一段"暂停时间"，使你能够尽力理解所有的问题。理想的情况是，你应停止你的行动并从情境中脱离出来，这样才能使自己远离影响者的直接力量范围。在没有仔细思考，或者没有与那些你所信任的、将你的利益放在心上的人进行讨论的情况下，不要做任何决定。

膝跳反射心理：由启发法形成的影响

"服从权威"并非是唯一的经由社会化过程而形成的行为支配规则。正如我们在从众研究中探讨团体规模大小的影响时所看到的那样，绝大多数人通过训练和经验，学会了在多数派意见与正确性之间建立联系。这里的启发法（heuristic）（或决策辅助规则）是指"他们不可能都犯错"。此外，还有两种社会规则存在于绝大多数的——尽管不是所有的——人类社会习惯中。通常，这两种社会规则使社会得以正常地运转。这些规则对于实现符合我们意愿的顺从十分重要。一个规则是互惠规则（reciprocity rule），它是指我们应该回报那些帮助过自己的人；

另一个规则是承诺规则（commitment rule），作为一种信念，承诺是指我们应该履行自己的诺言和契约。西奥迪尼（Cialdini，1987，1988）认为，这些规则在下述情境中对行为具有支配作用：（1）情境提供了一个线索，表明有规则与该情境相关联；（2）情境阻挠了我们的深思熟虑。

互惠规则

　　人类学家、道德哲学家和社会学家们已经详尽阐述了互惠规则。作为一种社会规则，它要求我们去帮助那些曾经帮助过我们的人。社会学家阿尔文·古尔德纳（Alvin Gouldner，1960）认为，这一规则是普遍存在的，是人性的基础。没有人会对此观点提出异议。我们大多数人习以为常地使用这一规则来影响他人。研究也证实了互惠规则的普遍性。

　　在一个实验中，要求成对的参与者对图片进行知觉判断和美学判断（Regan，1971）。在一种实验条件下，每对参与者中的一个人，他实际是一个主试同谋，在一个实验间歇离开实验室。几分钟后，他拿着两瓶可口可乐回到实验室，并将其中一瓶免费赠送给另一参与者——真参与者。而在另一种实验条件下，则没有发生赠送可乐的事情。稍后，在图片判断完成以后，主试同谋会询问真参与者是否能够帮自己一个忙，以每张25美分的价格买一张或者多张彩票。那些接受了可乐的参与者所购买的彩票数量几乎是没有接受可乐的参与者购买数的两倍。得到帮助引发了一种义务感，从而产生了报答这一友好行为的动机。

　　吃闭门羹，得好处。被称之为"闭门羹"技术（door-in-the-face technique）的方法是一种更加神奇的赢得顺从的方法，它似乎与互惠规则也有某种联系。该技术是这样一种策略，即首先提出一个几乎一定会被拒绝的、非常大的请求——门当着你的面砰然关上。然后，在请求被拒绝时，再提出一个小一点的请求。研究——以及全世界销售人员的实践智慧——表明：在某些情况下，提出较大请求后再提出较小请求，比直接提出那个较小请求，更有可能被接受。还记得希拉里不情愿地借给简20美元的那个例子吗？简一开始提出的是借100美元。希拉里"被施以了'闭门羹'技术"。

　　一些与商业有关的现场实验证实了"闭门羹"技术（Mowen & Cialdini，1980）。实验者在一所大学校园的人行道上拦住一些行人，希望他们能够答应自己的请求，完成一个由"加利福尼亚互助保险公司"进行的关于"住宅或宿舍安全"的调查。实验者对行人保证，这份调查只需要 15 分钟就可完成。对其中一些行人，实验者非常有礼貌地直接提出要求，希望他能够完成这份简短的调查。因为大学校园是一个非常繁忙的地方，而关于保险的调查又非常枯燥，所以不出所料，只有 29% 的人答应了这一请求。然而，另一些行人则被作为实施"闭门羹"技术的目标人群。对这一部分的受访者，实验者首先请求他们填写一份需要 2 小时才能完成的问卷调查。被拒绝后，实验者询问这些行人是否至少可以帮助完成这一马拉松式调查中最为重要的一部分：那个需要 15 分钟完成的问卷。53% 的受访者答应了这一请求。

在其他情境中，研究者也发现了这种先拒绝后答应效应（no-then-yes effect）。为什么互惠会以这样的方式起作用呢？一种答案是"请求者从最初的请求转向第二个更加温和的请求，会被请求对象视作一种让步。这一转向非常有利于第二个更加温和的请求。为了报答这一让步，请求对象必然会从他那毫不顺从的立场……转向一个顺从的立场。"（Mowen & Cialdini，1980，p.254）。与这一解释相一致，当一个较小请求没有被视为真正的让步，例如当一个请求帮助的人提出一个较小的但却可疑的不同行为指向的要求时，"闭门羹"效应就不会出现（Mowen & Cialdini，1980）。这样的失言可能会引发这种想法，"这个家伙原来一直就在想这第二件事"。

折扣技巧……与"闭门羹"技术具有某种相似性的另一种顺从策略也涉及互惠规则，但是这一策略并不需要在"答应"前做一个"拒绝"的反应。本书作者之一和他的妻子曾经为他们的居室购买过一张地毯。在他们光顾的第4家店中有一张似乎正好符合他们的需要和预算的地毯。这张地毯非常不错：物有所值，颜色合适，在一家著名的店铺中销售。不会再有什么奢望了吧？尽管他们倾向于购买但还是有点犹豫，他们告诉售货员自己需要时间考虑一下。紧接着，售货员帮他们拿了一个样品到商店的一个专门区域中，提醒他们应该看一下这张地毯在灯光下看上去有多美，而这一专门区域就是为了这一目的所设立的。然后，售货员离开了一会儿，大约10分钟以后才回来。没等作者开口，这名售货员以和蔼而自然的语气说："关于价格，实际上我可以再做一些让步。因为这种地毯我们有一整卷的存货，所以我们可以以每米再便宜2美元的价格卖给你们。"当场成交！真便宜！

如果这个男孩以正确的方式提出请求——使用"闭门羹"技术，那么巴姆斯特德很有可能就答应了。

但我们这位友善的作者，一个自认为知道所有窍门的人，对这一自发的"优惠交易"苦思了很多天。毕竟，顾客当时已经表现出了真诚的兴趣，并且可以接受它的价格。没有讨价还价；似乎也没有这一必要。另一方面，售货员可能对于是否能做成这笔交易并没有把握。通过优惠使买卖双方都不再犹豫。这是不是促成成交的关键因素呢？

几乎可以肯定，这就是关键因素。这一事件之后两个月，一篇论文发表在一本社会心理学杂志上，文章报告了与那位地毯售货员所使用的顺从技巧相类似的多个实验。研究者称之为"折扣技巧"（Burger，1986）。在其中的一个实验中，研究者要求在面包店工作的学生以 75 美分的价格卖出由一个纸托蛋糕和两块饼干组成的食品。所采用的一种方式是直接销售：简单地以 75 美分的价格销售这套捆扎食品。另一种策略则是首先以 75 美分的价格销售纸托蛋糕，在被同伴售货员短暂打断并且与他商量后（在顾客决定购买以前），给出一个修订后的销售方式：在原有商品中再加入两块饼干，但价格保持不变。在直接销售条件下，购买率为 40%；而在优惠销售条件下，由于使用了折扣技巧，购买率上升至 73%。互惠式让步再次发挥了作用。在一商品中加入一些东西会被视为是一种协商，这使潜在的顾客感觉到必须通过购买这一"优惠"商品进行报答。

在"闭门羹"效应和"折扣效应"中，互惠规则可能不是唯一起作用的因素。另外的一个因素是知觉对比。在与第一个大请求（或非优惠交易）相对比的情况下，第二个更小请求（或优惠交易）就会显得更小（或更物有所值）（Burger，1986）。相对于可能需要 2 小时的情况，15 分钟的问卷作答可能看上去只是时间上的一个小小牺牲。

承诺规则

　　除互惠规则外，承诺规则——恪守自己允诺过的言行——是另一个用以获得他人顺从的非常重要的心理手段。古老的格言"人如其言"反映了我们文化中的一个基本准则。违背诺言是一种不可饶恕的罪恶，它会导致厌恶与不信任。这一点非常有意义。那些言行不一的人或（更糟糕的）行为违背誓言的人，会让人觉得他们是难以预测的，我们把他们称为伪君子（hypocrite）。要在一个完全由这种人组成的世界中生存是一件非常困难的事情。因此，毫不奇怪，忠实于自己所自由选择的行为在我们年幼时就已经根深蒂固地存在了。言行一致是自幼习得的一种与此关联的社会价值。

　　这里，关键的心理过程是初期承诺对后续行为产生的捆绑效应（binding effect），在这种前后一致的行为剧本中，后期行为自然会跟随先期行为。尤其是当先期行为是公开的和自由选择的，或者人们误以为如此时，就更是这样了。例如，在说服（persuasion）这一研究领域中已为大家所接受的一个结论是，公开陈述自己关于某一社会事件的观点能够帮助个体更好地抵御那些劝导相反观点的信息（Kiesler，1971；Palla et al. 1972）。在阿施的从众实验中也表明了公开承诺对一致性的推动作用。在阿施的实验中，公开承诺导致了参与者在反应上的巨大变化。如果参与者首先陈述了他对线段长度的判断，然后再听到一个与之不同的多数派意见，那么当要求参与者重新考虑时，参与者很少会改变自己的判断以求与多数派意见一致（Deutsch & Gerard，1955）。

　　你可能很容易就对公开承诺的效果产生共鸣。由于希望通过宣告你的意图而使自己坚持得更久一些，你是否曾经告诉你的朋友你准备开始减肥、戒酒或者坚持每天晚上学习？这种情况经常会出现——如我们将在第9章中所见，事实上，公开承诺是那些经营减肥事业的工作坊、咨询中心和其他提供自我改善等服务公司的人的惯用手段。他们常常要求客户公开宣布做出改变的承诺。

　　莫里亚蒂的一项研究很好地说明了承诺规则的社会意义（Moriarty，1975）。莫里亚蒂使用承诺规则影响了那些通常是愤世嫉俗的纽约人的助人行为（helping behavior）。收音机的主人（一位正在进行实验的社会科学家）需要暂时离开自己的位置，他请求那些在海边沙滩上晒太阳的人们能够帮忙暂时照看一下自己的收音机。在控制条件下，实验者与附近的一个陌生人做了相类似的社会接触，但只是向他询问一下时间。几分钟以后，一个主试同谋试图在这一受委托的日光浴者的眼皮底下偷走这一收音机。一个照看陌生人财产的口头承诺是否会对这些日光浴者阻止小偷的意愿产生影响呢？毫无疑问，答案是肯定的。对于那些没被要求照看收音机的人，只有 20% 的人会阻止小偷的行为。相反，那些同意照看收音机的人中，95% 的人做出了阻止小偷的行为。其中一些人甚至还追赶小偷，想要抓住他。当一个陌生人试图偷收音机时，那些承诺会照看收音机的人兑现了他们的誓约，即使是冷漠的纽约人也如此。如果我们在这个社会中做出更多的许诺，也许我们就能够更好地彼此照应。所以，如果你希望改变一些社会行为，那么就直接要求人们做出承诺吧。

虚报低价作为诱饵。 承诺能够以一种更为微妙的方式造成顺从。当某人做出承诺将会以商定的价格购买某一商品后，那么交易就会发生改变——当然，这种改变对购买者是不利的。虚报低价（low balling）是指首先让某人同意一个非常有吸引力的交易——例如，销售或商务安排——然后找一些借口将交易变得不那么具有吸引力。汽车销售人员尤其善用虚报低价技术。一旦顾客与销售人员在一个诱人的低价上达成协议后，销售人员可能就会说他必须和经理确认一下，然后花费一定的时间假装他在这样做；当他回来时，他会非常抱歉地告诉顾客说："老板不同意这一价格；为了生存，我们至少得有一些盈利。"随后，他可能会提出一个略为高一些的价格，这一价格看上去不再那么具有诱惑力，但仍然是比较合适的（Cialdini，1988）。汽车经销商们知道，那些易受骗的顾客通常会接受后一个更高的价格。社会心理学家们理解其中原因。顾客已经同意购买这一汽车——做出了一个承诺——虽然并不是以这一新的价格同意购买汽车。顾客已经做出了一个决定。现在反悔可能会导致失调的产生，并且可能会违背了履行诺言这一根深蒂固的习惯。因此，顾客的变卦可能会让他自己感觉很糟糕。对销售人员而言，顾客有可能因为价格上的一点微小差异，可能是在数千美元基础上的几百美元，就放弃了自己梦寐以求的汽车吗？毕竟，最初的那个价格确实有点占便宜，而这一新的价格还不错且又非常现实。（几乎没有顾客知道销售人员其实从来没有想过会以第一次达成协议的价格卖出汽车）。

许多研究表明，虚报低价技术是非常有效的。由西奥迪尼和他的同事们（Cialdini et al.，1978）进行的一项有重大影响的研究发现，要使俄亥俄州立大学的学生在一个早晨 7 点钟就开始的心理学实验中担当志愿者是非常困难的事情——除非事先让学生们同意参加这些实验，但不告诉他们具体时间；然后采用虚报低价技术，告诉学生实验的开始时间是早晨 7 点钟。被施以了虚报低价技术的学生中，56% 的人自愿参加了实验（并且他们几乎都按时参加了第二天的实验）；然而，在事先被告知了这一不可容忍的实验开始时间的学生中，只有 31% 的人参加实验。

虚报低价效应所必需的一个条件是，虚报低价技术的受众必须觉得他自己是在自由选择的情况下达成最初办议的（Cialdini et al.，1978）。协议的达成是个体自己的承诺，是履行他自己的诺言；事实上，被迫做出的行为并不属于个体自己。那么销售人员是如何使顾客产生这种意识的呢？"我并不知道我为什么会被你说服而答应这一交易，但交易就是交易。"——直到销售人员回来，并以虚报低价技术为诱饵为公司完成了一笔更好的交易。

一鸟在手不如"一脚在门里"。通过确保承诺而获得顺从的最后一种策略被称为"登门槛"技术（foot-in-the-door technique）。上门推销的销售人员有一套规矩："如果我能够让自己的脚迈入门内，那么我就能够做成这一笔生意。"心理学家研究了——并且证实了——这一观念，即对一个较小请求的答应（被允许进入预期顾客的家中）能够增加答应较大请求（购买一些东西，例如一套百科全书）的机会（Beaman et al.，1983）。由乔纳森·弗里德曼与斯科特·弗雷泽（Jonathan Freedman & Scott Fraser，1966）在斯坦福大学周围地区进行的实验最早证实了"登门槛"技术的有效性。

在随机抽取的作为实验组的家庭样本中，实验者挨家挨户地请求家庭主妇们帮个小忙——为保护加利福尼亚的美丽或者促进安全驾驶这两个良好的目标而签署一个请愿书。而在此时，实验者并没有与那些被随机抽取出来的，作为对照组的家庭进行接触。两周后，另一个研究者拜访这两组家庭，并提出一个更大的请求。他请求每一个家庭主妇在自家屋前的草坪上放置一个写有"小心驾驶"的非常大且难看的广告牌；同时研究者还提出这一广告牌能够立在那里至少两周时间。研究表明，相对于那些并没有接触过第一个小请求的主妇，接触过小请求（并且答应了小请求）的主妇更多地答应了这一更大请求。

在新近一项对以色列中产阶级街区的居民的研究中，研究者发现，如果在两周前请求他们为一个慈善团体签署一份请愿书，并且他们确实签了的话，那么两周后他们会更倾向于为这一慈善团体捐款（Schwarzwald et al.，1983）。在这部分居民中，捐款的人数高达 95%；而在那些最初并没有被请求签署请愿书的居民中，只有 61% 的人愿意捐款。签署了请愿书的这一群体对于特定捐款数量的请求也做出了更为积极的响应。结果显示，建议捐款的数量越大，他们捐献出的数量就越多；然而，对那些没有事先签署请愿书的人，无论建议捐款多少，他们的捐款数量都是一样的（或者更少一些）。

"登门槛"技术具有非常强大的顺从效应，甚至当两个请求之间毫无相似之处，提出请求的人与他们的请求内容之间毫无关联时，这一技术也仍然会产生作用（Snyder & Cunningham，1975）。该技术的关键在于，要求人们先承诺一个非常小的和容易被接受的请求，这一承诺似乎是为了凸现出那些人们希望自己拥有的形象，即他们是好人，愿意对那些由合法的请求者为了做好事而提出的有价值的请求做出回应，而后一个承诺则是维护那个积极自我意象一致性的一种方式。在下一章，我们将详细讨论承诺、一致性和自我意象三者之间的重要联系。

让我们以罗伯特·西奥迪尼关于社会影响的深邃结论来结束我们这部分的讨论。通过多年来对许多不同顺从专家的卓越成就的观察和亲身体验，西奥迪尼认为，为了获得顺从而使用的所有策略，其有效性都可归结为 6 条心理原则。而这 6 条原则分别在一种特定情境中发挥作用。影响者创设合适的情境或者背景，这些原则能够在相应情境中发挥各自最好的功能从而增加顺从行为。

我们已经对其中的两条原则作了较为详细的说明：创设义务感的背景从而使互惠原则或互惠规则发挥作用，以承诺为背景则会激发一致性原则（consistency principle）。表 2.1 成对地列出了能解释绝大多数顺从行为根源的原则及其发挥作用的背景。我们已经谈过，当创设出影响者的可信度这一背景时，权威原则（authority principle）就会发挥作用。因为我们更喜欢追寻一些难以获得而不是容易获得、稀有而不是寻常的事物，所以当在人群中对有限资源创设出竞争的背景时，我们将变得更容易顺从。这种心理激发了稀有原则（the principle of scarcity）的运作，它使我们更加珍视并希望获得那些难以得到的东西，例如，从一个给分吝啬的老师那里得到的 A、古董汽车、珍贵的葡萄酒以及与那些被认为很难相处的人交朋友。友谊这一背景与喜欢原则（liking principle）的联系是显而易见的：我们愿意为我们喜欢的人做更多的事，并且我们珍视与这些人的友谊，害怕因为不遵循他们的要求而失去了这份友谊。

表 2.1 西奥迪尼的6种顺从背景与原则

由影响背景所唤起的关注	支配行为的心理原则
义务感	互惠原则
承诺	一致性
可信度	权威
友谊	喜爱
竞争	稀有
社会确认	多数派意见

（资料来源：Cialdini, 1987）.

最后一对联系则是多数派意见原则（the principle of consensus）与社会确认或社会认可。我们的认同感和自我价值感在很大程度上是建立在他人对我们的评价基础上的。我们希望他人能够对我们有好感，就像我们对自己做出积极评价一样。当不知道如何为人处事才能获得社会敬重时，我们就可以看看处在同一种情境中的他人是如何做的，或者那些为我们所尊重的人是怎么做的，然后模仿他们的行为。因此，当背景引发了我们对获得社会确认的关注时，我们就更倾向于按照社会期待处事，追随圈内人，同意多数派意见——对规范性影响和信息性影响做出反应。想想你在日常生活中所遇到的因上述原则发挥作用而引发你顺从的情境。在哪些情境中你使用这些原则从而使他人顺从于你？这类知识如何能够使你更加有效地充当一个顺从的说服者和顺从的抵抗者？

起点：当内部改变源于外部影响

本章的主题是常见的直接影响行为的力量。我们已经看到，在没有事先改变信念或者态度的条件下，奖励、社会压力、对不同请求的巧妙并置以及许多其他情境性因素皆能够导致行为的直接改变。然而，我们必须注意，这些行为的改变可能会引发内部的改变。例如，对一个小要求的应允可能会导致我们认为自己是一个慷慨的人。行为可能会为思维或情感铺平道路。在下一章，我们将看到许多由行为改变进而导致态度、信念和自我概念改变的不同方式，最终，我们通过自己的行为改变了自己。

小 结

我们讨论了许多在不首先改变态度、信念或情感的情况下，直接影响行为的理论和方法。我们还讨论了如何通过提供奖励与惩罚来达到上述目的，例如，在没有说服或解释的情况下，对情境的操纵如何能引发从众、服从和顺从。

- 暗示某个特定的行为将能够产生一个积极的结果（强化）或者一个消极后果（惩罚）的情境刺激，可以直接影响行为。如果某些条件表明，行为与结果之间的列联关系是可以操作的，那么这些条件就可以导致人们为了获得奖励或者避免惩罚而从事某种行为。人们通过各种方式习得行为与结果的列联强化：通过体验他们自身行为的结果（工具性学习），通过观察他人行为的（观察性学习）结果，以及通过接受关于行为规则的言语信息（教诲性学习）。期待强化对于随后从事观察到的行为是非常必要的，但对于观察性学习却并不是必须的。

- 社会认可是一种奖励，而社会拒绝则是一种惩罚。背离社会规范会导致拒绝，而"与众人保持意见一致"将提升或保持个人的被接纳性。这是规范性影响。另一方面，我们赞同可能是因为我们假设他人更懂得什么是适宜的。我们赞同他人就是为了因我们自己言行的正确性而获得奖赏。这是信息性影响。

- 从众就是改变自身的行为或信念以便与某一团体的行为、信念相一致，而这个团体并没有直接提出改变的要求。无论要求进行判断的任务是不明确的（谢里夫的研究）还是清晰的（阿施的研究），人们通常会对不正确的团体判断表现出从众。当所提出的异议获得某种程度的社会支持时，从众就会降低。这表明，从众可能是规范性影响的产物。在团体中有专家时，或者个体缺乏自信时，从众现象就会增加。这表明，信息性影响和信念的真实改变可能同时或单独地在从众现象中发挥作用。

- 尽管从众通常只涉及公开行为的变化，但如果持不同意见的多数派促使个体去重新考察所处情境，以找出为什么多数派会持有不同意见时，那么从众行为可能就会导致个体信念的改变。当有机会提出一个更具创造性的备选答案时，当某个人喜欢表现得与众不同——彰显个性——时，那么就更可能会出现与多数派意见不同的异义。

- 如果我们太愿意从众，那么我们就会变得非常容易被他人所操纵。然而，从众却适合于个人和社会对预测、秩序甚至变革的重大需要。

- 服从是按照他人的要求去从事某些行为，甚至从事你不情愿从事的行为。在服从的实验室研究中，米尔格拉姆证明了绝大多数正常的、社会适应良好的成年人会在一个充当权威人物的实验者的命令下，对一个参与者同伴施以痛苦和危险的电击。基于此，对一个强有力权威角色的服从似乎并不是人格特质上的弱点，而应是强大情境力量的产物。

- 服从部分地源于信息压力和规范压力的作用。当一个新异情境无法提供适宜行为的其他线索时，人们通常认为权威人物知道更多的相关信息，并且权威常常发出命令。此外，目标受众可能也会害怕被权威人物排斥或者嘲笑。服从权威的产生，还可能是因为服从权威是一种根深蒂固的习惯——一种启发法判断，或者在社会化过程中习得的一种"经验"。为了避免落入服从的圈套，我们需要对我们为什么服从提出疑问，暂时走出情境，对问题重新进行思考，并且学会区别公正和不公正的权威。

- 还有其他的一些启发法判断，包括回报他人好意的互惠规则和遵循我们自己的言辞、行为的承诺规则。这些规则经社会学习而获得，而基于这些规则的"膝跳反射式的反应"隐藏在许多顺从诱导的技术中。

- 在"闭门羹"技术中，先提出一个大请求，被目标受众拒绝之后再提出一个小请求，那么对该小请求的顺从更有可能发生。因为提出请求者降低了请求，所以目标受众会觉得有义务接受请求以作为报答。"折扣技术"通过逐步地进行"优惠交易"，而不是立刻提供"优惠交易"的方式，来获得对一揽子交易的接受。在交易中"添加一些东西"，从而让目标受众觉得有义务做出回报。

- 人们倾向于坚持他们曾做出过公开承诺的立场。"虚报低价"技术利用了顾客的承诺感，在收回一个已经达成协议的较好交易以后，使顾客能够同意一个较差交易。"登门槛"技术成功地利用了对帮小忙的承诺，而获得了对帮大忙的认可。

问题与练习

1. 你如何运用社会学习理论的原理使同宿舍的一个同学能够更加认真而勤奋地学习？你的设计中应包括对塑造、工具性学习、观察性学习和辨别性刺激的运用。

2. 请讨论从众和服从的相同点与不同点。它们基于相同的心理过程的程度如何？

3. 假设你的朋友计划买车。请说明一个狡猾的、诡计多端的销售人员可能会如何使用"虚报低价"技术，"登门槛"技术，"折扣技术"和"闭门羹"技术。请建议你的朋友如何去分辨并抵制这些策略？

4. 请指出第1章中描述的文鲜明统一教的招募过程中与从众、服从、承诺和社会学习有关的一些成分。

第**3**章

行为影响态度：因做而信

❖

　　比尔常和小伙伴们一起玩耍，他是在四年级时全家搬来这里之后认识的这些朋友。他们都很好，是比尔忠实的朋友。比尔与他们一起打打闹闹，度过了美好的童年。现在比尔已经九年级了，与伙伴们一样，开始认识了一些年纪稍大的学生。尽管有时会被高年级的学生欺负，但他们渐渐地适应了高中生活的方方面面。

　　近来，比尔的一些好朋友参加了高年级学生的一场吸食大麻的活动，而比尔的家人曾教导他应该远离大麻。起初，比尔拒绝了这种行为。朋友们虽然没有嘲笑比尔，但他们会向比尔炫耀自己吸食大麻后多么兴奋，没有任何不良反应，竭力使比尔相信吸食大麻的好处。比尔开始并不相信，但最后屈服了，第一次吸食了含有大麻的香烟。此后，连续的三个周末，比尔都吸食了大麻。比尔不可能承认，甚至并没有充分意识到，自己吸食大麻的最主要原因是：如果不这样做，那么他与朋友相处就不舒服。直到比尔说"好"，他才能融入周围的环境。自己所信任的亲密朋友都在吸食大麻，受大家欢迎的高年级学生不断地解释吸食大麻的好处，而且比尔很容易得到大麻。

　　这是一种屈服于同伴压力的常见情景。比尔吸食毒品是从众的表现，建立在规范性影响与信息性影响压力的基础之上，如第 2 章所述。比尔认为，只要他吸食大麻，就能成为"内群体"的一员，朋友也向他保证，吸食大麻所获得的兴奋是安全的和愉悦的。有证据显示，同伴影响是导致人们吸食大麻的首要原因（Kandel et al.，1978）。但是比尔是否会继续吸食大麻呢？答案是肯定的，非常有可能。在南加州，研究者对 600 多名年轻人进行了追踪研究，从他们初中开始到 20 多岁这 8 年时间内，研究者发现，吸毒行为具有很高的稳定性（Stein et al.，

1987）。预测中学生毕业后吸毒最好的因素是中学后期是否吸毒，而中学后期是否吸毒又与早期吸毒有很密切的关联。简言之，一旦人们开始了某种行为，往往会持续这样做。在行为科学家之间流传着这样一种经典的说法：过去的行为可以最准确地预测未来的行为。

然而，行为为什么会保持前后一致呢？部分原因在于行为会影响态度和认知。如果某种行为方式让我们认为这种行为值得做、必不可少或者彰显个性，那么将来我们很可能表现出相同的行动。行为对态度和思维的影响正是本章的重点。第2章我们已经看到，在没有事先改变态度或者信念的情况下，某些社会刺激能直接影响行为。当社会刺激利用了人们的社会需要与信息需要，而且人们倾向于依赖启发式判断来决定行动时，社会刺激就能直接影响行为。我们还指出，态度与信念可能因行为的改变而间接地发生改变，从而为更进一步的行为改变或行为的持续改变奠定基础。例如，你可能还记得，"登门槛"效应部分源于自我意象的改变。回想过去的助人行为使个体感觉自己是个"乐于助人"的人。这种感觉会让人更倾向于再次帮助他人。你能想象在比尔的生活中类似的自我反思、并进而导致对心理事件的自我定义过程吗？"我吸食大麻，（我猜）我就是他们那种人。我喜欢那种兴奋的感觉。"通过推断，比尔认为自己吸食大麻是因为自己喜欢大麻带来的兴奋状态，他已经就因果关系进行了自我归因。比尔认为，自己喜欢才吸食大麻，而不是因为自己需要同伴的喜欢。

除了自我归因以外，你可能还会想到另一种心理活动，它能以某种方式超越行为。这就是"合理化"（rationalization），即在行为发生后给出各种自认为满意和合理的理由。尽管主流社会禁止吸食大麻，但比尔仍然吸食了。这一事实可能令比尔困扰，他通常遵纪守法，拥护现有的社会制度。因为比尔深受困扰，所以要为自己的行为失当寻找各种理由。当然这些理由是合理化的或者自我辩解的借口。同时，这些理由可能非常令人信服。比尔可能只是让自己变成了"瘾君子"。比尔以合理化的理由为论据，成功地进行了自我说服。

自我归因、自我说服、自我辩解都能影响我们的思维、情感和行为——现在我们就详细探讨社会科学家对这些重要心理过程所进行的研究。这三者共同的关联是：关键的影响者是自我（个体自己内化的概念），而不是由外部说服者所引发的改变。因此，个体既是影响的目标也是施动者，在单一的心理中包含了一对动态的搭档。

归因与自我归因

在许多方面，自我归因过程是我们对他人的行为原因进行归因时所采用的较为一般的知觉与认知过程的一种特例。在日常社会交往中，我们如何决定自己想要交往的人？我们如何推断他人在想什么或他人的感受如何？或者他们究竟是怎样的人？更一般地，我们如何推断出人们行为的原因？这些问题的答案对于理解人类行为和人际影响是至关重要的。

无疑，人们都力图"理解"他人。归因理论（attribution theory）领域的开拓者弗里茨·海德（Fritz Heider）认为，我们有一种相信自己能控制所处环境的基本需要（Heider，1958）。为了能预测和控制发生在我们身上的事情，我们试图理解人们行为的原因。另外，我们对他人的理解自然会影响到我们对他们的行为。

归因理论

你是谁或你在哪里。一般说来，若想了解某个人为什么做了一件特别的事情（比如，表现得很慷慨或很有攻击性，买了一套昂贵的音响，或者开始吸食毒品），我们可能会将原因归结于个体的性格或者他周围的情境。性格归因（或称内部归因）把所观察到的行为产生的原因归结于个体内部。进行性格归因就是假定行为反映了个体的某些独特属性。例如，根据个体的态度、宗教信仰或者品格与人格特质来解释某个人的努力工作。在性格归因中，我们假定行为的原因存在于个体内部，例如"坦尼娅在这个项目上努力工作，是因为她喜欢这一工作"。

相反，情境归因（或称外部归因）则把社会与客观环境中的某些因素视为导致个体行动的原因。例如，如果我们看到某个人努力工作，并根据他可能获得的金钱、分数或奖赏来解释这一行为，那么我们就在做情境归因。情境归因就是把行为的原因归结于个体外部，例如，"坦尼娅在这一项目上努力工作是因为她非常想获得奖金"。这种解释假设，在同样的情境中，大多数人会采取同样的行为，获得同样的结果。换句话说，个体的行为更多地反映了情境的性质，而非其本性。如果我们做出情境归因，我们也会假设没有那些情境因素时，个体就不会做出我们已观察到的那些行为。

兹举一例说明性格归因与情境归因的区别。假设候选人乔在一次演讲中倡议对使用燃煤的工厂进行更加严格的污染控制，以此作为解决酸雨的一种手段。听众琼对这一保护环境的立场表示赞同："我可能会投这个家伙的票，他对如何解决酸雨问题有恰当的想法。"琼的朋友玛丽也在听演讲，她转过头盯着琼说："拜托，琼，这家伙只是在迎合听众。他之所以提议这些控制措施，只是为了赢得这所学院中所有环保主义者的选票。这些措施不可能得到采纳。"可以看出，玛丽进行了情境归因：听众迫使候选人乔这样做；而琼进行了性格归因：演讲背后的动因是候选人保护环境的态度。通过推论，琼预测乔以后在其他环境问题上会采取类似的立场。

　　另一个例子表明，分辨行为的情境分析与性格分析能揭示潜在的偏见。在比较顶级职业篮球选手时，人们常说某甲是通过努力获得了现有地位，而某乙则是由于他天生的运动才能。 你多半敢打赌说，做出如此分析的人说的某甲是白人选手，而某乙是黑人选手。这个例子隐含了一种潜在的偏见：黑人球星不需要刻苦训练和努力就能成为顶级选手，他所要做的只是参赛。也许，你可以将这一想法告诉迈克尔·乔丹，或者其他任何有色人种的职业运动员，然后看看他们对你这种恭维（"他们的成功都是因为天生的才能"）的反应。

我们如何做决定。根据著名的归因理论家凯利（Kelley，1967）的观点，在决定对观察到的行为做性格归因还是情境归因时，我们会考虑三个因素。在以下三种情况下，我们会更重视个体。第一，当行为是非常规的，即这一行为不同于我们认为多数人会有的行为时，我们尤其可能做出性格归因。例如，你看到一个学生非常粗鲁地对待一名受人尊敬和爱戴的教授，你非常可能把这一反常行为归因于该学生自身的一些特殊和负面的因素（"一个感觉迟钝、妄自尊大且粗野的人""一个变态、充满敌意的家伙"），而不会归因于情境因素（如教授给出的负面评价）。

　　第二，当知道行为人经常做出某种行为时，人们就更倾向于对其进行性格归因。跨情境的一贯的行为暗示着个体的性格而非情境。例如，泰丽总是按时上课，你会把这一行为解释为泰丽是一个守时的人，或者她是一个受强迫需要驱使的人。你认为这一行为反映了行为人的品格特质，而不是对那些不断变化的情境因素的反应。当然，情境性原因也是可能的：就上课而言，教师一旦开始讲课就关上门，并清点人数，检查哪些学生缺课，这可能迫使泰丽按时上课。但是，对于一贯的行为，性格因素是最可能的归因。事实上，人格理论家们通常认为跨情境的行为一贯性是人格特质具有决定性的方面。

第三，当同一类型的行为发生在许多不同情境中，而且这些情境涉及非常不同的激励因素时，人们倾向于进行性格归因。换句话说，当行为是非特异的，或者不是唯一地针对某一特定情境时，性格归因更可能发生。例如，当泰丽并不只是上课准时，她还在所有的其他事情上都很准时，甚至包括那些以迟到为时髦的聚会。既然并非某种情境或者情境中的某种激励因素导致这种行为，所以你就想当然地认为，一定是泰丽自身的某些特点导致了这一行为。

观察者可以同时运用常规性、一贯性与特异性的所有信息。因此，我们常常对各种因素进行权衡，以决定进行性格归因还是情境归因。假设你在课堂上主动发言后，一名异性同学称赞了你的深刻见解。在你接下来的两次发言中，这个人都抓准时机赞扬了你的评论。你会发现，自己开始产生很大的疑惑——为什么这位颇有魅力的异性会如此慷慨地赞扬你。你会想："没有其他人这样夸赞过我（非常规性）。并且，这已经是这个人第三次夸奖我了（一贯性）。"有点意思。但是，你回想起，你曾经无意中听到过这个人在其他异性课堂发言后，不加选择地夸赞这些同学（非特异性）。你观察到这三种情况，特别是最后一种情况——这个人不加选择地奉承异性。很不幸，这表明你不应该进行与你的自我有关的性格归因。这个人很轻浮，或者至少是那种希望与任何一个发言的人——更确切地说，是与任何一个异性——都有所联系的人。

但是，现在请考虑一下以上3条信息中最后一条的变化如何改变你的归因，甚至改变你的后续行为。如果这个人似乎从来没有夸赞过其他人——他的奉承是特异的，是唯一针对你的，那么你很可能得出的结论是这个同学喜欢你。这位同学对你本人有好感！很好，你现在感觉好多了吧。

你有什么特别之处？ 在上述例子中，当称赞具有非常规性时，一种情况使你把这一称赞行为归因于此人轻浮的个性，而另一种情况则导致了他喜欢你的归因。在这个例子中，你这位同学行为的特异性对于特定的内在归因起了决定性作用。当然，其他因素可能也会影响我们对观察到的某个人做出正确或错误的判断。

我们可能会利用自己知觉到的行为后果所蕴含的信息（Jones & Davis，1965）。如果个体的行为具有某种特定的效果，并且这一效果会因为个体选择了不同行为而有所差别，那么我们就倾向于根据非共同效果来推断这个人行为的原因。以一个难得看一场电影的繁忙学生为例，为了理解她为什么会选择观看甲电影而不是乙电影，我们不必考虑这两部电影的所有相同之处，例如价格、开场时间、电影院距离，等等。它们的不同之处在于，甲电影是一部科幻片，而乙电影是一部纪录片。因此，我们理所当然地推断，是因为她非常喜欢科幻类的影片，所以她才做出上述决定。

为了便于理解另一个正确判断行为性格原因的"线索"，我们需要回顾一下第 2 章提及的启发法判断。正如我们会了一些特殊的行为"规则"一样，我们也学会了一些特定的因果关系，以便不假思索地加以运用。凯利（Kelley，1972）把这些因果关系称为被文化所认可的因果图式（casual schemata）。例如，问题：为什么 12 岁的马蒂会突然表现得如此叛逆？回答：这是他需要度过的一个发展阶段。问题：为什么爸爸今晚这么不高兴？回答：可能他为办公室里度过的糟糕的一天而生气。

因果推理——并不总是理性的。上述归因原理充分体现了韵律的和谐与理性的严谨：人类观察者是一位完全理性的归因高手。如果每个人都这样行动，那么观察者会推断情境是非常重要的原因。如果行为人的行为会带来独特的后果，观察者则会把这一行为结果视为推测行为人动机的可靠线索。这些都是十分理性的决策规则。的确，人们常利用常规性、一贯性、特异性和非共同效果来进行归因，就像那些呈现给参与者各种行为脚本的研究一样（如那个奉承他人的大学生），这些行为脚本在常规性、一贯性、特异性和非共同效果这些因素的有无上存在差别，人们据此可以确定特定行为最可能的原因（McArthur，1972；Ferguson & Wells，1980）。

另一方面，因果归因可能并不是完全理性的。因果归因中的信息加工过程可能存在着偏差，即以某种特定的方式被扭曲。一种偏差是过分简单化的倾向。当我们使用因果图式时，就可能出现这种情况。上文提到过的马蒂可能不只是正在经历叛逆阶段，他可能有了一批新的伙伴，或者在学校有了麻烦。一般而言，行为往往是由多种原因导致的，而人们在归因时只会指向其中的一两个原因。除过分简单化以外，另一种归因偏差被社会心理学家称为显著性效应（salience effect）。显著性效应是指人们更看重那些最明显的和最吸引注意力的因素的倾向——就像人们格外会注意坏消息。

在一项证明显著性效应的实验中，参与者观看了在两名女性主试同谋（安和布莱尔）之间进行的对话，她们的对话经过预先排练（Taylor & Fiske，1975）。第一组参与者在布莱尔背后，以面对安的有利位置观看这一对话。他们的视觉注意只集中在安身上。第二组参与者则是处于相反的观察角度：在安背后，面对布莱尔。第三组参与者看向安和布莱尔的机会一样多。稍后，询问参与者谁控制了这一对话（改变话题、赢得争论等），那些既能看到安面孔又能看到布莱尔面孔的参与者给两人的评分相近。尽管听到的是完全一样的对话，但是其他组的参与者对这一事件的解释却很不相同。那些将注意力集中在安身上的人认为安拥有更多控制权，而那些主要留意布莱尔的参与者则认为布莱尔具有更多的控制权。对原因的知觉完全变成了视角的问题。

性格明显的支配性。有一种非常普遍且很有意义的归因偏差，我们称之为基本归因错误（Ross，1977）。无论何时我们观察行为并企图根据行为的根源来理解行为，我们的判断可能会以两种彼此相关联的方式被扭曲。如果行为的原因并不明显，我们倾向于高估性格因素而又低估情境因素。我们太喜欢根据人格特质（personality trait）与性格品质（characteristic trait）来理解行为，同时又太过于抵制把背景因素视为行为的基础。西方文化强调"自我崇拜（cult of the ego）"，关注个体的主动性和个人对成功与失败、宗教罪孽与违法犯罪的责任。毫不奇怪，我们更倾向于关注情境中个体自身的因素，而较少关注造成个体现状的情境因素。实际上，社会心理学的主要经验之一是，人类行为更多地受到情境变量的影响，而不是像我们通常认为的那样，甚至我们都不愿意承认这一点（Watson，1982）。

由于未能充分考虑那些微妙的情境力量（如角色、规则、统一性、符号或者团体共识），我们变得很容易受这些力量的影响。其原因在于，我们高估了我们个人的性格在抵制不合意的情境性影响中的作用，也低估了我们对情境性影响的遵从。现在回顾一下第 2 章提及的斯坦利·米尔格拉姆关于服从权威的经典研究。我们注意到，在实验之前，40 位精神病学家预测不到 1% 的参与者（即那些"心理异常"的人）会坚持到最后，向无辜的受害者施以高达 450 伏特的电击。显然，他们进行了性格归因，他们的职业训练使他们过度地使用了性格归因。实验结果已经表明，多数人在这一服从范例中都遵从了游戏规则，不断地给予"学习者"

强度逐渐增加的电击。然而，大多数学生仍然坚信，他们自己与那些服从的参与者不一样。性格归因倾向再次超越了明显的情境归因，即米尔格拉姆服从研究中的一些有力的情境因素却促使大多数参与者以一种不寻常的、非典型的方式做出反应。

　　科学研究中关于基本归因错误的证据比比皆是，这意味着人们很少把行为的原因归结于情境。一项研究考察了大学生们对自己和他人智力水平的评价，学生们要参加大学杯有奖竞答游戏，在游戏中一个人提问而其他人回答（Ross et al., 1977）。研究者将"提问者"与"选手"这两个不同角色随机分配给学生。要求作为提问者的学生想出 10 个最难的问题，可以是任何主题，但自己要知道答案。当然，这一做法对选手们极其不利。他们几乎不知道提问者对什么感兴趣以及有什么样的知识背景。因此，在一轮又一轮的提问中，选手们对许多问题都不得不悲哀地承认"我不知道"。在连番提问后，现场旁观的其他学生们所做的归因是，提问者比选手更聪明、更博学。尽管这些旁观者完全清楚游戏规则，知道谁决定了所提出的问题，但是这样的判断仍然会发生。显然，这些旁观者犯了基本归因错误。他们没有考虑到游戏情境非常有利于提问者，但对选手却十分不利。

　　这一实验结果以及其他许多诸如此类的实验证据，给我们带来了一个重要启示：即使我们的确认识到情境对个体的行为具有一定的作用，我们还是不能充分地估量情境变量对我们所观察到的行为有多大的影响。在我们"责备无家可归者、失业者抑或遭受虐待的受害者"时，也同样存在着基本归因错误，尽管我们嘴上可能会说这主要是社会问题或政治问题（Ryan，1971）。为里根总统撰写发言稿的保守派律师莫娜·查伦在她撰写的一篇文章中，简明地揭示了基本归因错误如何成为政治哲学的一部分。她就美国城市中心贫民区的"快克"[1] 蔓延写道："保守派们认为，人们通过吸食毒品的方式毁掉了自己，其根源不在于这个社会，而在于身陷其中的个体缺乏自我克制的能力。"（Charen，1990.）

1　快克（crack）：俚语，一种经过高度化学提纯的可卡因药丸，通过玻璃烟管吸取，很容易使人上瘾——译者注。

自我知觉与自我归因

你最经常遇见的行为人不是别人而正是你自己。当你做事的时候，你几乎总是能意识到自己的行动，因而能对自己的行为进行反思——就像你可能对他人的行为进行反思一样。上述一般的归因原理是否也适用于自我知觉呢？的确，我们的很多行为都是预先计划好的，因此并不需要进行归因过程所涉及的事后解释。另外，我们的内部状态（如我们的态度与情绪）常常驱使我们在既定的情境中以某种方式行动。在这些情形中，我们清楚为什么我们会那样行动。另一方面，你可能还记得，第2章我们特别考察了一些行为，即使事前与个体已有的态度或心理状态没有太多"磋商"的情况下就发生了。在我们所考察的案例中，无意识的习惯和微妙的情境压力共同作用导致行为的发生。根据贝姆（Bem，1972）的自我知觉理论（self-perception theory），如果要求行为人对这类行为进行解释，他们的归因推理过程可能与观察者几乎相同。

贝姆认为，人类的许多行为并不是行动前对内部情感和态度进行思索的产物。相反，它们是自动发生的。人们通过对其过去行为和情境力量的觉察，来推断他们此时此刻的内部状态和情感。例如，设想一下，在一个普通的工作日，一名在华尔街工作的律师将钱包里的零钱都送给了她上班路上遇到的乞丐。某天吃中饭的时候，大家谈到了纽约的城市生活问题。一位同事恰巧问起这名律师对施舍乞丐的感受。这个问题让她停顿了一下，因为她从来没有真正思考过这个问题。她能够回忆起来的事实仅仅是她每天都向乞丐施舍零钱（一贯的行为）。而且，她也并不记得有人曾经强迫她这样做；如果她不想施舍，只要避开目光接触，径直从旁边走过（没有明显的情境压力迫使她施舍）。既然她思考了这个问题，那么最后她还想到，许多人都从这些挡在路中间的不幸个体身边扬长而去，因此来自情境的力量不会特别强大（没有针对她的规范性压力）。显然，基于她的行为，可以认为我们这位仁慈的律师一定对施舍乞丐持友好态度。她确实是一个非常慷慨的人。

如果这一事例让你想起第2章关于"登门槛"效应的一种解释，那么你做这样的扩展思考是非常正确的。对于那些帮了小忙的人为什么通常会愿意帮大忙这一现象，自我知觉理论提供了非常合理的解释，他们从自己过去的助人行为中推断自己是乐于助人的人。

我们是我们行为的产物。一项设计精巧的实验表明，对过去行为的反省能塑造我们关于自我的信念（Salancik & Conway，1975）。研究者通过一份问卷，让大学生指出问卷上的24条陈述是不是自我描述性的。一部分句子叙述的是支持宗教的行为，另一部分句子叙述的则是反对宗教的行为。学生们被随机分为两组，两组学生看到的句子在措辞上略有不同。对于第一组参与者，那些叙述支持宗教的句子大多包含了"有时"这一副词（如"我有时上教堂"），而叙述反对宗教的句子则大多包含了"经常"这一副词（如"在电视节目播出的最后我经常拒绝聆听宗教布道"）。对于第二组参与者，这些句子的副词恰好进行了相反的配对。绝大多数支持宗教的句子搭配了"经常"（如"我经常在宗教假期时拒绝去上课"），同时绝大多数反对宗教的句子则搭配了"有时"（如"我有时会拒绝与朋友讨论宗教"）。

研究者推测，一般而言，大学生不愿意赞同那些含有"经常"的句子是描述自我的，因为问卷上列出的绝大多数行为并不是他们会经常从事的那类活动。相反，那些"有时"的句子应该会更多地被认为是描述自我的。对于大多数学生来说，他们很容易回想起自己至少偶尔参加过这样的活动。只是因为句子措辞的不同，第一组（有时—支持组）对支持宗教的句子应当回答"是"（"那描述的是我"）的学生人数就多于第二组（有时—反对组）。

研究结果支持了上述假设。但是，这只是整个研究的一部分结果。真正使人感到意外的结果是，在答完问卷之后，第一组学生比第二组学生认为自己对宗教更虔诚，这与自我知觉理论是一致的。在回答他们有时做出的许多支持宗教的事情时，第一组学生回想起自己过去许多的宗教行为。学生从他们记得的这些零散的宗教行为的证据中，推断自己非常虔诚。第二组学生的情况则相反，他们发现自己回想起若干偶然的反宗教行为，继而导致他们低虔诚的自我知觉。仅仅短暂地曝光于一些描述性的词语就导致这一重要维度上自我知觉的巨大差异。这一细微的情境操纵改变了大学生的自我意象，从而导致他们把自己视为宗教虔诚程度不同的人。

变得情绪化。自我归因过程极易在情绪体验中起作用。强烈的情绪有一个共同特点：涉及生理唤起的增强，表现为脉搏加快和呼吸急促等特征。一般来说，因为我们体验到了这种不稳定的唤起，并且造成这种唤起的原因在情境中是显而易见的，所以我们知道自己感受到的是什么情绪。例如："我的心跳加快，手心出汗，我很生气，觉得嫉妒，因为我看到自己爱慕的人和别人在一起。"然而，有时我们从生理唤起与情境中得到的信息是混杂的，因而导致归因的两难。这是一种什么感受？在典型的自我归因中，如果内部状态的唤起非常模糊，那么体验到的情绪将反映任何显而易见的外部情境因素。

当情境被个体错误理解时，其结果就是错误归因。一项经典的研究要求参与者经受不断增强的电击，表面的目的是研究人们对痛苦的耐受力（Nisbett & Schachter，1966）。一些参与者在实验前服用了一种药物，并且相信服用这种药物会出现心悸以及其他一些唤起症状。而实际上"药物"只是没有任何治疗效果的糖衣片。结果发现，服用了"药物"的参与者比没有服用"药物"的参与者更能忍受电击——电击没有使他们产生太多的痛苦。服用"药物"的参与者没有将自己的生理唤起归因于真实的原因（预料的疼痛和对电击的忧虑），而是归因于药物所谓的"正常"反应。

在一个将唤起附加于羞辱的实验（Zillman & Bryant，1974）中，也观察到类似的错误归因。在短暂休息前，有些参与者进行了一项非常剧烈的运动，而另一些参与者则参加了一项非常轻松的任务。休息之后，所有参与者在与主试同谋互动的过程中都受到了羞辱。研究发现，有过剧烈运动的参与者比完成轻松任务的参与者对主试同谋的羞辱表达了更强烈的愤怒。显然，运动带来的剩余唤起被"附加"在羞辱所引发的唤起上，引起了异常强烈的愤怒感。请注意这个实验，在群众集会演讲之前通常会有游行、歌唱和喊口号等活动，你是否认为上述原理也在发挥作用呢？

基本错误——关于自己。从上述例子中，你可能注意到，自我知觉的归因推理存在一定的缺陷。这种归因似乎忽视了行为真实的原因。例如，学生们在推断自己的宗教情感时，没有注意到情境刺激中巧妙加入的副词所带来的影响。他们犯了基本归因错误，低估了情境在决定行为中的因果作用；同时，他们的行为具有自我评价的性质。

就此而言，大学杯有奖竞答游戏这一研究的一些额外发现更令人惊讶。在观看了作为选手的参与者非常愚笨地回答提问者的棘手问题后，旁观的学生得出结论："作为选手的参与者"明显不如"作为提问者的参与者"聪明和博学。这些旁观的学生未能充分考虑这一事实：游戏规则（即提问者能随心所欲地选择问题）才是该归因的。我们发现，甚至选手本人也未能觉察这一情境的束缚，因为他们认为自己不如提问的学生聪明和博学。这表明，情境又一次战胜了人。

我们不应该对这些人太过苛刻，因为情境的力量很容易被人忽视。但请再一次注意，这恰巧是问题的关键。情境引发的行为能影响我们的态度和自我意象的一个主要原因是，情境的力量是如此强大，但表面看来却又如此微不足道。

当自我知识胜过自我知觉。如贝姆（Bem，1972）所言，如果"内部线索微弱、模糊或不可预测"，自我知觉的过程（及其潜在的缺陷）就最可能发生。如果你不能真正确定自己最喜欢的颜色是什么，因为你从来没有认真思考过这个问题，那么你可能不得不通过考察你的行为来寻找答案。你最常穿什么颜色的衣服？你装修房间或公寓使用的主色调是什么？反之，如果你知道自己最喜欢的颜色，就没有必要通过考察你的行为来推断你的颜色偏好了。

通常，"强烈的内部线索"无非就是你对自己形成的清晰而突出的信念：自我知识（self-knowledge）。前述宗教句子实验的后续实验非常清楚地表明，自我知识会削弱参与者对自我归因的依赖。研究者重复了先前的实验，利用了副词的神奇魔力，从而让参与者回想"支持"或"反对"的行为。但是，他们在研究程序上做了两处改变：首先，行为的主题是关于环保的生态问题而非宗教；其次，两组学生参与研究之前就对环保问题持有不同的态度。一组学生对环保问题具有一贯的、明确的态度；另一组学生对环保问题的态度并不是很一贯，或者没有好好思考过这一问题。如图 3.1 所示，结果非常清楚：两组参与者都受到了问卷中迥异的措辞变化的影响。当他们评价包含"有时"的支持环保行为句子的自我描述性时，他们都报告了更多的支持环保的行为；而当他们评价包含较极端的"经常"的支持环保行为句子的自我描述性时，他们都报告了更少的支持环保的行为。但是，这一结果只表现在那些最初态度"不坚定"的学生，他们在完成问卷后，态度受到了回答问卷方式的影响。那些最初态度始终一致且"坚定"的学生没有出现这一结果，他们一直坚持了回答问卷之前的立场。研究者得出的结论是："高一贯性的参与者对自己成为环保主义者的情感和自我知觉具有强烈的内部线索，因此不需要通过当前的行为信息来'推断'自己的态度。"（Chaiken & Baldwin，1982.）正如贝姆所预测的那样，对于那些最初态度不坚定的学生，他们让自己的行为代言了他们的新态度。

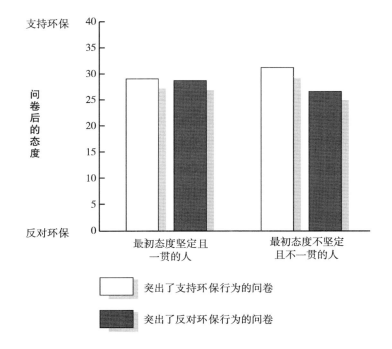

图 3.1 当态度不坚定时，自我知觉发生作用

以措辞方式不同的自陈式问卷鼓励参与者报告他们曾经的支持或反对环保的行为。那些最初环保态度不坚定和未曾深入思考过环保问题的参与者，在问卷后所报告的环保态度与问卷所导向的自我知觉保持一致。但是那些对环保问题具有坚定而明确态度的参与者并没有受到"问卷行为"的影响。

（资料来源：Chaiken & Baldwin，1981.）

直到你问我，我才知道。显然，人们不会根据其当前或者近期行为的自我知觉持续不断地形成新的态度和信念。自我知觉过程主要发生在我们"需要就某个新异客体形成态度结构"的条件下（Fazio，1987）。如果有人直接询问我们对某件事的看法，或者我们认为不久就会直接碰到这件事，我们就会借助于对自己行为的知觉，来发现我们对这件事的想法。在一些需要当场表明态度的情况下，过去有关的行为可能就会强烈地影响态度的形成。

据此，重新审视一下华尔宁律师的例子就很有意思。那位律师对待乞丐的行为一直是习惯性的和自动化的。乞丐把一个杯子放在面前，开始乞讨（"我没有工作，但我需要吃饭"），而律师则从钱包里拿出零钱放到乞丐的杯子里。但此时，她的心思却在别的事情上，例如她正在准备的讼案。她的确没有时间来形成关于这一施舍行为的态度，因为她不必这样做，而且要为其他的事情耗费心思。只有当问题被人提出时，形成态度的需要才会出现。我们假设在随后的一周，她收到了自己订阅的《时代》周刊，杂志的封面标题是："美国的乞讨：施舍还是不施舍？"那么她也会形成关于施舍行为的态度（那是 1988 年的夏天）。不仅是社会心理学家，媒体也会营造很多情境，要求我们形成自己的态度，站出来承担使命：支持还是反对。

宗教信仰转变——自我卷入。我们在第 1 章介绍了文鲜明统一教的招募行动。人们应邀自主地参加一个周末聚会，招募者鼓励他们轻松愉快地参加群体活动。一旦被招募者发现自己在聚会中像统一教成员那样行动，那么他们就有可能通过自己的行为推断自己至少喜欢并相信统一教派的某些观点。这一自我归因可受到其他一些因素的助长。最初，邪教成员使被招募者感到有趣和有益，这被称为"爱心炸弹"。被招募者很享受这种感觉，并推断邪教的生活方式就是快乐之源。紧接着，他们就会对邪教产生积极的态度。此外，他们可能会为邪教做一些小事：在现场做一些小体力活，捐献少量的钱。作为课堂练习的一部分，我们的一些学生也经历过"统一教的招募待遇"。在与过去决裂的过程中，那些在1990年经历了"统一教的招募待遇"的学生们报告说，他们只需为晚餐、到静居处旅行和周末野营付很少的费用——登门槛式的宗教承诺。

自我说服与角色扮演

自我归因过程本身就能塑造我们的态度、情感、信念和自我意象。但是，外部行为也可以通过其他过程带来内部状态的变化。这些过程可能伴随着自我归因，涉及构想出的新观念或把新的观念付诸行动，直到接受这就是你的观念。当新近被招募的人与统一教成员在一起的时候，老成员鼓励被招募者进行思考得出这样的观点：自己以前的生活缺乏爱，没有明确的方向，而加入和平安宁的统一教派就能改变这种状况；同时，老成员鼓励被招募者将这一想法付诸行动。付诸行动就是角色扮演，而思考过程就是自我说服，再加上助长这些行动和思想的情境，三者共同作用就能深刻地改变人们的态度。

一名统一教成员在纽约第42大道上严肃地劝导一名潜在的被招募者。

世界是舞台，我们是演员

人际关系知识渊博的人（如婚姻顾问、劳资争端调停者和那些易受同伴影响的十多岁孩子的明智父母）通常会建议人们要从反对者的视角来考虑问题，这是有益的。我们可能会被告知："请设身处地，你对这件事就可能会有不同的看法了。"团体治疗同样也使用了这一技术。角色扮演，如同其名，常要求参与者积极地扮演另一个角色（通常是一些他们觉得难以相处的人）。这样做的目的是改变参与者对这类人的知觉和评价。例如，"现在我知道为什么他总是贬低我了，因为他自己非常不自信。"当然，有时仅仅观察团体中另一成员所扮演的角色就可能在知觉和态度上产生替代性的改变。但是，如果你亲自扮演这个角色，体验到对方的感受，你就卷入了强大的态度改变情境之中。

通过公开地假装支持一些自己最初不赞成的意见，角色扮演还可以使人们对既定的相反立场变得更加包容。的确，在某些情况中，要求一个人积极地建构和即兴扮演某个角色比被动地接受说服性沟通更能有效地改变态度（McGuire，1985）。

从 1950 年代开始，社会心理学家欧文·贾尼斯（Irving Janis）就角色扮演对态度改变的影响进行了一些重要的研究。最早的研究比较了一段演讲（起初参与者并不赞同该演讲的观点）的三种卷入方式对态度改变的影响：即兴演讲、聆听和阅读。研究的基本发现是，即兴演讲（也就是参与者扮演了相信这一不受欢迎观点的角色）时，态度改变最大（Janis & King，1954；King & Janis，1956）。甚至在男大学生主张在大学生中征兵时，也发现了同样的结果。后来的研究把角色扮演扩展到了更具直接现实意义的情境中——让抽烟者对抽烟产生更消极的态度，并最终戒除这一恶习。

在这项关于抽烟者的研究中，研究者招募了一些每天至少抽 15 支香烟的女大学生，并将她们随机分配到角色扮演组和控制组之中（Janis & Mann，1965）。要求角色扮演组的每名女生都扮演一名接受医生诊断的病人，"有很严重的咳嗽，并且没有任何好转的迹象"。"病人"现在第三次去看医生，查看肺部 X 光片和其他一些检查的结果。在这次就诊过程中，她得知自己得了肺癌，需要立即动手术。但即使进行手术，"治愈"的机会也只有一半。当然，她必须马上戒烟。在这一令人恐惧的背景中，实验者设计了五种场面（焦虑地在候诊室里等待结果，医生给出诊断结果的时候与之交谈，在医生打电话询问手术床位时思考这一消息，等等），角色扮演者要用自己的语言尽可能真实地表现这些场面。

随后，迷你短剧开始了。实验者扮演医生，参与者扮演病人，通过谈话得知自己因抽烟太多，可能面临死亡。与扮演不悦角色的积极卷入不同，控制组的女生仅仅聆听了一段上述角色扮演过程的录音。她们被动地获得了与角色扮演组女生一样的信息。那么，实际的角色扮演是否会比仅仅聆听录音有更好的效果呢？

研究结果清楚地表明，角色扮演带来很大的差异。与控制组的参与者相比，角色扮演组的参与者更相信抽烟会导致肺癌，也更害怕抽烟带来的危害。同时，她们也表现出更强的戒烟意愿。但是，说起来容易做起来难，抽烟是令人上瘾的。那么，角色扮演者究竟改变了她们抽烟的习惯吗？她们是否比那些没有进行角色扮演的控制组参与者更多地改变习惯了呢？答案是肯定的。在实验完成两周后进行的电话追踪访问中，控制组的女生报告她们平均每天的抽烟量比以前减少了 4.8 支。控制组参与者通过被动地接触有效情境而受到影响。但是，通过角色扮演积极卷入情境的效果是双倍的。角色扮演组中的女生报告，她们平均每天比以前少抽 10.5 支香烟。考虑到角色扮演的时间还不足 1 小时，这一结果的差异就值得人们注意了。更值得注意的是，在 6 个月后的第二次追踪访问中发现，这种差异仍然存在（Mann & Janis，1968）。

　　为什么即兴角色扮演会对言继态度和行为产生如此大的影响呢？自我归因与自我说服显然是导致这种影响的主要原因。现在你已经知道，自我归因过程可以通过角色扮演来实现。一个人可能对某一主题有大体的看法，但是他对这一主题的所有知识、信念和情感不可能明确地偏向单方面，在大多数情况下都可能是含混不清的。在 1960 年代中期，人们对抽烟的态度是比较模糊的；的确，那时人们对抽烟的负面情感还没有被煽动起来。在上述角色扮演研究的 3 个月后，美国公共卫生总署报告了抽烟导致肺癌的有力证据；而在这一角色扮演研究若干年之前，媒体一直在报道抽烟导致肺癌的新闻。这些年轻女性（有见识的大学生们）可能对抽烟持有一定的负面情感，了解一些抽烟有害的知识。对患癌的抽烟者进行角色扮演，表现他们的想法和情绪，这有助于使人回想起抽烟的可怕后果。这些凸显出来的想法，加之在扮演恐怖的创伤性经历过程中感受到的情绪，可能非常容易地支配自我反思。"哎呀，我真的相信抽烟是危险的和愚蠢的了，是该戒烟了。"换句话说，由于角色的设定使参与者对抽烟产生了最负面的想法，因此，通过自我知觉产生的任何推论也极有可能是负面的。

　　角色扮演中的第二个因素是自我说服。请记住，在上述研究中的角色扮演都是即兴的：参与者建构了她们自己的性格、想法和对情境的反应。她们实际上创造了一个令人信服的形象，并且也让自己相信了所扮角色的一些观念和情绪。正如其中一个角色扮演者所说："关于抽烟的危害我听说过很多。然后又知道更多一点儿了，就是这样。"（Janis & Mann，1965，p.89.）"那更多一点儿"的东西是她自己提供的。但是，控制组参与者聆听了其他人的角色扮演，她们是否也同样会被说服呢？通常，自我说服比从他人那里接受信息有着更强大的影响力。这是一个"卷入"的问题。自己创造的观念和情感显得更明显、更具有个人相关性和更令人难忘（Greenwald，1968）。因为你通常知道自己会采用什么样的防御技巧来支持既定的态度，所以你处在了抨击它们的最有利的位置上——从内向外。同样，当你主动地进行角色扮演时，就会完全投入地萌生一些想法，来支持这一角色。结果，相对于只是坐在那里聆听，你在角色扮演时不大可能在脑海里出现反驳的观点（例如，"抽烟会让我放松，一些医学研究者反驳了抽烟引发癌症的说法"）。我们将在第 5 章详细讨论主动思考的影响及其在说服中的作用。

　　恐惧唤起可能也有助于角色扮演发挥其强大效力。可以肯定，角色扮演激发了恐惧，而恐惧的想法尤其具有自我说服力。有人可能会认为，角色扮演者使自己受到惊吓，从而造成了态度改变。然而，正如下一个例子所表明的那样，对于由角色扮演所导致的态度改变而言，恐惧并不是必需的成分。

再论自我说服：电视是否施加了影响

为考察角色扮演效果中的自我说服成分，以及它作为一种影响手段的力量，我们来看一个实际问题：电视对人们行为与精神生活的影响。鉴于电视已经成为大多数人生活中的常见"伴侣"——持续地传递信息却不允许回嘴，社会心理学家就电视这一主题已经进行了大量研究。平均而言，西方国家的人每天观看电视的时间约为 2 ～ 3 个小时，这差不多是他们社会交际时间的两倍（Liebert & Sprafkin，1988；McGuire，1985）。儿童是最痴迷的电视观众之一，一些儿童每天看电视的时间达到他们清醒时间的一半，并且他们观看了许多描述暴力的节目。这一令人忧虑的事实导致了许多研究关注观看电视暴力节目对儿童态度和行为的影响。这类研究的一个普遍结论是，过度观看电视暴力节目确实助长了更具攻击性的人际交往方式的发展；对那些处在有利于攻击行为形成的环境和攻击行为习得的儿童而言，更是如此（Eron，1980；Wood et al.，1990）。

这种不幸的关联增加了美国暴力事件的总体发生率。那么，是否可以通过某种手段来减弱乃至消除这种关联呢？鉴于充满暴力行为的电视节目如此受大众欢迎，电视台当然不会自愿清除它们。在当前的法律体系下，不太不可能完全禁止电视暴力节目。那么，一个更好的方法就是，直接针对那些观看暴力电视节目的儿童来开展工作。儿童之所以从电视节目中学会攻击反应，是因为他们往往相信电视节目中所描述的暴力是真实存在的，是社会所接受的解决问题的方法。此外，电视中的暴力英雄非常具有魅力，可以很快得到那些崇拜他们的观众的认同。如果能让儿童知道社会并不认可暴力攻击是解决问题的方法，电视所描绘的暴力内容是很不真实的，是经过特殊处理的，并且我们解决问题通常会有更好的方法，那么儿童就不会采纳电视明星所表演的攻击方式了。

这一推理促使一个研究小组通过一系列相互配合的讲座、演示和小团体讨论，来说服一年级和三年级学生相信电视暴力是假的，真实的暴力会造成社会排斥，解决问题还有许多更有效的非暴力的方法（Huesmann et al.，1983）。结果只有一个问题：这样做并没有什么用。研究发现，受过这类训练的儿童，在态度、电视观看行为或者攻击行为上并未出现改变。的确，在这些方面，与那些没有接受这类教育的控制组儿童相比，接受过训练的儿童在训练后并没有表现出任何的不同。

研究者对这一结果虽然很失望，但并没有放弃。他们又进行了第二个实验，在这次实验中他们尝试使用了自我说服。他们将芝加哥郊外一所学校中的一年级和三年级学生随机分配到"干预组"或者控制组中。在两次团体活动的第一次活动中，实验者要求干预组儿童自愿帮助录制一盘录像，展现那些被"电视所愚弄、被电视暴力所伤害或者因为模仿电视暴力而陷入麻烦"的儿童。接下来，实验者告诉这些干预组儿童："当然，你知道最好不要相信你在电视中所看到的内容，而模仿那些东西可能很糟糕。"接受了这一有吸引力的自我知觉后，所有的儿童都已经变得自愿了。然后这些热心的志愿者开始撰写说服性的短文，这些短文的主题是"辨别电视与真实生活的不同""为什么模仿电视暴力是不好的"，以及"为什么看太多的电视节目不好"。为了帮助他们写短文，实验者向他们提供了一些事例。一周以后，这些儿童在摄像机面前朗读了他们的短文，并且如同脱口秀节目中的嘉宾那样，回答了一些简短的问题。最后，重新播放一次录制完成的录像带，让儿童看到自己对"不要被电视节目愚弄"这一主题的贡献。实验者对控制组的儿童实施了类似的程序，不同之处在于，他们的短文和录像的主题是"为什么每个人都应该有自己的爱好"，而不是电视暴力。

在进行短文和录像环节的前一周，两组儿童都完成了一份态度问卷，问卷涉及他们在多大程度相信电视节目是虚构的，以及观看暴力节目是否会让儿童学坏。两组儿童在该问卷上的得分相似。同时，研究者对两组儿童的攻击程度（由学校同学进行评定）和观看电视的习惯进行了匹配。研究发现，这种相似性在实验后就消失了。如同进行了角色扮演的抽烟者一样，那些撰写了关于电视暴力短文的儿童的确说服了自己。在干预之后的两个月，再次对他们进行态度测量，他们的反应仍然与他们所写的"不要被电视愚弄"的主题保持一致。改变的平均得分按照五点态度量表计算为 2.3 分。相反，控制组没有实质性的改变。在短文和录像这一过程的之后几个月中，控制组儿童变得更加具有攻击性，这与发展心理学家对小学阶段儿童攻击行为随年龄增加而增加的研究结果是一致的。但干预组儿童却不是这样：他们并没有变得更具有攻击性。他们已经在心理上为自己接种了疫苗，来预防电视暴力这一社会病毒。

最后，两组儿童都继续观看了相同数量的电视暴力节目。对干预组儿童而言，观看暴力电视并没有导致攻击行为的增加。对这些儿童而言，观看电视暴力节目似乎已经不再能引发相应的行为。简言之，他们完全接纳了自己为其他儿童录制的节目所支持的关于电视暴力的态度和信念。实验者稍稍做些工作，儿童就使自己相信，尽管电视暴力节目看起来很有趣，但完全是幻想，真实生活中的攻击行为是"粗野的"；儿童自己足够聪明，能够认识到现实与想象之间的区别。

这是一个真正令人印象深刻的有关自我说服的例子。想一想，仅仅两次短暂而令人愉快的团体活动，儿童通过扮演教师和社会评论员的角色，就有意义地变成了抨击那些毫无事实依据的电视暴力的专家。在授课和团体讨论等较为传统的教育手段失效的领域，儿童所进行的这些简单活动却非常有效。因为即使8岁大的孩子也能够成为有效的说服者——自我的说服者，所以角色扮演能实现积极的教育目标。

我们已经较为详细地讨论了行为能导致态度的改变。而导致这一改变的原因可能是，我们有时通过反思自己的行为来确定我们的感受——特别在行为之前内部感受不存在或者模糊时。另一个原因可能是，我们的某些行为（如角色扮演或传递某种特定观点）促使我们重新思考，从而导致新的态度或自我意象。行为影响态度的因果链中的中介变量在一定程度上完全是"认知的"：行为相当自然地引发了一些想法，这些想法支持与行为保持一致的态度。这一序列通常涉及不怎么精确的推理。我们并没有意识到情境的影响，并且过多地受到那些最突出的想法的左右。然而，其中并不一定存在偏差——没有动机也并不需要有一个使行为合理化的态度。现在让我们转向行为影响态度这一因果链中最后一个心理过程，这一心理过程中涉及具有动机作用的自我辩解；同时这一过程是这一因果链中很有影响力的因素。

自我辩解心理学：认知失调理论

考虑一下以下两个情境，并思考这两个情境所带来的问题：

- 比尔如果说一个"善意的谎言"，就能得到20美元。而汤姆说同样的谎话却只能得到1美元。这两人中最后如果有一人相信了自己说的这个谎言，那么是比尔还是汤姆呢？

- 你说你不喜欢吃油炸蚱蜢。假设有人说服了你，你尝试着吃了一只，并且说服你的那个人非常招人喜欢。这会影响你对如此令人作呕的食物的真实喜好吗？如果你的说服者非常令人厌恶——你不喜欢的人，那么与那个招人喜欢的说服者相比，他对你吃油炸蚱蜢态度的影响是更大还是更小了呢？

鉴于社会心理学实验已经考察了上述情境，这些问题已有了现成的答案。答案是：（1）只得到1美元的汤姆将会相信自己说的谎言；（2）一旦你试吃了以后，你大概会喜欢上吃油炸蚱蜢——如果你遵从了你不喜欢的人的意愿试吃了，更是如此。对于这样的答案，你是否会感到吃惊和怀疑？的确，绝大多数刚接触社会心理学的人可能都无法做出这样的预测。但是根据认知失调理论（cognitive dissonance theory）的观点，这些答案都是很好理解的。下面，我们将首先概述这一有趣理论的基本观点，然后再回到善意的谎言和吃油炸蚱蜢的案例上来。

认知失调理论关注人们如何应对自己所体验到的各种不一致的情况。我们在第2章已经看到，人们会因为社会情境中的不一致性而感到不快。当其他人在许多方面一致时，与他们意见的不同就会产生不一致性，而这种不一致性常常通过个体将自己的信念变得与他人的信念更加一致而得以"校正"。当然，这也是群体情境中的从众行为的根源之一。在另一事例中，保持一致性的愿望可能会迫使人们在帮了一个小忙以后同意再帮一个大忙。费斯汀格认为，由不一致性带来的不适感应用非常广泛——甚至完全存在于个体自己认知系统内部的矛盾，也可能成为精神不安的根源（Festinger，1957）。费斯汀格使用"认知失调"这一术语来指代个体心理中不同认知成分之间的内部不一致性。

抽烟者为认知失调提供了一个很好的例子。抽烟的人有"我是抽烟者"的认知。关于抽烟的消极结果的信息则形成了第二种认知（"抽烟导致肺癌"）；这一认知与第一种认知是不一致的或者失调的。毕竟，如果抽烟会导致肺癌，而你又不想过早死去，那么为什么还要抽烟呢？如果一种认知在心理上不是另一种认知的必然结果，那么就难以同时相信这两种认知。

在认知失调理论中，认知就是关于环境或自我的知识（"正在下雨"）、态度（"我喜欢下雨"）或者信念（"雨让花儿生长"）。根据这一理论，不同认知之间的关系可能有以下三种情况：失调的、协调的或者不相关的。在抽烟的例子中，"我喜欢香烟的味道"与"抽烟让人放松"这样的认知可能与个体抽烟这样的自我知识是协调的，而与大多数关于降雨的认知则是不相关的。

影响认知失调大小的因素

　　某些不一致性会比其他不一致性蕴含着更多的失调。影响认知失调程度的一个因素是每个认知元素的重要性。"我不想过早死去"与继续抽烟是失调的。但如果对抽烟者而言，他会死于肺癌这一点并不重要（因为这个人已经 80 岁了，有了自己完整的一生），那么"我抽烟"与"抽烟导致癌症"这两种认知之间的失调会很小。

　　影响失调程度的第二个因素是，个体同时体验到的失调认知与协调认知的数量。失调认知与协调认知的比率越大，那么认知失调就越大。在上述抽烟者的例子中，只有两种认知是失调的。加上"我抽的香烟焦油与尼古丁的含量比其他香烟少"这第三种认知，就通过增加协调认知的数量而减小了认知失调。任何协调认知的增加均能够显著地减小认知失调。但获悉最近许多抽烟者死于肺癌，将使认知失调往增大的方向倾斜。

　　因为某些认知与个体的行为有关，而另一些认知则与环境有关，所以个体行为和环境的变化都能改变个体的认知。如果一个原本抽烟的朋友戒烟了，那么"我抽烟"的这一认知就会明显地转向"我不抽烟"。因此，这一理论的一个关键点在于：如果行为本身是失调的认知的根源，那么个体将失调认知转变为协调认知的方法就是改变行为。

　　但是，行为改变并不总是这么容易。行为有时很难得到矫正，如吸食高成瘾的尼古丁产品这类行为就很难得到矫正。此外，失调关系中的行为可能是过去的某一行为，但该行为却又不可否认地与个体现在的态度完全矛盾。在这种与态度矛盾的行为难以改变的情境中，认知失调理论就与本章的主题（态度会受到行为的影响）非常有关了。因为认知的不一致性是令人不快的，人们会很自然地主动消除这种不适感，以减小认知失调，所以认知失调理论认为，某种东西不得不发生改变。费斯汀格的理论假定，人类有保持认知一致性的需要，而认知失调是一种令人厌恶的驱力状态，会激发人们行动，以减少这种失调直至重新建立一致性。

　　当行为无法改变或撤回时，与行为不一致的一个或多个信念或态度就可能发生改变，比如，"我不承认那些将抽烟与癌症联系起来的证据"。可能还会再加上协调的认知，"抽烟能让我减肥"。这些减小认知失调的方法当然是对态度的修正——个体对世界看法的改变，从而使个体把他现在或过去的行为视为一致的、合理的和正当的。

认知失调与理由不足效应：越少越好

请思考下面的情境。一所大学希望在文科必修课中开设一门新的"核心课程"，并在全体教员中征集意见。心理学系的教师普遍认为，由一个特别委员会提出的课程尽管不完美，但它是有可能实施的最好的课程。而另一方面，因为控制资金的大学管理层认可这门新课程，所以心理学系若反对这一课程将是不明智的。我们的英雄，年轻的史密斯教授，却对这门新课程却持保留意见，并且倾向于投反对票。但是，有一天系主任暗示史密斯，他应该在教师会议上，就这一提议发表"任何他能说想到的赞美之辞"。系主任解释说："尽管我知道你反对这一提议，但如果一些有思想的教员能够说明一下该计划的可取之处，那么我认为这会很有帮助。但是，请说你想说的，毕竟你已经是终身教授了，你能够自由地表达你自己的观点。"

你或许能够猜到史密斯教授做了什么。他温和地发言，表达了对所提议的核心课程的赞同。由于对敬重的系主任所具有的某种责任感，以及所提课程如果被否定可能带来的挥之不去的恐惧，史密斯选择了公开赞成他曾经有意识地进行反对的提案。但是，史密斯一旦这样做了，他就会对与态度不一致的行为感到内疚了。

于是，在史密斯身上发生了一些其他事情。在相当短的一段时间里，他改变了自己对这一新核心课程的看法。新的核心课程已经以较小的优势获得了通过。实际上，史密斯自愿讲授新的"跨学科"核心课程中的一门。

根据认知失调理论，史密斯让自己陷入了认知失调的状态。两种冲突的认知是"我不喜欢这一提案"和"我对同事说了许多赞美该提案的话"。但是，如果史密斯或多或少感到自己是被迫说出那些赞美之辞，那么这两种认知可能就不会失调。这是因为，如果史密斯确实感到自己是被迫才那样做，就能证明这种不一致的正当性。"我不得不这样做，我没有选择。"这里的关键点是，系主任没有扭住史密斯的手臂，系主任的说服是温和的；史密斯没有感到被强迫，他能够自由地追随自己的感觉而行动。若史密斯已经感受到他是被迫以一种与自己态度不一致的方式行动，那么稍后他可能就不会改变自己的态度。这种不一致性可能不需要被合理化:"我这样做是为了保住我的工作,但是我并不相信我必须要说的那些话。"

史密斯教授在所提议课程上的态度改变,说明了认知失调理论的主要原理及其实际意义。认知失调理论的主要原则是:与态度矛盾的行为如果要产生认知失调的不适状态,而这种不适状态稍后可以通过态度或行为的改变得以消除,那么人们就必须知觉到他们所从事的行为是自由选择的。该原理衍生的意义在于,对个人态度或信念上发生的真实改变与外显行为上的顺从进行了至关紧要的区分。如果你想让人们如你所愿地行动,那么你给予的强迫或奖赏越多,你就越有可能成功。"支持我的政策,否则你会被开除。""认可我的产品,我会给你 1000 美元。"诱惑越大,顺从越易。另一方面,如果你的最终目标是让他人喜欢或者认同你强迫他们所做出的行为,那么你用于使他人顺从的诱惑越小,效果越好。诱惑越小,个人态度朝着诱发的顺从行为方向改变就越大。

为什么会出现这样的情况呢?因为强烈的诱因(恐吓、贿赂、乞求、金钱等)是再明显不过的理由,它们能消除任何自主选择的感觉。因而我们就明确了认知失调理论的逻辑:仅仅使用恰如其分的、能使个体行动所必需的"力量"。诱因应该刚刚足以获得顺从,但却不足以作为证明态度与行为不一致合理的一个额外认知元素。用于解释与态度矛盾的行为的理由越少,认知失调就越大。简而言之,当询问一个人为什么会做出这一矛盾行为时,认知失调严重的个体应该不能利用情境变量来证明这种行为的合理性。因此,如果没有任何可以确定的外因,那么肯定是自身的原因了。

当木桩旋转时……这把我们带回到了小小的善意谎言。在一个证明"越少越好"原理的经典实验中,大学生们首先做了整整1个小时单调无趣的任务(Festinger & Carlsmith,1959)。实验者表面上在监测学生们的表现,他们重复地用线轴装满托盘,再清空,然后每次将方形木桩转动90度。这项任务是非常枯燥的。稍后,实验者会给其中一些参与者1美元,要求他们(为了实验目的)对下一个参与者说,这一实验任务是非常有趣和快乐的。实验者对另外一些参与者则提供了20美元,要求他们做相同的事情。尽管诱惑的大小不同,但几乎所有的参与者都愿意说这个谎,做出这一与态度矛盾的行为。

尽管两种报酬顺从的比例相近,但态度上的结果却不同。所有参与者说谎后都接受了个别访谈，访谈是由参与者认为与这一实验无关的人进行的。访谈要求参与者评定自己在多大程度上喜欢这一实验任务。那些得到20美元报酬的参与者认为，这一任务比较枯燥。他们的评定结果与控制组参与者的评定结果相似；控制组参与者只进行了实验任务，然后就进行评定。相形之下，那些只得到1美元报酬的参与者表达了更积极的态度：他们把实验任务评定为令人愉悦的。显然，那些得到20美元报酬的参与者体验到的失调很小。20美元的报酬证明了谎言的合理性——尤其还是得到以研究者面目出现的权威授权的小谎言。但是，1美元的报酬很难被参与者视为欺骗同学的充足理由。因此，只获得1美元的参与者产生了减小认知失调的驱力，他们通过改变态度以适应自己的欺骗行为，从而减小自己的认知失调。

选择的错觉。 1美元的报酬如此微不足道，参与者却因此产生了非常重要的印象：他们能自主地决定向另一个人传递虚假信息。事实上，他们产生了"选择的错觉"，这是由研究者营造的，而研究者正是利用了本章一再谈到的知识点：人们对微妙的情境提醒物并不敏感。参与者行为的真正原因蕴含在实验的强大情境陷阱中——情境如此强大以至于只得到1美元报酬的参与者有90%的人选择了服从。权威人物（实验者）客气、坚定，而且显然合理地要求参与者帮一个忙（为了科学目的的欺骗下一个参与者）。（顺便想一想米尔格拉姆的研究。）但是，除非提供很明显的提醒物（如20美元），否则顺从压力是如此微妙，以至于看上去参与者似乎是在没有压力的情况下自主做出的决定。引导人们顺从的语言通常是："如果你不愿意，你不必这样做""这完全取决于你，但是如果你这样做，我将不胜感激"，等等。

此后，许多研究都重复了这一基本的"诱因小而态度改变大"的研究结果。这类研究都使用了恰好能诱发与态度矛盾的行为的刺激，所以被称为诱发顺从（induced-compliance）研究。在这一方面，有一个新近的研究值得评述，因为该研究进一步阐明了知觉到的自由选择的作用，并突出了引发认知失调和利用认知失调促使态度改变所必需的一些其他条件。

停车收费——喜欢它。 在这一研究中，学生与态度矛盾的行为是写一篇支持在大学校园停车收费的短文，而在此之前，学生停车都是免费的（Elkin & Leippe，1986）。很自然，起初的调查显示，学生参与者们都强烈反对停车收费。实际

THE FAR SIDE

无效的说服工具

理由不足效应的误用。如果你的目标是态度改变，那么越少越好。但是如果你的目标仅仅是行为上的顺从，那么就不是这样了。

上，在31点量表中平均态度是1.6，其中1表示强烈反对，31表示强烈赞成。

在实验过程中，实验者告诉这些反对停车收费的学生，他们每个人可以写一篇"关于停车收费可行性"的短文。这些短文将递交给大学政策委员会，而该委员会正在收集关于这一问题的正反双方的意见。对于随机分配到低选择条件的参与者，实验者声称，获得正反双方意见的最好方法是，不管个人的感受如何，只要将参与者分配到任何一方立场即可。随后，实验者要求参与者写一篇支持停车收费的短文。

相形之下，对于那些高选择条件下的参与者，实验者强调指出"你自己决定阐述这一问题的立场"。即使委员会已经收到了足够的反对停车收费的短文，并且现在需要支持方的短文，参与者还是能以任何一方的立场来撰写。实验者跟高选择条件参与者谈话的语气与系主任跟史密斯教授谈话的语气非常相似。但是，为了真正让参与者产生自主选择感，实验者还让高选择条件的参与者签署了一份表明他们自愿参与实验的协议书，将自愿参与这一点突显出来。

两种选择条件下，所有参与者都写了一篇支持停车收费的短文——尽管他们先前已表达了反对这类收费的态度。参与者完成短文并将短文放入了写有委员会地址的信封中，几分钟后他再次完成了关于停车收费的态度测验。如图3.2所示，只有那些高选择条件下的参与者才转变了态度。他们的态度向着更支持停车收费的方向转变，因为他们有了减小认知失调的驱力。这些参与者陷入了由实验者营造的选择错觉中，他们找不到撰写与态度矛盾的短文的正当理由。如果他们原来反对停车收费，那么他们如何能证明自己撰写支持停车收费短文的合理性呢？既然他们强调了停车收费的一些积极方面并排除了一些消极方面，那可能他们并非真的那么强烈反对停车收费吧。而那些低选择条件的参与者体验到的认知失调很小，因为他们是应人要求这样写的。

从矛盾行动到认知失调——必要条件。我们在这一研究中再次看到了知觉到的自主选择（perceived free choice）至引发认知失调中的必要性（Zimbardo，1969）。除此之外，还有其他一些必要条件。个体必须对与态度相矛盾行为的预期后果感到负有个人责任。这意味着，个体必须致力于这一行为，因而无法否认他曾做过，且在当时就知道该行为导致的后果。更进一步说，即个体必须要预见到令人厌恶的行为的后果。在停车收费的研究中，学生们写短文以前，对短文可能导致

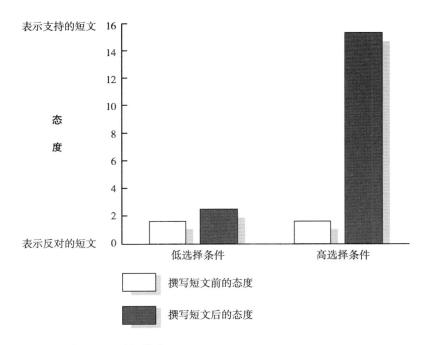

图 3.2 失调需要选择错党

态度改变以减小认知失调。那些认为自己能自主选择地撰写支持停车收费短文的参与者改变了他们的态度，使自己的态度与短文中的态度保持一致。那些认为自己没有多少选择权的参与者则没有改变态度。

（数据来源：Elkin & Leippe，1986.）

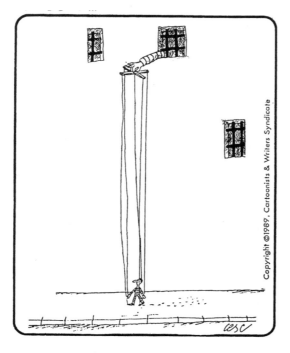

选择和控制的错觉。

的结果就已经非常清楚，明显是非常不利的了。他们给政策委员会写的支持收费的短文可能会使自己和朋友因为停车而花钱。同时，在高选择条件下的参与者也很难回避他们对自己所写的短文负有的责任，因为他们已经签署了协议书。

正如两位主要的认知失调理论专家乔尔·库珀（Joel Cooper）和拉塞尔·法齐奥（Russell Fazio）所言，如果与个体态度不一致行为的预期结果是"个体宁愿其不会发生的事件"，就会引发认知失调（Cooper & Fazio，1984）。而另一些理论家指出，个体也能根据其自我概念来界定令人厌恶的后果。他们认为，当个体感到要对与其自我意象不一致的后果负责时，即当后果暗示个体是"坏人"或者个体具有与其实际情况不符的价值观时，认知失调就产生了（Baumeister，1982；Schlenker，1982）。

尽管与态度矛盾的行为并非是引起认知失调严格的必要条件，但是，如果这种行为是非常公开的，就尤其能引起认知失调（Baumeister & Tice，1984；Elkin，1986）。有三个理由可解释这一现象。首先，公开做出的行为可能会激发我们在第 2 章提及的**启发法承诺**。你可能还记得，人们倾向于觉得自己有义务支持其已经公开的行为。因此，如果行为是公开进行的，使态度与行为保持一致的动机就会受到引起的认知失调和启发法承诺的推动和加强——一种有效的强强联手。公开的第二个作用是增大态度与行为的不一致对个体自我概念可能带来的影响。从行为似乎还不足以推断出个体所不想得到的后果，行为隐含的意愿在他人看来也将显得没有道德或优柔寡断——除非个体改变态度，与行为保持一致。的确，根据一些理论家的观点，相对于不一致性本身，我们对不一致性（给他人或给我们自己）所造成印象的关注是导致态度改变的更强大的力量（Tdeschi & Rosenfeld，1981）。最后一个理由是公开行为的外部现实锚定（external reality anchoring）。公开行为在个体心中不可能像个体的态度、信念或情感那样轻易地被否认或扭曲。因此，当行为认知（"我刚刚正式认可了我向学校提出的选课申请"）与态度认知（"所选课程并不是热门课程"）失调时，对行为的认知不太可能会发生改变，因为它在一定程度上已经是不可否认的公开事实；而为了与行为保持一致，态度认知可能更容易被调整（"能在所选课程上学到很多知识"）。私人代表向公共代表做出了让步。

了解蚱蜢是为了喜欢它们。 在已经概述了公开性在认知失调中的作用之后，请想象一下如果你已经当着同龄人的面，同意吃一只油炸蚱蜢——并且已经这样做了，那么你会有怎样的感受呢？在一项研究中，参与者在实验者的引导下做出了这一行为，参与者既有大学生也有预备役部队的士兵（Zimbardo et al.，1965）。在一种实验条件下，参与者目击了一连串的事件，这些事件使实验者看起来是一个极讨人喜欢和公正的人。在另一种实验条件下，参与者目击的事件让他们觉得实验者（两种条件下的实验者是同一个人）令人讨厌并且是个两面派。但是，不管实验者的形象是正面的还是负面的，都引发了约一半的参与者顺从，参与者真的吃了恶心的蚱蜢。但是，如同我们先前间接提到过的那样，积极的态度改变

（即发现这种黏糊糊的昆虫也是美味的）只普遍地出现在那些顺从了令人讨厌的、负面的实验者的参与者之中。对于这一结果，你现在应该知道为什么了吧：如果实验者讨人喜欢又可爱，那么对于这一确实让人讨厌的行为我们就有了一个清晰的理由（"我不能拒绝如此可爱的家伙"）——一种情境归因。如果实验者不那么可

"蚱蜢研究"的场景："负面实验者"正在批评他的助手，而此时参与者正在旁边观看。当参与者在实验者的要求下吃了蚱蜢时，参与者开始喜欢上了吃蚱蜢。

爱，还有他人在场观看，那么你就需要做一些解释了——为你自己也可能是为其他人（"我有一点儿喜欢这样的美食"）——一种性格归因。如果参与者不是因为对负面的实验者有任何好感而吃蚱蜢，那么他如何来证明自己这一失调的大口咀嚼行为的合理性呢？很简单，通过说服自己蚱蜢毕竟并不是那么可怕。改变态度的一种更极端方法是使参与者认可，蚱蜢在所谓的新陆军手册中是一种适合野外生存的食物，从而使参与者私下认为自己与那些已经尝试过并且喜欢蚱蜢的士兵一样。

宗教信仰的转变——重访。我们在前面已经谈过统一教派招募信徒所使用的那些微妙的影响技巧，而新的被招募者可能注意不到这些技巧。被招募者对于宗教和社会问题并没有坚定而明确的态度，所以他们可能会通过自己在没有明显外部压力条件下加入邪教的行为来推断自己的态度。然而你现在应该明白，即使新的被招募者最初对统一教派持反对态度，通过正当性不足的原理，统一教教徒们仍然能运用微妙的顺从技巧来赢得被招募者。这一技巧可能带来相当大的认知失调："我并不信仰这种哲学""我正在像那些信仰这一教派的人一样行动""没有人逼迫我这样做"。要减小这一由不一致性引发的认知失调，最显而易见的方法是，把最初的认知改变为"我信仰这一哲学中的某些方面"。

那么，为什么说服新的皈依者是邪教最主要的活动呢？回答这一问题时，我们将再次发现认知失调的影响。统一教派为新成员的加入这一重大活动提供了很多社会支持，因此新成员的加入就有了额外的理由。鉴于生活方式的巨变、放弃先前所珍视的友谊以及要接纳必需的新行为方式，当人们成为邪教教徒时，其认知失调应该是巨大的。通过成为"活跃的影响者"，新皈依者们有效地使其他人（起初像皈依者们一样珍视同样的事物）放弃了原有的生活方式并加入邪教；这样，新皈依者们依靠这种额外支持再一次证明了自己决策的合理性。他们肯定做出了正确的选择，否则为什么有如此多的人选择加入这一群体呢？

减小认知失调的模式

总的来说，减小认知失调的特殊方法可以总结为四大模式：（1）试图撤回或改变决定、态度或者行为；（2）降低认知或决定的重要性；（3）增加协调因素，以此改变失调与协调的比率；（4）通过使用镇静药物或者酒精，直接削弱由认知失调引发的唤起状态。

因为过去的决策带来冲突而体验到认知失调的个体，将会选择哪些途径呢？幸运的是，理论在这一问题上并没有失声。总的规则是人们会采纳阻力最小的途径。换句话说，最容易改变的认知就是那些的确会发生改变的认知。某些认知更难改变；它们是不可否认的，对个体的思维方式或自我意象特别重要。

不可否认性。通常，要改变个体关于行为的知识非常困难，如果行为是公开进行的，尤其如此。与态度矛盾的行为发生后，通常无法完全否认。私下的态度改变更为容易。如果情境允许，一些更微妙的认知改变甚至会更容易，例如降低不一致性的重要性（"停车收费确实令人讨厌，但是相对于我们的学费，这一点钱是微不足道的"）。类似地，自己做出的决定常常是不可否认的或者不可撤回的。你受骗子的蒙蔽，同意做一件毫无意义的或者危险的事情，或者由于加入了邪教使你的生活方式发生重大改变。在你做出决定并思考会发生什么改变时，相对于收回这个行为，重新评估这一选择以及其他没有选中的备选项，是阻力少得多的减小失调的途径。

重要性。假如每种失调的认知都是不可否认的，那么，我们将期望那些不太重要的认知会发生改变（Hardyck & Kardush，1968）。认知的重要性取决于多种因素，包括：（1）该认知根植于更大的认知网络的深刻程度；（2）该认知对于个体积极的自我概念的意义大小（Aronson，1969）。

就第一个因素而言，当既定的态度并不是复杂态度结构的核心部分时，态度改变最可能发生。改变核心态度将导致与之关联的态度系统所有其他成分之间产生新的不一致。因此，那些更为分离的、不太深刻的态度和信念更容易被改变。

与人们界定自我有关的认知是非常抗拒改变的。一项研究发现，将女性主义视为自己中心特质的个体，在参加了性别歧视的（失调的）活动后，其女性主义的思潮并没有减弱。相反，下一个活动她们会变得特别支持女性主义，从而增加女性主义的认知和减少性别歧视的认知（Sherman & Gorkin，1980）。这里请注意，我们很少发现个体在做出错误决策或表现出与态度矛盾的行为之后，会承认自己"愚蠢"或"心智失常"。增加这类自贬式的认知可能会动摇个体极其重要的态度——即个体关于自己的态度。我们将在本章结尾部分详细地探讨维持总体积极的自我肯定的意象的重要性，以及这一需要如何超越更加强烈的认知一致性的需要。

双重危险。毫无疑问，当两种不一致的认知都非常重要时，认知失调是最大的。这种情况下，将发生旨在减小失调的最为错综复杂的努力。个体会倾向于尝试需要更多努力的认知重构，而不仅仅是单一的态度改变，或者个体对外界知觉的微小改变。个体可能会增加一些认知，调整其他一些认知，相当深刻地思考其认知不一致的问题，或者逐步让一切各归其位，以达到协调状态（Hardyck & Kardush，1968）。换句话说，在诸多深思熟虑的合理化过程中，可能会用到减小认知失调的所有手段。

认知重构需要付出很多心理努力，所以只有在没有其他更容易的改变方法，并且出现了某种情境压力时，认知重构才会发生。例如，一名研究者发现，当参与者公开致力于与态度矛盾的行为，并且有人明确地要求他们在行为之后公开表明他们的态度时，参与者就会尽最大努力进行认知重构，从而解决自己态度与行为之间的不一致。而在没有"公开化"的压力时，参与者则倾向于表面上改变态度（Elkin，1986）。

认知重构是极少发生的。但是，认知重构是减小认知失调最有意义的方式，因为认知重构涉及最多的心理活动。因此，正如我们在角色扮演中所看到的那样，与认知重构有关的态度与认知改变，更可能持续存在并且影响后继的行为与想法。它们更可能得到内化（internalized）——个体将它们整合到自己更深层的信念系统之中。

最后，我们来讨论使用药物与酒精来减小认知失调的问题。对某些人而言，可以直接针对认知失调的根源来处理与其有关的令人不适的唤起；在这种情况下，消除唤起能带来即刻的满足感，从而缓解了这种消极状况。一个研究小组在参与者认知失调被唤起后，给予他们使用镇静药物的机会；研究发现，这些参与者因为减小失调而导致的态度改变要小于没有使用镇静药物的参与者（Cooper et al.，1978）。另一个研究小组也发现，如果可以通过饮酒来减小由失调唤起所带来的紧张体验，认知改变就不再是减小认知失调的主要方式（Steele et al.，1981）。在上述第二个研究中，研究者劝诱参与者写一篇与他个人态度相反、赞同增加学费的短文，由此引发了认知失调；然后实验者立刻以味觉分辨研究为名让参与者喝啤酒或伏特加酒。结果显示，那些没有喝酒以及喝水或喝咖啡的参与者全都表现出了典型的减小失调效应，即改变态度从而与行为保持一致。他们支持增加学费。但是饮酒的参与者（无论饮酒量大小）都没有改变他们的态度，以保持与其矛盾行为的一致。显然，酒精直接降低了饮酒者认知失调的唤起水平，因此饮酒者不再需要调整他们原有的认知以保持与新行为的一致。研究者推测，那些认知应对技能（cognitive coping skill）有限的人，通过强化饮酒作为一种减小认知失调的手段，从而形成了酒精滥用的恶习。

认知失调与不道德的商业决策

用一个实验室以外的例子来结束我们对认知失调的讨论，能更好地说明这一理论的应用价值。我们认为这个例子能说明个体为了证明其糟糕决策的合理性可能会竭尽全力。这是一个由认知失调引发的合理化而导致堕落的案例，一个商业决策由拙劣演变为不道德的案例。

1988 年 6 月，Beech-Nut 营养品公司的前副总裁和总裁因销售数百万瓶的假婴儿果汁而被判有罪，这些果汁的广告宣称自己的产品是"百分百的苹果汁"，而果汁却含有廉价且不太健康的成分，如糖、水、色素和调味料。正如《纽约时报》报道的那样（Traub，1988）。虽然被判处了 10 万美元的罚款和 1 年监禁，被告似乎对其无法抵赖和自私的犯罪行为仍然无动于衷，并且还坚持认为自己是正直的人。这种姿态是很奇怪的，但他们垮台的整个过程更加奇怪。

在研发部主任告诉副总裁他怀疑从供应商那里购买的用于制作果汁的浓缩汁可能被稀释或掺假后，副总裁做出了他的第一个决策：他同意派出一个调查组去供应商那里进行调查，但他同时又命令 Beech-Nut 公司继续使用该供应商提供的浓缩汁。调查组没有发现任何掺假的证据——因为供应商所宣称的"合成设备"并不在指定的地点。但是，由外部实验室提供的证据显示该浓缩汁是玉米糖浆而非苹果汁，这引发了研发部主任的进一步怀疑。然而，副总裁拒绝停止从这名令人怀疑的供应商那里进货。事实上，他的下一个决策是与该供应商签署一份协议，约定消费者关于浓缩汁的投诉将由供应商担责，而与 Beech-Nut 公司没有任何关系。

事情继续发展。当另一个实验室提供的检测报告显示浓缩汁没有掺假时，该副总裁觉得自己得到了支持。他拒绝接受同僚对供应商可能更换了稀释剂的怀疑——即稀释剂从玉米糖浆变成了甜菜汁，而这种调包后的稀释剂实验室并不能检测出来。在副总裁的指示下，Beech-Nut 继续制造并销售假冒果汁达 5 年之久。在此期间，副总裁及稍后的总裁（在副总裁的建议下）将一个又一个糟糕的决策合理化了。

记者对这一可耻事件的报道具有启发性。他指出，副总裁似乎"对自己行为的后果熟视无睹"，他"进行了一系列扭曲的合理化"；最终副总裁与总裁都"仍然确信他们只是犯了一个决策上的小小失误"（Traub，1988）。而他们在长达 5 年时间内将不合格的商品销售给了数以百万计的美国婴儿！

对这名有罪的副总裁进行的性格分析显示，他并不具有邪恶的人格，你是否会对这一结果感到惊讶呢？他的朋友和邻居说，他是一个"讲礼貌和正直的人"。那么我们该如何解释他任性而毫无悔意的堕落所造成的整个公司的欺诈行为，并最终导致他职业生涯的毁灭呢？我们猜测，正如现在也可能发生在你身上那样，认知失调在这里发生了作用。副总裁起初是基于财务和个人的考虑做出了一个决策。Beech-Nut 公司在为其发展而努力；副总裁希望通过使用便宜的合成浓缩汁而获得利润——以及与之相伴的荣誉。

面对成功与道德之间的选择，副总裁选择了成功。他现在被这一决策的所有负面恶果缠住而无法摆脱，这些恶果包括"我从婴儿的嘴里攫取好处"和"我在产品的成分上说了谎"的认知——这些认知肯定与任何关于他自己是一个好人的观念都不一致。为了减小这种认知失调，他贬低了这些负面结果的严重性，夸大了公司需要该行为的程度。最终，这位副总裁的认知失调减小到了极点：仅仅把自己视为一个热爱公司的人，在认知上他看不到自己行为的任何错误。毕竟，这个"不是苹果汁"的果汁实际上并不具有伤害性，不是吗？而在果汁掺假的问题上，人们也确实是花了很长时间才获得了"令人信服的"证据。

认知失调、自我归因以及自我肯定：相似性与独特性

自我归因与减小认知失调的现象有一些相似之处。具体而言，两者都可能导致让人改变态度的越少越好效应（less-is-more effect）：通过提供刚刚足够的诱因，使人们按照影响者的愿望行动。就认知失调而言，过多的诱因会增加协调认知，这会使态度改变变得没有必要。就自我归因而言，强烈的诱因可以为个体的行为提供情境解释——使个体不太可能对自己做出性格归因。

我们曾指出，如果认知支持个体的自我概念，要改变它们就很困难。斯蒂尔（Steele，1988）提出的新观点进一步认为，某些形式的认知失调可能会危及个体

自我概念的完整性，让个体觉得自己愚蠢、无能、不道德或者产生其他负面的自我意象。如果有机会做一些事情来提升自我意象，或者能得到其他积极信息来支持自我概念，那么就没有必要为达到认知一致性（cognitive consistency）而努力了。于是，自我肯定的需要超越了一致性的需要。让我们简短地考察一下认知失调、自我归因与自我肯定这三个过程的意义。

过度合理化

你可能已经注意到，越少越好效应还有另外一种意义，这种意义来自认知失调与自我归因这两种视角。有时，过犹不及。相对于通常伴随适度诱因所发生的态度改变，过多的诱因或诱惑甚至可能会造成更小的态度改变。在一项研究中，实验者告诉一部分学前儿童，他们可能会因为使用一套彩色魔术涂画笔绘制出最棒的图画而得到奖赏；而对另一部分的儿童，则没有告知有关奖赏的信息（Lepper et al.，1973）。两周后，研究者发现，那些没有期望奖赏，只是为了画画的乐趣而作画的儿童，利用闲暇时间使用魔术涂画笔作画的时间更多；而那些为了得到奖赏而画画的儿童，利用闲暇时间使用魔术涂画笔作画的时间更少。其他研究也发现，当向那些最初因为兴趣而引发的行为提供奖赏或者报酬时，无论成人还是儿童都会因此对该行为的喜欢程度变小（Deci & Ryan，1985）。通过自我观察和自我辩解，使"我喜欢这样做"这一态度受到了抑制，而奖赏似乎成为行为的理由。这是一种过度合理化效应（overjustification effect），它会导致个体对任务的内在兴趣减小；当外部奖赏格外显著，并且被奖赏的接受者视为对其行为进行控制的一种手段时，这种效应就尤其可能发生（Deci & Ryan，1985；Ross，1975）。在这种情形下，奖赏可能把玩乐转变为工作；而一旦工作的理由不再存在，例如奖赏被取消，"工作"就会停止。

当然，这并非否认奖赏的影响力。我们在第 2 章已经看到大量关于奖赏塑造行为的证据。更准确地说，我们想要传递给父母、教师以及其他社会控制机构的信息是，应该谨慎地使用奖赏手段。如果奖赏蕴含的是能力和成就的信息，而不仅仅是控制的手段，那么奖赏就既能维持行为又能增加兴趣。如果所期待的行为已经愉悦地主动发生了，那么可以考虑修正一下一条过时的忠告：将旧谚语"如果事情好好的，就不要改变什么"（原文为：If something works, don't fix it.——编者注）中的"事情"简单地替换为"某人"。

不同过程的相似效果

尽管减小认知失调和自我归因都能导致诸如理由不足效应和过度合理化效应等重要的影响结果，但是两者却是不同的过程。失调的减小基本上是一个有动机的改变过程——常常是态度的改变。已有认知之间的不一致性带来了紧张，某些东西必须做出让步。另一方面，自我归因是一种认知过程，如果起初态度软弱、模糊或者并不存在就会发生自我归因。它是一种建立一致性的过程——从行为推断出与行为一致的态度，而不是解决不一致性。因而，自我归因是一个态度形成的过程，或者说是一个越来越相信个体业已接受的事物的过程（Fazio，1987；Fazio et al.，1977）。

自尊的确认

近年来，许多心理学家已经在研究一种基本的心理过程，据说它是人类社会的基本机能：以各种方法保护自我不受威胁以及企图恢复受到威胁的自尊的行为。例如，心理学家提出了"极权主义的自我"这一概念，用来说明个体偏爱肯定其自我概念中的善良、力量和稳定性的信息加工过程（Greenwald，1980）。斯蒂尔（Steele，1988）在一系列精巧的研究中发现，当认知失调被唤起时，如果参与者有机会肯定他们的自我概念，比如在一份问卷中表达自己最为重视的价值观，那么他们就不会表现出典型的旨在减小认知失调的态度改变。这一自我肯定的过程"似乎消除了认知失调，途径是以某种方法减轻失调所激发的不一致中所固有的'自我的痛'"（Steele，1988，p.277）。

结　论

社会心理学对于我们理解社会影响的最大贡献之一就是，对行为如何塑造态度和自我意象所进行的系统分析。我们已经看到，情境和人际关系对行为的微妙触动，有时能够转化为态度深刻的改变；而态度的改变进而又能影响后续行为。此外，正如我们将在第 6 章看到，态度与自我意象，无论它们是如何形成的，均可能变得难以改变。的确，对社会心理过程的一个重要嘲弄就是，微妙的触动往往比那些强大而有力的因素更容易改变信念。最后，我们注意到，通过行为影响态度与流行的态度改变的观点有所矛盾。人们通常的看法是，不是通过首先改变行为来改变态度，而是利用诉诸理由的信息和说服性论证来改变态度。当然，正如我们将在下一章看到的，这样的信息与说服性论证有时也会起作用。

小　结

我们探讨了行为的改变如何反过来引发态度或信念的改变。这一改变的途径与人们直觉式地期望的途径相反；但是，这一途径却很好地利用了自我归因、自我说服以及由认知失调所驱动的自我辩解。

● 我们天生就有理解人们行为的倾向。对行为进行因果归因有助于增强我们的控制感，亦有助于指导我们的行为。一般而言，我们会做出情境归因或者性格归因。性格归因把行为的原因归结于行动者的人格或动机。情境归因把行为的原因归结于社会环境和客观环境。在决定行为是否具有性格原因或情境原因时，我们会考虑以下因素：行为是否是不寻常的（非常规性），行动者对当前刺激的行为反应方式是否总是相同（一贯性），以及这一行为反应方式是否与对其他刺激的行为反应方式相同（特异性）。我们通过考察行动者行为的独特结果，或者凭借已学得很好的关于某些行为原因的"经验法则"（启发法）来推断特殊的原因特征。

● 归因推理具有一定的认知偏差。我们倾向于过分简单化，并且受到我们所观察场景中最突出和最生动部分的过度影响。我们也倾向于高估性格因素而低估情境因素。这一偏差——基本归因错误——可以从人们对米尔格拉姆研究中的高服从率所感到的吃惊，以及人们不相信自己也可能服从这一实例中得到证明。不能完全认识情境变量如何盖过性格因素，会极大地影响社会态度。

● 当我们的行为没有计划，或者我们的态度微弱和模糊时，我们就会进行自我归因；自我归因中我们会采取与观察者一样的行为归因分析方法。因为情境对行为的影响可以很微妙，所以我们可能通过行为来推断我们的态度。当我们利用强大的情境线索来解释由某种隐藏的原因所导致的唤起时，也可能发生情绪的自我归因。

● 改变态度和行为的一个有效方式是，让目标受众表态支持与其目前态度相反的观点或者对这种行为进行角色扮演。与态度相反的角色扮演通过自我归因和自我说服过程起作用——个体自己得出态度改变的论据。相对于与他人争辩，与自己争辩更为有效，并且会使用更为突出的意象。

- 当认知成分（信念、态度或者对自己行为的了解）之间存在不一致时，就产生了认知失调。认知失调被视为一种心理上不舒适的驱力状态，将导致个体通过改变一种或多种认知来减小或者消除认知失调。因此，认知失调可能是自我辩解的根源——改变个体的态度或者信念以证明由情境引发的行为的合理性（使态度或信念与情境引发的行为保持一致）。

- 奖赏或威胁能够引发人们做出与态度不一致行为。通常，诱因越大，行为的顺从也会越强。然而，为了使人们喜欢或者认同所诱发的行为，诱因越少越好。如果与态度不一致的行为能够通过情境力量而得到足够的合理化，那么它就不会引发认知失调。而如果诱因刚刚足以引发顺从，却不足以让个体认为是行为可接受的理由，那么认知失调就被唤起了。个体必须认识到与态度不一致的行为是自主选择的。如果没有可知觉到的外在理由，态度改变就成为自我辩解的途径。

- 如果态度改变是为了追随与态度不一致的行为，同时个体知觉到行为是自主选择的，那么个体必然会感到对行为的后果负有个人责任，并且预期到这一行为后果将是令人反感的。

- 态度改变只是减小认知失调的一种方式。此外，还可以通过其他方式来减小认知失调，例如，降低行为或者其他认知的重要性，添加协调的或者自我肯定的认知，以及通过药物或者酒精来直接缓解由认知失调造成的紧张。在这些方式中，人们会采纳阻力最小的途径。不可否认的、重要的并且与自我有关的认知会非常地抗拒改变。当所有有关的认知都具有这些特征时，需要更多努力的认知重构就可能会发生，而认知重构会导致个体心理的根本性改变。

- 如果存在着越少越好效应，那么就会有过犹不及现象。如果为那些已经主动发生的行为提供过多的外部理由，那么可能会导致行为人对该行为的喜欢程度变小。

问题与练习

1. 请想一想您自己生活中的一个事件，在这一事件中，您认为您的态度或情绪反应是自我归因过程的结果。请解释为什么您会这样认为，并且请描述促进了自我归因过程的情境因素和个人情况（你的内在状态）。

2. 使用归因、自我说服和认知失调原理来草拟一个计划，使那些目前对学业漠不关心的中学生能够（a）在学业上更加努力；（b）喜欢上学。

3. 请考虑两个国家——比如美国与日本——在一个十分引人注目并有争议的经济峰会上就一个新的贸易协议进行谈判。就可能会影响谈判进程的归因过程，特别是基本归因错误进行讨论。例如，思考一下双方各自的动机，每个国家各自的民众与媒体对此事的理解，以及谈判者对他们自己行为的自我知觉。

4. 在什么条件下与态度不一致的行为发生之后会发生态度改变？从认知失调理论的角度，思考一下什么因素使这些条件变得如此重要？

5. 在你的学校计划一次活动，号召大家为每年一次的献血做贡献。分析一下抵制献血的原因，克服这些阻力的方法，以及你将推荐使用的各种认知失调技术、顺从技术和从众技术。

第 *4* 章

说服改变态度：请相信我

❖

在总统大选前的一周请花几分钟看看电视，你将发现一种普遍的影响模式：说服性沟通（persuasive communication）。听销售人员向你介绍一款热销车型或者一套很酷的立体音响，你会再次体验到同样的影响技巧。这个技巧就是说服。说服包括陈述论据和事实、推理、得出结论和说明所荐行为的积极效果——这一切都是为了使受众信服并做出相应的行为。

第 2 章我们介绍了在不改变观念或态度的情况下直接影响行为的方法。第 3 章我们看到，在某些情况下，作为一种反馈过程，行为的改变可能导致态度或观念的改变。相形之下，说服是一种影响受众的方法，首先要改变受众的观念和知识，即态度系统的认知成分。呈现说服性信息的目的是要改变观念。因为态度系统的各个组成部分是互相关联的（态度通常基于信念），所以观念的改变会导致态度的改变。新的态度进而可能引发被说服者的行为。

假设有人想说服你，要改变你对堕胎的态度——不管你支持还是反对堕胎。这个说服者肯定会搜集一些信息：要你接受堕胎新观念的理由；反驳与说服者相左的老观点的理由。她可能关注 3 个月大的胎儿是否具有生命，并由此判定堕胎是否违背伦理和法律。她还可能提及 3 个月的胎儿是否是人等观念。或者她可能尝试证实或改变你对于堕胎（或者不堕胎）后果的观点：堕胎对母亲身心健康的影响。需要再一次指出，如果观念改变，态度也将随之改变（Ajzen & Fishbein，1980）。

这个观点听起来如此合乎情理，这也许能解释为什么当我们提到影响时大多数人想到的是说服性沟通。事实上，在我们这个语言高度发达的社会中，我们影响别人的首选武器通常是说服诉求。如果有朋友得知你与一位亲密朋友的观点不一样，他很可能建议你与这位亲密的朋友谈谈："他肯定会理解的，我确定。"研究表明，如果要求人们说明自己会使用什么方法让别人按照自己的意愿行事，人们最多提到的是含有说服诉求的策略：给出有逻辑的个人原因，借鉴专家意见，等等。相对于谈判、奉承、恐吓和强迫这些方法，人们更可能提到说服性沟通。仅仅询问别人的愿望这种简单的行为，就有人报告是一种更普遍且为社会所接受的让人顺从的方法（Rule & Bisanz，1987）。据业务经理们报告，他们在影响自己的上下级时，使用"理性说服"的方法比使用任何其他单一的策略都要多（Yukl & Falbe，1990）。甚至长期的伴侣也报告，自己在影响另一半时通常会采用说服性沟通（Falbo & Peplau，1980）。可以说，爱的力量也常常取决于积极说服的力量。

对说服性沟通威力的信奉由来已久。早在2000多年前，亚里士多德在其著作《修辞学》（*Rhetoric*）中就曾试图阐明说服的原理。亚里士多德指出了说服诉求的要素，这些要素的重要意义在20世纪的科学心理学中得到了系统的阐述。亚里士多德雄辩地讨论了"演讲者的性格"、受众的"心理结构"及"言语本身"这些要素对受众是否被某一说服信息影响所起到的决定作用（Petty & Cacioppo，1981）。这一"谁对谁说了什么"的三要素理论（现代说服研究的重点）恰好说明，说服是一件很复杂的事情。说服听起来合乎情理、简单易行，事实却是在判断演讲者热情洋溢的演讲能否改变说服对象的观点时，有很多变量在起作用。

当我们考虑各种说服诉求的不同效果时，才开始意识到说服的复杂性。有些演讲非常成功，有些却彻底失败了。如第1章，马丁·路德·金和罗纳德·里根的演讲非常具有影响力，部分原因在于这些沟通者懂得如何传递他们的信息。当倡导者们异口同声地在大众传媒上提出有说服力的个案时，说服也能发挥作用。由"美国公共卫生总署""美国癌症研究会"以及其他健康机构所发布的抽烟有害健康的信息，显然是很有影响力的（Surgeon General，1983）。在1970年代后期，军事和外交专家对美苏第二阶段限制核武器条约（SALT II）的直率批评，至少可以部分地解释为何公众对该条约反应冷淡（Page et al.，1987）。当然，在生活中我们都会遇到很多这样的情况，在友好的谈话中某人有力的论据迫使我们采纳了他的观点，后来我们自己甚至成为这一新态度的倡导者。

但是，我们同样会记得说服失败的例子。例如，本书作者很清楚，他们关于刻苦学习这一美德的演讲，有时并不能激发起某些学生的学习热情。在第3章我们看到，陈述理由和论据几乎不能改变儿童对电视暴力的态度及其模仿行为。最后，在国家级的媒体上，旨在说服性行为活跃者使用安全套以预防艾滋病的狂轰滥炸式的电视广播信息只获得了部分的成功。尽管论据有力，攸关生死，但是很大一部分高危人群还是没有采取这一明智的做法（Aronson，1991）。

那么，说服是一种随机碰运气的现象吗？不完全是。我们能找出一系列的说服原理，帮助我们判断什么因素使说服诉求在某种既定情境中有效，而在另一种情境中却无效。本章我们将探讨这些使沟通成为有效社会影响源的说服原理。

我们首先要探讨社会比较——我们主动向他人寻求说服信息的过程——背后隐藏的原理。然后，我们将关注那些对我们产生影响的说服信息。虽然这类信息不计其数，但只有很少一部分能对我们产生重大影响。我们将看到，说服信息效果有限的原因在于，成功的说服需要若干个"加工阶段"。一般而言，如果某条信息要改变我们的态度，那么它必须在我们面前曝光，引起我们的注意，能让我们理解并接受它。本章我们将探讨这四个阶段的必要条件——"谁、什么以及指向谁"（还有"什么时候"）。 在下一章，为了继续分析说服所产生的影响，我们将探讨另外两个阶段：新态度的保持及其向行为的转化。

寻求影响：社会比较过程

我们一般认为，说服诉求始于他人并且指向那些并不主动寻求影响的人们。当然，大部分情形下确实如此。卫生纸的电视广告和隔壁邻居对我们房子装修颜色的反对意见，往往被视为一种令人讨厌的干涉，而非受人欢迎的帮助。但是，人们有时会寻求他人的说服信息；有时也会主动地听取他人对某一态度、事物或问题的看法。

回想一下，我们在第3章谈到，归因理论的一个主要假设是：人们有预测和控制其所处环境的基本需要，或至少人们相信自己可以做到这一点。这种基本需要就在我们试图推断他人行为原因的背后。第2章我们曾简单地介绍过社会比较理论；这一理论认为，我们关注自己是否有"正确的"态度和信念，或者观点（在社会比较理论专家看来，观点就是以言语表达出来的态度和看法），这同样是以上述基本需要为基础的。正确的观点可以使我们对人和事进行准确预测；相反，错误的观点会误导我们，造成惨重损失。确定我们的观点是否正确的一种方法是，把自己的观点和他人的观点进行比较。事实上，鉴于许多重要的观点都有主观性，这种社会比较往往是对观点进行评价的唯一方法。当然，我们与他人比较时，并不能确保他们赞同我们的观点，因此，当我们通过社会比较来评价自己态度的正确性时，我们的观点就可能被说服诉求改变。

我们会与谁进行比较呢？费斯汀格（Festinger，1954）在最初提出社会比较理论时认为，我们最可能跟那些与我们相似的人进行观点的比较。然而，他没有很清楚地说明"相似"具体表现在哪些方面。事实上，我们可以认为，寻求比较的人和潜在的比较对象，在以下两个方面存在相似之处：（1）他们在有争议的主题或事物上具有相同的观点；或者（2）他们在其他方面相似——即在与该主题或事物有关的特征上相似。这两种相似都会引起社会比较。我们先看看第二种相似。

有关特征的相似

假设你认为自己喜欢本地百货商店最近在时装秀上展出的时装。但是你并不完全确定，那么你可以询问也看过这个时装秀之人的意见。你会询问那些生活方式和品味与你相似的人，还是会询问那些因生活方式和品位不同而在穿衣风格上与你大相径庭的人呢？我们猜你会询问相似的人。从归因理论的角度上来看（Goethals & Darley，1977），这种选择是合理的。如果与你相似的人赞同你原本没把握的判断，那么你会更加相信自己的判断是"正确的"，因为你与比较对象对时尚的感觉一样，也都喜欢这些时装。因此，一定是你自己对时尚的基本感觉引发了你对该时装的积极反应，而不是因为一时心血来潮或者无关的环境因素（如模特的漂亮外貌）。如果与你相似的人不赞同你的看法，而且表现出对新款式的厌恶，那么你也有所收获。通过更为细致的反思，可能你会发现这些时装根本不是你喜欢的风格；它们不能突出你的优点。

考虑一下相反的情景，与相异的人进行社会比较。如果碰巧这个人赞同你最初对这些时装的看法，那么你会有什么反应呢？支持你观点的是否就是正确的时尚感呢？在那个与你品位不同之人的意见背后当然不会存在与你相同的时尚感。而如果这个人不赞同你的观点，你可能认为这种不赞同与你的喜好有关，也可能认为无关。

研究表明，在主观的问题上，我们想知道与我们最相似的人的看法。在一项研究中，研究者告诉参与者，可以把一个尚未做出判断的观点与其他人进行比较，这些人与参与者有着相似的或不同的个人价值观。超过 80% 的参与者选择了与自己有着非常相似的价值观的人进行比较（Goethals & Ebling，1975）。

这一发现及其背后的社会比较原理，有助于解释为什么美国人在观看了总统大选电视辩论后，非常希望听到那些与他们相似之人（自己同一政党的代表们或者与自己有着共同政治信仰的人）的评论。在这些辩论之后，电视上接着轮番展示保守党或自由党发言人、两大党派的参议员和众议员，以及实际上被论战双方所雇用的民意调查者。有党派倾向的分析人员往往要比中立的专家多得多。同时，在沟通室（记者同参与论战的工作人员见面的地方），一场奇怪的仪式开始了。竞选负责人甚至著名的政治家们都编造故事，述说他们政党的候选人如何"赢得了"辩论以及原因何在。这些故事给人的印象往往是罔顾事实。例如，当时共和党的"舆论导向专家们"自信地宣布丹·奎尔（Dan Quayle）赢得了 1988 年他与劳埃德·班森（Lloyd Bentsen）副总统的辩论。而事实上，任何一个稍微公正一点的人都知道，年轻的奎尔给人的印象和他的说服能力都不如他那经验丰富的对手。（自然，民主党的吹鼓手们在他们辩论失败以后也说了同样的大话）。然而，记者和公众始终关注舆论导向专家们所说过的每一句话——即使这些陈述经常是无聊和多余的，根本在人们的意料之中。

为什么这些固执己见的人会引起如此多的注意呢？社会比较理论给我们提供了一条合理的线索：许多电视观众和报纸读者事实上都隶属于某一政党。相似之人（那些来自同一阵营的人）的评论，为"像我这样的人"提供了关于竞选辩论深层含义的洞察性意见。党派成员的评论提供了人们渴望的信息。这是竞选负责人和舆论导向专家都熟知的经验，因此他们继续编造故事。

观点的相似

那些最频繁地在特定问题上寻找相同观点的人，就是那些已经固执于自己观点的人。没错，即使是立场最坚定的人也会寻求社会比较。他们更感兴趣的是证实自己的观点，而不是评价自己的观点（Kruglanski & Mayseless，1987）。通过与志趣相投者"比较观点"，忠于某一立场的人可以避免发现支持对立观点的好理由——这些理由可能和他们坚守的立场相冲突。他们还可以获得一些支持自己态度的额外理由——由此来增进他们的信心。

谁赢得了辩论？可否让"舆论导向专家们"来决定？

相异性作为比较的基础

　　人们是否会与相异的人进行比较呢？有两种特殊情形会促使人们与不同观点的人进行比较。第一种情形是，当某一观点或多或少是一个事实（可证实的看法），而不是评价或者偏好（态度）。获悉"心态"不同的人对某一事实的看法与你一样，比得知"心态"相似的人与你有一致的看法，会给你更强的自信，因为后者是在你的预期之内的。与相异的人比较可以排除你因思维定势而产生的偏差。如果一个与你思维方式不一样的人对某件事情的看法与你一致，那么你会把这种看法的原因归结为客观事物本身，而不是归结为你的个人偏见（Goethals & Darley，1977）。当然，相异之人的这种吸引力主要表现在你确认客观事实的时候（如纽约是否比巴黎更吸引游客）。而对于喜好（纽约是否比巴黎更适合度假）这类主观问题，我们倾向于与相似的人进行比较，从而获得对我们个人偏好的快速反思性评价。

　　当我们担心自己的看法不妥当的时候，我们也会与相异的人进行社会比较。

假如你是一位时装设计师，时装设计是你赖以谋生的手段。在评价你自己的设计时，不仅应向时尚感与你相同的设计师征求意见，还应向时尚感与你不同的设计师征求意见。因为你必须预测哪种设计将会畅销并能获得同行的尊敬，所以你需要更为广阔的视角。如果出错的话，你在金钱与地位上都要蒙受损失。

一个有趣的研究清楚地说明了动机如何影响我们对社会比较对象的选择：选择相似的人还是相异的人（Kruglanski & Mayseless，1987）。研究者要求参与者对两名候选人进行评定，看哪一名候选人更有资格得到临床心理学研究生的入学许可；每一名参与者都有机会看到另一名参与者对两名候选人给出的书面意见。在一种实验条件下，参与者被告知其最初的意见是不可更改的，他们必须在其他参与者面前为自己的意见辩护。大部分参与者（74%）选择查看挑选了相同候选人的参与者所给出的理由。在另一种条件下，参与者被告知可以更改他们的评定意见，而且他们如果做出了正确的最终选择，那么他们将得到金钱奖励。在这种条件下，大多数参与者（67%）决定查看做出不同选择的参与者所给出的理由。为了忠于自己的选择，并且吹捧它的优点，第一组参与者必须对自己的意见予以支持或证实。然而第二组参与者则要做出正确的选择：他们害怕犯错误，因而受到激励，努力提出"最正确的"评定意见（Fazio，1979）。

社会比较是人们寻找信息性影响的过程。但是我们现在看到，大体上说，人们实际上在寻找两类信息，（1）证实性信息，即能证明自己观点正确或者接近正确的信息；（2）评价性信息，即能真正指导人们完善自己主观态度的信息。总的来说，这两种信息都可以从与"相似的人"的社会比较中获得；而与相异的人的比较通常只发生在评价性需要很强而且可以获得客观事实的时候。

成为影响的对象：说服诉求

事实上，得到关于"正确"态度与信念的建议并不难。现实生活中有大量的说服诉求，但是，有很多说服诉求是多余的，或者是来自一些没有社会比较价值的人。当我们在看电视、收听广播、周日开车兜风，甚至在工作之余与同事小聚的时候，我们都不可避免地会碰到这些诉求。仅广告的数量就多得令人惊愕。各种公司每年在报纸杂志、电视广播和路边广告牌上花费了 500 亿美元来推销他们的产品（McGuire，1985）。仅就电视而言，平均每个孩子每年会观看 20 000 条广告（Adler et al., 1980）。除了商业广告，还有政治和公益广告，更不用说隐藏在喜剧、戏剧和纪录片中的那些更加微妙的沟通信息（反映了作者和制片人的思想）。最后，甚至在与朋友、家人和爱人等"闲聊天"时，我们也会使用说服性沟通。情感和喜好的日常沟通是人们言语社交习惯的一部分，大多数人乐在其中；甚至害羞的人，也渴望与他人沟通。

正如我们在第1章讨论香烟广告时所看见的那样，媒体运用的说服不仅精明而且常常很成功。许多其他情境中的说服可能也一样成功。成功的广告商、政府官员、公司经理和推销员都能很好地运用我们这里谈到的说服原理。据估计，我们每天接触的说服信息可能多达1 500条（Schultz, 1982）。这类信息很多甚至都没有进入我们的意识之中，例如，当我们心不在焉地浏览报纸、急匆匆地经过路边的广告牌、在电视广告间隙煮杯咖啡的时候。但是，即使只有100条左右的信息"引起"我们的注意，那也够多了。如果每条信息都对我们产生一些影响，我们的想法就会不停地改变，就会被任何试图吸引我们注意的信息来回推拉。我们也可能会不知所措，态度变得麻木，在任何时候都不知道该相信什么或者怀疑什么。我们马上就会发现这种优柔寡断会束缚我们的行动。

当然，这些可怕的后果极少发生。但是，为什么极少发生呢？为什么我们没有被充斥于我们身边的、企图吸引我们注意的各种嘈杂的说服所征服呢？既然我们有能力抵御大多数的潜在说服信息，那么要穿透这种抵抗——"深入你的灵魂"并使你以不同的方式来思考和感受你的世界——信息必须具备什么要素呢？

在回答这些问题之前，得首先指出，我们作为理性动物，从来不会对沟通全然放弃防御。既然很多态度都是建立在知识的基础上，那么说服就可以通过反驳来抵抗。（"嘿，我不能接受你的论点，候选人先生。尽管你有统计数据，但你提议的降低联邦赤字的计划是行不通的。原因是……"）但是反驳只是针对说服的一种防御。信息要有说服力——能改变态度，进而改变行为——就必须穿透若干层次的被动和主动的防御。因此，有效的说服过程是有许多阶段的，改变人的思想的说服诀窍就是在每个阶段中加入必要的"佐料"。让我们开始讨论这一诀窍吧。

说服过程的阶段

对说服所涉及的一系列阶段或过程进行系统分析，始于耶鲁大学的社会心理学家卡尔·霍夫兰（Carl Hovland），他于1950年代领导了一个庞大的"耶鲁沟通研究项目"，并取得丰硕的成果（Hovland et al.，1949；1953；1957）。霍夫兰从学习理论的角度来解释说服。他坚信，如果一条信息的论据促使受众相信：采纳该信息的立场将会获得强化，那么这一信息就能够成功地改变受众的态度。信息中的论据可以详细解释：为什么所提倡的观点是正确的；采纳这一立场为什么会带来好处，比如，得到重要人物的认可。

然而，这些论据只有在人们习得之后才能影响观念。而习得，需要受众注意到信息，进而理解这一信息，懂得信息所倡导的新观念。然后，如果这条信息含有令人信服的论据，那么对其结论的接受和态度的改变都将随之而来。当然，在下一步中，需要发生与改变了的态度有关联的行为。因此，还必须有新态度的保持过程，直到新的行为成为可能。这样，耶鲁研究项目确定了说服的3个心理阶段，以及态度改变引发的未来行动，这是第4个阶段。

最初和最后的阶段

后继研究还提出了另外两个阶段，一个阶段在说服过程的开始，另一个阶段在说服过程的最后（McGuire，1968；Sherman，1987）。开始的阶段是曝光（exposure）。除非将信息呈现给人们，否则人们无法注意到信息。例如，广告商发布了信息，但是他们并不能保证人们——或者"目标人群"——看见或者听到（接触）这一广告。这就是为什么电视节目收视率这么重要的原因。看电视节目的人越多，那么可能看到广告的人也越多。在说服这一链条的最后，仅仅是态度的保持并不能保证态度改变就会引发行动。正如我们已经看到的那样，即时的情境可以抑制个体真实情感的表达。最后一个阶段，态度向行为的转变，还需要所谓的情境支持，以保证与态度一致的行为得以表现。

概括地说，要使说服性信息对行为产生影响，必须经历6个心理阶段。其中每个阶段都是不确定的，可能发生也可能不发生。因此，我们的日常生活中虽然每天都会有无数的企图，但是真正起作用的说服却很少，你不必对此感到惊讶。要让某一信息改变我们的行为，我们必须：接触该信息；注意它；至少对它有一些理解；接受它的结论；长时间地保持新的态度（即使信息不再被重述）；在某个情境中提醒并鼓励自己让新的态度来指引我们的行为（见图4.1）。

说服过程的 6 个步骤

1. **接触信息**
   如果信息的目标人未看到或听到该信息，那么该信息就不可能产生影响。
2. **注意信息**
   要使信息产生影响，信息的目标必须要注意到该信息。
3. **理解信息**
   如果信息要有所影响，那么信息的目标必须至少理解信息的结论。
4. **接受信息的结论**
   如果态度要发生改变，那么信息的目标必须接受信息的结论。
5. **新态度的保持**
   如果新的态度被遗忘了，那么信息在将来无法产生影响。
6. **态度向行为的转变**
   要使信息影响行为，新的态度必须在有关的情境中指引行为。

图 4.1 说服的6个步骤

在本章的剩余部分，我们将介绍态度改变中非常重要的四个起始阶段。我们将详细了解促进或阻碍每个阶段的多种心理和环境因素。在第 5 章我们将讨论在新近习得的观念引发新行为的过程中最后两个必不可少的阶段。

呈现与曝光

与众所周知的忠告相悖，忙碌的人极少花时间来"享受生活"。他们当然也不会经常停下来阅读信息。但是如果你在一整天，甚至一个月里，尽可能地注意各种信息（关于社会、政治、宗教信仰以及生活方式等议题），就会发现一些非常有趣的事情。在这些议题的所有可能的观点中，你接受的信息所包含的观点是非常狭隘的，并且这些蕴含观点的信息只有极少数与你自己的观点大相径庭。换句话说，你通常已经认同了你所接触的信息。虽然非常不一致的信息可能潜伏在某个地方（例如在平时的闲谈中），但这类信息很少对我们产生影响。你还记得你什么时候最后一次听到人们谈论以下事情吗：只要学生一到青春期就应该鼓励他们体验各种性行为；或者大学生们应该不断地挑战所有的权威，尤其是他们的父母、老师和罗马教皇？

我们通常只愿意接触我们已经认同的观点，这一倾向被称为选择性曝光（selective exposure）。选择性曝光的主要原因与我们生活结构和社会结构中天然的过滤系统有关。此外，在个别情况下，因为与态度不一致的信息会造成认知失调，所以我们会有意回避那些我们不愿意了解的信息（Sweeney & Gruber，1984）。

观念的过滤

我们的生活方式。我们的生活方式本身就导致了选择性曝光。我们在成长过程中形成的态度、价值观、兴趣和个人哲学都与我们的生活方式有很大的关系。对文学和书籍的兴趣可能会使个体在大学中主修语言学，并且在出版行业中谋求职位，例如，做一名图书编辑。这个人在工作中结交朋友和同事，而且他们很可能有同样的兴趣和观点。毕竟，他们很相似才会选择同样的工作领域。

更为普遍的是，我们对朋友乃至伴侣的选择都是基于态度的相似性。在其他条件相同的情况下，我们更喜欢相似的人，而不是相异的人（Byrne，1971）。我们买房的时候也倾向于与相似的人——那些和我们社会经济地位相近的、有类似背景和经历的人——做邻居。这说明我们倾向于居住在相当同质的环境中。那些与我们交往的人通常在一些很重要的事情上与我们有相同的看法。我们在接受信息时出现的这种片面性不仅仅局限于配偶、邻居和同事。如果我们是自由主义者，那么我们可能会订阅开明的教育杂志，听自由主义政客的演说，加入自由主义者组织的通讯网络。右翼组织的信息，甚至一般的保守主义信息，很少进入我们的头脑和家庭生活之中。我们加入的俱乐部也不会是保守派的，同样，我们也不会邀请保守派的市长候选人在我们协会的年度宴会上发表演讲。

审查制度——温和的方式。政府与媒体同样会把与主流价值观非常不一致的信息跟我们隔离。一般来说，现代社会崇尚言论与出版自由。即使如此，各个国家还是有军事和外事机密——"分级信息"——也会努力贬低和忽视各种与其主流价值观不一致的文化态度。对媒体来说，不会将所有获悉的故事、演说和事件出版或广播。新闻记者和行政人员总是挑选报道的内容与角度。这些媒体从业人员作为西方社会中成功地社会化的人，他们会挑选那些对西方观众有意义的素材。因此，虽然西方媒体呈现了多元化的观点，但是报道还是倾向于各种西方的、资本主义的、实用主义的、民主主义的和犹太教－基督教的观念，这些观念均与白种人受众有关。如果报刊和书籍里的漫画对某些宗教机构的讽刺"太过火"，或者对悲剧事件的描述涉及过多的个人隐私，读者就会向主编写信抱怨了。

审查制度——严厉的方式。当我们考虑到审查制度在像纳粹德国这样的极权主义国家的作用时，信息接受在态度改变过程中的重要性就显得尤其明显了。

然后是另一个对信息接受的限制。人们知道，历史上，极权主义政府喜欢歪曲事件和篡改历史，以使其符合自己的观点。比较典型的例子是乔治·奥威尔在其预言性小说《1984》中的描述：

> 现实不是在外部的。现实存在于人类的心灵内部，而不是任何其他地方。现实并不存在于个人的心灵中，个人心灵会犯错误，而且很容易消亡；现实只有存在于政党的精神中，它是集体的且不朽的。政党的一切都是真理。只有通过政党的眼光才能发现事实。

媒体观点的管理

新闻以及什么是重要的。让我们回到西方，回到对媒体进行较为温和而非严厉限制的国家。通过决定呈现什么内容，那些控制了大众传媒的人不仅决定了呈现给公众的观点范围，而且也设定了人们形成自己观点时所使用的标准。让我们看一下政治心理学家们的研究（Iyengar et al.，1984）。研究者给耶鲁大学的本科生观看了一些1979年和1980年播出的电视晚间新闻。每名参与者观看了约40分钟，晚间新闻的内容包括了当时很多的重大事件和一些时事问题。研究者把参与者分为两组，让他们分别面对有关当时事件的两种不同的报道。能源卷入组观看的新闻是6段关于当时造成了广泛影响的能源危机的报道。这些报道包括石油的储备、阿拉伯国家石油部长决定石油价格的会议的最新资料、煤炭工业崛起等；随后，让他们观看吉米·卡特总统阐述其能源计划的演讲录像。第二组（能源未卷入组）观看的新闻中没有任何关于能源危机的报道。然后，让两组参与者评判卡特作为一位总统在各方面的政绩，包括在能源方面的政绩和他作为总统的总体政绩。

两组参与者对卡特的评价是否有差别呢？答案是肯定的，但是评价的差别主要体现在他们对卡特处理石油危机的评判方面。第一组参与者，在判断卡特的总体政绩时，非常倚重他们对卡特处理能源危机的看法。如果他们觉得这一危机处理得好，那么他们会有相对积极的评价；如果他们觉得处理得很拙劣，那么他们会给出更消极的总体评价。这一结果在第二组中并不明显。在影响他们评价卡特总体政绩的所有观点中，能源危机问题的处理水平并没有被赋予太高的权重。

这一发现在采用其他主题（以通货膨胀或国家防御问题来替代能源危机）和非学生参与者（康涅狄格州新港市的居民）的有关研究中得到证实。似乎新闻播音员对某一问题的大量播报使该问题在观众头脑中具有很高的可及性。在评价总统的"总体政绩"时，所接受的信息使观众们更加注重某一个特殊领域的问题，也控制着我们应关注什么样的问题。你最后一次想到埃塞俄比亚的饥饿儿童并向非洲饥饿基金会捐款是什么时候的事情？可能并不是几年前电视大量报道了那些遭受了旱灾的难民的时候，那时这还只是新闻。

设置议程。思考一下这意味着什么。在一定程度上，选民对总统的评价并不都是均衡地以他所有的成败为基准的。相反地，总统在那些新闻记者认为重要的领域中的政绩，对选民的评判起着非常重要的作用。媒体可能对公众的评价不会有太大的直接影响；但媒体通过设定评价的清单而发挥间接作用（Becker et al.，1975）。当本书作者之一参观纽约洛克菲勒中心的美国广播公司新闻中心的时候，他问充当自己向导的一名电视制片人："这是否就是国家广播公司晚间新闻节目报道新闻的地方？"这位制片人言简意赅地回答道："这是我们制造新闻的地方；我们并不仅仅报道新闻。"

教育还是隐性宣传？在塑造人们价值观和态度的过程中，教育系统起着什么作用呢？这里，我们试图在宣传和教育之间进行明确区分。传统上，宣传被定义为一种通过特殊的说服技巧来影响公众舆论和公众行为的企图。历史上最具破坏力的宣传机器之一出现在纳粹德国。希特勒的宣传部长约瑟夫·戈培尔策划并制造了一系列的政治漫画、社论、谣言、种族和基因谬论，以及使德国人接受战争和憎恨犹太人的其他诡计。

与宣传不同，教育试图通过信息、证据、事实和逻辑推理来改变态度和行为。在理想的情况下，教育者教给学生的不是去思考什么，而仅仅是怎么去思考。从这一点来说，宣传者不同于教育者的地方在于，前者为了让人们接受某一种特定的观点——他们自己的观点——而有目的地试图改变人们的注意、思想和情感。

但是，教育之中是否也有隐藏的、难以觉察的偏见或者教化，从而模糊了教育与宣传之间显而易见的差别呢？想一想黑人群体的这些抱怨：所有美国的地方

在任何一本美国社会研究的教科书中，我们可能都会发现这类鼓舞爱国和革命精神的图片。教育几乎总是伴随着一种文化宣传。

教材都省略了有关黑人的历史、文化甚至存在的事实，而只剩下他们的奴隶史和原始的本土风俗。这种忽视极有可能导致黑人和其他少数族群的儿童认为，他们自己的种族是没有意义的，而他们作为这个种族的成员也会有相同的命运。同样的情况可以推广到拉丁美洲人、印第安人和亚裔美国人。如果轻视少数族群的贡献并不是我们教育的意图，那么这些不经意的错误就应该尽快得到纠正。

我们来看另外一个例子。是勇敢、智慧和对自由的渴望让美国赢得独立战争？还是英国人由于太关注与主要对手法国人的作战而失掉这片殖民地？底特律的年轻人听到的是第一种说法，而又仅几公里之外的加拿大安大略省温莎市的学生，听到的就是和第二个版本非常相似的加拿大版。哪一个是正确的呢？有一点是明确的：任何国家的教育系统都会控制和限定被教育者所接触的价值观和对现实的理解。

注　意

如果有一个词、一个概念或者一个过程能够决定广告商的生死，那么只能是"注意"了。吸引注意、得到注意、保持注意、延长注意、改变注意、管理注意——

你就至少获得初步的成功了。没有了它，你就出局了。在现实生活中，大量信息会穿越各种障碍而呈现在我们面前，虽然只有很少的信息是令人不愉快的。但是即使我们暴露在信息之中，也可能注意不到信息的内容。获得受众的注意至关重要，但也是困难的。广告商使商业广告在电视中的播放次数多于电视节目本身，目的就在于使其广告凸显出来并且不可能不被注意到。性感的女人和男人会出现在广告兜售的商品的旁边，因为广告商知道性感的形象能吸引人们的注意力，并且在人类进化伊始就已如此——不然软体动物以及非人类的动物早就已在伊帕内玛海滩上展现它们的"性感"了。

一种主要的营利方式是销售"空间和时间"。这包括在适合的杂志、报纸、广告牌、电视节目的间隙插入广告，通过形成地域性的偏好，让最多的潜在消费者改变他们日常的消费行为，并诱使其注意到更多的广告商品。在一本名为《定位：心灵的战斗》的书中，一家大型广告公司的领导人告诉我们"在信息的密林中，获得巨大成功的唯一方法是有选择性地把注意力集中在有限的目标上，学会分割市场。总之，一个词——'定位'。"（Reis & Trout，1986，p.6）。分割市场就是确定你的产品和服务最能满足什么人的特殊需要和特质。然后你把所有或者大部分的广告和营销预算投入到针对这些人的广告之中。回忆一下在第1章中提到的，雷诺兹向居住在市中心贫民窟的黑人群体销售薄荷味香烟的例子。该公司的市场研究表明，绝大多数"对象群体"更喜欢薄荷口味的雪茄，而广告可以满足这一类消费者对极具吸引力的复杂的"远离闹市区的"生活方式的诉求。

尽管如此，我们还是很少注意商业广告，也很少注意各种公益和政治广告。毕竟，根据认知心理学的许多研究结果，注意是一种有限加工的心理功能（Kahneman，1973）。在没有接受特殊的注意分配训练的情况下，同一时间内我们只能专注于一件事情（Spelke et al.，1976）。媒体信息面临着其他抢夺我们注意力的信息的激烈竞争。我们看电视时，经常会在插播广告的时候和家人或朋友讨论电视情节或者比赛的得分情况。有时我们还打电话、做家务活、做白日梦或者性幻想。按钮和遥控器让我们很容易就能调换电视和广播的频道。研究者拍摄了居民在起居室中观看电视的情况（当然经过居民的认可），证实了人们在看电视的时候会把注意力分配到许多其他活动上（Comstock et al.，1978）。虽然有这么多人观看电视节目，但是真正看和认真听的人却很少。这就是电视广告和政治宣传在影响人们的态度和行为时，用一个研究者的话来说，其效果"远远小于所耗资源”的原因之一（McGuire，1985）。

在这个“信息爆炸”的社会，广告商每年花费在每个美国人身上的广告费将近 400 美元，而在其他国家，广告费用则相对少得多，平均还不到 20 美元。如果贵公司的广告预算为 100 万美元，那么你在未来 1 年中平均花费在每名消费者身上的广告费将不到 0.5 美分。因此，为了在这个竞争激烈的市场中吸引并保持消费者的注意，让他们为此购买一项产品或者服务，100 万美元只是微不足道的广告费。媒体专业人士知道人类心理如何运作的基本事实。他们清楚，“心理，作为一个对现今海量沟通信息的防御系统，筛选并拒绝了所接触的绝大部分信息。”（Reis & Trout，1986，p.6.）但是广告商仍然指望着在这小百分比之后的巨大数字的力量——即使 4000 万人中只有 5% 的人受到这一信息的影响，那也有200 万人！

屏 蔽

认知失调理论预测了选择性注意（selective attention）——对支持自己现有态度信息的注意要多于对反对自己态度信息的注意的一种倾向。对立的信息造成了心理内部的不一致性——认知失调所带来的不适感。仔细思考我们所选择立场的积极方面和我们所拒绝立场的消极方面，我们就可以消除认知失调：增加协调的认知，减小失调的认知。没有什么能比原来有益的支持性信息能更好地实现认知的协调性。在这一理论框架下，考虑一下这种情况，乔治是一位在政治上固执己见的中学教师，一边独自匆忙地享用早餐，一边阅读《今日美国》的社论。该报纸有几则社论，其标题就表明了社论的立场。信息就在面前，通过浏览文章的题目和《今日美国》用以标明正反两方立场的明显标记，乔治了解了每篇社论的要点；因此，乔治既读到自己赞同的信息，也读到自己不赞同的信息。但是，在短暂的早餐时间内，乔治注意或阅读立场相反的两类社论的概率是一样的吗？

研究表明，乔治可能会注意那些最倾向于支持自己观点的社论（Frey，1986）。在一项以德国高中学生为参与者的研究中，参与者被告知，他们正在参与一项决策能力的测试；测试的任务是评价是否应该与一名虚拟商店经理续签聘用合同的信息（Frey & Rosch，1984）。参与者在做出最终决策之后，被告知他们有机会进一步了解那名经理作。随后，向他们呈现了对这名经理的 10 段描述的标题，并告诉参与者，这些描述是由非常了解这名经理的人所给出的。其中，有

5 个标题清楚地显示该描述支持参与者的决策，而另外 5 个标题则显示该描述不支持参与者的决策。然后，让参与者从目录中选出他们想要阅读的描述。如图 4.2 所示，参与者对支持自己标题的选择数量是不支持自己标题的选择数量的近两倍。这个例子显然说明了对信息的注意存在偏好——只要信息与自己已有的观念相符。

这种选择性注意并不局限于对假想之人的判断。另一项研究发现，当要求大学生撰写关于联邦堕胎基金的短文或者核能利用的短文时，他们倾向于选择那些题目就支持自己观点的杂志文章作为参考材料（McPherson，1983）。

当然，聪明的人不会让自己的注意总是偏向支持性信息。仅仅注意支持性信

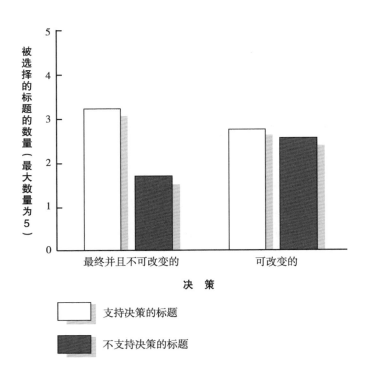

图 4.2　决策以后，注意是选择性的

就一项案例做出决策以后，参与者有机会阅读一些与该案例有关的额外描述。当参与者被告知他们的决策无法改变时，他们主要选择了阅读那些标题支持他们先前决策的描述。当决策可以更改时，并没有发生对于支持信息的选择性注意。

（资料来源：Frey & Rosch，1984.）

息可能是一种愚蠢的表现，因为新的信息可能证明旧的观念是错误的。所以，我们能理解为什么新异的信息无论它们是否支持个体已有的观念，都可能吸引到同样多的注意。对"新观点"的注意发生在两种条件下：当选择的正确性十分重要时；当个体不必死守某一立场时（Frey，1986）。例如，在前述研究中，当学生们得知读完描述后他们可以更改决定，并且呈现的描述完全是新信息的时候，学生对支持信息与不支持的信息的选择数量相近（见图4.2）。

广告商和社论作者可能会受到这些新发现的鼓舞。这意味着潜在的不一致的信息仍然能够引起注意，只要在观众屏蔽它们之前说明两件事情：（1）它们包含有用的新信息（"新的研究表明……"）；（2）在态度上做出一些改变既是值得的也是容易的（"现在以优惠价购买我们新款式还为时不晚，我们还会再出大价钱回收您的旧款式哦"）。

接受和屏蔽

那些被各种信息淹没的受众（成人尤其是儿童）——他们必须承受铺天盖地的信息——能够使用选择性注意吗？一项设计精巧的研究证明他们可以（Kleinhesselink & Edwards，1975）。研究者给大学生听一段支持大麻合法化的录音。录音中的信息包含14个论据，其中7个论据很有力，很难驳斥；而另外7个则是荒谬的，很容易驳斥。信息通过耳机让参与者收听；在播放时伴随着持续的噪音，使得参与者很难听清楚这些论据。研究者为此而感到抱歉并表示关切，解释说干扰是因为音响器材出现问题。不过他们设计了一个按钮，参与者只要按下按钮就能消除5秒钟的噪音。参与者可以随意按下按钮，只要他们愿意。事实上，噪音是研究者故意安排的，而按压按钮的频率正是研究者感兴趣的变量。研究者推断，参与者越是按压按钮来消除噪音，就越愿意"接受"——他很专注。

按压按钮的系统性变化很有启发性。那些支持大麻合法化的参与者——与听到的信息立场相同——在聆听关于合法化的有力论据时按按钮的次数比聆听荒谬的论据时要多。他们对最支持其观点的论据听得最仔细。而那些反对该立场的人的表现则相反。他们在听到那些容易驳斥的论据时按键更为频繁。作为反对大麻合法化的参与者，站不住脚的理由却刚好支持了他们的观念。关于当时大学校园大麻合法化这一重要问题，正反双方都尽力更注意那些最能支持自己已有信念的论据。

爸爸知道，获得注意和"同情性"认知反应能增强说服的效果

　　受众飘忽的注意力是难以保持的，特别是当受众反对当前信息的时候。那么，能解决这个问题吗？一种解决方法是，不断地提醒受众"里面有些东西是为你而准备的"——不一致的信息是有用且新异的，如果仔细思考，它可能没有想象中那么荒谬。一些广告策划者告诫他们的同僚，广告的影响力是强大的，在进行说服性推销时，广告就像"薄雾"一样可以暂时蒙住消费者。

理　解

　　没有理解的注意就像吃到嘴里的棉花糖一样。你虽然看见它了，但它却是空洞的，没有任何持续的价值。所以，我们必须至少了解信息的结论。从耶鲁学派的观点来看，理解信息的论据也非常重要，因为论据清楚地揭示了所倡导的观点与接受该观点的益处之间的联系。研究证明了理解的重要性。研究者比较了同一条信息两种呈现方式产生的不同影响：清晰呈现；在干扰理解的强背景噪音中呈现。同时他们也比较了直接给出论据和以一种复杂的、难以理解的方式给出论据两者之间的差异。研究发现，当理解受到妨碍时，态度改变也减小了（Eagly，1974）。

这一结论与传递特定信息时媒介的选择有关。口头表达还是书面呈现更有说服力呢？广告商在决定投放电视广告还是报纸杂志广告为主要的营销媒介时，就会遇到这样的问题。不少人在遭遇爱情的时候也会有同样的烦恼：采用情书还是电话告白；或者干脆在报刊的征婚专栏里登则广告？

信息的复杂程度是决定采用平面媒体还是广播电视媒体的一个要素。让我们看看下面这个实验（Chaiken & Eagly，1976）：在大学生读完一份法庭辩论的背景资料后，给他们呈现支持辩论某一方的"法律系学生的案例讨论"。讨论有两个版本，一个版本是容易理解的日常用语版，另一个版本是内容相同但难以理解的"法律术语"版。此外，以文字形式向一部分学生分别呈现日常用语版或"法律术语"版的讨论，而以录音或录像形式向另一部分学生分别呈现这两个版本。在信息呈现以后，要求学生陈述他们对该事件的看法，并且参加一次信息理解的测试。

正如研究者所预期的那样，不管信息如何呈现，简单信息都能很好地被参与者理解。而我们最感兴趣的是困难信息的理解。以视听方式呈现时，对困难信息的理解有所下降，而以书面方式呈现时则没有。这是因为，书面呈现时我们可以通过复读、暂停和联系上下文来帮助我们理解，所以能读懂法律术语。相反，以视听方式呈现时，即使受众没有听懂演讲者所说的内容，演讲还会继续。事实上，视听呈现方式导致受众难以理解的因素很多。"听"信息的学生不仅无法完全理解困难的信息，而且相对于"读"的参与者，他们更难被信息说服。有限的理解造成了有限的说服效果。因此，清楚明白是信息说服力所必备的品质。但是，如果因某种原因信息必然是复杂的，那么以书面方式呈现可能最有说服力。受众需要足够的时间来阅读它，同时还要有足够的智力准确地进行解码，当然还要有投入时间和精力的动机。

说服者必须考虑的另一维度是，让信息更具理性还是感性，晓之以理还是动之以情？新近一篇论述广告信息策略的文章建议，如果论据中的信息很重要且受众对其不熟悉，就应该强调理性论据的理解（Rothschild，1987）。如果信息不太重要性，受众也较为熟悉，并且信息经常重复曝光，动之以情会更有说服力。有证据表明，电视更好地能传递情感诉求，而平面媒体更适合理性论据。情感形象需要电视提供的图像、声音和动作，而理性的论据则强调受众对论据呈现节奏的控制。总之，电视动之以情，而平面媒体则晓之以理。

接受：最大的障碍

理解信息有利于说服，但还不到得意的时候。要产生所期望的态度改变，你还只是完成了一部分。当受众的理解达到一定程度后，更多地理解信息论据并不一定会带来态度更大的改变。例如，研究表明，如果受众已经理解了论据，即使再学习或者复述该论据，说服的影响力并不会增加（Greenwald，1968）。仔细想想，确实是这么一回事。人们并不会仅仅因为理解了自己所接触的每个词语和形象，就被动地接受它们。相反，人们不时有一种有趣的反思习惯。

这一节将考察，当人们仔细思考和不怎么仔细思考某条信息时，他们在态度改变上会有什么差别，以及什么因素决定了他们是否进行深入思考。思考的数量和质量对信息的接受——态度改变的出发点——都是至关重要的。

认知反应：有意义的思考

根据说服的认知反应观点，在人们接受信息的时候，思考是关键。正如格林沃尔德（Greenwald，1968）所总结的那样，这一观点认为，我们通过把说服信息与我们对信息主题的已有态度、知识和情感联系起来，从而对说服信息做出反应。在这个过程中，我们形成了对说服信息的看法或者"认知反应"，这种看法或"认知反应"既可能与该信息所倡导的观点一致，也可能不一致。重要的是，该认知反应中所蕴含的评价的性质（"嘿，那太好了！""啊，那太愚蠢了"）。当信息所引发的认知反应与信息所倡导的观点相一致时，我们就会改变我们的态度以符合信息的立场。但是，如果认知反应支持"相反的一方"——信息所引发的认知反应与信息所倡导的观点相悖——那么我们的态度将保持不变，甚至"适得其反"，即更加反对信息所倡导的观点。

高质量的信息。对想要成为说服者的人来说，对信息的接受更多地依赖于信息所引起的认知反应而不是信息的内容本身，这一观点无疑极大地增加了说服的复杂性。首先，信息质量——信息中论据的有效性、强度和吸引力——是极其重要的。论据需要经受住与受众已有知识的详细审查和比较，需要把其倡导的立场与受众已有的态度联系起来。一般来说，那些看起来有道理的、重要的、对所涉及问题有新见解的论据是有力的（Morley，1987）。能满足这些"质量"标准的论据信息要比那些不合情理或不合逻辑的信息更具有说服力（Leippe & Elkin，1987；Petty & Cacioppo，1984）。好论据越多越好，因为每一个新论据都能激发赞同的认知反应，而这些认知反应又能进一步促进受众对信息的赞同（Calder et al.，1974）。

了解你的受众。认知反应观点也使说服工作变得复杂起来，因为它意味着，为了获得受众的接受，说服者必须了解受众先前的*知识和态度*。请记住，我们对信息的认知反应取决于我们已经知道的、记住的、相信的或者感觉到的信息主题。在第1章我们曾提到，马丁·路德·金成为沟通大师的原因部分在于他对自己受众的了解。他对他的宗教追随者说他们熟悉的宗教语言；对于美国中产阶级则用爱国精神和"对自由的热爱"来感染他们，并引用黑人和白人都敬仰的英雄和领袖的名言和事迹。

同样，如果缺乏灵感和创意，广告设计者们也需要了解受众。他们在广告中融入能满足观众要求的内容，着力为各类受众量身定做广告信息。比如，某种品牌的啤酒在星期天下午的广告，就具备那些典型"宅男"式的男球迷所期望的所有特质。然而，在星期五晚上的黄金时间播放时，它却会清楚地告诉观众，该品牌的啤酒是舞池里单身人士的最佳选择。

相对于那些不是很有主见的人，那些一开始就反对某个信息所蕴含立场的人对该信息会有更消极的认知反应，因此也更可能抵制说服，尤其是在他们详细了解了信息主题后更是如此。知识是我们有能力反驳信息观点的一大法宝。

研究者检验了这个假设（Wood，1982）。在实验起初的测试阶段，研究者发现大学生参与者几乎全都支持环保。但是，让这些支持环保的学生列出他们关于环保的观念以及做过的行为后，研究者发现参与者可以分为两种类型：（1）具有丰富的环保知识，同时也可以列举大量关于环保的个人行为和观念；（2）具有较少的相关知识、观念和经历。在一两周之后的第二个阶段，让两组参与者同时阅读一份反对环保的资料。正如认知反应模型所预测的那样，两组参与者对该信息表现出非常不同的反应。知识少的那组参与者因受到信息影响而倾向于中立立场。相反，知识丰富组的参与者却坚持他们的立场，几乎没有动摇他们坚定支持环保的立场。而且，他们通过有力的反驳来抵制影响，运用他们的相关知识来质疑信息。

这一现象——态度清楚而明确的人对外界影响的抵抗力更强——可能让你回忆起我们在第 3 章曾讨论过的研究。态度明确而坚定的人更不可能从他们的情境诱发行为中推断出新的态度。事实上，基本原理是相同的：如果你清楚自己的感受及其原因，那么外界的压力很难改变你的信念和情感。就说服而言，储存在你记忆中的相关知识和经验受到信息的触发，如果信息的立场刚好和你的态度相反，这些知识就会促使你产生抵制信息的认知反应。

但是，是否基于经验的强烈态度总是会导致对说服的抵抗呢？是否这些固执的态度一旦形成就没法改变了呢？认知反应理论的一个有趣的预言是，相对于经验较少的人，那些对态度客体有更多直接经验的人会更容易受到一类特定信息的影响，即与其观点相一致但却更为极端的信息。（"我同意你的看法，但是你了解得不够深入；照我看来……"）研究证实了这种观点（Wu & Shaffer, 1987）。为什么会这样呢？因为思考特定的与态度一致的新信息所涉及的认知过程，唤起了记忆中大量赞同的观念和经验，从而导致人们形成了诸多支持这些信息的认知反应，进而为认可更为极端的态度提供了基础。

更好地了解你的受众。说服者在考虑信息接受者的已有知识时还应该考虑另外一个问题。每个受众所擅长的知识领域各不相同，同时他们都有自己建构和解释世界的方式。例如，他是一个忠实的宗教信徒，她用商业的目光来看待每个问题，而那个人则想成为一个律师。这更印证了那条古老的忠告，即说服者应该"通过使受众产生共鸣来说服受众"。

一项研究根据参与者的自我描述，把他们区分为"遵守法律"和"信奉宗教"两种类型的人。在听到一条从遵守法律的角度支持堕胎的信息时，"遵守法律"的人比"信奉宗教"的人更倾向于把这一信息评定为具有说服力。但是，如果这一信息采用的是宗教角度，效果则刚好相反（Cacioppo et al., 1982）。因此，在确定你的说服方向之前，一定要很好地了解你的受众。许多企业雇用专门的研究机构对潜在的客户进行价值观评定，根据价值观把这些顾客分为不同类型。可能有热爱自然的生态保护主义的客户，也可能有职业导向的、爱好美食的、追求名利的客户。另外，他们还通过"焦点小组"——把说服对象中有代表性的一组人放在一起，让他们进行热烈的讨论——来更好地了解受众。企业鼓励焦点小组的人员和大家分享自己对公司产品或服务及其竞争力的感受和观点。通过这种方法，公司的市场部或者广告部获得了他们销售对象所经常使用的意象、语言、比喻、论据和辩论方式等第一手资料。

接受的捷径：使用启发法而不是系统分析

从受众的角度来建构有力的信息，这对受众更有说服力，尤其是当受众没有丰富的知识来驳斥这一信息时。的确，这些都是说服别人恰当的要素——前提是受众能系统地分析这一信息。但这个前提是很难实现的。如前所述，认知反应理论表明，我们会思考信息中的每个单一的论据，或者说我们在内心对它进行了"仔细推敲"，并将它与我们记忆中的知识、观念联系起来。我们经常把这些活动合起来称为系统的信息分析或信息加工。实际上，有时我们会进行系统的分析或加工，但也许更多的时候我们并不这样做。在日常生活中，每天有太多这样或那样的信息，比如该喜欢谁、喜欢什么东西，买什么东西，什么该做或什么不该做，什么时候应该说"不"，什么时候该说"是"，等等。我们不能把它们全部阻挡在说服的第二个阶段——不去注意——因为其中很多信息对我们是有价值的。但是谁有时间去仔细分析所有这些信息呢？毕竟，我们每天都有很多工作，有很多类似于本书的教科书需要学习和记忆。

我们能做些什么呢？这个问题我们在第 2 章也曾遇到过：太多的信息需要去仔细思考。对此，心理学的解决方案也是一样的。第 2 章介绍了启发法判断。随着我们的成长，我们习得了一些简单的经验，例如，服从权威和回报他人；并且，我们会让这些看上去正确的规则在某些情境下引导我们的行为。经验使我们懂得了说服中的启发法，比如"大家都公认专家的观点是可以相信的""大多数人都相信的事情是对的"和"信息越长，就越有可能正确"。研究说服的专家发现，在接受阶段，启发法的使用可以补充甚至取代我们一直在描述的系统化加工（Chaiken，

1987；Chaiken et al.，1989；Petty & Cacioppo，1986）。

启发法是这样起作用的：你听到或者看到一条能引导你就某一主题形成正确态度的信息。你充分注意到它，了解了该信息的要点，但是因为心中还有其他事情，你并没有详细考察它的内容。相反，你注意到这一信息来自一个相关领域内的著名专家。可能无意识地，你就运用了"专家是可信赖的"这一启发法，接受了该信息的结论，并相应地改变了态度。所有这些都是在没有系统信息分析的情况下发生的。

因此，说服的**启发法**"路径"涉及运用经验法则，经常基于显著的线索（比如信息源的权威性），它不需要探究信息的内容就已经很明显了。因为这个原因，一些引起启发法的线索被称为外周线索（peripheral cues）；对于信息的内容来说，它们是外在的或者是非本质的（Petty & Cacioppo，1986）。外周线索有别于信息的**核心层面**（central message aspect），例如信息质量，这些只有在我们进行系统的信息分析才能知道。

在什么情况下启发法的外周路径会起主导作用呢？这取决于**动机和能力**。如果主题远离个人兴趣，并且我们没有动机去进行系统分析，比较省力的启发法就会起主导作用。当信息难获得、太复杂以至于很难自信地对其做出判断，或者我们缺乏系统分析的技能或训练时，就涉及能力的问题了。在这些情况下，即使我们有动机去进一步研究，也可能被迫依赖外周线索来决定我们是否接受这个信息。

相关性的说服力。一般说来，一个好的研究往往能够清楚地阐明事实。在这里，我们了解了响应说服诉求的启发法策略和系统分析策略之间的区别，以及在决定使用哪种策略时动机所起的作用。作为"说服的两种路径"这一理论的开拓者，社会心理学家理查德·佩蒂（Richard Petty）和约翰·卡乔波（John Cacioppo）创造了一种说服程序，可以使同一信息在大学生听起来似乎与自己高度相关或者毫不相关。如前所述，高相关性应该是对信息进行系统分析的一个动机来源。在运用这一程序的研究中，参与者很舒服地单独坐在一间小屋子里，在那里他们获知所在大学的管理层正在考虑一项新的规定：所有学生必须先通过"高级综合考试"才能获得学位（Petty et al.，1981）。在该研究中，参与者的任务是对该主题的政策陈述的"传播质量"做出评估。政策陈述是支持高级综合考试的录音讲话——当然学生强烈反对这项考试。一半参与者听到的录音信息是令人信服的有力论证；而另一半参与者听到的录音信息则是软弱无力且很容易反驳的论证。此外，研究者告诉参与者有力信息和无力信息都来自同一份报告，该报名要么来自专家——即"卡耐基高等教育委员会"的委员们，由一位德高望重的普林斯顿大学教授担任主席；要么来自非专家——即当地的高中学生。这样，参与者们总共聆听了4种版本的信息：基于专家（或非专家）的有力信息（或无力信息）。

但是，在让参与者聆听指派给他们的信息之前，他们还需要知道另外一件事情。研究者告诉一半的参与者，大学管理层正在讨论明年开始实施高级综合考试的可能性，而告诉另一半的参与者在 10 年后才可能设置这项考试。因此，实验者操纵了个人相关性。一些参与者可能在不久的将来就会受到这一信息事件的影响，而另一些参与者则不会受到影响，因为在开始这项考试时，他们早就毕业了。

如图 4.3 所示，实验结果表明个人相关性极其重要。参与者在听完录音后回答了各种态度问题。他们的回答显示，对于高相关组的参与者，有力的信息远远要比无力的信息更有说服大。但是，信息源的权威性对高相关组几乎没有影响。低相关组的情况则刚刚相反，信息的质量对他们态度的影响甚小，而信息源的权威性却有很强的影响。对他们来说，来源于专家组的信息远比非专家组的信息有说服力得多。

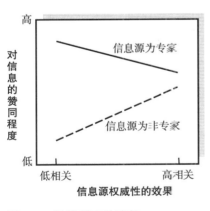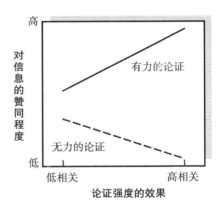

图 4.3 说服的两种路径

当聆听了一段倡导高级综合考试的信息后，当学生相信考试可能在明年就开始时（高相关性），他们仔细地研究了该信息。因此，高相关的参与者的态度受到信息论证强度的影响。相反，当学生相信考试在10年内不会被执行时（低相关性），那么他们对信息的考察会更少，并依赖于"谁发布的信息"。低相关的参与者被专家说服，但不会被非专家说服。

（资料来源：Petty，Cacioppo & Goldman，1981.）

这是一项引人注目的研究！就这一问题而言，高相关组参与者有仔细思考信息内容的动机——他们也确实这么做了。如果论证有力，参与者的认知反应主要是赞许的，并且他们最终赞同了这一信息。如果信息很荒谬甚至愚蠢，就会引起较多的消极认知反应，最后信息中的建议遭到了抵制。相形之下，动机较弱的低相关组参与者根本不关心信息的质量；他们采用了外周路径，根据谁发布的信息来决定是否应该接受该信息中的建议。（"专家可以信任，高中生却可以不予理会。"）

什么时候无力的论证也会有效。这一实验所发现的模式在其他研究中也得到了证实（Leippe & Elkin，1987；Petty & Caciappo，1984；Sorrentino et al.，1988）。有趣的是，这个模式，除了证实存在两种不同的说服"路径"外，还证明了无力的、无效的沟通也有可能产生说服力。只要受众没有系统分析信息中论证过程的动机，信息源的可信性就可以使无力的信息产生说服力。

使无力的信息产生说服力的另一种方法是，干扰受众分析论证的能力。如果受众不能仔细地思考和斟酌论据，那么其无效性就不会被注意到，也就不会引发受众的许多消极认知反应。因此，只让信息论证的表面要点被理解，这样就有可能引起赞许性的认知反应，从而导致态度改变。一种干扰的方法是分散受众的注意力，例如给出背景音乐或进行其他可以让人分心的活动。当然，这种干扰不能做得太过，否则会妨碍理解，应该刚刚强到让受众难以反驳就可以了。

为了检验这一观点，研究者让一些参与者听一段学校主张增加学费的有力信息，而另一些参与者听一段学校主张增加学费的无力信息（Petty et al.，1976）。在聆听这段信息的同时，研究者还要求参与者注意电视屏幕上"X"快速闪现的次数。为了在不同水平上操纵注意力的分散程度，实验者变化了"X"闪现的频率：一组参与者从不闪现"X"（没有干扰），另有一组参与者每分钟闪现 5 次或 10 次（弱干扰和中干扰），最后一组参与者"X"闪现的频率高达每分钟 25 次（强干扰）。

听完信息和数完"X"后，让参与者回答他们赞同该信息的程度。实验结果如图 4.4 所示。当没有干扰时，有力的信息要远比无力的信息更具有说服力。但是这种优势随着干扰的增加而消失。干扰越强，无力的信息越有说服力，而有力的信息则越缺乏说服力，这与"注意力的分散可以瓦解反驳"这一观点一致。为什么会这样呢？因为注意力的分散阻止了深度的心理加工，而深度加工能使有力

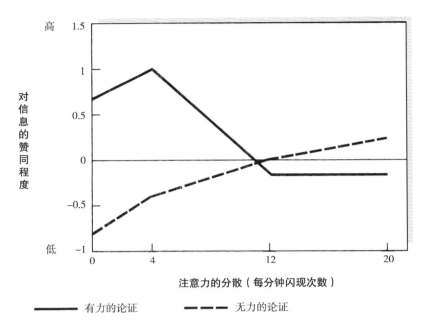

图 4.4 干扰效果取决于信息力度

参与者在聆听一段关于增加学费的信息的同时，要监视计算机屏幕上闪现的"X"。他们看到的闪现次数越多，注意力就越分散。随着注意力分散程度的提高，有力的信息的说服力会减弱，但是无力的信息却变得更有说服力。

（资料来源：Petty，Wells & Brock，1976.）

的信息激发积极的认知反应。注意力分散似乎成了一个很好的平衡器——一个可以把好与不好的观点都隐藏起来的工具。

让我们再回过头来看看启发法的外周线索，因为外周线索对说服具有更深远的重要意义。尤其是当我们认识到一些说服背景的其他细节后，这一点会变得更清楚。

丰富的线索。这类说服背景细节的现实意义是：对于那些时间很少、缺乏意愿或能力对信息进行系统分析的人而言，任何外周线索都可以作为细心加工（mindful processing）的替代捷径。我们已经讨论了一个外周线索：信息源的权威性。信息源可能还有其他一些明显的特征，这些特征为信息的接受提供了相应的经验法则。对于受众，信息源可能看起来似曾相识，从而引发了社会比较和对"相似的人通常喜欢相似的东西"这一规则的运用（Brock，1965）。或者信息源可能被公认为是非常值得信任的。

通过规范性的社会影响，受众群体中的一些成员也可能提供外周说服的线索。例如，热烈的喝彩意味着其他人也认同该信息，进而暗示该信息一定是正确的。研究发现，同一个演讲在伴随着喝彩声时比没有喝彩声时更有说服力（Axsom et al.，1987；Landy，1972）。同样地，研究者证实，许多电视情境喜剧在配上背景"笑声"后，增加了这些喜剧在趣味性上的得分（Fuller & Sheehy-Skeffigton，1974）。

最后，信息本身的许多方面都可能成为其正确性的线索。一个冗长的演说获得接受，更可能只是因为演讲很长，而不是因为演讲的内容（Petty & Caciappo，1984；Wood et al.，1985）。对于那些三心二意的受众，其操作法则也许是"虽然我没有听完，但这位演讲者既然讲了这么多，他的观点一定是有根据的"。问题的关键是，当必须决定是否接受某条信息时，除了信息论证以外，还需要很多东西。

因为经验告诉我们，经验法则往往是对的。即使人们对信息的主题很有兴趣，他们一定程度上也会使用外周线索。因此，系统分析的数量和质量都可能被情境中出现的外周线索所影响。就数量而言，在其他条件都相同的情况下，如果信息的背景含有丰富的外周线索，启发式的外周路径会比系统分析得到更多的运用（Chaiken et al.，1989）。这些外周线索可能会消除深究实际论证的需要。就质量而言，任何实际发生的系统分析都可能受到从外周线索得到的推断"玷污"。例如，质疑演讲者可靠性的有关知识，可能会使受众怀着更大的疑心去评估信息论证，从而导致更消极的认知反应（Hass，1981）。

电视播送的形象

外周线索的强大影响力对广告和竞选信息特别重要，尤其是那些经由电视传播的信息。为了理解这一点，让我们回顾一下前述以平面媒体、音频和视频方式呈现信息时说服力的对比研究（Chaiken & Eagly，1976）。这个研究发现，对于复杂的信息，书面呈现的方式最有说服力；这大概是因为在阅读时能够更好地理解信息。与之相反，对于容易理解的信息，视频呈现最有说服力，而书面呈现最没有说服力。出现这种效果逆转的一个原因是，在视频呈现中说话者的形象、个性和演讲风格十分生动和突出。这样就形成了关于说话者的可爱程度、自信程度等丰富的外围线索，这些线索不仅可以用来引导信息分析，也可以引导态度改变。

这一观点在一项追踪研究中得到了证实（Chaiken & Eagly，1983）。该研究首先向大学生参与者呈现一些使沟通者显得讨人喜欢或者不讨人喜欢的信息，然后，分别以书面或视听（音频和视频）的形式向参与者呈现理解程度相同的信息。研究发现，信息媒介的效果取决于沟通者讨人喜欢的程度。如果沟通者讨人喜欢，信息以视听的形式呈现比以书面形式呈现会引发更大的态度改变。但是如果沟通者不讨人喜欢，情况则相反。换言之，信息源的可爱程度（外周线索）在受众能看到、听到或者既能看到又能听到的情况下具有更大的影响力。

在这些"视听"条件下，信息源本身是说服情境中非常突出的一个方面。正如我们在第3章所看到的那样，那些支配我们对因果关系的思考和判断的刺激往往最能吸引我们的注意（Fiske & Taylor，1984）。因此，能被人看见或听到的信息源会更优先地引起受众的认知反应。如果信息源讨人喜欢，那么其积极特征就会受到注意并产生积极的认知反应；但如果其不讨人喜欢，消极特征就会变得显著（请记住选择性注意）。大学生接触信息后所列出的认知反应极好地印证了这种解释。与书面形式呈现信息相比，视听形式呈现信息时，人们会对信息源进行更多的思考；同时，当沟通者讨人喜欢时，人们的思考更为积极。

因此，广播电视媒体使外周线索具有双重的影响力。这类媒体使外周线索变得更为突出，因而在涉及态度改变的决策中更可能用到。对沟通者（或者其他外周特征）的过多思考使受众没有多少时间和精力去仔细思考信息内容，由此干扰了受众进行系统的信息分析。除此之外，正如我们前面所谈到，电视形象是"动之以情"的有效形式。

不要认为这一结论对广告商毫无用处。事实上，那些创作、指导和发布商业广告、竞选演说和公益宣传的人，都了解外周线索在广播电视媒体中的作用；他们也懂得在那些可以突出外周线索的平面媒体（如广告牌和杂志的图片广告）中，如何发挥外周线索的影响力。他们知道，在受众过于忙碌或者对纯争辩的信息不感兴趣的情况下，一张图片可能会胜过千言万语。他们还知道，在这种情况下，关键的因素是形象——一种能吸引注意力，易于理解和记忆的线索。"你不必为细节烦恼；我的信息（或我的产品）对你是再合适不过了。"（换句话说，"你甚至可以不用听我说了什么，看我的嘴唇就行了。"）

总统形象：形式代替实质。可能再没有比1988年美国总统大选更能说明运用形象激发启发法思考的例子了。民主党总统候选人迈克尔·杜卡基斯的形象一直不太好。他的言行使他看起来太像一名冷淡、木讷的技术官僚，一点都不像是一位热忱而富有感染力的领导者。但是乔治·布什——来自共和党的竞选对手——的竞选班子给杜卡基斯营造的形象甚至更加糟糕，同时却为布什营造了非常正直而真诚的积极形象。当布什觉察到美国公众对左翼分子不信任时，他无情地给杜卡基斯贴上"自由主义者"的标签，并进一步将自由主义者界定为容忍犯罪、支持堕胎、鼓吹加税甚至不爱国的人。布什竞选班子的工作人员通过生动的电视广告将这些消极的含义具体化。其中一段广告生动地描述了一名令人毛骨悚然的谋杀犯的故事：在杜卡基斯任马萨诸塞州州长期间，谋杀犯威立·霍顿竟然通过了该州的保释从马萨诸塞州监狱获得了释放。而在保释期间威立·霍顿在马里兰强奸了一名年轻女子并攻击了她的男友。这个广告毫无争议地表明了谁该为这场悲剧负责。

　　这一策略显然为共和党出了力。杜卡基斯在 1988 年夏天遥遥领先的地位在劳工节（美国的劳动节定在每年 9 月的第一个星期一——编者注）前的投票中不复存在；而 9 月，布什就已经稳稳当当地领先了。再来看一下刚才所描述的广告，它似乎并没有提到：（1）马萨诸塞州犯人保释条例在杜卡斯基当选州长之前就已经有了；（2）在威立·霍顿事件发生后，杜卡斯基立即废除了该条例；（3）在里根总统执政期间，联邦监狱系统也有类似的保释条例，而在此期间布什是副总统。许多选民并未深究这些竞选信息从而了解以上事实。有一些选民知道这些事实，但这在当时并不重要。将杜卡斯基"自由主义"的形象和一名死刑反对者联系起来，这使得威立·霍顿的保释显得与其他犯人的保释不一样：这是由放任的、"纵容罪犯"的自由主义理念所导致的粗枝大叶的错误。

　　这个例子生动地说明了由电视媒体丰富的外周线索所导致的启发法的两种后果：（1）没有足够充分地思考信息的质量和推论；（2）会导致一些引起曲解的思考。杜卡斯基永远逃脱不了布什竞选班子为他营造的消极形象。最初，他试图通过诉诸"档案"来进行反驳，但是他没有意识到，公众对其反驳的反应受到他消极形象的影响与他争辩内容的影响一样多（甚至更多）。

　　直到 10 月份，杜卡斯基才开始塑造他自己的形象；但是太少，也太晚。而布什已经树立了公众所期望看到的形象——爱国和乐观。一个竞选战略家明确地认可了外周形象的力量，并在《时代周刊》上做了如下的总结："如果我们获得了我们所期望的视觉形象，那么我们就不会很在意媒体用什么样的语言对它进行评价。"

乐观取胜。即使脱离信息本身的主题也可以成为外周线索。如果该主题相当突出而且令人信服，人们就可能不会越过这一主题去深挖支持信息的论证，从而直接接受信息的结论。乔治·布什在1988年的政治演说中就包含了一个这样的主题。这个主题就是乐观。它就像其他说服线索一样简单。布什告诉全体美国人，就像前总统里根所告诉我们的那样：你干得非常棒。阴暗问题，如联邦赤字、城市贫民和犯罪都一定能够得到解决并将被解决。甚至，这位准总统公然宣称："我是一名乐观主义者"。尽管布什几乎没有提及怎样解决这些问题，但选民对这一充满希望的前景展望给予了回应。

心理学家对这一结果并不感到意外，他们分析了1948～1984年间的10场总统竞选中双方主要候选人的提名演讲（Zullow et al., 1988）。在这10场竞选中，有9场都是由具有更乐观前景展望的候选人获得胜利的。研究者对1988年总统大选初选以前各位候选人的竞选演讲进行了同样的分析，得出的结论是，布什是最乐观的共和党候选人，而杜卡斯基是最乐观的民主党候选人。胜利者总是积极地思考，或者至少积极地发言。

乐观似乎成了一条容易让人接受信息的线索，部分原因在于人们有一种必须相信自己能够控制命运的需要。有了这种需要，"你和我能做到"的信息就可以唤起积极的认知反应。乐观也暗示候选人相信自己。只要你相信自己，你就能做好任何事情。这种观念在推崇自由进取的西方文化中是根深蒂固的（想一想《小火车做到了》永久的名声）。

即便可以通过向受众提供突出但肤浅的线索来达到说服的目的，但有两点必须牢记在心：第一，如果人们有时间、能力和意愿，他们有时候确实会抛开这些线索而去关注信息中的论据；第二，启发式的外周路径与更费力的系统分析一样，的确往往会产生正确的态度。一般而言，人们使用的经验法则还是不错的。但是，如果所涉及的问题非常重要以至于人们不愿意冒险，这个时候就不再是"一般情况"了，系统分析就更可能发挥作用了。

系统加工的客观性和偏差

在评价信息包含的论据时，我们能否做到完全客观是另外一回事。我们可能会反驳那些与我们已有态度相反的信息，尤其在我们有足够的知识反驳时。反驳是客观的，并且能够基于正确的理念。尽管我们都有良好的愿望去"让事实说话"，但是基于我们已有态度的偏差仍然可能会不自觉地影响我们对"事实"的知觉和解释。我们注意信息的哪些方面，我们怎样解释模糊信息，以及在认知反应过程中我们从记忆中想起了哪些观念和知识，这些都将会受到我们已有观点的微妙影响。

设想两个二十多岁的聪明小伙子对死刑这一问题持有截然相反的立场。一人支持死刑，认为它能威慑谋杀。另一人反对死刑，认为它对谋杀率不会有什么影响。如果这两个人都去仔细研读两篇似乎很有名的科学研究报告，其中一项研究发现死刑有终止谋杀的作用，另一项研究发现在实行死刑的州谋杀率实际上更高，那么会出现什么情况呢？事实上，两篇结论相反的报告对死刑是否有威慑谋杀的作用得不出任何结论。因此，你可能预测，这一信息的两名接受者在死刑问题上会走得更近一点——趋向中立。毕竟，他们的系统分析应该清楚地表明：任何一方都没有足以令人信服的、能经受对方反驳的论据。

你可能预期，这两种态度会逐渐得到调和；但是，你很可能想错了。在一项严格按照这一程序实施的研究中发现，对死刑有不同意见的参与者在阅读了这些矛盾的材料后态度变得更极端（Lord et al.，1979）。赞成的变得更赞成，反对的则更加反对。这一奇怪的效果似乎是解释偏差（biased interpretation）的结果。参与者倾向于真诚地接受支持他们观念的信息，并主动地反驳那些不支持的信息。他们会在不支持的研究中寻找漏洞并且想出其他可能的解释——对于那些参与了此项研究并且仔细思考了相反立场的知识、观念的参与者来说，这样的智力活动并不难。在消化完所有新资料之后，受众在他们的头脑里就会形成支持他们原来观点的更牢固的论证基础：一项支持自己观点的科学研究，以及驳斥漏洞百出的相反研究的新论据。这样，两个相对立场的态度就变得极端化和不可调和。

上述研究所发现的带有偏差的知觉和解释可以引出其他一些有趣且重要的结果。例如，选民对政治候选人立场的误判已得到了越来越多的证明。喜欢某位候选人的选民通常会判断该候选人的立场更接近自己的立场（实际情况并非如此），相反，不喜欢该候选人的选民则认为其立场比实际情况更加远离自己。因此，研究者对民意调查数据进行仔细分析后发现，（1968 年）在民主党候选人休伯特·汉弗莱的支持者中，反对越战的人比支持美国在越南继续投入兵力的人更倾向于认为汉弗莱是一个鸽派人物。司时，在这些支持者中，反战分子比鹰派分子更倾向于认为，汉弗莱的竞争对手理查德·尼克松有鹰派作风。而在尼克松的支持者中，情况正好相反（Granberg & Brent，1974）。

这种误判可以部分地归结于候选人自己的行为——他们在不同演讲场合针对不同的受众选择

成功推销的方法很多。

投其所好的信息。但是，这种选择性的演说并不足以解释两个群体间判断上的巨大差异（Judd et al.，1983）。这与人们在解释中加入了自己的理解和愿望也有一定关系。有趣的是，甚至选民偏爱的候选人赢得竞选的机会也会受到解释偏差的影响。选民有一种预期他们的候选人会赢得大选的强烈倾向，即使民意调查结果与之相左（Granberg & Brent，1983）。

通往持久说服的暂时障碍

本章的要旨是，基于论证的沟通所导致的态度改变是若干知觉和心理阶段联合作用的不确定结果，其中每个阶段都涉及阻碍态度改变的不同因素。除了获得说服对象（这些人习惯性地偏好那些既与自己观点一致又容易领会的信息）的注意和理解外，你可能还需要有力的外周线索（如果可能使用外周路径）。或者，你需要足够有力的论据来抵挡反驳，来抵挡判断和解释中存在的更加微妙的偏见（如果可能使用系统分析）。如果你的说服对象对自己的立场有渊博的知识并且立场坚定，那么你的说服任务的确会很艰难。

对于似乎不可动摇的态度这一问题，我们将放在第 6 章讨论。在第 5 章我们将继续讨论"说服的阶段"，一直讨论到行为的发生，比如，投下选票、购买产品，或者个体改变自己的生活方式。如何引导行为朝向预期的方向，达到说服的目标？让我们继续学习后面的章节吧。

小　结

本章我们探讨的重点是说服：采用来自特定信息源的沟通信息与论证过程来改变目标受众的观念。观念的改变进而可能导致在相互关联的态度系统中态度与行为的改变。我们先探讨了人们如何通过社会比较获得与自己态度的主观正确性有关的信息。然后，我们考察了经由说服而导致态度改变的 4 个心理阶段：信息的接受、注意、理解与接受。

- 我们都期望拥有正确的态度与观念。感觉正确有助于满足我们的可预测感与控制感。社会比较理论认为，我们通过把自己的观点与他人的观点做比较来评估自己观点的正确性。

- 就主观的观点而言，我们倾向于跟那些在观点议题上与我们有相似特质的人进行比较。与相异的他人做比较将导致模糊的结果，不知道观点的不一致反映的究竟是观点的错误还是价值观的不同。当我们坚信某个观点时，可能会与那些具有相似特质并且对当前问题有相似观点的人做比较，从而寻求对自己观点的支持。如果观点错误会付出很大代价或者观点能得到证实，我们就可能会与相异的人做比较。在这些情况下，从不同角度所获得的赞同让我们更加相信自己的观点是正确的。

- 尽管我们每天都会受到各种说服信息的轰炸，但只有很少一部分会影响我们。在信息改变行为以前必须经过6个心理阶段。我们必须：（1）接触信息（曝露在信息之下）；（2）注意信息；（3）理解信息的要点；（4）接受信息的结论，将其作为我们的新态度；（5）记住这一新态度；（6）运用这一态度指引行为。

- 我们已经认可了我们所接触的大部分信息。这种选择性的信息接受的一个原因是，我们的生活方式和价值取向主导了我们的职业和休闲活动，而在这些职业和休闲活动中，我们遇到的大多数人都与我们类似。此外，由社会塑造的价值观和心理结构会影响媒体报道和学校教育。实际上，每个国家都存在着有意和无意的审查制度。在极权主义国家中，极端的审查制度可能会暂时地抑制革命的力量。

- 我们一旦接触信息，还必须注意到它，才能产生一定的影响。内部偏好和外部刺激都会转移我们对信息的注意。相对于那些与我们态度相反的信息，我们会更注意支持我们态度的信息，除非相反的信息包含新异且有用的内容，而且我们感到不必忠于原有的立场。

- 有限的信息理解可能会导致有限的说服。因此，复杂信息以书面形式呈现——说服对象能控制呈现的速度——比口语表达的形式更加具有说服力。"晓之以理"要求更多的理解，以书面形式呈现会更有影响力。而"动之以情"最好以视听媒介的形式呈现，因为它们需要引发情绪的形象而几乎不需要理解。

- 理解并不能确保态度的改变。对信息的接受需要正面的认知反应（对信息进行思考的结果）。因此，具有与说服对象已有的知识、价值观和兴趣有关的新异且令人信服的论据是最有说服力的。

- 然而，只有当受众对信息进行了系统分析时，信息质量才会有强烈的影响力。而系统分析只可能在受众有动机、有能力这样做时才会发生。当动机很弱（因为信息几乎与当事人无关）或者能力很差（例如受众注意力分散）时，受众将会采取外周路径（启发法）——基于外周线索所提供的经验法则（"专家可以信赖"）来决定接受或拒绝信息。当信息背景中的外周线索非常丰富时，对启发式线索的依赖同样可以补充或者代替系统分析。外周线索的某种可及性可能会使系统加工产生偏差。

- 电视使其传递的信息具有丰富的外周线索或形象。沟通者的外貌、说话风格、手势、语音、背景音乐以及基本的精神风貌（如乐观）均提供了启发法判断的线索，从而使人们的注意力偏离信息的实质内容。

- 如果有了充足的动机，人们会进行系统分析；但是很难做到完全客观的系统分析——即不受已有的偏好和观念的影响——即使个体努力进行客观分析。对立的双方都可能从同样的中间立场的信息中获得支持自己的内容。

问题与练习

1. 请分析你自己的社会比较习惯。你常常将自己与谁比较，什么样的情形会导致你寻求与不同类型的人进行比较？你的社会比较习惯是如何遵从社会比较理论以及本章所述的研究？它们在哪些方面不同呢（如果有不同，为什么会存在这样的不同）？什么时候你会与那些和你十分不同的人做比较？是否存在某些特定类别的人，他们不会成为你比较的对象（例如，由于性别、阶级或者种族）？

2. 假设你现在正在负责制作并安排一条公益广告，鼓励人们把更多的收入用于储蓄。请运用本章中讨论过的原理，描述你将要制作的广告。你会请谁来充当形象大使？在制作广告的过程中你会考虑哪些方面？这条公益广告将最有可能影响到哪些人？会怎样影响？会使用什么媒体和"信息伴随物"？为什么？

3. "态度是难以改变的。"运用说服的前4个阶段来说明。

4. 请区分通过系统分析进行的说服与通过外周路径的说服。在什么时候会有这种说服而不是另一种？对于同样的信息，这两种说服有可能同时发生吗？从说服者的角度说一说每种说服路径各有什么利弊？

第 **5** 章

长久说服：态度改变的
持续和行为结果

❖

回想起来，他当时肯定已经在南卡罗来纳边境以北 120 公里远的地方了。当他在北卡罗来纳 7 月的热浪中煎熬，在 95 号洲际公路上高速向南行驶，穿越一片片的松树林时，一块广告牌引起了他的注意，或许是因为广告牌的鲜亮颜色和乡土风格。他不记得那块广告牌上写了些什么，但是他非常肯定的是，相隔几里的第二块广告牌与这第一块有关系。虽然上面的信息完全不同，但是颜色和风格却很相似。3 公里后，又出现了另一块色彩丰富并有相同乡土风格的广告牌。然后是一块又一块广告牌。上面写的信息简单，但含义模糊，容易引起人们的好奇心："哇！"，"美好时光又在这儿出现了"，还有"你将会笑得红光满面"（用鲜艳的粉红色写的）。这位司机发现，许多广告牌都画有墨西哥宽边帽的图画，有些还提到了名叫佩德罗的人，或者写有墨西哥腔的文字信息："Beeg Deal""Bear Up a Leetle Longer"（这些文字旁边是一个像熊一样的卡通人物）。

在边境以北 50 公里的地方，这些色彩丰富的广告牌变得多了起来——尽管每一块广告牌都不尽相同，但总体风格相似。16 公里后这些广告牌变成了一连串，似乎就像是银色的福特天霸车把它们一路点燃了一样。现在，这些广告就更加引人注意，有些还包含了动态画面。随着边境的临近，司机大声地告诉他的妻子说"肯定已经有一百多块广告牌了。""3 岁孩子也会说：'我喜欢佩德罗'""好极了！""疯狂购物（佩德罗会迷住你的）""敬请光临，否则终身遗憾"。

突然，他看到在远处隐约出现了一座 200 英尺高的塔，塔的顶部有一顶墨西哥式的宽边帽；而在塔的下面，则是两个巨大但却非常可爱的雕塑：佩德罗和他的骡子。

在妻子迫不及待的催促下，司机下了高速公路，朝着最后几个广告牌指引的地方驶去。当他转完最后一个弯时，他几乎不能抑制自己的激动了。他发现自己处在一座巨大、奢华且独特的购物商城——"边界之南"——的中央。这座商城拥有各种各样的商店——快餐、爆竹鞭炮、纪念品、奇装异服，还有旋转木马、街机游戏、汽车旅馆和各种展览。这是一个不折不扣的旅游陷阱。

上面的故事是本书一位作者的亲身经历。这一故事的关键，是那一百多个策略性地散布、通往佩德罗之路的广告牌。如果没有这些广告牌，这对快乐的夫妻肯定不会中途停下。即使是少量的几块广告牌都不会让他们停下来。他们不是那种轻易会陷入旅游陷阱的人。并且，他们正急着赶往美特尔海滩去观看他们 11 岁的女儿在全美舞蹈比赛中的表演，他们已经有一周没见女儿了。没有任何理由可以让他们为了佩德罗或其他什么停下来。

但是，他们还是停了下来。是那些数量众多的广告牌以多种形式重复呈现一个有趣的主题让他们停了下来。简言之，所有那些广告牌都非常有效地利用了重复（repetition）原则；重复原则是一种容易使用并因此而常被使用的说服工具。当旅行者遇到了越来越多的广告牌时，他们会认为这些广告牌好笑并拿它们开玩笑，同时会逐渐喜欢上这些广告牌。最终，这些广告牌达到了三个说服目的。首先，旅行者对广告源，即"边界之南"的设施，形成了积极的态度，并且完全接受了广告牌上的信息——即那个地方是值得一游的。其次，他们暂停了旅程，下了高速，而且必须承认，他们还在那里购物（请记住承诺与一致性的力量："既然我们下了高速路，我们还可以……"）。换句话说，态度转变为信息源所期望的行为。最后，这些信息令人难忘。在这对夫妻看到过的成千上万的广告牌中，能记住的很少。但"边界之南"的广告牌就属于这能记住的少数。当他们下一次再去南部旅行时，可能还会在那里逗留。

前一章我们探讨了说服的四个必要步骤。如果你接触了某一信息，注意到了它，理解了它，并且接纳了它的结论，那么你就已经被它说服了。你的态度已经发生了改变。

但是，态度的改变能持续多久？到了明天、下个月或者明年，你是否仍然还记得这些信息，或至少记得你的新态度呢？你的新态度能否经受来自"对立面"信息的攻击呢？即使你的新态度持续了下来，并抵抗住了来自对立面信息的攻击和遗忘的力量，你的新态度能否影响你的行动呢？

这些问题正是本章所关注的。态度改变后保持或持续的必要条件是什么？什么因素能使新的态度转变为新的行为？如果新态度强烈而极端，态度的保持及其向行为的转变似乎更可能发生。此类态度的确立依赖于信息最初的呈现方式和以后的呈现频率。因此，我们首先将回顾一下信息如何呈现的问题，不仅关注导致态度改变的阶段是否出现，而且关注态度改变的强烈程度和极端程度。

接下来，我们将探讨一些真正追踪说服时间进程的研究。这些"说服持续性"研究不仅揭示了在态度保持阶段极端而明确的态度的重要性，而且阐明了在信息呈现过程中和信息呈现之后有助于保持态度改变的其他条件。最后，我们将仔细考察那些在说服的最后阶段——改变了的态度转变为行动；转变为某种被期待的行为——起关键作用的因素；被期待的行为可以是投票、购买、约会、学习、清扫、饮酒、节食或人类能够做的其他任何事情。

播撒保持的种子：确立强烈、明确且极端的态度

为什么我们以一个运用了说服的重复原则的案例作为本章开头呢？这样做的一个充足理由是：信息的重复呈现是使态度的改变得以保持进而支配后继行为的一个有效策略。有时，我们对一个信息的第一反应可能只是肤浅的喜欢或赞同：一种与其他认知过程几乎没有联系的"心血来潮"。基于启发法决策规则的反应通常就类似于"每次使用后请冲洗"或者"每跑 5000 公里左右就给你的汽车换一次机油"。此外，说服性信息可能只造成了微弱的赞同或态度改变，使我们仅仅对信息本身想要传达的意思产生了不冷不热的反应。相对于那些与思维和情感有众多联系并整合成了一个和谐态度系统的深层而极端的态度，这种肤浅而中庸的态度很难被保持下来并指导我们的行为。那么，我们怎能深化和稳固那些缺乏牢固基础的薄弱态度呢？

适度的曝光

制造商为新产品做广告的主要目的通常都是为了尽可能地向更多的人曝光。

"品牌再认"的建立就需要有足够的曝光。类似地，那些想出名的人总是希望有尽可能多的机会抛头露面，并且常常为此而竭尽全力。正如巴纳姆（P.T.Barnum）所说和有些人所相信的那样，没有负面宣传这回事，没有宣传才是糟糕的。

如我们在前一章所见，信息的一次呈现使导致态度改变的后续说服阶段成为可能。但是，要提高这种可能性，信息的多次呈现是必要的。

熟悉导致"喜欢"。一个客体在我们面前曝光的次数越多，我们就越倾向于喜欢它；到目前为止，社会心理学家已经在这方面积累了相当多的证据。例如，扎荣茨（Zajonc，1968）对此进行了一系列研究。他把平淡的、新颖的，或者复杂的刺激短暂地呈现于参与者面前。其中一些刺激只呈现一次，一些刺激呈现几次，还有一些刺激呈现很多次；刺激每次呈现的时间大约为2秒钟。所呈现给美国大学生参与者的刺激有时是一些中文词语，有时是一些无意义音节（例如：IKTITAF）或其他符号。

例如，在一个研究中，一些汉字呈现一次，一些呈现2次，还有一些呈现5次、10次或者25次。在整个呈现过程结束后，要求参与者在贬义—褒义这一维度上猜测每个汉字的含义。毫无疑问，刺激呈现次数越多，更多的参与者将其评定为"褒义"。对于很多其他不同的刺激而言，这种关联都存在，包括对人和艺术品。这种"单纯曝光导致喜爱"效应的一个原因似乎仅仅是：在熟悉感中存在着舒适（Zajonc，1968；1980）。

然而，这里还有另外一种心理过程在起作用。这一过程有助于理解态度的改变；关于这一心理过程的证据来自对人们已经持有相关态度的刺激物的研究。大量此类研究揭示了极化现象（polarization）：重复呈现人们已经喜欢的刺激会导致人们更加积极地评定这些刺激；反之，重复呈现先前不被喜欢的刺激会导致人们更加消极地评定这些刺激。在一个此类实验中，抽象画分别以1次、2次、5次和10次的频率曝光于参与者面前。在抽象画首次曝光时，参与者报告是否喜欢这一幅画。伴随观看次数的增加，参与者对喜欢的画会更加喜欢，而对于不喜欢的画则更加不喜欢（Brickman et al.，1972）。对其他刺激物的研究，例如，当刺激物是语调积极的单词（"蓝鸟"）或语调消极的单词（"堕落"）时（Grush，1976），或当刺激物是一些被描绘成积极或消极角色的男性照片时，也发现了类似效应（Perlman & Oskamp，1971）。

极化发生的原因是，重复曝光增加了人们对刺激物的心理联想——用我们前一章中的术语即认知反应——的数量。大多数这类联想与人们对刺激物的初始态度具有一致的评价基调。这一点在一项以情绪性词汇为刺激物的研究中得到了证实（Grush, 1976）。在呈现每个单词时，参与者需要对这个单词进行"言语联想"：写下他们所联想起的任何单词。例如，"饺子"这一词语会引起"美味"或"苹果"之类的联想，而用"麻风病"这一单词作为刺激时，则会引起"可怕的"和"肮脏的"这类联想。在向参与者呈现刺激词和参与者列出他们的联想后，要求参与者在贬义—褒义的量化尺度上对他们自己的言语联想进行评定。通过考察参与者的这些评定，研究者发现，随着呈现次数的增加，参与者对言语联想的评价基调变得更加极端。对于先前就喜欢的单词的联想变得更为积极，而对先前就不喜欢的单词的联想则变得更为消极。

我们在第 4 章中已经看到，个体对所接受信息或问题的态度，取决于由信息所产生的喜爱与不喜爱这两种认知反应之间的平衡。越是喜爱的认知反应，目标受众的态度越是朝着信息所指引的方向发生改变。即使刺激不是说服性信息——例如在单纯曝光效应的研究中——认知反应过程仍然会起作用。

不过，有两个新的关键点值得我们考虑。第一，每次刺激呈现时，认知反应——它们可能是复杂的思想也可以只是简单的言语联想——都会发生。第二，对后期曝光的认知反应与对初期曝光的认知反应具有相同的评价基调。例如，如果刺激在第一次呈现时激发了积极思想，那么该刺激第二次呈现时所激发的新想法也会是积极的。随着曝光的增加，刺激所激发出的这一单方面的想法就会"增强"。

单纯思考。即使没有重复曝光，人们只是对刺激物作了简单的思考，认知反应的评价一致性（evaluative consistency of cognitive responses）模式也是显而易见的。让我们看一下心理学家阿贝·特瑟（Abe Tesser）所进行的关于"思维极化"的有趣研究。在这一研究中，参与者对"卖淫应该合法化"等涉及社会和政治问题的陈述句进行赞成或反对的评定。在每一次评定后，要求参与者花几分钟时间，对陈述句进行思考。在思考之后，实验者要求参与者对陈述句再次进行评定。结果会怎么样呢？大多数参与者的态度出现了极化。最初的赞同者在思考之后更加赞同，而最初的反对者在思考之后更加反对（Tesser & Conlee, 1975）。研究者通过使用类似程序的系列研究发现，思考能使人对不同客体的态度产生极化，这些客体包括人、艺术品、时装以及橄榄球战术等（Tesser，1978）。

评价一致性原则。不论刺激是否被呈现，对刺激进行思考似乎会产生以下两种趋势：（1）产生与已有态度在评价上相一致的认知；（2）使已有的认知更加趋于一致。特瑟（Tesser，1978）认为，产生这种趋势的原因在于，我们的每一个态度，部分地反映了我们为理解态度客体而形成的一个心理框架，也就是心理学家所说的图式（schema）。关于态度客体的思考，在很大程度上是在相关图式的引导下完成的。它引起了一个思维的过程，该过程进而引发了那些支持该态度的记忆和联想，这些记忆和联想又与这个心理框架相匹配。所以，我们思考或联想得越多，一致性的思维就会积聚得越多，我们的态度也就会变得更加极端。

因此，大多数人习惯于以一致性的方式进行思考。人的基本心理过程进一步受到来自文化的一致性需要的推动；我们在前面的章节中讨论各种社会影响现象时，已经对此作了说明（Giacalone & Rosenfeld，1986）。你可以在以下几方面中体会到一致性思维及其相关的过程：（1）我们更多地关注支持而非反对我们决策的信息，（2）对混合信息的偏差解释；（3）对令人不快的信息的抗辩。但是，评价一致性原则有什么实际意义呢？

评价一致性原则为引入极端的态度提供了一个实用策略。这一策略的诀窍在于首先引发影响对象对某一产品、观点或其他客体形成略微喜爱的反应。然后，你必须设法使这个被影响者对这一态度客体进行思考和进一步反思。如果这个客体是一个社会问题，那么可以通过包含着强有力论证的说服信息来获得正面反应。那么，你又将如何鼓励更进一步的思考呢？也许你可以通过使说服信息与你的影响对象产生个人关联，或者通过排除所有会减少思考时间，降低思考能力的分心事物，来达到这一目的。正如我们在第4章中所了解到的，个人关联性以及没有分心物是让强有力的信息具有说服力的两种条件。

广告歌——广告词。如果态度客体是一个产品，我们可以通过令人愉快的前期广告来让人们喜欢上它。然后，就该重复曝光了。一个有效商业电视广告的关键是，在能够唤起积极情感的背景中呈现该产品。如果巧妙地做到了这一点，那么情感与产品就发生了关联，为通过重复曝光和单纯思考来极化那些情感奠定了基础——使被唤起的情感更加积极。因此，男用古龙香水的广告中总是会出现一位性感美女，她不仅看上去赏心悦目，而且在男士们无穷的幻想中更赏心悦目。通过展示球场上超级球星们穿着耐克或锐步球鞋的雄风，使一般的篮球爱好者体验到了豪言壮语般的高昂情绪；正汽车购买者观看了驾驶"美国人的心跳"穿越美国的情景后，必然产生爱国主义的自豪感。

　　获得积极情感一点都不神秘。以"婴儿潮"中出生的富人为目标用户的广告，频繁地使用了1960年代到70年代初期的经典摇滚歌曲。的确，这些歌曲或其翻版，已经变得比那些原创的广告音乐更加流行。随着一箱箱的宝氏提子麦片装满又清空，可爱的小小加利福尼亚葡萄干唱着"童梦奇缘"并随之起舞。伴随着诱惑乐队的"我的女孩"，美国运通信用卡通过愉悦的视觉形象呈现了该信用卡所带来的美好生活。（你能发现这其中的联系吗？）甚至为人们所尊崇的披头士乐队的歌曲现在也出现在了商业广告中。这种利用老歌的方法，虽然可能没有原创广告歌曲那么有创意，但却可能会更加有效。对于大多数的普通观众而言，这些曲调会引发积极的怀旧的情绪反应。然而，这也有风险：一些人会因此而变得愤慨，因为他们喜欢的歌曲被滥用成了商业广告歌曲！而广告商争辩道，这也无所谓。每丧失一个沮丧的购买者，就会多出几个的支持者；他们在信息呈现之后，会购买与广告歌—广告词相关联的产品。

在永无止境的"可乐大战"中，引起对产品的积极联想是广告的主要目标。

引起最初的积极反应是引入一个新产品的第一步。但是请注意：仅仅重复曝光就能对积极影响有所帮助，因为大家都知道，即使是中性刺激，通过重复曝光也会倾向于更被喜欢。熟悉导致喜欢，可能是因为对已知的客体，我们会感觉到更少的不确定性，这有助于我们对非常基本的控制和预测需要的满足。并且，一个新产品可以通过与生产该产品的公司的形象产生关联，从而获得最初的积极印象。由于新产品是由一家知名的、值得信任的（因此而被人喜欢的）公司——例如，纳贝斯克、通用电气、柯达——所制造，所以它可能 引发出积极的第一反应。

当然，在社会影响领域中没有绝对的事情。建立对产品的积极情感联系是非常重要的，但我们也必须意识到，有时这并非是必需的。在某些情况下，实际上还有一个更有效的策略：以便于记忆的方式不断重复某一产品具有出众品质这一简单信息。在过去几年里，许多人已经彻底被"领口的铃声"（Wisk 牌洗洁精）和"别挤着洁而敏（Charmin）"的广告所骚扰。然而，根据广告商们的消息，这些广告产生了作用，因为它们说服并提醒了人们这些是好的产品（Kahn，1987）。即使人们不喜欢其中的广告歌曲，但那些广告词仍然可能通过激活态度图式周围的联想网络，从而对人们产生影响。

政治活动中的重复曝光。如果态度客体是一个人，采用下述我们已经熟悉的策略必然能够提升这个人受喜爱的程度：最初曝光于一个积极环境中（以获得接纳），然后用多次重复曝光的策略（以获得更加极端和有力的接纳）。一个研究小组的确发现，在人为操纵的实验室里发现的重复曝光效应能够推广到现实生活的政治选举中。你可能会认为这是很自然的。毕竟，政治候选人和党派为了在电视与广播宣传、竞选点、挨家挨户散发传单等竞选形式中曝光，花费了大量的金钱。然而，在总统和议员选举中，当两个候选人都已经非常有名，并且有可能得到相同的额外曝光时，那么曝光效应就不那么强了。一个最有可能产生政治中的曝光效应的地方是国会初选。在这些选举中，常常有不止两名候选人；这些候选人最初都不出名，可能会花费不同数量的金钱来为自己做广告。在一项研究中，研究者找到了自1972年以来美国参议院与众议院的初选记录，他们考察了以下三个变量及其相互关系：每个候选人先前的曝光数量（他初选前的知名度），候选人初选前在广告上的投入（一个相当好的衡量媒体曝光数量的指标），以及候选人在初选中的得票率（Grush et al.，1978）。

这次要用到的是康尼岛的犹太馅饼，小意大利的奶油甜馅煎饼卷，或者威彻斯特的软糖。

曝光有助于赢得选票，但是，如果没有庞大资金的支持，情况就不一定如此了。

曝光效应以两种方式得到了证实。第一，当所有候选人（三个或更多）在初选时都不出名，并且他们都为广告制作投入了很多钱时，决定胜出的最有效的因素是为获得曝光而花费的金钱。投入最多的候选人赢得了 57% 的选票；而花费第二多的候选人赢得 25% 的选票。第二，当某一个候选人在初选时已经有了非常多的曝光机会，例如他们可能身居要职，处于一个高度被人关注的位置，或者在其他方面非常有名，曝光效应也发挥重要作用，在这种情况下，竞选运动前的曝光量是预测能否胜出的最好指标，高度曝光的候选人在参加竞选活动时赢得 88% 的选票。

复杂信息的重复

对于人物、艺术品、汉字以及英文单词而言，只要人们最初没有对它们做消极的反应，仅仅将它们重复曝光就能获得人们更多的好感。那么，对于充满了论证和推理的复杂信息，重复呈现也能够起到类似的作用吗？评价一致性原则表明，只要论证信息非常有力，能够引发积极的认知反应，同时每次信息呈现时人们都愿意并且能够进行系统的心理加工，重复曝光就能够发挥作用。在这种情况下，对重复信息进行的持续性分析，应该就会产生一些额外的，与最初好感相一致的思想。

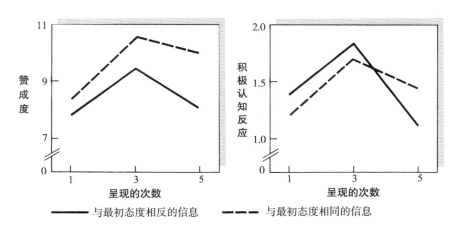

图 5.1　重复使说服力增强……直到顶峰

无论参与者最初赞成还是反对信息中的提议，一个论据有力的信息呈现3次比只呈现1次的说服效果更强。然而，当呈现次数达到5次时，说服的效果则有所下降。认知反应也呈现出类似趋势。第二个实验也得到了这些结果。

（资料来源：Cacioppo & Petty，1979。）

　　有两个实验曲折地证实了这一设想（Cacioppo & Petty，1979）。实验分别以1次、连续3次，或者连续5次的方式，向大学生参与者呈现包含八条合理论据信息的录音。如图5.1所示，在两个实验中出现了相同结果模式。与设想一致，相对于只呈现1次信息，当信息呈现了3次后，参与者对信息具有更高的赞成度。很明显，这一影响效果伴随信息曝光次数增加而增加的发现支持了评价一致性原则。对高品质论据信息的积极反应随着曝光次数的增加而迅速增长。这一点可以从参与者在最后一次听了信息后所列出的与信息相关的想法中得到证实。那些听了3次信息的参与者所表现出的积极认知反应的数量最多。

　　但是当参与者听了5次相同信息时会有什么结果呢？正如图5.1所示，这是一种曲线效应：当呈现次数从1次上升到3次时，说服效果随之增加；然而，当信息继续重复呈现时，说服效果则会降低。

　　为什么当信息重复超过了一定次数后，对其的赞成程度会降低呢？须知，物极则"必反"，好事过多，多到让人对其进行重新评估时，就可能转变成坏事。相信你肯定听说过过度曝光（overexposure）。如果信息呈现过于频繁，人们对于信息的反应就会变坏。这里的原因有很多。一种可能性是思维饱和（thought

重复（以及其他一些因素）可能导致心理阻抗。

satiation）（Leippe，1983）。对信息的持续分析可能会导致个体不再以评价一致性方式对信息进行评价，从而最终导致对信息不那么积极的评价。当曝光次数由3次增加到5次，参与者在实验中表现出了消极认知反应的增加和积极认知反应的减少。然而，更有可能的解释是，厌倦感（sense of tedium）会助长这种消极思想：人们会对这些信息感到恶心。最后，这种"转变"的另一个原因还有可能是所谓的心理阻抗（psychological reactance）（Brehm，1972）。当人们感到他们选择的自由受到了外部力量的威胁时，心理阻抗就会发生。通过做出与这一外部力量的期望相反的选择来重申自己选择的自由是一种很自然的倾向。汤姆·索耶（Tom Sawyer）称之为"逆反心理"。相同信息的过度曝光可能会造成一种被信息"扼住咽喉"的感觉。你的内心反应可能就是："哼哼，我才不会这样做呢。"

　　重复多少次才算过度呢？这要取决于信息本身。例如，通常情况下，信息越复杂，所需要的曝光次数越多。这是因为在这些信息中有更多的东西需要以评价一致性的方式进行学习和反应。通过呈现一些稍微不同的信息，即相同主题下的变式，就可以避免这种从积极反应到消极反应的转变（McCullough & Ostrom，1974）。在重复呈现中提供一些新颖的东西能够让事情变得有趣，并且暗示了重复的必要性——使更多的信息被理解。另外，我们接受的信息变式，可能会促进我们用自己的知识、信念和记忆中的经验来与之建立新的联结。（回想一下你的大学课程，你希望哪些内容有更多的重复，哪些重复一次你都觉得太多了。）

　　下面，让我们来总结一下目前已经讨论过的东西。（你的意思是你将重复那些已经讲过的复杂信息，以便于我们能够更好地理解和接受？是的，如果你希望采纳这种方式的话）。除了过度曝光效应外，总体原则是：对一个简单或复杂信息做出的认知反应越多，那么：（1）我们关于这一信息体的态度就变得更加的极端；（2）我们的新态度与我们的信念、知识和相关态度所建立的联结就越多。把某一观点变得极端并使其深深地嵌入（到一个人的心灵里）是成功说服的标志。（就像一首老歌所唱的那样，"一遍又一遍，你不断地听到我说，我是如此幸运能够爱着你……"这一点不止针对"对物品的喜爱"也可针对"对人的喜爱"）。强烈态度的植入也为说服的持续性奠定了坚实基础。现在我们就来讨论这一点。

保持：让说服经得起时间考验

有什么直接证据可以证实那些导致了强烈和极端态度的信息具有更持久的影响吗？为了找到这样的证据，社会心理学家做了很多研究。他们首先向参与者呈现一条说服性信息，然后过一段时间——几天、几周或几个月后——再对参与者的态度进行测量。这些研究很值得我们关注，因为它们不仅证实了引入强烈和极端态度的重要性，还揭示了其他一些影响说服持续性的重要因素——一些可以让说服得到很好控制的因素。请记住，通常情况下，当你在购物、投票、支持一个目标或者选择一个职业时，说服者更关心你在接触了他们的信息一段时间之后的态度，而不是你在接触了他们的信息之后即刻产生的态度。

再说一次，反复而更强烈地

怎么做？更强烈地！我们已经提到，不断重复一个令人信服的信息有助于形成强烈且极端的态度。如果这种态度能够维持得久一些，那么信息的重复就可以被用来延长它对人们的影响。这一点实际上已经在几个实验中得到了证实（Johnson & Watkins，1971；Ronis et al.，1977；Wilson & Miller，1968）。在其中一个实验中，参与者分一遍或五遍重复聆听了一段有关反对用胸透来检测肺结核的对话（Johnson & Watkins，1971）。实验者告诉一些参与者，这一信息是源于一个肺结核方面的医学专家；而告诉另一些参与者，这一信息源于一个庸医。图 5.2 呈现了在不同实验条件下的态度反应。

结果并不出人意料，庸医是非常不足以让人信服的，而专家的意见则赢得了非常高的接纳。有趣的是，对专家信息的接纳并没有立刻受到重复的影响。实际上，重复产生的影响在 4 周以后才变得明显。在 4 周后，在另一个看上去似乎不同的更大的调查中，参与者第二次被问到与该话题有关的问题。正如图 5.2 所显示的那样，那些重复聆听了 5 次专家信息的人，在 4 周后的赞成度与 4 周前紧随

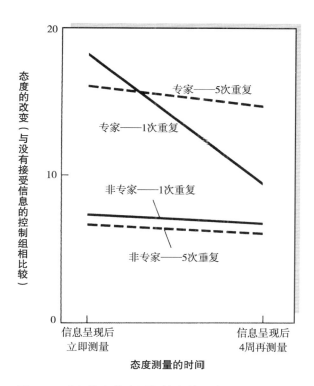

图5.2　重复信息具有更加持久的影响

参与者一次或者连续5次聆听了关于胸透的信息。信息源被说成是一个医学专家或一个非专家。当信息被归结于专家时，信息具有更强的说服性影响；但是只有当这一信息被重复的情况下，这一更强的影响才会长时间地持续。

（资料来源：Johnson & Watkins，1979.）

信息曝光后的赞成度一样强烈；而那些只聆听了一次专家信息的人在 4 周后的赞成度有所降低。这一实验提醒我们，要保持住最初的态度改变，信息的重复是必需的。

在立即后测时缺乏重复效应是否与评价一致性原则相矛盾呢？不一定。在约翰逊和沃特金斯的研究中，参与者仅一次接触专家信息似乎就导致了几乎最大限度的赞成，即出现了"天花板效应"；因此，几乎没有留给重复效应更进一步增强赞成度的空间。另外，因为每次呈现之间只有 20 秒的间隙，像五拍音乐的断奏一样呈现信息可能让参与者产生某种阻抗。

如果对似乎合理的论点的持续性思考会使人形成一种与记忆中相一致的信念和知识有"很好联系"的态度——该态度因此能够很容易地从记忆中提取，那么，重复使说服得以持续是有道理的。实践让说服效果更加完美。然而，请注意，重复的这一价值需要受众对信息进行系统分析才能得以显示。仅仅依赖于快捷但低质量的外周线索是盲目的，因为没有对极化和态度反应的基础做必要思考。如果受众只采用外周线索，那么最多只可能得到一点单纯曝光效应。在刚才描述的实验中，除了第一种条件，参与者都明显地对所呈现信息进行了一些系统化分析，因为那些聆听了 5 次信息的参与者能够非常好地回忆起信息的内容。

系统分析：主动的头脑产生持久的态度

无论是受到重复或者其他一些方法的促进，源于主动而系统的心理加工的态度改变是最持久的改变。我们在第 3 章中已经了解到，态度和行为的一些最深刻和持久的改变有时能够通过自我说服（self-persuasion）来达到。在恰当的条件下，抽烟者完全能够说服自己戒烟。儿童能让自己相信电视节目中的暴力是虚假的。自我说服之所以能起作用，是因为个体触动了他们的内部心弦，产生了一些令人信服的观念和论据；而这些观念和论据之所以能令人信服，是因为它们源自于个体自己的价值、观念和知识系统。同样的道理，不管自我产生的论据是源于对信息的积极思考还是源于对角色扮演指令的反应，这种论据都是难以忘记的。

一位研究者通过使用角色扮演的一种变异形式表明，人们自己的观念比他人的观念更能够产生持久的说服效果（Watts，1967）。在实验中，控制组参与者被动地阅读了一篇似乎很有道理的论证社会政策的 600 字文章（例如："法官应该对那些青少年犯罪者更加仁慈一些"）。积极组参与者则就同一政策撰写了一篇"非常令人信服的论证"文章。在某种意义上，实验组参与者扮演了政策倡议者的角色。阅读组和写作组的态度改变并没有立即表现出差异。在阅读或撰写文章后，两组对所提出政策的赞成度有相同增长。但是 6 周以后，写作组参与者自我诱发出的赞同没有任何下降，而阅读组中大多数参与者的态度部分或全部地恢复到了阅读那篇文章之前的状态。此外，比起阅读组参与者，写作组参与者显然能够更多地回忆起这一政策及其立场——"他们自己的立场"。

主动创造的信息能够引起心智投入，并且这一投入的产物——认知反应——是难忘的。从理论上来说，阅读信息能够取得相同效果；但是，只有当受众对信息进行了大量系统的分析从而产生了众多的认知反应时，才能取得相同的效果。例如，研究表明，当通过提醒受众注意信息的高度个人相关性而提高了系统化心理加工量时，由信息导致的态度改变就会更持久（Chaiken，1980）。我们似乎总是能够更好地记住我们自己对某一信息的反应而不是信息中所包含的具体内容（Greenwald，1968）。附带说一句，这一事实对于进行**主动学习**（active studying）——自我测验、写总结和知识整合——而不仅仅是简单地被动阅读和听讲而言，是一个非常有力的论据支持。从某种意义上说，这种积极主动投入的方式能够让你"拥有"信息，而不仅仅是暂时的借用信息。

显然，关于主动地创造信息和被动地阅读信息的比较研究进一步解释了我们在第3章中已讨论过的关于自我说服和诱发服从的研究。此外，这一研究是否暗示让人们扮演与自己相反观点的倡导者角色是一个比"向人们传递信息"更加有效的长期性说服策略呢？答案是否定的。结构化说服信息的一个很大的好处在于，信息传达者能够对信息内容进行控制。相反，即使人们能被哄骗住而产生一个与他们现有态度相反的观点，他们可能会因为知识的缺乏或一种强迫感（想一想在认知失调情况中自由选择的作用），而去做不足以令人信服的事情。设计理想的说服信息的诀窍在于，使信息的受众对该信息形成相当多的赞成性的"自我认知反应"。

积极而丰富的认知反应，能够使说服不受发生在社会影响沙场中各种事件的影响——信息本身成功地达到其说服目的。现在让我们来考察一下这类信息后的事件，包括对信息传递者的怀疑，以及与相反论据的接触。

态度：自发的从属者

请想象一下下面的一连串事件：在玛丽居住的地区里，当地有线电视公司正与某一体育电视网就合同争端问题进行磋商，该体育电视网的播出内容几乎囊括了当地篮球队、曲棍球队的所有比赛。有线电视台希望体育电视网提供"有偿服务"，只向那些支付了额外费用的用户提供服务；而体育电视网则坚持自己应该是"基本服务"的一部分——所有用户都有权利收看他们的节目。在这一事件中，双方都既有赞同者又有反对者，因此问题变得非常复杂。但大部分体育迷，比如玛丽，都认为有线电视台是坏家伙，因为它在合同沟通期间完全拒绝转播体育电视网的节目。与成千上万的体育迷一样，玛丽没有办法看到她喜爱的球队的比赛。有一天当玛丽在换台时，突然看到了一个商人模样、风度翩翩的男士正在解释为什么体育电视网应该是一个付费服务。对玛丽而言，他的论证——对玛丽来说很新颖——非常在理，给玛丽留下了深刻印象。这时电话响了，玛丽离开电视去接电话。当她回来时，她认出了这个在电视中讲话的男人是谁了：该死的有线电视公司那个令人讨厌的总裁。玛丽沉思道："哼！原来是那个家伙。我原以为他的观点很有道理，但显然他是不值得信任的。对于他的观点我需要多思考一下。同时，我是不会为他的有线电视服务付费的。"然后她就离开了电视。

几周以后的某一天，玛丽与一个朋友讨论到了关于有线电视的争端问题。当朋友（一个狂热的篮球迷）为体育电视网的立场辩护时，玛丽打断了他的话，并给出了自己的理由；而这些理由与那个令人讨厌的有线电视台总裁在电视上给出的理由是相同的。玛丽说尽管她不喜欢有线电视台，但是她相信体育电视网应该是付费的服务。有趣的是，玛丽并没有意识到她给出的意见源于她并不喜欢的信息源。她现在成为敌方的支持者。

睡眠者效应。上述情节不可能发生吗？不见得。事实上，在玛丽身上出现了延迟说服效应。延迟说服效应已经在许多实验中得到了证实。睡眠者效应（sleeper effect），顾名思义，是指信息并非立刻产生说服力，因为没有紧随信息之后而发生即刻的态度改变；然而，在间隔了一段时间后——可以认为是受众有"好整以暇，翌日再作打算"的机会时，信息就变得有说服力了。睡眠者效应是卡尔·霍夫兰和他的同事们发现的（Hovland et al.，1949；Hovland & Weiss，1951）。但是，直到他们发现睡眠者效应几十年之后，研究人员才确认了睡眠者效应产生的必要条件。

在两个具有代表性的研究中，大学生首先阅读了一篇 1000 字左右的文章，这篇文章反对一周 4 天工作制的提议，它明确地指出这样会造成许多问题，并引用了该提议会降低员工满意度的证据（Gruder et al.，1978；Pratkanis，1988）。准确地说，参与者将这一篇文章阅读了两遍，首先是在实验者的指导下阅读了每一段落的内容，然后就写作风格再阅读一次。实验设置了三种不同条件。第一种是"清晰"条件，参与者先阅读完文章，然后再回答有关文章的各种问题和他们对文章的态度。第二种是"线索先于信息"的条件，在参与者阅读文章之前，先向他们呈现两条"折扣线索"；这两条"折扣线索"旨在引发一种消极反应——让参与者不理会或忽略信息。一条线索源于杂志主编撰写的短文，让参与者相信该短文和他们所阅读的文章刊登在同一期杂志上。杂志主编撰写的短文指出，下期杂志将要刊登一个新证据；新证据将有力地说明本篇文章的结论是虚假的，一周 4 天工作制不会造成任何问题，相反还会极大地提高员工的满意度。另一条折扣线索则是存在于文章前面令人讨厌的陈述中，而这样的陈述必然会引起心理逆反（例如："所有聪明人都没有选择而只能相信"）。在第三种"线索后于信息"的条件中，在参与者阅读完文章之后，再向他们呈现这两条折扣线索。

图 5.3 显示了 3 种条件下，在刚刚阅读完文章后和 6 周后参与者对文章的赞

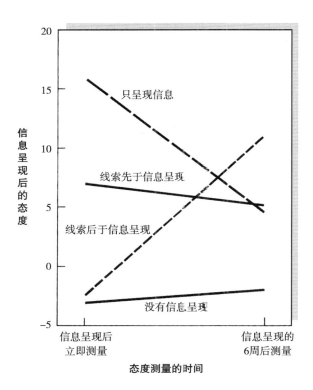

图 5.3　睡眠者效应

反对一周4个工作日的信息在其单独呈现时具有说服性；但是，当暗示着该信息应该被否决的"折扣线索"在此之前或之后呈现时，则不具有说服性。当折扣线索在信息之后呈现时，会出现延迟说服效应——睡眠者效应，即态度的改变随着时间的流逝而增强。

（资料来源：Pratkanis，Greenwald，Leippe & Baumgardner，1988.）

成度——6 周后的评价通过电话采访获得。你能够看到，在没有两条折扣线索时，"直接—清楚"的信息最初具有非常高的说服性；然而这一强大的说服影响在六周后却消退了。那么，在实验中两条折扣线索具有什么效果呢？设置这两条线索的目的是制造一种低信任度和低控制性的印象，就如同玛丽对有线电视台总裁的印象一样。毫不奇怪，两条折扣线索抑制了最初的说服。但 6 周后对说服影响进行检验时，在"线索后于信息"，而不是"线索先于信息"的条件中，对信息的赞成度事实上随时间而有所提高。与玛丽的情况相类似，当"坏线索在后"时，参与者对他们最初曾拒绝的立场表示了赞同。

我们怎样解释睡眠者效应呢？首先我们需要知道，态度能够独立于信息记忆和引发它的环境而存在。事实上，认知科学家认为，（关于事件、人物和问题的）态度与知识在我们记忆系统中是分开存储的（Anderson & Hubert，1963；Tulving，1983）。考虑到态度和信息在记忆中可能的独立性，那么让我们来考虑一下那些在接触了信息之后再阅读线索的参与者的经历。他们在两次阅读这一信息中获得了许多的东西，并因此拥有了最初的积极认知反应。随后出现了使人对信息产生不信任的折扣线索。这些线索引发了强烈的消极认知反应，并且这些认知反应对态度形成有非常重要的影响。毫无疑问，参与者没有改变他们的态度；他们固守了他们在文章呈现前就拥有的态度——在这一例子中就是对一周 4 天工作制持中立偏赞同的立场。但是这并不意味着参与者忘记了他们在阅读信息时形成的以信息为基础、有利于信息的反应。由此，如果这些反应比态度更好地被记住的话，那么当人们有机会再考虑这一事件时就会重新回忆起这些反应。此时，这一信息就将产生延迟效应或睡眠者效应。

关于沟通过程中对信息的态度和认知反应的分离存储是被称为差别衰退假说（differential decay hypothesis）的第一部分（Pratkanis et al.，1988）。其第二部分对于解释为什么态度被遗忘（衰退）得更快是非常必要的。有研究者提到：内容（以及对内容的积极反应）能更好地被习得。请记住，参与者把信息阅读了 2 遍，并且被明确要求对信息内容进行评价。这一事实说明了睡眠者效应的一个重要条件：信息必须被仔细地分析过——被系统化地加工——所以（1）信息比折扣线索更加难忘；（2）如果没有那些折扣线索，信息可能已经具有说服性。

睡眠者效应的形成还需要最后一个条件。请注意，如果线索先于信息呈现，就不会发生睡眠者效应。至于原因，关于边缘线索如何影响对信息的系统化加工的新知识应该能够告诉你。在参与者阅读信息时，由边缘线索引发的怀疑和愤慨已经影响到了参与者对信息的评价，这种怀疑和愤慨怂恿参与者产生了更多的抗辩和其他针对信息的消极认知反应。其结果是，态度和认知反应在抗拒信息的立场上达成了一致，这使两者在记忆中分离存储的情况变得无足轻重。对态度或认知反应的回忆都可能产生相同的消极反应。因此，要产生睡眠者效应，折扣线索通常必须发生在信息之后呈现。

你能够想到睡眠者效应在现实生活中有什么作用吗？如果你有理由相信受众会对你所代表的公司或团体持消极态度，那么，请暂时不要就此声张，直到你将你的信息传递完之后（"……顺便说一句，我来自你们所讨厌的那家公司，但是请不要因此而抗拒你的新态度"）。

无中生有的态度。睡眠者效应代表了一类情况，即在记忆中认知战胜了情绪化的态度。但相反的情况也是常常存在的。即使那些有助于态度形成的环境、情节和信息已经被遗忘了，但是态度仍然会被保留下来。你可能经常听到某个人说："我不知道为什么，但是我就是不能忍受某某"。

态度可以独立于支持性信息而持续存在，这是我们下一章的关注点，在下一章中我们将会讨论如何抵制重要态度的改变。未经提取相关认知的态度表达与捷径思考之间的联系，在启发法判断中，表现得很明显。作为对情感、知识和信念系统的总体评价，态度是决策和行为的有效向导。你可以依赖于这一总体评价而不必深究细节。你可以利用你的态度作为行为取舍的内部外周线索。

首因与近因：我第一还是第二

你可能已经注意到，在睡眠者效应的研究中，6周后说服效果的最好预测者是参与者首先接触到的"信息"。对于那些在信息前得到折扣线索的参与者，6周后的态度与信息相对立——"坏"线索获胜。而那些在信息后得到同样线索的参与者，延迟态度有利于信息——信息获胜。这一首因模式，即先期呈现的信息比后来呈现的信息有更大影响效果，与许多其他背景下对首因的研究相一致。例如，关于意象形成的研究表明，人们接受到的关于另一个人的最初信息比后续的信息在其意象形成中占有更大比重（Anderson & Hubert，1963；Jones et al.，1968）。在一项经典的研究中，几乎所有观察者都把一个最初表现得外向但后来又显得孤僻的人评定为基本外向的人。但是，当把相同的行为以相反顺序呈现给另一部分观察者时，大多数观察者则把这个人评定为内向（Luchins，1957）。

首因效应（the primacy effect），顾名思义，植根于类似引发思维极化和偏差解释过程的知觉和认知加工过程。最初的印象形成了一个心理图式，而这一图式是一个有偏差的过滤器，它对后来的信息进行选择性的注意和解释。的确，这听起来很熟悉，几乎没有人能够逃脱"第一印象力量"的影响。

由于有首因效应，那么在辩论赛或法庭辩论中首先呈现观点的一方是否会更有利呢？研究发现，当接受相反信息与态度测量之间有一段时间延迟时，首因效应通常会发生作用（Miller & Campbell，1959）。想象一下这样的情境，首先呈现事件赞同方的意见，然后紧接着立即呈现反方意见。双方都陈述了自己的观点。其中一半最初犹豫不决的受众在第二个信息（反方信息）呈现之后立即进行了投票，而另外一半受众则在一周以后才进行了投票。那些一周后投票的受众倾向于稍微赞同第一个信息（赞同信息）——首因效应。然而那些立即投票的受众，或者没有表现出受到信息呈现顺序的影响，或他们会倾向于对第二个、更新近的（反方）信息更有好感，这一部分结果说明了近因效应（recency effect）（Wilson &

Miller，1968）。

在第二个信息呈现后立即对态度进行测量时，个体对第二个信息的印象受第一个信息影响的程度，似乎因第二个信息在受众头脑中更加鲜活这一事实而减弱：第二个信息仍然处在受众的"工作记忆"中。但在延迟测量中，这一优势就消失了。如果由第一个信息建立了一个非常强大的图式，那么首因效应就会重新出现。这是另一个有关认知如何朝着与我们关于态度客体的图式相一致的方向偏移的例子。在第 8 章中，当我们就法庭审判——一个顺序效应特别突出的说服情景——进行讨论时，将更加深入地对首因效应和近因效应进行研究。

现在，让我们进行最后一步。假设你的说服信息已经成功地唤起了受众强烈而极端、并因此而变得持久的态度反应。而且，由于首因效应的作用，受众能够抵御来自反面意见的影响。这说明你的说服已经到达保持阶段：你的信息已经对受众的态度产生了持久的影响。但是受众会如你所愿的那样行动吗？现在我们转入说服路径上最后的行动阶段——从态度改变到行为举动。

将态度转化为行为：最终的说服

在一些情况下，态度改变的保持是说服者的最终目标，甚至可能是那些主动寻求信息的被说服者的最终目标。例如，当来访者在得到治疗后形成了对自己更加积极的态度时，心理咨询师和她的来访者可能都会感到非常满意；教授可能会对他的学生有所"领悟"而感到满意。然而，在许多其他的情况下，说服者期望由沟通而引发的态度能够从内在的认知和情感变化转变为某些被期待的行为。现在让我们来探讨一下与"态度—行为"这一联结有关的因素：这一联结是否会形成，何时形成，以及联结的强度有多大。

超越态度的情境力量

尽管我们通常重视一致性，但是我们并不总是以与我们的态度和信念相一致的方式来行动。的确，我们所探讨过的许多社会影响过程都依靠情境因素的力量来征服个人因素——个人先前的信念或价值。

让我们回顾一下，在阿施的团体从众研究中，许多参与者公开声称，他们把两条实际长度非常不同的线段判断为长度相等，是为了应对他们所在团体的虚假共识所导致的社会压力。但是，当参与者的判断不被团体中其他成员听到时，这种与团体的一致性会减少；这意味着参与者公开的从众实际上不同于他们个人的信念。

类似的内部状态与外显行为之间的冲突也表现在米尔格拉姆服从实验的参与者身上。这些参与者同意参加这一研究，并相信他们能够帮助另一个参与者，即"学习者"，改善记忆。但是很快他们就发现自己在伤害他人而非给予帮助，他们开始表达异议。许多参与者对给予他人似乎很痛苦的高压电击惩罚表现出了忧虑。然而虽然他们口头上表达了异议，但是他们并没有不服从。参与者的电击行为更多地受控于强大的情境因素，而不是伤害学习者的动机、其他反社会的态度或者在研究开始时被告知的有关这一研究的积极价值的控制。

重要的他人。正如我们在本书中已经看到的那样，通常，社会情境中的人才是社会情境中最有力的影响势力。如果我们仅仅注意自己的态度，那么陌生人甚至都可能使我们以自己不情愿的方式行动。艾伦·芬特（Allen Funt）的电影《偷拍》（Candid Camera）[《完全暗藏的录像》（Totally Hidden Video的前身）]在许多情节中利用了这一有力的影响原则。其中，最著名的一个情节是，当一组陌生人在电梯中一起转向后方或其他任何方向时，一个没有疑心的电梯乘客也跟着转向。

既然陌生人在这种瞬息即逝的情境中都能够对人们的行为产生影响，那么想一想在日常生活中与我们有重要联系的人会对我们产生什么样的影响。因为正在学习芭蕾的小女儿非常喜欢芭蕾，所以一点也不喜欢芭蕾的父亲，可能会去购买昂贵的芭蕾舞演出门票，并且尽职尽责地，以满面笑容而且感兴趣的样子，陪妻子和女儿看完整场演出。一个对堕胎合法化存有疑虑的年轻女性，在其赞成人工流产的朋友面前，仍然可能会拒绝接受反对人工流产的文献。一个高中生是否会吸毒，在很多程度上取决于他的朋友是否吸毒。（在许多情况下，"一起吸毒的人很难成为真正的朋友"。）

理性行为理论（the theory of reasoned action）（Ajzen & Fishbein，1980）强调重要的他人在态度—行为关系中的作用。图 5.4 描绘了理性行为理论。这一理论指出，影响行为的一个主要因素是人的行为意向。然而，我们现在更感兴趣的是，行为意向的两个决定因素：（1）对相应行为的态度，态度本身来自一个人关于相

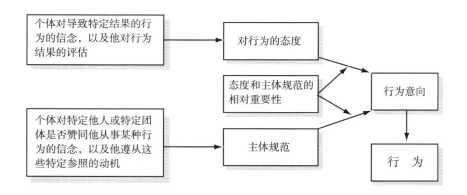

图 5.4 理性行为理论

从认知链到行为的理论。箭头指示影响的方向。

（资料来源：Ajzen & Fishbein，1980.）

应行为及其可能结果的信念；（2）主体规范，即关于重要他人是否赞成这一行为的信念。因此，在任何一个特定场合中，态度能否引导行为取决于主体规范是否赞同行为，取决于主体规范或态度对于个体的重要性。从这一视角出发，如果一条说服性信息能够塑造个体对信息主题的信念，能够塑造个体对重要他人及社会团体如何考虑这一信息主题的信念，以及他们会如何对这一主题做出反应等的信念，那么这个说服性的信息就最有可能引发态度和行为的改变。

适时的不一致性。 无论微妙或强大，社会压力都不是能引发与态度不一致行为的唯一情境特征。不一致的行为可能也源于对所从事事物的全心投入，例如，设法在同一时间内做太多事情，或者只是为了急于达到某个目的而忽视了与态度相一致的行为。当本书作者之一所居住的那个小镇开始一项雄心勃勃的废物利用计划时，作为一个对废物利用持有强烈积极态度的坚定环保主义者，他最近十分高兴。小镇的每户居民都得到了一个用于放置旧报纸、金属罐和玻璃瓶的塑料容器，这一塑料容器每周会被清理一次。居民只需将这几类材料的垃圾从其他垃圾中分拣出来，并每周一次地把这一容器放到门外以供回收。多棒的想法啊！作者与他的家人立刻开始投入到了这一具有环保意识的行为中。成为一个尽责市民的感觉非常好。

然而，分拣和储存这些可回收物品会让人觉得厌烦，而且回收过程涉及许多细小的麻烦和一些时间、精力的付出。作者偶尔也未能从事废物利用行为：例如，他整个晚上都在做家务，并且在眼就要做完了，可以开始准备他第二天上午的新课时，他想起来他还不得不分拣和包装那些玻璃瓶、金属罐、塑料瓶、报纸、纸箱等等。"我已经疲惫不堪了　该死，这次就把它们全都放到同一个袋子中吧"。下一次，他就会更容易为自己为什么不做恰当的事情找到借口，为自己为什么总是不能把好意转变为"正确行为"找到托辞。

作者的这种态度—行为的不一致性，与在著名的旁观者干预研究中由研究者创设的时间压力所引发的不一致性类似；当然，在这一研究中，态度—行为的不一致性更富有戏剧性（Darley & Batson，1973）。在实验者的指示下，参与者从一座大楼走向另一座大楼，去那里录制一段演说，而演说的素材是他们在研究的第一阶段思考过的内容。参与者对自己穿过校园到达录音棚所花费时间的预期，是通过实验者的指导语得到系统化操纵的。研究者把参与者随机分为三组。对第一组参与者，研究者告诉他们，你们有足够的时间到达录音棚；对第二组参与者，则让他们相信需要加快速度，才可能准时到达那里；而第三者参与者则被告知，他们已经晚了，不得不匆忙地跑过去。在从一座大楼到下一座大楼的途中，每一个参与者都会从一个坐在门口、不断呻吟咳嗽、衣衫褴褛的人身边走过。这个明显需要帮助的人实际上是研究者的同谋。我们感兴趣的行为是，参与者是否会停下来帮这个人。在那些不着急的参与者中，有 63% 的人停下来帮助了那个人。相反，在那些"已经迟到"的参与者中，只有 10% 的人给予了帮助，而那些能够"准时到达"的参与者，在旁观者干预中处于中间位置（45% 的人给予了帮助）。

何时乐善好施者不再乐善好施。在你完全理解为什么我们为这一研究贴上"戏剧性"的标签前，你还需要知道关于研究结果的另外两点真相。首先，所有参与者都是普林斯顿神学院的学生，是一些你可以期望肯定会乐于助人的人——而不是那些大都市的冷酷居民。其次，这些神学院的学生所要演讲的内容是好心的撒马丽亚人这一寓言。在此寓言中，一个普通路人对路边一个受伤的人给予了帮助，而一名匆忙的牧师和一名利未人[1]却径自从那人身边走开。在研究的第一阶段，曾向参与者提醒了这一寓言；这一提醒类似于得到了一条有助于强化对处于困境中

1　利未人（Levite）：在圣经中，利未部落中非亚伦后裔，被选中去帮助祭司管理圣堂——译者注。

的人提供帮助这一积极态度的信息。但是，几乎所有匆忙的参与者都没有去帮助那个需要帮助的人；这样的行为明显有悖于他们的态度，显然有悖于实验情境中开始阶段引入的基本价值观。但匆忙和全神贯注确实能够导致这样的行为——即使是好心人也如此。

然而，在为这些神学院学生辩解时，我们还应注意到，在某种意义上这些学生表现出了一致性：他们迅速赶到录音棚是对实验者提供了帮助，而这种帮助正是他们在这一情境中的主要目标。参与者表现出一个神学院学生应有的行为，去帮助那个需要帮助的人；在这一行为背后，可能是两种助人行为之间的冲突，而不是个人的冷酷无情（Batson et al.，1978）。因此，个体对情境、目标的优先顺序和达到这些目标的方式的界定，在决定行为是遵循还是背离我们的态度、人格或价值观方面起了很大作用。

社会心理学的魅力在于，它关注情境与人的力量如何与我们通常所期待的他人态度——有时是我们自己态度——的行为表达之间进行互动。某一特定背景下的时间压力和重要他人是情境的两个组成成分，这两个成分能够征服态度的激活。当情境和情境中的人是新颖的或陌生的——与我们所熟悉的不一样时，它们同样也能够对我们进行控制。于是，无论态度还是习以为常的习惯和认知策略都无法发挥作用了。这时，我们就会对如何恰当地行动感到迷惑。当我们还没有完全明白在特定情境中什么是恰当的行为，而又希望做出恰当的行为时，我们中止了惯有的反应模式，容许情境中突出的线索来引导我们的行为。我们"遵从这一引导者"；我们服从征兆、规则和似乎为共识性的反应。

当态度屈从于行为：一致性的条件

如果像态度这样的内部状态是行为的唯一决定因素的话，对社会影响的理解可能就会简单很多，并且可能会令人厌烦。另一方面，除非态度有时确实能预测行为，否则我们不妨废除态度这一概念。在没有与行为发生实际关联的情况下，态度可能是毫无用处的。幸运的是，当态度具有某些特征时，它通常确实能够预测行为。明确地说，态度—行为一致性在以下几种情况中就是一种规则：（1）态度强烈并清晰时；（2）态度与当前情境所要求的行为相关联时；（3）态度和行为与态度系统中另一个相同成分（认知反应或情感反应）有紧密关联时；（4）态度对于个体非常重要时。对这些特征的进一步探讨将告诉我们，说服性沟通怎样以及在什么时候能够有效地改变态度和行为。

强烈而清晰的态度。 相对于通过启发法决策原则而产生的态度改变，经由系统信息分析而造成的态度改变倾向于更加稳定和持久。系统化的加工会产生更多的认知反应，而这些认知反应会使作为结果的态度"被仔细地思索过"并与信念、价值观和知识形成"紧密连接"。在需要一个对态度客体进行行为反应的情境中，相应的态度应该已经存在于头脑中了（因为已经建立了许多相关联的连接），同时应该清楚这一态度暗示了什么样的行为（因为这一态度被仔细地思索过）。只要反向的情境力量并不太强烈，就会产生与态度相一致性的行为。

支持这一推论的证据源于一项研究。在这一研究中，实验者通过变换信息的个人相关性，从而使一些参与者比其他参与者能够更加系统化地对信息进行分析（Leippe & Elkin，1987）。在实验中，参与者阅读到一条宣传大学政策（停车收费或强制性毕业考试）的信息；参与者被告知，这一政策可能会在明年（高个人相关性）或6年以后（低个人相关性）生效。在信息呈现后，参与者首先表达了对这一政策的态度；然后，在参与者认为这一实验已经结束时，被告知自己有机会以自愿写信的方式向制定这一政策的大学委员会表达他们的感受。就像以相同方法操纵个人关联性的其他研究一样，高个人相关性的参与者比低个人相关性的参与者对信息进行了更多的系统化思考。

大多数高个人相关性的参与者（74%）以与自己的态度相一致的方式行动；他们首先表示自愿给大学委员们写信，然后确实写了与他们在信息呈现后立刻表达的态度相一致的观点。相反，在那些认为此事与自己只有很低关联性的参与者中，只有21%的人以与自己的态度相一致的方式行动。

其他研究也表明，植根于系统思考的态度比那些肤浅的态度更加能够预测行为。一项以威斯康星大学学生为参与者的研究先测量了大学生关于环境保护的态度和知识（Kallgren & Wood，1986）。几周后，研究者对下列行为进行了观察：（1）参与者是否在一个支持环境保护的请愿书上签名；（2）他们参与一项新的废物利用计划的程度。研究发现，相关知识丰富的学生比相关知识匮乏的学生更倾向于以与他们先前所陈述态度相一致的方式行动。

也有研究表明，通过对态度客体或事件的直接经验形成的态度比通过间接方式形成的态度，对行为更具有预测力（Fazio & Zanna，1981）。这类研究的一个例子是，先分别以两种不同方式向参与者介绍5种类型的智力难题。一种方式是，允许参与者以通过解答这些难题的方式来直接体验难题；另一种方式是，参与者通过观看实验者描述智力难题以及相关解决方法的方式来间接体验难题。接着，通过让直接体验者和间接体验者评定每类智力难题的趣味性，来揭示他们对每类难题的态度。在评定之后，参与者有15分钟"自由娱乐"的时间，他们可以在这期间尝试解答自己所选择的智力难题类型。研究者观察了每个参与者尝试解答每类智力难题的次数，这种方法清晰地测量了指向态度客体（智力难题类型）的行为。对于那些通过直接体验而形成自己态度的参与者，态度预测了行为。一般来说，直接体验的参与者在那些他们最喜欢的智力难题上的尝试次数最多；而对他们最不喜欢的智力难题的尝试次数最少。相反，对于那些通过间接体验而形成态度的参与者，态度与行为之间的一致性很小。

直接经验的影响并不局限于解决智力难题上。对于那些花费很多时间与抽烟者在一起的青少年，他们对抽烟的态度能够更好地预测他们开始抽烟的意向（Sherman et al.，1982）。同时这一关系还应扩展到行为上，因为意向常常引导行为（见图5.4）。类似地，对于那些有过母乳喂养经历的母亲，对母乳喂养的态度能够更好地预测她们是采取母乳喂养还是人工喂养（Manstead et al.，1983）。

为什么对态度客体的直接经验能够产生如此巨大的差异呢？主要原因似乎是，基于直接经验的态度比基于间接经验的态度更加强烈和清晰。通过对态度客体的直接体验，我们能够更加了解态度客体；最重要的是，我们对态度客体的了解与我们应该如何行动，以及行动的结果是什么有直接的关系（Fazio & Zanna，1981）。相对于仅仅被动地接触情境的信息特征，个人经验还倾向于涉及更多的情感卷入。与这类知识相关联的态度将是行为的一个明确向导。

这些发现对说服性信息有什么意义呢？首先，因为说服性信息主要来自间接的信息源，这阻碍了信息引发态度改变进而转变为行为的效能（请注意，与诸如角色扮演或认知失调性短文撰写等自我说服过程相比较，源于间接信息源的信息其效能相形见绌。尽管角色扮演并不真实，但它比被动地聆听更加接近于直接经验）。其次，效能受阻的原因也同时提供了改进信息效能的途径。信息的构建应该有利于受众以生动具体的形象来思考问题或态度客体，这些生动具体的形象应该对行为有明确的意义。

这就是电视商业广告常常采用使观众"身临其境"的意象的原因。有不少你所熟悉的行为意象：想象一下你在地中海俱乐部的假日；坐在一部性能优良的汽车后座上时，感受着"精美的科林斯皮革"，体验平稳的行驶（从驾驶员视角拍摄的镜头）。关于酒后驾车的公益广告可能会涉及一系列的行为：把你的车钥匙拿给酒吧的男招待，让他为你叫一辆出租车，然后出租车将你安全舒适地送回家。这样，你就会懂得，这种负责任的行为并不像看上去的那样困难和令人难堪。

　　一旦极富创意的广告人创造了这类行为意象，视频媒体就具有让观众替代性地体验感兴趣产品的能力，这正是视频媒体的巨大优势。然而，发挥视频媒体优势的底线是，当个体接触到态度客体时能够自动激活强烈而清晰的态度（Fazio，1990）。这是获得态度—行为一致性的关键。在态度能够引导行为之前，态度必须能够从记忆中被提取出来，并且能赋予个体关于如何行动的清晰线索。如果态度客体不能够激活强烈而清晰的态度，那么就为情境因素对行为产生更大影响打开了方便之门。

相互关联的态度。态度客体本身常常出现在一个复杂情境中。因此，某一态度的激活可能伴随着对同一情境中其他客体或事件的多种态度的激活。换句话说，复杂情境可能会激活复杂的评判，从而阻止某一特定态度向特定行为的直接转变。例如，一个业主对高质量的公共教育和把大量财产税投入到公共教育领域持有积极的态度；但是，他仍然可能投票反对某一教育预算的提案，因为这一提案涉及大幅度提高财产税。这是一个态度—行为的不一致性的突出例子吗？在一定意义上说，是这样的。另一方面，这个例子可能还涉及其他态度和信念。这个业主的反对票可能是基于对当地学区的行政部门和教育董事会的消极态度；基于这样一种信念，即教育税的增加主要有利于教育管理部门，而这些部门的机构过于庞大并且得到了过多地投入；或者基于这样一种信念，税收的大幅度提高对于个人而言是个很大的经济负担。因此，上述行为可能涉及大量相冲突的态度和信念。对行为有最大影响的态度，通常是在要有行为反应的情境中最重要或者最突出的（最充分被激活的）态度。

　　同时，与这类行为有特定关联的态度，对行为会有更大影响（Ajzen & Fishbein，1980）。概括化的态度（"我赞同由地方税收支持的高质量公共教育"）倾向于预测在许多场合下人们一般会如何行动。而特定的态度（"我反对奥克兰公立学校的财政预算"）则预测特定的行为——在这一例子中，可能是对那个特定预算的表决，或至少是在当地学校董事会上反对这一预算的发言。因此，当试图劝说人们形成一个特定的态度并按态度行动时，说服性沟通者的论证需要直接陈述特定问题或客体的价值，以及明确推崇的行为。

基于情感的态度与基于认知的态度。正如我们在第1章中所讨论的态度系统这一概念那样，态度既以情感为基础，又以认知为基础，而后者涉及信念和知识。正如你可能期盼的那样，某些态度包含着一个特别有力的情绪成分。例如，一个体育迷对当地运动队的忠诚，可能主要是一种情绪上的依恋，而几乎没有认知性的"合理化"。而另外一些态度则主要基于"无情感的"认知和信念。你喜欢一门课程不是因为它"让你变得兴奋"，而是因为你相信这门课程为你提供了达到你个人的重要目标所需要的基本知识和经验。

一种成分（情感或者认知）可能是某一特定态度的支配性基础（Millar & Tesser，1986）。这有助于解释广告界中的某些神奇之处。通过富有感染力并令人难忘的商业广告，产品可能也变得更受公众喜欢，但在销售上却没有获得更大利润。Alka-Seltzer 消食片的广告便是一个例证。在 1970 年代早期，几个有关泡腾片的有趣而吸引人的商业广告大量地出现在了电视广播中。广告中包括了一些带有令人难忘的广告语，例如在一个可怜的家伙吃完了一整个比萨饼或一整盒巧克力的镜头中出现的广告语："我不敢相信我居然把所有的东西都吃掉了"。同样还有"扑通、扑通、扑哧、扑哧，哦，让人感到多么的轻松啊！"实际上，这些广告语在一段时间内变成了一种流行的表达。公众喜欢这些广告，并且报告了对这一产品的积极印象。然而，Alka-Seltzer 消食片的销售额在整个 1970 年代都在下降（Kahn，1987）。为什么呢？

部分原因在于，这是有关态度和行为（购买）分别与产品的态度系统中不同成分发生联系的一个经典案例。消费者对 Alka-Seltzer 消食片有一个积极意象，这一积极意象主要由好感构成；而这种好感本身源于令人愉悦的广告和极其熟悉的品牌名称。然而，消费者的购买习惯则更多地基于认知性的考虑，即哪种溴化物对他们偶尔不适的肠胃来说是最有效的。新产品似乎是"新近开发的"；并且广告定位于导致肠胃不适的更时髦的病因上（日常压力而不是饮食过量）；这样，这一新产品更加被视为对药品的一个理性选择。于是，引导购买行为的态度是基于与购买决策最相关的一个因素：这一新产品是当今健康问题的最佳产品。广告中设定的过分进食情节，可能让人们为自己过去的过度放纵而感到内疚或尴尬。

如果这样，那么广告中对那些可怜家伙的嘲笑会激发起一种消极的个人情绪，这种个人情绪可能会把 Alka-Seltzer 消食片与令人不快的情感联系起来。在近几年里，Alka-Seltzer 消食片的广告设计师已经明白了这一点。因此，他们新近的广告强调的是，现代生活方式的压力和偶尔的暴食。

信息生产者的一种更高的境界是，信息应该涉及并鼓励与态度成分相关联的认知反应，这些态度成分应该是与行为有最大关联的。如果行为基于信念和可得信息，那么就应该提供理性思考或者让受众自己产生理性思考。如果情感很重要，那么就关注情感。

人们对自己关注的问题的态度。显然，人们更倾向于对具有个人重要性或个人相关性的信息，而不是几乎与个人无关的信息，进行系统化的思考。通过思考而形成的态度可能更加强烈，并更有可能转变为与之相一致的行为。有趣的是，信息的个人重要性可能会增强态度—行为一致性，即使这种个人重要性与更强烈或更丰富的态度无关。一项在密歇根州立大学进行的研究，考察了大学生对一项1978年提案的态度在多大程度上预测了他们会打电话力劝人们投票反对这一提案的意愿；这一提案内容是要求把密歇根州合法饮酒年龄提高到21岁（Sivacek & Crano，1982）。毫不奇怪，样本中的大多数学生（85%）都反对这一提案。但根据其反对的态度而采取行动的意愿，则在很多程度上取决于这一提案是否会给大学生自己带来不方便。在法律生效时已经年满21岁的反对者中，只有很少一部分（约12%）愿意打电话。相反，那些在法律生效时还不足19岁并因此要多"忍受"2年或者更长时间的反对者中，有47%的人愿意打电话。

人们根据他们自己对问题的态度来行动，有时不管是什么问题。如果问题不是那么重要，那么情境因素，例如时间压力（"我这周有比打电话更重要的事做"）和其他相关态度和情感（"我认为给一个陌生人打电话会让人很尴尬"），就会发挥更大作用。聪明的信息生产者会强调当前态度的个人关联性。

对说服的奖赏来之不易

现在，我们达到了最终的说服——符合说服者意愿且有意义的行为改变。成功地达到这一目的并不容易，这就是为什么聪明的影响者常常会选择一些顺从技巧，例如我们曾经在第2章和第3章中讨论过的那些技巧，以尽力完全绕过态度系统（至少在最初是这样）的原因。但是说服有它应得的特殊回报，特别是对新信息或新观点进行了系统化的心理加工时更是如此。这种积极思考会导致信念改变和认知重构，而通过信念改变和认知重构可以使新的态度铭记于心。当这种内化发生时，这一新的态度有望被持久地保持并且表现在未来的行为中。此时，通过说服所获得的不再是一个单一行为或者单一态度反应。相反，个体已经发生了根本性的改变。尽管我们使用了一些广告事例来说明我们的基本观点，但是你应该意识到，你灵魂深处的态度——这些态度共同构成了你的自我同一性（self-identity）的一部分——来自你的家庭、学校、朋友群体和社会中的说服性沟通。

一旦形成了强烈的态度，这些态度就会引导你思考和感受日常生活的方方面面，指导你的日常行为；此时，态度还有另外的一个功能。态度帮助你抵御各种外部影响压力使你不会有相反的想法和不同的感受，不会以反态度的方式去行动。因此，态度为我们提供了一个"心理缓冲区"，从而帮助我们抵御由新信息和施加在我们身上的顺从技巧所带来的观念动摇。尽管抵御不受欢迎的影响是强烈态度的一个理想目标，然而，强烈的态度也有其消极面；它让我们变得顽固、认知僵化和不愿意考虑新的有效信息。在极端情况下，还会导致独断，使我们只通过已被过滤了的狭窄态度系统来知觉这个世界；而当时代潮流是积极而健康时，这一态度系统不会"与时俱进"或"随波逐流"。我们下一章的关注点，是一个对影响者作为社会影响潜在目标的每个人都非常重要的问题。为什么有些人能够抵御影响，而另一些人却非常容易受到影响？他们是如何抵御影响和被影响的？我们将考察说服的阴阳两面性：抵御影响和接受影响。

小　结

本章主要强调了促进说服的后两个阶段的心理因素，这两个阶段分别是：（1）态度改变的保持；（2）新态度转变为行为。这两个阶段都需要形成强烈、明确和极端的态度。我们考察了在信息呈现过程中达到这一目标的方法，描述了态度如何随时间流逝而发生改变，并且探讨了已有态度和强大情境力量在引发行为改变上的较量。

- 信息的重复呈现为信息的曝光、注意、理解和接纳提供了更多的机会；而曝光、注意、理解和接纳是态度改变所必需的四个阶段。重复同样也有助于形成极端和强烈的态度反应。

- 重复效应在"单纯曝光"研究中得到了证实。那些中性刺激或最初只是略微被人喜欢的刺激，随着呈现次数的增加而变得更加受人喜爱。对于大多数事物，熟悉度越高，就越具有吸引力。然而，最初不被喜欢的刺激随着曝光的增强会变得更加不受人喜爱。

- 从略微喜欢或讨厌到非常喜欢或非常讨厌的两极化，反映了评价一致性原则。我们按照一致性的方式进行思考：对刺激的最初认知反应引导着进一步的思考；因此，（对新呈现刺激的）新认知反应与先前认知反应有着相同的评价基调。先通过引发积极情感，然后通过重复或者其他方式促进更进一步思考，可以形成强烈的积极态度。

- 只要复杂信息具有令人信服的论据，那么重复对复杂信息的作用就像其对简单刺激的作用一样。但是，如果受众的一致性思考减少，那么过度的重复可能会导致说服的衰退。同样，厌恶感或重复的被控制感可能会使重复的效果消失。

- 除了可以形成强烈和极端的态度之外，信息的重复呈现还有助于态度的保持。对似是而非的论证信息进行持续思考，能够导致信息与记忆中的信念和知识形成更强的联结，从而使未来对信息的提取变得更加容易。

- 使用那些旨在对信息和事件进行系统化分析的技巧，可以增强说服的保持。主动而周密的思考能够使记忆中的态度和信念产生紧密联系，进而形成相互关联的态度系统。因此，个人关联性能够促进对信息的系统分析；通过自我说服或对信息的系统分析而形成的态度比通过被动或启发法加工过程而形成的态度能够更好地被保持。

- 态度与作为态度基础的信息及认知反应，在记忆中可能是分开存储的。这有助于解释睡眠者效应；睡眠者效应是指引人注目的信息其说服效果的延迟增强。

- 如果在呈现正方信息后接着呈现反方信息，并且要求参与者立刻表达对信息的态度，那么，在头脑中更为鲜明的第二条信息可能更具说服力：近因效应。如果直到未来的某个时候才要求参与者表达态度，那么第一条信息就具有更大的影响力：首因效应。这是因为第一条信息建立了第一印象，而第一印象能够指导未来的思考。

- 新的态度可能会被保持下来，但它不一定就能转变成行为。情境因素可能阻碍这一转变。即使陌生人也能够引发与个体更好地判断相对立的从众和服从。主体规范——有关标准行为方式的信念，这种信念是——更有可能征服态度。时间压力和情境的奇异性也会对态度的惯常行为表达产生干扰。

- 尽管存在着情境性力量，态度在特定情形中确实能够引导行为。在此，态度必须是强烈而清晰的，并因此能够在相关情境中被自动激活。这种态度必须有一个牢固的知识基础并通过系统化的加工而形成，或者是通过直接体验态度客体而形成的。

- 态度—行为一致性的第二个条件是，态度与当前的行为有关联。情境激活许多态度；最特定的态度对特定的行为产生最大的影响。态度—行为一致性的第三个条件是，态度和行为应该与态度系统中另一个相同成分相关联。基于情绪的态度可能无法引导那些认知的和理性的行为决策，但的确能够引导情绪性行为。最后，人们以与其在重要问题上的态度相一致的方式来行动。

问题与练习

1. 一个朋友告诉你："对于那些Beebop牌运动鞋的广告，我看得越多我就越讨厌它们"。这一消极曝光效应是如何产生的呢？从重复效应研究与理论的角度对你这个朋友的反应进行分析，并思考Beebop牌运动鞋的厂商应该如何来改变这一状况，代之以"熟悉产生喜爱"。

2. 就像直接体验态度客体那样，通过撰写短文进行自我说服能够形成一种强烈的新态度，而这一新态度能够引导人们的行为。现在你唯一的影响工具就是说服性信息。你应如何构建和传递说服性信息，从而（通过改变你的受众）发挥自我说服和直接体验的效用呢？

3. 琼斯教授在政治上是一个自由主义者，因此，她所在学校的那些保守学生认为，她的观点不太具有说服性。但是她关于社会改革有一些她自己的观点，她希望这些学生能够接纳并记住这些观点，因为这些学生将在未来社会中扮演有影响力的社会角色。她知道，只要这些观点没有与她自由主义者的形象混为一体的话，那么学生们可能会喜欢这些观点。请根据睡眠者效应和评价一致性原则，为琼斯教授提供一些策略。

4. 根据在这一章所学的新知识，对你（在前一章的练习中）所设计的一个有效献血活动进行分析，指出如何克服阻碍把态度转变为行为的因素，并设法让献血者的态度保持不变。

第 **6** 章

影响的拒与受：说服的阴阳面

❖

回想我们目前为止走过的道路，你会意识到一种微妙的矛盾。一方面，我们一直认为人类是非常温顺的动物，只要稍微督促就足以使人们支持那些有悖于他们个人态度的立场。如果这种督促过于微弱，以致人们认为自己自主地做出支持的决定，那么他们的个人态度就会跟着自己公开的行为方向改变。人们也会服从实验者的命令去惩罚他人，改变自己对知觉现实的判断以顺从不正确的多数派，让自己被所谓的专家说服——即使专家提出的论据缺乏说服力。此外还有无数的消费者购买了广告中的商品，即使这些商品他们根本不需要、买不起或者会危害他们的健康或安全。另外，美国约有数千个邪教组织，每天都有人加入这些邪教。这些人都是影响者唾手可得的对象。

另一方面，我们也注意到，说服的信息（甚至有力的信息）经常毫无效力。人们往往忽视那些他们感到会挑战自己信念的信息，如果无法忽视就进行反驳，如果无法反驳还可能加以歪曲。这就像你不可能让老顽固养成新习惯一样。而且，总有相当的少数派能够抵制来自地位、权力和多数派影响的巨大社会压力。即使在面对诸如米尔格拉姆服从研究中那种精心策划的强大情境压力时，许多人仍能抵制这种影响。

因此，人们对影响企图的反应差别很大，从顽强抵抗（宁愿为了自己的信念而受苦或牺牲）到轻信和盲从（使人几乎易受任何改变思想和行为的企图的左右）。本章我们将探讨在说服所致改变的连续体上的两个对立极端，尤其关注不惜任何代价拒绝接受说服的那些人和非常容易接受说服的那些人。首先，我们将考察抵制影响背后的动机和思考的心理过程。然后，我们将讨论怎样才能克服抵制——何种影响技巧能成功说服封闭或顽固的心理。最后，我们将讨论一些太容易受到影响的反例，以及必要时能加强抵制的那些因素。

在讲述这些极端反应者的知识之前，先提醒一句。乍一看，似乎做一个抵制者是有价值的，而做一个顺从者则存在危险，抵制与服从就好像好坏对立连续体的两端。但实际情况并不总是这样。只有对非法的权威、破坏性的邪教、危险的同伴群体、奸诈的商人、虚假的广告以及生活中形形色色的其他类似事物的抵制，这类社会影响令人讨厌、不受欢迎，这样的抵制才是有益的。但是，如果抵制表现为不听从医师的专业建议，或者拒绝停止不安全、不健康的行为或种族偏见，那么抵制的价值就消失了。抵制的一种表现可能是，一个顽固、武断、思想封闭的人把各种积极和消极的社会影响统统拒之于门外。我们必须做出价值判断，这种抵制一切的心态无论对于个人还是社会都是无益的。当影响来自被社会所接纳并以我们的最大利益为出发点的那些人，例如积极响应的父母和老师以及其他可信赖的榜样时，对影响的易感性也未尝不是一件好事。

顽固的头脑：抵制和选择性遵从

现实生活中，一种更沮丧的体验是失败的说服，尤其是当你确信自己是正确的，而对方仍然不接受甚至无视你的观点。逻辑、数据和现实——所有的一切都不能打动这个你拼命想要教化的人。这不禁使你怀疑，你的这个朋友、孩子或者学生是否除了天上轰隆隆的雷声之外已听不见任何声音——而且只有在这个雷声伴随着一道闪电时才能听见。的确，当人们的个人同一性、习惯的生活方式或者社会联系感与他们对特定问题的立场有着密切的关系时，他们对这些直接涉及个人的问题一般是非常固执的（Krosnick, 1988）。例如，对于反对堕胎的积极分子，他们关于堕胎的观点比他们对每小时 90 公里限速的看法更不可能改变。没有什么论证过程能让基督教的原教旨主义者相信进化是"上帝的工具"，可是逻辑推理却可以使同样的这些人相信美国的燃油税应该增加。卷入的根源与多样性，以及卷入如何影响对说服信息的思考，是理解为什么一些态度即使在相反观点更具有说服力时仍然难以改变的关键。

在考察卷入对抵制说服的作用前，我们必须阐述一个重要的论点：即使是那些关于与自己无关的、未卷入的事物或问题的态度，也有可能深深地蚀刻在心灵深处。了解这一看似奇特的事实是非常有益的，因为对细微态度改变的抵制反映了其背后的最基本心理机制，即所谓的信念与态度的坚定。对态度改变的抗逆始于认知结构，而态度及其所支撑的信念是嵌入在该认知结构中的。

结构的效力：坚定性的认知基础

在一个有趣的类比中，格林沃尔德（Greenwald，1980）把人类心理比喻成一个极权主义国家。在格林沃尔德看来，我们拥有一个"极权主义的自我"。这个比喻的一个重要依据是：就像非民主的极权主义政府抵制社会和政治的变革一样，人们抵制认知改变。极权主义政府扭曲事实和篡改历史以使其符合"自己的政策方针"。同样，人的心理会对信息进行选择和解释，使其与自己已有的信念和态度相符合；甚至会"篡改"记忆，以便使过去的行为和思想与现在和预期的行为相一致。人是"认知保守主义者"，因为他们拒绝改变自己关于外界客体的思想和评价。当然，这一断言也适用于我们在前几章中描述的一些心理过程，例如，对与态度相一致信息的选择性注意，把模棱两可的证据按照与自己态度相一致的方式来解释，以及认知失调的降低。这里要补充非常重要的一点：这种保守主义的力量要远远大于到目前为止我们对它的了解；同时，保守主义并不需要意图和愿望（例如对一致性的需要和维持积极自我意象价值的需要）的支持。我们态度结构的心理指向效应（mind-directing effect）足以构成了坚定性。一些研究的例证很好地说明了这一点。

寻找，你就会有答案（你自始至终相信的事物）。尽管良好意图是客观的，人们还是倾向于以一种有利于证实他们自己关于事物的信念或"工作假设"的方式来收集信息。这一原理最早是在一项关于人们如何检验他们关于他人人格特征的启发法的研究中（Snyder & Swann，1978）得到证实的。该研究让一群女大学生对一个人进行访谈，目的是为了确认这个人是否具有某一特定人格特质。研究者对其中一半女大学生说，这个被访谈者可能具有外向型人格特质；而告诉另一半女大学生，这个被访谈者可能具有内向型人格特质。研究者给每个女大学生一个包含26个问题的清单，要求她们从中选择12个问题向被访谈者提问。在这个问题清单中，一些问题事先已被鉴定为适用于提问已知具有外向型人格特质的人，例如：如果你想使一个聚会的气氛活跃起来，你会怎么做？另一些问题则被认为是适用于已知具有内向型性格的人，例如：什么因素使你难以向人敞开心扉？

访谈者会采用哪些问题呢？研究发现，她们非常频繁地选择了那些已经蕴含了她们的假设的问题，即那些能得到她们所期望的结果的问题。那些检验"被访谈者具有外向型特质"假设的女大学生，主要使用了那些适用于向外向者提问的问题；而那些检验"被访谈者具有内向型特质"假设的女大学生，则更多地选择了那些适用于向内向者提问的问题。

这当然不是检验假设的好方法。如果你怀疑某人具有内向特质，又向这个人提一些旨在证实这种怀疑的问题，你所诱导出的答案当然就会证实你的假设——即使你的假设是错误的。例如，设想一下，一个外向的年轻女性会如何回答这个问题：什么因素导致你难以向人打开心扉？尽管她可能是外向的，但她也无疑会经历过一些难以倾吐心声的情境。因此，她会努力给出一个深思熟虑的回答。她可能会回答"嗯，我在父母的同龄人面前有一点拘谨，而且，一旦我和某个人的关系开始变得紧张起来，我就很难再向这个人倾吐心声"，或者诸如此类的话。仔细琢磨一下这个回答，它是表示内向，还是外向呢？并不能肯定；至少如果听者没有先入之见的话，是不能肯定的。但是，如果你早就猜想她是一个内向的人，这个回答就会成为证实你的猜想的证据（"啊哈，在她退缩本性后面原来存在这些与亲密关系有关的问题和父母权威的印记"）。而且，无论如何，这个答案也不会给出任何符合她实际上是个外向的人的线索——这与你所相信的刚好相反。

社会心理学家把这种可以确保得到信念—支持的答案的提问方式称为确认策略（confirmatory strategy）。这种策略并非有意识地扭曲事实。其根源是信念（或态度、假设）引导和组织思想的作用。信念自然地会给大脑提供正面例子——与信念相一致的行为。因为在一个人的思想和记忆中有很多这样的例子，所以这些例子也就成为他提问的目标。信念的这种直接影响进一步得到一种自然但却错误的倾向的支持，即把正面例子当成一种特质或一种关系的充分证据（Crocker，1981）。例如，少数内向行为或许就被作为内向人格特质的"证据"。但是，真正的证据同样要求知道负面例子的相对频率，对于上述研究，负面例子是指非内向的或外向的行为。确认任何假设都要有关于该假设被否认、不适合或不被支持的频率的证据。关于什么是"证明"一个人的假设所必需的条件这一简单事实，却常常被忽视。

所以，在收集与自己的信念有关的新证据时我们形成了一种常态偏差，这种偏差助长了我们刚刚讨论过的确认策略。你可能会回想起，人们有选择性地注意支持性信息的习惯，以及在社会比较中一般总是寻找与自己相类似的他人的习惯——这些习惯同样也会导致对他们信念和态度的正确性的确认，而不是对他们信念和态度的正确性的否认。

记忆（对当前信念）的作用。另一项在明尼苏达大学马克•斯奈德实验室进行的研究表明，确认策略不仅可以起前摄作用，还会发生倒摄作用，即当前信念能够影响人们的记忆（Snyder & Uranowitz，1978）。在实验中，先让大学生们阅读一个名叫贝蒂的年轻女子的传记，该传记概述了贝蒂从童年直到她早期作为一个医学专家的经历。一周后，告诉一些参与者，贝蒂是一个异性恋者，而对另一些参与者说，贝迪最后成了一个同性恋者。然后，要求所有参与者报告他们能回忆起的传记内容。报告是通过一份详细的问卷来完成的，该问卷是专门编制的，旨在测量参与者对那些可以解释为与贝蒂最终的性取向有关的传记信息的记忆。

毫无疑问，与那些相信贝蒂是个已婚的异性恋者的参与者相比，那些相信贝蒂是一个与另一女性同居的同性恋者的参与者，回忆出了更多与人们对同性恋者早期经历的刻板印象一致的传记信息。新的信念引导了他们的记忆搜索，使参与者自以为是地认为："噢，以我对贝蒂的童年和青年生活的了解，我并不奇怪她是个同性恋者。"然而，对于同一部传记，那

如果确认策略盛行，治疗师就根本不会发现任何反面的证据。（治疗师的本子上写着：果然是十足的精神病）

些相信贝蒂是异性恋的参与者，却几乎没有回忆出有关贝蒂是一个同性恋者的证据。这个研究也让我们意识到，"过去"并不是一个固定的、无法改变的事件系列，我们经常依据我们的信念和价值对记忆进行主观解释和重构。

向前一步，请质疑我的数据（我有更多的数据）。 最后，我们再来看一个极为惹人注目的"认知保守倾向"的例子。认知保守倾向是指，即使导致某种信念的信息被证明是完全不可信的，人们仍然会墨守这一信念——而且可能正是那个最初提供这一信息的人在死死坚守。在斯坦福大学所进行的一系列实验中，证明了如此奇异的坚守（Anderson et al.，1980；Ross et al.，1975；Ross & Anderson，1980）。研究者首先让在校本科生阅读一些虚构的信息，对于一部分参与者，这些信息清楚地表明，敢于冒险的人成了优秀的消防员；而对于另一部分参与者，这些信息清楚地表明，敢于冒险的人成了不合格的消防员。敢于冒险与消防员的这两种不同关系，在直觉上都是令人信服的。因此，一点也不奇怪，参与者都会认为他们所阅读的信息是令人信服的，而且很容易地完成了下一项任务，即对他们在这些信息中所"发现"的关系进行解释并写下来。

实验越来越有趣。接下来，实验者要求参与者忘记他们所读到的信息。参与者被告知，消防员的故事和给他们阅读的信息事实上完全都是虚构的，他们刚好被随机分配去接受了两种恰好相反的信息；而且，实验者也不知道灭火的勇气和冒险的真实联系。对于欺骗了大家，实验者表示非常抱歉；实验者还告诉参与者，他只是运用这些虚构的信息来研究其他一些心理过程。猜猜结果会怎样？这种彻底的不可信，的确弱化了参与者对自己所发现的关系的信念——但仅仅是减弱了一点点而已。尽管不可信，原有信念还是保持了下来：那些最初看了关于敢于冒险的人成了优秀消防员的证据的参与者，继续相信敢于冒险的人会成为优秀消防员；那些看了相反的证据的参与者，也继续相信他们所看到的。在解释所发现的关系时，参与者似乎编造了各种支持这一关系的原因和理论（请回忆第 5 章所谈到的"思考如何倾向于服从一致性认知"）。信念现在有了"受欢迎的内部支持"的广泛基础，因此，当最初引发这一信念的"外部证据"现在已经不再可信时，这一信念仍然能得以保持。

正如西奥迪尼（Cialdini，1988）所指出的，上述研究的结论是信念和态度"长出了自己的腿"。如果通过某种影响或教育使个体在某个问题上采纳了一种新的信念或态度，他就不大可能很客观地看待该问题。对现实的解释、回忆和检验等活动都将得出支持个体立场的证据，并使得这些证据越来越强有力；甚至当最初赖以支持的证据被遗忘、被反面证据或相反的说服性信息所抹杀时，该信念也能得以保持。这仅仅是由心理及其认知结构的通常活动方式所导致的，并没有特殊的防御性动机。

卷入状态：抵制说服和接纳说服的动机基础

我们已经看到，由于人们信息加工方式的认知特征，态度与信念可以靠自己的力量得以保持。现在让我们来考察一下动机如何影响对说服的抵制。在不考虑受众的具体动机的前提下，第4章和第5章对说服进行了相当充分的讨论。我们已经看到了保持我们最初观点的一般动机，这一动机可能通常是源于我们对保持一致和正确感的渴望。因此，我们对信息的最初赞同或反对，会影响到我们对信息的注意程度和我们对信息的解释方式（Zanna，1990）。我们也看到，对信息进行系统加工的程度，部分地取决于信息涉及的问题是否与个人具有关联性。如果与个人有关联性，个体就有可能对信息进行系统分析；如果与个体无关联性，个体就会使用基于经验的启发法规则。然而，这种一般原则忽视了两个事实：（1）信息与个人产生关联的原因可能各不相同；（2）产生关联的特定原因影响到个体对信息的思考方式。

假设有两个年轻男子：杰夫和托尼，去参加一个由犯罪和人权领域的名家主讲的关于枪支控制的讲座。在演讲过程中，专家提出了强有力的论据来支持严格的枪支控制法，根据该法律，公民私人持有手枪或某些种类的自动步枪是违法的。专家指出，与实行严格的枪支控制法的国家相比，美国每年死于枪击的人数是惊人的。然后，专家列举了事实加以说明，例如在1985年，加拿大每500万人中有一人死于枪击，在英国这个比例是700万分之一，在日本则是每260万分之一，而在美国每2.8万人中就有一人死于枪击（Church，1989）。同时，专家还认为，没有任何理由把枪支作为娱乐工具，例如AK-47，一种半自动进攻性武器，就曾被用于疯狂袭击一个满是儿童的操场和一个自动售货商店；大多数城市的警方负责人都支持枪支控制；而且，宪法所规定的配备武器的权利并不适用于所有的武器。

杰夫和托尼都反对枪支控制。然而听完讲座后，杰夫有一点动摇了。至少，他愿意看到禁止私人买卖某些枪支（如AK-47），也愿意支持一项要求延长购买和得到枪支之间的等待期的联邦法律。相反，托尼仍然坚决地反对任何形式的枪支控制。这两个人之间存在什么不同呢？

他们在该问题上的卷入程度并无差异，两个人都认为枪支控制问题与自己关联很大，也都充满兴趣地听完了讲座。而且他们都对演讲者的信息给予了充分的注意，并系统地分析了专家的论点。这些特点都是态度卷入的核心特征。如果满足下列条件：（1）这一问题在某些方面与个体本人有关联；（2）当遇到与该问题相关的信息时，他愿意对该问题进行积极的思考，我们说这个人在一定程度上已经被卷入到这个态度客体中了。

杰夫和托尼的不同之处可能在于他们高度卷入的基础。正如前面所说，信息与个人产生关联的原因可能各不相同。因此，引导个体去思考信息的有意识或无意识的目的不仅因人而异，也因主题而异。枪支控制之所以与杰夫有关联是因为，他认为这一问题的关键在于不限制宪法赋予的自由的同时如何控制暴力这个当前重要的社会困境。杰夫主要是根据自己在枪支、犯罪、人权等方面积累的知识，试图找出一种与他所掌握的知识相一致的对待枪支控制的态度。另一方面，和杰夫相比，托尼与枪支控制产生关联的基础是完全不同的。作为国家步枪协会（National Rifle Association）的一名老会员，托尼坚信宪法所保证的个人权利。对托尼来说，私人拥有枪支是自由的象征，而自由是托尼世界观中的最大价值目标。此外，托尼喜欢打猎，还是一个猎狩俱乐部的成员。托尼的所有好朋友都赞同托尼的观点，他们骄傲地在他们的汽车保险杠上贴上国家步枪协会的标签。在获得关于枪支控制的信息时，托尼的第一个冲动是去征集支持，从而巩固他自己反对枪支控制的既定立场；如果有必要的话，他会就这一立场进行示威活动。

这里，在思考演讲者的说服信息时，这两个人所寻求的目标是完全不同的。他们的不同目标又是以两种不同的动机为基础的。杰夫具有建构性动机（construction motive）（Fazio，1979；Leippe & Elkin，1987），虽然反对枪支控制，但杰夫并不死守这一立场。他的目标是寻求一种以信息为基础的态度，一旦新信息被认为比他现有信息更有说服力，他将改变或者"重新建构"他的态度。换句话说，面对来自拥有有力证据的可信赖的沟通者的信息，杰夫相对比较开放。而托尼并不这样。面对新的信息，他相当的保守。而且，他会捍卫或"确认"自己在这一问题上的既定立场。对于这种特定态度，托尼具有一种确认动机（validation motive）。

在有关手枪控制立法的听证会上，可以断言那些带着自己已有态度而来的听众不会被赞成枪
支控制的言论所说服。

建构性动机卷入的相对开放性。 在一些实验研究中，通过告知信息接收者信息所
表达的内容将很快生效并直接影响到他们的个人生活，从而造成了一种信息与个
人的关联感。大学生们获知，在毕业之前，他们所在大学的管理部门会举行强制
性的毕业考试、收取停车费，或实行针对他们的其他新规矩。正如我们所知道
的，与那些对个人很遥远的信息相比，人们对这种或多或少对个人有直接意义的
信息会进行更仔细和更系统的审查（Petty & Cacioppo，1986）。在与个人相关联
的问题上，人们因强有力的信息而更多地改变相应的态度；而对微弱的信息，则
更可能不予理睬。

这种对信息品质的敏感性，尤其是对强有力的信息做出的积极态度改变，不
仅表明对信息的系统思考，也表明了客观地思考该问题的意愿。为什么不呢？研
究中所采用的问题（例如，有关阅读理解的毕业考试）先前极少被人们所考虑，
因此信息接受者不可能已经存在一种关于这一问题的解决会如何与自己的生活和
价值观相关联的意识。（如：毕业考试会对我有实际好处吗？它符合我的人生哲
学吗？符合我的生活方式吗？）在得知这一问题确实与他们在不远将来的个人出
路有关，那么信息接收者会寻找这些问题的客观答案。简言之，他们有了采纳正
确态度的动机，因为正确的态度能最好地反映当前现实。因此，毫不奇怪，当卷

入建立在人们刚刚认识到信息中的议题与结果有关的基础之上时，人们就会进行系统且相当客观的思考（Johnson & Eagly，1989）。

然而，建构性动机，或者说对信息的开放性，并不能保证完全的客观性。的确，考虑到我们先前信念与态度以及当前目标以微妙的方式影响我们对信息的理解和思考，作为一种心理状态，完全的客观是不可能的。当目标是寻求一种正确的态度，并且人们是开放的——正如在我们刚刚讨论过的结果关联性卷入的案例中——保持客观性的可能性是最高的。但是，即使人们可能对某一信息相对开放，其他的个人目标也会干扰态度的正确性。这些目标也许会影响到对信息的思考方式，从而导致客观性的丧失，导致形成那些能够更好地达到目标的观念。个人的一个目标是得到社会认可，或者他人如何看待自己的态度反应方式，而这一目标可能助长了这种"有偏差的开放性"（Zimbardo，1960）。当我们希望自己对信息所涉及问题的态度能给公众留下积极印象时，由于信息的印象关联性，我们就卷入到了信息中（Johnson & Eagly，1989）。

一项研究证实了印象关联性卷入（impression-relevant involvement）的作用（Leippe & Elkin，1987）。研究发现，在聆听了一段强有力的信息后，那些期待与一个立场不明的教授讨论该信息的参与者比那些不期待讨论的参与者更难以被说服（Leippe & Elkin，1987）。显然，参与者希望给教授留个好印象，因此他们以形成一种折中态度的方式来分析信息，这样不管教授的立场是什么，他们都不会与教授的态度大相径庭。他们对信息的认知反应仅仅是稍微偏向正面，这样如果教授刚好对信息的内容持负面态度，那么他们也能轻易地"改旗易帜"（Cialdini & Petty，1981）。

封闭头脑的卷入。在印象关联性卷入这个例子中，对说服的开放性虽然受到了折中偏好的限制，但至少有一定程度的开放性。我们都知道劝说那些顽固不化的人时所体验到的那种挫败感。我们甚至可能会有一些自己的毫不妥协的立场（"不要用事实来迷惑我，我已经有自己的看法了"）。

有时候，人们对态度改变的抵制实在令人吃惊。1988年，新闻媒体披露了电视福音传道者吉米·斯瓦格特（Jimmy Swaggart）与妓女交往的事实。斯瓦格特举办了一次布道来向他的信徒忏悔，他泪如雨下地承认："我是个罪人。"他所在教堂的长老们立即叫他离开电视布道坛，并完全禁止他布道。很多偶然看到这一丑闻的观众可能认为，这个曾经优秀的牧师已经穷途末路了。斯瓦格特的信徒们都是保守的原教旨主义基督徒，他们对现代美国的性放纵和理性丧失感到恐惧和厌恶。这些信徒曾经对斯瓦格特源于圣经的道德说教和在他热情洋溢的周六讲道（或在周日晚上的庆典之后的布道）中对肉欲罪的谴责产生过共鸣。当然，这些信徒现在会因为斯瓦格特的伪善——更为伪善的是，不久前他曾因对手金·贝克的性丑闻而公开谴责并嘲笑了他——而拒绝他。

对斯瓦格特一些信徒的电视采访却让人听了非常吃惊。一些信徒赞扬他勇敢的公开忏悔和悔改的誓约（"能够承认因诱惑而暂时沉沦的人是真正伟大和圣洁的"）。另外有些人把斯瓦格特的轻率行为看作一次严酷的考验，并认为这会使他成为一个更坚定的宗教领袖。还有一些人强调基督教最伟大的美德是宽恕！斯瓦格特牧师几个月之后又开始布道了。旧的卷入抵制了相反的新事实。

有关顽固信念的一个更加令人不愉快的例子发生在第二次世界大战期间。当时美国政府把 10 多万美裔日本人——大部分是美国公民——从他们在西海岸的家迁移到位于偏远沙漠地区且有武装监控的收容营。这些人完全是被放逐了，并在这种类似于集中营的地方里待了超过 2 年的时间，他们为此付出了巨大的经济和精神代价。他们被迁移的原因是，少数相当偏执的将军和政客成功地说服了"当权者"，使"当权者"相信收容营是防止这些美裔日本人成为间谍和与敌人勾结所必需的。尽管当时政府和军队

吉米·斯瓦格特牧师泪流满面的自白。他的许多信徒无论如何也不能相信他不是个虔诚的基督徒，尤其是这次特殊的演说之后。

中的多数高级官员对这种主张持（正确的）怀疑态度。然而，那小部分人的意见却占了上风；其部分原因是这些人不断散布日本即将入侵这一流言，以及利用了珍珠港事件对美国公众造成的恐惧和潜在偏见。

在我们目前讨论的事例中，值得注意的是，收容营计划的提出者和拥护者没有被那些本该非常具有说服力的情报所动摇。联邦调查局曾对有关美裔日本人从事破坏和颠覆活动的证据进行了仔细审查，但一无所获；他们向美国陆军部报告了这个出乎意料的结果。令人吃惊的是，这份报告被赞成收容营计划的决策者用作为支持他们计划的证据。例如，收容营计划的重要鼓吹者约翰·德威特将军，在他给美国陆军部的建议书中写道："迄今为止没有任何破坏现象发生，正是这一事实令人不安地预示着破坏行动即将发生。"（转引自 Hersey，1988）

44 年之后，对收容营问题的这种离奇反应又出现了。1988 年 8 月，里根总统签署了一份关于向美裔日本人社区做出官方道歉，并对每个幸存的收容营受害者赔偿 2 万美元的议案。一个月后，一份重要杂志刊登了一篇就道歉的恰当性做出详细解释的文章。文章回顾了关于整个事件的各种证据，表明这一事件是美国历史上一个愚蠢的、不必要的和悲惨的章节。然而，该杂志随后又收到并刊登了一封来自一名男子的来信，这名男子在二战期间担任军事情报局日本办公室负责人。他对上述文章，以及国会和总统的道歉提出了强烈的抗议。站在历史证据的直接对立面，他认为如果美裔日本人没有被收容，间谍活动将严重地牵制战事。这一作者的行为提供了明确的证据，即固执己见的态度不仅不会消失，而且还会永久存在，尽管这种态度并不一定总是臭名昭著的。

在这些事例中，我们看到非常普通和冷静的认知过程与顽固信念联系在了一起。先前的信念使事实的收集、解释和记忆重建出现了偏差。但是，难道没有其他东西在起作用了吗？毕竟，吉米·斯瓦格特的信徒不仅仅只是对他有着微妙的喜爱，他们对斯瓦格特的话语抱有十分的虔诚。而联邦调查局的报告在德威特将军看来是如此的不可信，所以在他的推动下，几千人被送入沙漠"享受"为期两年的"假期"。这不仅仅是无情的认知偏差；他在思考态度相关信息时存在一种确认动机。

这种卷入状态中存在一种确认既有态度的强烈动机，有三个因素有助于创造这样一种卷入状态，使人对可信的信息做出抵制态度改变的反应。一般来说，在下列情况下，人们有强烈的动机去捍卫或确认一种态度：（1）他们固着于某种态度；（2）这种态度已与他们基本的自我界定的价值观（self-defining values）紧密交织在一起；（3）这种态度是人们与他们生活中的重要他人所共有的。

承诺，我们的老朋友。前面的章节经常触及承诺的心理效应。社会生活使大多数人懂得了信守承诺和言行一致的价值，这种价值使得人们可能会无意识地追求一致性。的确，违背先前自由选择的行为将引发一种认知失调的不安状态。毫不奇怪，研究表明：承诺了某一立场的参与者，即使只是草草地记下他们关于研究者的某个话题的观点，或者仅仅是填写了一个态度量表等这些微不足道的活动，也比不承诺的参与者更难以被反面信息所说服（Pallak et al.，1972；Rosnow & Sule，1970）。恪守自己过去言行的渴望引导了对信息的所有重要认知反应。这一信息受到了以寻找缺陷为目的的审查，而与信息相反的观点从记忆中消除。你会看到，根据评价一致性原则，随着对信息的进一步评价，参与者对信息的开放性并没有增大，而是变得越来越小。认知反应越来越与信息对立。

再来看一下斯瓦格特牧师的所有信徒以及他们作为他的忠实教友所投入的时间、金钱和信任。显然，他们中许多人心中都有足够的承诺来阻止他们接受自己的精神领袖是个伪善罪人的这一信息。然而，对于那个拒绝承认对美裔日本人进行收容是一个过失的男子，其情况又如何呢？作为一个有着近半个世纪军龄的军官，他忠实于自己的信念，忠实于自己的公众行为，这是铭刻在内心的恒久承诺。

当态度"具有价值"时。每个人都具有自己的价值系统，价值系统是关于哪种行为和生活方式是可取的或者"好的"的一组持续性信念的集合（Rokeach，1973）。不可否认，不同的人具有不同的价值系统。对某些人来说，个人自由和对个人幸福的追求可能是最重要的核心价值。而在另一些人看来，公共和谐和人际信任可能是核心价值。举个例子来说，有人认为女性的道德决策主要基于对社会支持性关系的评价，而男性在道德决策中，公平这一抽象原则是主要的价值标准（Gilligan，1982）。但是无论特定的价值观如何，我们的价值系统在相当大的程度上决定了我们自己对待和界定外部世界的方式。某些问题与我们自我界定的价值观高度相关，因此我们对这些问题形成了一种能反映和强化这些价值观的态度。例如，回想一下托尼的例子，他反枪支控制的态度与他以个人自由为中心的自我界定的价值系统紧密关联。由于态度的自我界定性，态度和价值之间的稳固联系被称为自我卷入（ego involvement）（Sherif & Hovland，1961）。

正如托尼排斥支持枪支控制的讲座这件事所表明的那样，与价值观紧密联系的态度尤其难以改变（Johnson & Eagly，1989；Sherif et al.，1973）。让我们看一项促使大学生在其核心价值观与对一个模糊问题的具体态度之间建立联系的研究（Ostrom & Brock，1968）。先让参与者聆听了一场鼓吹格陵兰岛不应该被赋予泛美银行会员资格的演说。由于参与者显然对这一问题没有任何先前的观点，或者至少对此没有任何承诺，因此演讲是足以令参与者信服的。毕竟，你能想出一个更少卷入的问题吗？然后，要求一些参与者思考一些演讲摘录是否反映了他们某些自我界定的价值观。把他们刚刚形成的态度与他们的价值观联系起来的机会，有效地巩固了这一态度。在接下来的一场支持相反立场的演讲中，他们比控制组参与者（被要求把态度和一些肤浅的想法相联系）受到的影响更小。

为什么与自我界定的价值观相联系后出现了对态度改变的抵制呢？一个原因是，坚定的价值观存在于支持性信念的网络结构中，而这些信念会影响到对挑战性信息的认知反应。第二个原因是，改变一种与价值观相关联的态度会构成对自尊的威胁。承认这一态度是错的，就意味着我们自我界定的价值系统中某些东西是错误的，进而表明我们并不如自己所认为的那样值得肯定。当然，它还意味着我们认知网络中某一部分的改变可能会产生反响，从而要求其他部分的改变——这将是一连串痛苦的认知活动。因此，我们进行抵制。

此外，与低卷入的人相比，自我卷入的信息接受者一般更加不同意与态度相反的信息，即使是折中的、"有一半和我一致的"观点。与价值系统相关联后，这一态度立场就被明确界定了。而且，自我卷入的个体对那些相似到足以接受的立场，相似但还不能够接受的立场，或者可能整合到价值系统的立场有着明确区分。自我卷入的个体具有更为狭窄的中立区。对已自我卷入的问题的某种特定态度立场，他们要么明确同意，要么明确不同意。他们可能会通过把非常接近的立场同化到他们的接受区来看待这些立场，也就是说，把这些立场视为与自己的立场相同的或者可以互相替换的立场（Sherif et al.，1973；Sherif & Hovland，1961）。

但是，那些有区别的立场，哪怕是相差不大的立场，也会受到抵制。这些立场落入了拒绝区。自我卷入程度越高，拒绝区就越大。人们也就会变得更加挑剔和敏锐，他们会把不同信息间的差异看得比实际差异更大。他们把自己的态度作为一个鲜明而清晰的锚点，于是就形成了对比，因而在知觉上放大了差异。这就好像把一个7.5公斤的保龄球举起5分钟后再换上一个网球，此时感觉网球如同羽毛那样轻——而且与保龄球重量的差异非常明显（对比），但是如果换上一个7公斤的保龄球，就不会感觉到它与7.5公斤的保龄球有什么差别（同化）。

捆绑关系。在日常生活中，与价值观相关联的态度一般也是人们与重要的他人——他们最亲密的朋友，他们所尊重的同事，他们的榜样，他们心目中的英雄等等——所共有的态度。当态度具有社会意义时，捍卫这种态度的动机也就更加强烈。许多研究表明，最不可能改变的态度，或许是那些拥护某一特定立场的群体成员所共有的态度（Sherif & Hovland，1961）。特定利益群体的成员，例如倡导动物权利的激进分子，往往根据其群体目标（在这个例子中，彻底终止一切使用动物的实验研究）来界定他们自己的人生意义，因此很难说服他们放弃"他们的目标"。

克服抵制：解放极权主义的自我

我们已经考察了大量关于促使人们抵制改变既有态度与信念的认知和动机因素。有什么方法能克服这种抵制呢？在第4章和第5章，我们识别了几种能够提高沟通的说服力的因素。此外，还有什么别的方法能够克服本章中我们所讨论的特殊障碍吗？答案是："有，但是不要期望太高。"

受众保持客观的意愿是他们接纳一种更为准确和理性的态度立场时非常重要的一步。正如我们所知道的，结果关联性卷入激发了系统化思考，而这常常导致对强有力信息的接受。但是如果受众的自我被卷入，或者即使他们具有明确的足以引导他们思考和记忆的初始态度，那么他们也不能达到客观性的水平（Zanna，1990）。简单地说，人们经常不愿意保持客观和开放，或者即使他们想要保持客观和开放却无法做到。他们需要某种帮助——某种推动因素。

有多种可能发挥作用的推动因素。第一种策略是，使你的说服对象感到自己可以解释一个公正而重要的信息源。第二种策略是，设法诱导他们去思考他们目前所持信念的对立面。第三种策略是，以一种能引发赞同答案的方式来提问，从而改变自我知觉。第四种策略是，确保你的信息表达了被目标受众的态度所满足的需要。下面我们分别来讨论这4种克服抵制的策略。

正视（可解释性）的作用

通过"使人们对自己做出解释"，就可以推动他们对态度关联性信息进行努力和客观的思考。这可以通过使他们相信有必要向他人证明自己观点的合理性来达到。你可能会说，慢着。这是否在诱导印象关联性卷入，从而形成并不冒犯任何人的适度态度？是的，正如我们所见，这是可能发生的。这一窍门就是使人们相信，他们态度或信念的适合性或适当性——可以根据一些客观标准对这些品质进行评价——比同意他人的观点更为重要。例如，一个首席执行官可能会要求几个部门经理设计并汇报一个推广新产品的方案，并说将奖励"最佳方案"。每个经理必须亲自向老板证明自己计划的合理性，而老板恰好是一个经验丰富的市场专家。关于商务决策的研究表明，当经理们感受到需要更多的合理性解释时，他们不仅工作更加努力，而且思想更加客观和开放。他们将考虑更多的选择，而且更愿意去考虑和整合与他们的直觉相反的信息（Janis & Mann，1977）。

在说服中，可解释性有一种类似于"去偏差"的效应。在一个研究中，大学生以匿名的形式写出他们关于平权计划、死刑和美国军费开支的看法和感受。使一些参与者事先相信，他们稍后要向其他参与者证明自己立场的合理性，从而使他们感到应对自己的立场加以解释。而其他参与者则不需要对自己的立场加以解释。对参与者写下来的想法所做的分析表明，与没有任何解释要求的参与者相比，有解释要求的参与者更多地考虑了问题的不同侧面和不一致方面。可解释性导致了更复杂的思考，并且尝试把反面观点和证据整合进一个一致且正确的观点中（Tetlock，1983）。

当然，可解释性作为一种偏差调节也有它的局限。当人们正在形成新态度或修正模糊态度时，可解释性能最有效地使人们变得客观。而当让人们放弃最初基于错误信息而形成的既定信念时，可解释性就不会起到同样的作用了（Tetlock & Kim，1987；Tetlock et al.，1989）。即使有保持客观的动机，可解释性也不能使那些固执己见的人免于受固有信念的影响。

唱反调的人是无罪的

采用一种"考虑对立面"的策略也可以抵消对信念的偏见。有多少次你处于下面的情境中呢？你所隶属的群体必须决定所要采取的行动或立场。群体成员们商议后，所有的人显然都轻率地接受了同一立场。然而，在你到来之前刚好有一个成员说"让我们稍微停一下，让我来唱一下反调，支持相反的观点"等类似的话。这个成员随即反驳了每个成员都认为明显正确的决定。讨论开始慢了下来，群体可能重新审视这个决定。有时候，详细地阐述反面观点会暴露出一些问题，从而迫使群体修正甚至放弃原有决定。

同样，如果你愿意且能够扮演唱自己反调的人，那么这也有利于你的判断。但你必须是一个特殊的"反对者"。仅仅有自我批评是不够的，你还必须考虑和想象真理和公正存在于你的对立面的可能。

这在一项旨在对解释偏差效应（我们在第 4 章讨论过）进行认知矫正的研究中得到了证实（Lord et al.，1984）。这个实验的一个条件原封不动地重复了我们先前讨论过的一个研究程序。死刑的赞成者和反对者阅读了两篇专题论文，其中一篇支持"死刑可以消除犯罪"的观点，另一篇则是反驳该观点的。在原研究中，这些信息有着极化参与者的奇持效果。虽然阅读了相同的不确定的证据，但是死刑的支持者变得更加坚决地支持死刑，而死刑的反对者则更加强烈地反对死刑。人们选择性地接受了论文中他们早已认同的观点。在另两个条件下，研究者试图通过给予参与者特殊的指导来"纠正"这种偏差。无偏差指导条件下要求参与者"尽可能地保持客观和公正"，并且像一个法官或陪审员一样"用一种公平和无偏袒的方式来权衡证据"。大不相同的是，考虑对立面的指导条件说明了解释偏差是怎样产生的，并要求参与者在实验的每一步骤中都问自己："当同一篇论文引发了相反的观点时，我是否给予了同样水平的评价"？

从图 6.1 中可以看出，这两种指导语的作用是非常不同的。无偏差指导语对极化效应没有起到一点作用。相反，考虑对立面的指导语消除了极化。持支持观点的参与者没有加强"死刑消除犯罪"的信念，他们的态度也没有变得更具有支持性。持反对观点的参与者同样保持不变。

为什么一种指导语产生了作用而另一种没有？要求人们仔细和客观似乎仅仅是促使他们更加努力地思考。然而，更加努力的思考恰好夸大了与己有态度保持一致的固有倾向。接受无偏差指导语的参与者相信他们是没有偏见的；但事实上，他们完全不知道他们固扎己见的思想是如何自然而然地起着作用。确实，有几个人会相信我们自己是有偏见的呢？被要求考虑对立面的参与者也许同样没有意识到固有的偏见。然而，由于遵从了指导语的要求，这些参与者产生了一些他们从

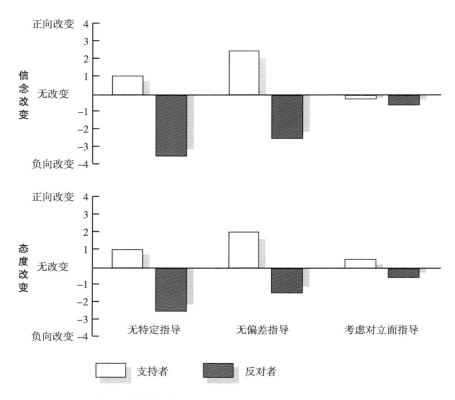

图 6.1　考虑对立面的策略防止了极化

在阅读一段相同的关于死刑是否有威慑作用的无结论信息后，当在考虑证据时没有给予保持无偏差的特定指导语情况下，支持死刑的参与者态度更坚决，反对死刑的参与者也更强烈地反对。只有那些被要求考虑对立面的参与者没有表现出极化现象。

（资料来源：Lord，Lepper & Preston，1984）

未"自然而然地"考虑过的可能性。一旦被意识到，这些思想和观念就会对思考和评价产生影响。关键是首先使相反观点以一种醒目的方式出现在人们头脑中。

　　根据图6.1，你也许会想，考虑对立面的策略仅仅比解释偏差稍胜半筹而已。参与者虽然没有极化，但也没有中立化。事实确实是这样。但是正如罗马不是一天就能毁掉的，极化是使态度和信念变得更牢固和不可动摇的"固着"过程的一部分，这个过程即使没有被考虑对立面的策略所改变，也被它延缓了。因此，当更加有力的反面证据出现时，态度还是可能改变的。

问题指向哪里，我们就跟到哪里——即使自相矛盾

在第3章，我们讨论了人们怎样相信了他们在强大的不可见情境压力下所说所做的事情。例如，我们知道问卷项目可以通过采用不同措辞，从而引发特定的自我描述；通过自我归因，这些自我描述使人们看到不同的自我。一种相似的程序，即使用导向性问题，可以用来改变社会政治态度。这一技术利用了一个常见的对话规则，即你应该回答问题而不是与之争论（Grice，1975）。如果以适当的方式提问，人们会感到受这一规则的驱动而为与自己实际立场相反的观点提供理由。

来看看威尔玛的例子，威尔玛对性别角色持有某种保守的传统信念。某天一个熟人问她："你为什么认为女性能成为比男性更好的领导呢？"鉴于对话规则，她的回答很可能会包括，至少部分地包括一些原因，这些原因能解释这种与信念失调的可能性："事实上我并不知道在一般情况下这是不是真的，但让我想一想。嗯，毕竟女性比男性更善于体察他人的需要和感受，也更善于维持团队的和谐。"在给出这个答案的过程中，威尔玛肯定了问题的前提，即女性实际上具有更高的领导能力。在做出这样表达之后，她离推论出自己终究不是一个彻底的传统主义者——或者她保守的观点也许太极端了——只有一步之遥了。这是一个短暂的自我知觉和简短的自我说服。一系列研究证实，这种诡秘的方法能在态度改变中发挥作用（Swann & Ely，1984；Swann et al.，1988）。让某人在不唤醒认知过程的情况下得出与态度不一致的观点是一个不错的方法。因为认知过程会维护态度，有时甚至会永久地保留某种态度。

然而，这里有一个缺陷。你可能还记得前面讲过，既成的明确态度不容易通过自我归因来改变。可以十分肯定，运用导向性问题对那些高度确信自己态度的人是无效的。回想一下，威尔玛只是"稍微有点"保守。然而，康妮十分确信自己关于女性角色的保守观点。因此，她会抵制带有自由主义前提的导向性问题。如果你问她为什么女性具有更好的领导能力，她将断然地告诉你通常不是这样的。如果你问她最喜欢"敏感男人"的哪个方面？她将告诉你事实是"他们知道我不会与他们约会，所以他们没必要来约我。"我们还有其他方法来改变康妮吗？或者我们还能胡乱地修补导向性问题这一方法吗？

答案是：继续修补。这正是威廉·斯旺（William Swann）和他的同事们（Swam

et al., 1988）曾经做过的。他们进行社会心理修补的结果是，采用两难策略来提出"超态度"的导向性问题。这一策略是依据这样的推理：对于任何暗示着不同立场的问题，像康妮这样高度自信的人是不会给予确认性回答的。他们希望你确切地知道他们的感受（Swann，1983）。他们甚至还会抵制同一立场但是暗示着更极端态度的问题。例如，如果在一个 9 点态度量表上，他们的态度是 7 点，而他们所接触到的信息是 9 点，这样，他们就会予以抵制。他们会怎样抵制呢？他们反对这种极端立场。一旦出现了极端立场，高度自信的人会被迫进行自我归因，认为自己在该问题上的立场比自己先前所认为的要中立些。更为荒谬的是，他们将向着与问题所暗示的态度相反的方向改变。

正是基于这些理由，才有了两难策略。可以向康妮提类似这样的问题："一些男性觉得，女人最好在家生养孩子；你为什么同情这些男性的感受呢？""为什么男人总是比女人能成为更好的领导？"（我们希望）康妮会回避这类问题，而且发现自己的回答听起来就像是一个自由主义者，最终她的信念朝着这种她自己从未意识到的"自由主义者倾向"转变。现在我们知道了两难策略及其依据——但是结果如何呢？在两项研究中发现，对像康妮这样高度自信的人，两难策略能产生其预期的效应（Swann，1988）。

这种两难效应产生的原因是，那些确信自己信念的人们渴望他人明确地知道他们的感受。他们努力地表明他们并不是如问题所暗示的那样极端。这其中可能同样有我们在第 5 章曾讨论过的心理逆反过程在起作用。高度自信的人会把极端的导向性问题视为提问者对他们的一种假定，即他们将认可任何与他们同样立场的陈旧陈述，而不管这种陈述是多么愚蠢。因此，这促使他们去坚持他们所持有的个性化立场和不同立场的自由。

不论好坏

通过表达她的不确定，这个女孩至少避免了得到显然负面的反馈。

聪明的影响者会利用两难效应、心理逆反以及说服的接受区与拒绝区相结合所产生的巨大作用。从已知在某人拒绝区内的极端立场出发，接着使用一些这个人口头上不同意的不那么极端的陈述。逐渐地，这个人会不同意原本在他的接受区内的一些陈述，直到他拒绝原来的立场，这样你的立场变得可接受了。

让被说服者产生共鸣

上述策略主要关注的是，通过能保护态度和信念使其不被改变的认知过程和结构。而我们将谈到的最后一个策略更多地关注抵制的动机层面和态度所满足的需要。我们知道态度是非常有用的。态度作为总体性的评价能够指导我们的行为，态度作为组织点能够赋予我们周围这个复杂的、经常令人迷惑的世界以意义和秩序。

一些态度甚至还有更特殊的功能（Katz，1960；Smith et al.，1956）。在第1章及本章前面部分我们注意到，通过界定我们是谁，通过推动我们表达自己强烈意识到的思想观念，我们所持有的重要态度促成了我们的自我认同。这被称为态度的价值表达功能（value-expressive function）。态度还可能有自我防御功能（ego-defensive function）。态度可以维护一些与内部冲突和焦虑相矛盾的情感和信念，从而使个体免于意识到这些冲突。态度也具有知识功能（knowledge function）。态度赋予个体对外部世界的理解和控制感——知识。最后，态度还有社会适应功能（social adjustment）；表达态度会使个体融入重要的社会群体和情境中。

这种态度的功能取向认为，如果需要得到满足或通过其他途径得以消除，或者如果人们发现另一种态度能更好地满足同一需要时，态度将发生改变（Herek，1986）。因此，如果说服信息能针对相应态度的功能，则更有可能改变人们的态度（Snyder & DeBono，1987）。

一系列的研究区分出两类人：（1）非常注重适应社会环境并为之而努力的人；（2）非常注重自己的行为与其内在情感、信念和价值观的一致性。第一类人被称为高自我监控者（Snyder，1979）。他们总是仔细地监控着情境以获得关于他们该怎样展现自己的线索，他们往往持有旨在满足社会适应功能的态度。第二类人被称为低自我监控者。他们并不是为了行为线索而监控情境，他们往往持有旨在满足价值表达功能的态度。因此，每一种类型的人在面对体现了他们特定需要的说服性信息时，应该会表现出较大的态度改变。与这个推论相一致的是，一项研究发现，高自我监控者偏好那些通过其产品的用户所塑造的社会形象来进行说服的广告，而低自我监控者喜欢那些强调产品质量和价值的广告（Snyder & DeBonno，1985）。在另一个研究中，向参与者呈现某种有关社会政治问题的信息，这一信息或者是与信息接受者的同伴群体所持立场一致的可靠信息，或者是与那些具有理想的个人价值观的人们所持立场一致的可靠信息。研究发现，面对有关同伴观点的信息，高自我监控者的态度改变更多（原因是社会适应），而当信息涉及潜在的价值观时，低自我监控者的态度改变更多（因为涉及价值观）（DeBono，1987）。

正如导向性问题策略要求对说服目标的具体立场有深入了解一样，针对态度功能的策略要求说服者了解说服目标的当前态度。有个理论家举过这样一个例子（Herek，1986）。瓦格纳女士和亚当斯先生是一对邻居，他们都反对在他们社区内为艾滋病患者修建一处住宅区治疗设施的计划。瓦格纳小姐对设施的负面态度是基于她把艾滋病和同性恋相联系，她基于宗教原因反对这一计划。瓦格纳小姐通过她的宗教信念表达她的自我认同和价值观，因此，她对为艾滋病患者修建设施的反对态度，部分地反映了一种夸张的价值表达功能。亚当斯先生也把艾滋病与同性恋联系起来，而他对同性恋有一种心理"障碍"：他有同性恋恐惧症。他的态度有一种自我防御功能。

知道这些情况后，你还会试图通过给予他们同样的信息来使他们赞成该措施吗？当然不会。信息必须迎合具体目标人群的需求。给予瓦格纳小姐的信息应试图使她相信，有力地支持该设施可以使她的宗教信仰得到最好的表达——通过照顾那些被其他冷漠、不虔诚的人所躲避的不幸者来展示她对邻居圣洁的爱以及真正的基督教的博爱。你还可以让她重述撒玛利亚人的寓言，根据寓言，她通过帮助那些处于不幸中的人们成为榜样，尤其是当其他人都从他们身边匆匆而过时。

给予亚当斯先生的信息要指出艾滋病并非同性恋者所独有，它也会侵蚀异性恋者、静脉注射者，甚至可能由于输入被污染的血液使儿童被感染。或者你可以强调，在探索艾滋病感染原因的过程中，科学家也许能发现战胜癌症和其他免疫系统疾病的秘密，而亚当斯和每一个人都可能通过遗传而患上这些病。就这些人而言，自我卷入和强烈的认知偏差可能仍然占优势；但是，通过针对他们的态度功能你就可能会获得一次成功的机会。这就是对症下药。

另一个极端：说服是轻而易举的事

如果你的经历告诉你，人是难以被说服的；那么，来考虑一下相反的情况：人可能被轻而易举地说服。这两个命题是对立的，但并不是互不相容的。抵制的原因是一个人所具有的固定的思考方式和既成态度导致了认知和情绪偏差，而又毫无理由去怀疑这些固定的思考方式和既成态度。当态度和信念仍处于形成阶段时，当环境力量虽然强有力却非常微妙以致无法被觉察时，当个体经历"信念危机"时，或者当个体投入一个崭新且迥然不同的社会环境时，往往不会有抵制。

此外，某些类型的人比其他人更易受到社会影响。虽然环境和信息因素确实常常比个性差异更有力，但是那些在某种情境中容易被说服的人往往在其他情境中同样容易被说服（Hovland & Janis，1959；Janis & Field，1956）。

容易被说服的人的共同特征是低自尊（McGuire，1985）。你知道这是为什么吗？他们对自我的过低评价包含着对他们的信念和态度的过低评价。因此，低自尊的人可能缺乏动力去捍卫他们的信念；并且当他们试图借助于反驳来捍卫自己的信念时，他们也更容易放弃。但是不要以为你总是可以说服那些低自尊的人。低自尊也可能会导致对信息的理解不足——因此导致更少的态度改变——如果个体感到难以理解信息的话。而且，极度低自尊的人也不会坚定地持有任何立场，就好像他们在对自己说："既然我可能是错的，我又能向谁许诺些什么呢？"

在低自尊和羞怯之间存在高相关，因此，毫不奇怪，在某些情形下羞怯的人容易被说服（Zimbardo，1977）。在听完一个鼓吹与自己立场完全相反的说服性演讲之后，羞怯的人可能会同意演讲者的观点——但是仅仅只是在人们期望他们公开地捍卫自己的观点时。如果他们不被期望去进行任何公开的陈述，那么他们就和不羞怯的人一样难以被说服。

缺乏抵制：相关的案例

有关宗教皈依和态度改变的案例不胜枚举，其中许多案例中，人们付出了沉重的社会和个人代价。我们来看看以下三种：（1）邪教的洗脑；（2）皈依于恐怖主义；（3）儿童开始抽烟。

邪教的洗脑。 正如我们在第1章所讨论的那样，像统一教派那样的邪教在思想灌输方面有着非常有效的行动计划。他们也知道怎样选择他们的目标。他们在街头和火车站观察那些看起来"一筹莫展"的青年。那些处在青春后期的年轻人的思想观念通常会发生重大转变,他们会感到被疏远和被孤立。他会觉得自己不被他人所爱并且孤独。向成人生活转变的压力,没有能力决定职业方向,认识到"现实世界"充满了冷漠和虚伪——所有这些都可能导致个体怀疑自己父母和主流文化的信念,还有价值观。这时,某些人的"抵制性变小了",因此他们易于受影响者的不良思想的感染。

你可以回顾一下,统一教派是如何向他人灌输其信仰的(第1章),自我归因和认知失调在诱发自我改变中有什么作用(第3章)。这里我们需要补充一下,主导新成员招募的说服性信息是旨在利用被招募者当前信念的弱点和不确定性,是旨在突破被招募者的本能抵制——例如,确认偏差和解释偏差。

这种说服性信息中所包含的"爱的炸弹",能有效地鼓励那些感到情感被剥夺的人,也能大大激发一种相信自己非常伟大的动机。由老练的演说家来做演讲,促使那些被招募者照单全收地聆听。他们必须"用心听"而不是只用耳朵听。"思想开放"意味着易于接受的思维模式。毕竟,心的理解力是极小的。由背景相似的、有魅力的同伴发表不那么正式的演讲,其特殊的雄辩术和对语义的曲解,使得现实的检验难以进行,而重新归因变得容易。不要求听众去赞成什么"新"的观点或原则,而是要求他们去赞成所熟悉的和美好的字词和短语(例如,和平和平静)。这些信息,以及那些已融入本书中所讨论过的所有影响过程的技巧,对于那些对自己目前生活方式感到不确定和不安的人来说是不可抗拒的。

道德分离和对恐怖的狂热。人们可能会转而信奉一些能挑动起远比沉迷于邪教更令人发指行为的信念。1980年代是一个充满了令人难以置信的恐怖行为的10年。人质的绑架,汽车、飞机、机场和人流诊所的爆炸,醋氨酚、酸奶和水果中毒事件,对军事基地的自杀式袭击——简直是数不胜数。人们为何要屠杀、残害和恫吓无辜的公众呢?在回答这个问题时,我们应该想想米尔格拉姆关于服从的研究及其教训,即不仅是可怕的、邪恶的人可能从事邪恶行为,普通的、正派的人也会从事邪恶行为。在恐怖主义的事例中,我们进一步了解到普通人可能被说服,从而相信恐怖主义是好的、适当的,以及在某些情形下夺取无辜生命或使其遭受危险是道德所能接受的。

心理学家班杜拉(Bandura,1990)把这种说服过程称为道德分离,并讨论了

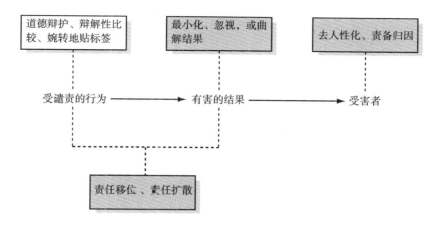

图 6.2　如何与具有破坏性的行为进行道德分离

引导人们使自己与具有破坏性的行为进行道德脱离的认知和情绪阶段。

（资料来源：Bandura，1990.）

使其成为可能的几种影响过程（见图 6.2）。成为恐怖分子的人很可能对某一个应对外部威胁的理由有着强烈的忠诚。对强调威胁的信息的重复，能使他的情绪极端化。进而，对无辜群众的暴力行为在道德上被合理化，认为是保护"我们的自由"所必需的，或者是"上帝的意志"的体现。随着恐怖主义被进一步合理化，灌输者利用对比原则来改变人们对他们所认可的邪恶行为的知觉。他们的理由是，这些邪恶行为虽然是不幸的，但相对于"他们"对"我们"做出的所有残忍的行为来说，这些邪恶行为却是那么的微不足道。通过强调需要得到保护以避免受到外部威胁，参与恐怖行为被刻画为一种道德责任。此外，灌输者会利用委婉的说法，使他们认可的邪恶行为与这些邪恶行为对活生生的人造成的实际影响之间的联系最小化。不是人们将被恐怖分子的炸弹残忍地杀害，相反，是"敌人"或"异端者"在一次"干净利落的、外科手术式袭击中"被我们这些"自由战士"毁灭了。

可以肯定，这种向恐怖分子立场的转变和向屠夫的转变并不是瞬间完成的。班杜拉提醒我们，这个转变过程需要"在道德分离上进行密集的训练"，在训练过程中，被招募者甚至可能并没有完全意识到自己正在发生的转变。然而，一旦发生了转变，他们就很容易从事那些在道德上应该受到谴责的行为。同时，一旦被招募者从事了这种行为，更严重的认知扭曲、移位的情感以及自我辩白将更进一步确立他们作为恐怖分子的态度。类似的过程也发生在把年轻的希腊士兵训练成为残酷拷打者的过程中——对其他被指控为间谍或政敌的希腊公民的残酷拷打（Haritos-Fatouros，1988）。在这个过程中，军方利用了选择性脱敏技术来实施将他人殴打致半死的训练：先安排新兵首先观看鞭打，接着短暂地参与一次团体合作，然后更多的完全参与，最后直接一对一地严刑拷打；在实施这些暴行过程中，没有因为对他人的脑袋、四肢或器官造成永久性伤害，而引发年轻希腊士兵的犯罪感、良心不安或任何作为人的怜悯心。

在男孩和女孩的房里抽烟。 抽烟也会使令人丧命，虽然比恐怖行为缓慢。在第1章中我们曾对为什么会有那么多人（尤其是年轻人）在学抽烟疑惑不已。大多数的抽烟者从童年期或青年期（通常在19岁之前，也不乏在14岁或更早）就开始抽烟了。

为什么仍有那么多的孩子学抽烟？正如你所料，或从经验得知，社会压力是主要原因。青年早期是一个对融入群体、形象体面和不再"只是个孩子"有着高度自我意识的时期。同时青年早期也是开始体验到他们第一个"认同危机"，以及其思维发展到对可供选择的现实与生活方式进行概念化的时期（Evans，1984）。因此，青少年在尝试新的角色；他们为此不停地试验。他们持续保持的角色，往往能带来社会肯定和最舒服自在的自我意象。对同伴压力的易感性在青年早期达到高峰，处于抽烟者群体边缘的高中低年级学生更有可能尝试抽烟（Mosbach & Leventhal，1988）。青少年还期望通过模仿成人的行为来摆脱他们稚气的自我意象。因此，如果父母抽烟，那么他们的子女就比别的孩子更可能去学抽烟；如果孩子有一个年长的同胞抽烟，那他就比别的孩子更有可能坚持抽烟（Flay et al.，1985）。在低自尊或者觉得自己无能的青少年中，这些对抽烟的影响更可能产生不良的后果（Evans，1984）。最后，孩子并非看不见那些电视中、出版物以及公告栏里的香烟广告，在这些广告里，有魅力的成人一边抽烟一边愉快地投入生活中极尽性感和刺激的活动。

形成抵制的能力

在原则上，使人们变得不那么容易受到影响是一件轻而易举的事情。其基本要旨是，把我们这章所强调的能引起强烈抵制和反弹的所有特征构建成一个相关的态度系统。换句话说，为了改变态度，我们必须克服一些心理因素，而为了防止态度改变，我们同样可以在一个人身上培养和发展这些心理因素。这是说服的反面。

有多种方法可以使人们形成对影响的抵制。其中包括：（1）鼓励他们忠实于已有的态度；（2）给予知识；（3）引导他们练习对说服性攻击的反驳；（4）对即将发生的针对他们生活方式和态度的攻击给予预先警告。下面我们分别简要地讨论这四种构建抵制的策略。

坚持立场。明确地表明立场，尤其是公开的立场，是构建抵制的一种主要方式。正如我们多次所见的，承诺会激发个体抵挡与态度相反的信息，尤其是当言语和行为的承诺在个体心理上与其个人的价值观存在联系时（Lydon & Zanna，1990）。

用以支撑的知识。我们在前面几章谈到，当人们的态度是以对当前客体或问题的丰富知识和经验为基础时，他们对说服意图的抵制会更强，我们还回顾了有关这一观点的研究证据。知识使得反驳更为容易（Wood，1982）。知识也有助于形成明确而坚定的态度，而这种态度的可得性使个体不再会被迫地对情境诱发的行为进行自我归因（Chaiken & Baldwin，1981）。

在某些情境下，知识基础的缺乏使得个体特别容易受到针对信念的说服性攻击的影响。在每一个社会，都有许多的信念得到非常广泛的赞同，以至于这些信念从未受到攻击。这些信念被称为自明之理。它们被想当然地认为是正确的，且从未被深入思考过。在西方，这些自明之理有"饭后刷牙是有益的"和"精神病是不传染的"。旨在揭穿这种自明之理的说服性信息也许十分有效，因为人们对它们的防御很薄弱。信念生存的堡垒——即它们的认知结构——的围墙是如此之低，武器是如此的笨拙以至于攻击信息不能得到有效的反驳。基于此，对以自明之理为目标的攻击形成抵制的一个方法是，给人们提供支持自明之理的信息和论据。例如，在听到反对频繁刷牙的理由之前，可以向人们展示由政府资助的研究是如何表明刷牙次数多的人更少有蛀牙的。研究表明，与那些只是被一个攻击自明之理的信息"击中"的人相比，那些在攻击信息出现之前就已经获得了支持性防御的人在接触到攻击信息时更少发生态度改变（McGuire & Papageorgis，1961）。

进行预防接种。当然还有更好的抵御说服的方法。麦圭尔（McGuire，1964）在建构对说服的心理防御与预防病原菌所携带的疾病时涉及的生理过程之间进行了类推。我们通过两种方法使自己免受疾病的感染。第一种方法，我们通过正确的营养和锻炼来维持健康的生活方式，它可以加强和支持我们的免疫系统。然而第二种方法是，当我们面临一次病菌的强烈攻击时，例如在一次严重的流行性感冒蔓延时，我们获得接种。我们打预防针时，药物里包含了少量导致这种疾病的细菌，这些细菌能刺激我们的身体，让身体产生抗体，从而避免未来细菌的有力攻击。

在态度受到攻击时，第一水平的保护，即正确的营养和照顾，类似于给人们提供一个抵制说服的支持性防御。那么与第二种生理防御相对应的预防接种的方法是否也能被用来抵御说服呢？麦圭尔推断，其中一种接种防御策略是轻微地攻击一种信念，通过向人们暗示用以反驳的论据和鼓励人们想出自己的用以反驳攻击的论据来促使人们反驳攻击。由于已经遇到了微弱攻击的挑战，人们现在应该有足够的"认知抗体"去抵制说服细菌强有力的入侵了。这种推论有一定的合理性。一些研究发现，那些一开始受到对他们的刷牙信念的轻微攻击的人——这种攻击接着被反驳了——在后来遇到对该信念的强有力攻击时能够坚持住自己的立场（McGuire & Papageorgis，1961；Papageorgis & McGuire，1961）。事实上，从图6.3对一个研究的结果总结可以看出，接种预防策略比支持性防御策略能产生更强的抵制。

自我生成的防御。当人们愿意并且能够对即将发生的沟通生成他们自己的防御时，他们就具有很高的抵制说服的能力。因此，研究表明，事先警告就是使人们做好预先准备。在一个实验中，高中生们被告知他们将听到一场强烈反对青少年驾驶汽车的讲座。然后，他们中有些人即刻聆听了讲座，而另一些人在2分钟或10分钟才开始聆听讲座。对学生们对讲座的书面反应的分析表明，预先警告和讲座之间的间隔时间越长，讲座的说服作用越弱（Freedman & Sears，1965）。正如被后继研究所证实的那样，在对说服性攻击的期待中，人们生成了与态度相一致的认知；通过评价的一致性原则的影响，这种认知随着时间流逝而变得越来越多并且越来越极端（Hass & Grady，1975；Leippe，1979；Petty & Cacioppo，1977）。但是如果要使所有这些成分都起作用，人们必须愿意并且能够进行预期

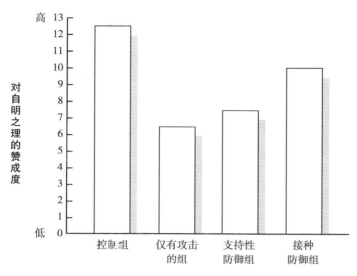

图 6.3 接种导致对"自明之理"攻击的抵制

对自明之理（如"经常刷牙是有益的"）的说服性攻击使得对该自明之理的信念有相当程度的减弱。当参与者先前被告知支持该自明之理的信息时，他们能对说服信息产生较强的抵制。但是当参与者事先通过接受他们能轻易反驳的微弱攻击而接种时，形成了更为强烈的抵制。

（资料来源：McGuire & Papageorgis，1961.）

的反驳。否则，预先警告可能导致相反的结果：人们也许会说服自己去接受攻击方的立场或者一个中立的立场（Cialdini & Petty，1981；McGuire，1964）。

运用逆反心理也可能使人们生成他们自己的防御。如果拉尔夫·纳德（Ralph Nader）和儿童讨论消费主义，他也许会说："玩具制造商们认为，只是因为这些玩具在电视广告上看起来很好玩，所以你们这些小家伙就会冲出去购买。"这些孩子们可能这样回答："噢，是的，但我们不需要他们的建议。我们将自己鉴别这些玩具的好坏。"

接种和自我生成防御这两个概念有着重要的社会意义。其中最为重要的是，它们反对那种只传授最狭隘的、被文化认可的观念与原则，而对其他不同的生活方式、社会组织和宗教却吹毛求疵的社会化和教育体系。例如，美国有些青年并没有接触其他不同的世界观，他们可能很难使自己免受不同意识形态宣传者的影响。实际上，这正是美国与其他国家发生局部战争时战俘所面对的情形，审讯者比这些美国战俘更了解美国的宪法和时事。教育应该使被教育者接触到形形色色的观念和意识形态，这样才能为逐渐成熟的公民提供捍卫他们自己生活方式的手段，又能够使他们认识到现有生活方式需要被改进的地方。

引导压力转向有利的方向

构建对说服进行抵制的技术正在被运用到现实生活中，尤其是被用于那些旨在向儿童传授如何应对消极社会压力的课程中。接种防御和自我生成防御的技术，已经被用来提高儿童对欺骗性电视广告的抵制（Feshbach，1980；Roberts，1982），被用来帮助六、七年级的学生抵制影响抽烟的压力（Evans，1984；McAlister，1981）。社会心理技术也开始被用于训练青少年抵制将来可能的不安全性行为（Aronson，1990）。

抽烟干预计划已经较为成熟。通过由有吸引力的十八九岁的榜样人物领导的小组讨论和从社会心理研究中改编来的缜密诱导，学校激励儿童做出不学抽烟的公开承诺。把可能被同伴和广告所使用的支持抽烟的论据都展示给这些孩子，让他们思考如何去反驳这些论据（"如果她沉迷抽烟，她并不是真正得到了自由"）。还要求孩子们认真思考（即诚实地写文章），以此来激发他们的自我说服。通过把同伴压力描述成对自由选择的压制从而引起逆反心理。

抽烟干预的另一种方法是，通过使用电影和海报对更多的孩子产生影响。所使用的电影完全不同于那种由一个成年人一边漫谈抽烟的长期危害，一边告诉孩子们"只要说不"（不告诉他们怎样拒绝）的电影。相反，由于认识到青少年并不容易受抽烟在 40 年之后所产生的健康危害的影响，因此电影生动地展现了抽烟的即时消极后果，例如，呼吸系统和血液中可测量的有毒物质（一氧化碳）的数量。同样，由于意识到青少年通常会认为成人不了解他们的生活环境，影片使用了大方迷人的青少年叙述者，并展现了青少年自己确认的诱发抽烟的各种压力情景。随着这些情节的展开，同伴和媒体压力的目标对象成功抵制了抽烟，就像叙述者向这些年轻观众讲述如何成为一个有效的抵制者一样（Evans et al.，1981）。

许多研究表明，与传统式讲座或知识灌输相比，这些计划在降低青少年开始抽烟或继续抽烟的比例方面更为有效（Flay et al.，1985）。

偏见：一种致命的态度

我们已经详细地讨论了对社会影响过于抵制和过于易感这两种截然相反的极端。两种极端都有可能导致和维持各种最具有破坏力的态度——这些态度是种族偏见、民族偏见和宗教偏见的基础。偏见通常是社会影响力的产物，在青年人有能力或有意愿去抵制这些社会影响之前，偏见就被埋藏在他们的思想中。但是，一旦他们怀有偏见并且长大成人，就很难从他们负面的、常常是充满憎恨的观念中摆脱出来。让我们从一些方面——现在和从前——简要地讨论一下这个古老的人类悖论：我们为何对邻居既爱又恨。

从现在来看

由于得到谣言称一个黑人青年与纽约一个街区的一名女孩约会，一群中产阶级的白人青年追赶这个黑人青年，并残忍地杀害了他。这一事件只是遍及美国和全球的不断增强的众多仇恨或"偏见"犯罪之一。据报道，美国大学校园在1989年就发生了115起种族或族群暴力事件（Goleman，1990）。

犹太人曾一度被视为外来者，反犹太主义又开始惹人注意。犹太人的墓碑被涂污上德国纳粹的标记。

日本从第二次世界大战结束时经济被摧毁到今天的经济繁荣，日本这一变化是一个现代的奇迹。尽管富裕成了日本人的一个标准，却仍然有几百万人过着没有基本人权和尊严的贫民窟生活。他们是日本的部落民，是日本几百年前封建时代被认为有污点的商人的后裔。这些商人所从事的商业曾被称为"Eta"，即"充满污物"的意思，包括屠杀动物以获取皮毛和编制篮子。从事这些商业的人被隔离进指定的村庄，被迫佩带表明他们"与众不同"的标识，并且只能接受不充分的教育。随着时间的推移，这些日本的"隐蔽种族"的成员实际上已经不再属于主流的日本社会。他们的语言、行为方式、习俗及教育的缺乏，使得他们作为一个至今仍然受经济和政治歧视甚至被蔑视的低劣阶层而保留下来；而这些经济和政治歧视又强化了他们这种不应得的身份地位（DeVos & Wagatsuma，1966）。

从历史来看

当托马斯·杰斐逊起草《独立宣言》时，他在第一稿中写入了一份对人类奴隶制的责难书，谴责了乔治三世在殖民地推广奴隶制度的做法。但是由于第一稿《独立宣言》不被南方代表团所接受，这份责难书在最后的定稿中被删掉了；尽管奴隶制度是不道德的，但却如此地有利可图。

直到 1922 年，美国还没有反对私刑的联邦法律。《纽约时报》上的一条广告呼吁通过反对私刑的法案，该广告陈述了一个事实，即在之前的 30 年中，3000多个美国人被施以私刑；在过去的 4 年中，28 人被暴徒处以火刑而致死。在这些被普通公民残忍杀害的人中，大部分是黑人。

希特勒准备在全球采取法西斯统治，不仅用军事力量来达成此目的，还设计了当时最强有力的宣传系统。通过公开集会、电影、书刊、歌曲和广告传单，有条不紊地向德国的潜在敌人散布恐惧和绝望。他们非常恶毒地制造偏见，并把这种偏见密集地指向所有不被元首所谓的"优秀种族"喜欢的人，特别是犹太人。这种偏见以特殊的教材形式开始，像漫画书（要求所有在校学生必读），在书中用最消极的刻板印象来描绘犹太人（Kamenetsky，1984）。在后来成千上万的犹太人被围捕并驱逐到集中营去做奴隶以及被毒气杀害时，已经没有必要去证明这种对人类价值的剥夺是否合理了；在当时许多德国民众的思想里这些"敌人"已经被去人性化了。

在这每一个事件中，偏见都是决定性因素。当一个儿童仅仅因为他被标记为有不可接受的差别而被拒绝参加游戏时，或者当一个大学生因种族、肤色或宗教的原因而感到不适应时，偏见也在以不很显著的方式起作用。偏见每一天都在某些地方伤害着某些人。它可能压迫一个民族；例如，把反对歧视正式地写入国家法律中的南非，照样存在着偏见。偏见还可能贬抑人类精神和毁坏人类生活。

社会心理学对偏见的关注

社会心理学家很久以来一直在关注偏见的动力学特征。的确，现代社会心理学可以追溯到第二次世界大战，当时一些心理学家试图理解为什么理性的个体能如此容易地转变为没有头脑的民众。在这些社会心理学的先驱者中，许多人本身就是从纳粹的迫害下逃往美国的少数群体的成员。他们的学术兴趣是理解偏见是如何发展的；他们的直接目标是发现用以改变偏见态度的策略和克服歧视的策略。

偏见是一个谜：即使在信奉平等、友爱和民主等思想的社会里，偏见也似乎一直是人类社会的毒瘤。在这些社会中，也早就有一些群体致力于改变偏见，但他们只取得了最低限度的成功。在美国，虽然一些极明显的偏见形式不再存在，但仍然有大量证据表明偏见和歧视没有消失——它们以多种巧妙的伪装使自己隐蔽起来，尤其是在有教养的人中。

在这非常有限的篇幅里，我们只能对偏见这个极为重要的议题进行简短的概述（在第2章中，我们已经触及了偏见的社会学习方面；在第7章中，我们将关注偏见怎样在无意识水平上自动地起作用的新研究）。

偏见（prejudice）是针对目标客体的一种习得态度，通常涉及消极情感、厌恶或恐惧，以及支持这一态度的一系列消极信念，和回避、控制与支配那些目标群体内个体的一种行为意向。偏见常常是一种基于有限信息的预先判断，这种预先判断使得态度变得毫无根据和非理性。一种带有偏见的态度就像一个有偏差的过滤装置，它会影响对目标群体中个体成员的评价。刻板印象（stereotype）是一种带有偏见的信念，即构成关于目标群体的心理图式的一组认知。刻板印象支持带有偏见的情感，并且被那种消极情感或目标群体的辨别性线索所激活。刻板印象的一个基本认知目标是，通过把个体的某些信息加以分类，从而使复杂的事物简单化，同时使我们所知觉到的世界更加具有可预知性和可控性；因此，刻板印象一旦形成，就会强烈地影响到对有关信息的加工。这样，刻板印象就影响到对信息的知觉、编码、记忆存储和提取。当偏见被付诸行动，或者说当偏见外显于各种行为方式时，歧视（discrimination）就发生了。因为歧视导致了公民之间的不平等，所以我们制定了法律以禁止或惩罚居住或雇佣领域中特定形式的歧视。然而，我们不能立法去禁止持有偏见的态度。的确，近年来，随着显而易见的偏见在美国社会的减少，种族主义态度采取了各种伪装的形式，这些伪装形式是与个人主义、独立和基督新教工作伦理这样的美国传统价值观相联系的。这种新形式的偏见被称为象征性的种族主义，它是以拥护保守的价值观为基础的，该偏见认为某些少数民族威胁或违背了这种保守的价值观（Kinder & Sears，1981）。

偏见态度的起源

偏见的起因很多而且复杂，这些不同的起因又常常交织在一起；因此，很难采用任何单一方法来克服偏见。在某种程度上，偏见可以被视为一种内在倾向性，即个体的人格和心理情绪的机能。另一种不同的视角是，关注引起（和克服）偏见的环境和情境因素，即奖赏、惩罚、社会学习和从众压力的作用。我们知道，对大多数心理现象的研究，都专注于这一对起因。除此以外，还有一些研究在更宏观的水平上——在历史的、经济的、政治的和社会文化的水平上——探讨偏见的起因。我们将讨论并整合每类研究的成果（Allport，1954）。

历史和社会文化的根源。当前对一个目标群体的歧视，可能是若干年前或若干世纪前的某一特定历史时期因为某些原因而形成的价值观的延续；这些原因现在也许还存在，也许已经不再存在。这种历史的视角强调对群体间甚至国家间的敌意的理解，这些敌意起源于代代传承的老传统、刻板印象、戏谑和信念系统，而没有考虑到事情的真相或变化着的环境。当权者相对被歧视者的经济优势，既体现在奴隶制度、种族隔离政策和日本对其部落民的待遇上，也体现在对妇女与少数民族的晋升限制和不平等薪酬上。偏见与歧视对某些人有利；在过去，偏见与歧视曾为作为奴隶主的美国开国者们带来利益；而现在，它们依然在为那些在矿场、农场和工厂中剥削缺乏技能的劳动者和蓝领工人的人谋利。政治意味着权力。偏见与歧视的经济基础和政治基础是相关联的；偏见与歧视的政治根基涉及剥夺某些群体的公民权，这些群体可能投票反对现状、试图合法地改变他们低下的社会地位，或者希望拥有土地和财产。最后，对偏见原因的社会文化分析能使我们了解到有关的社会问题：新移民导致的城市人口的变迁，人口密集，以及当不同群体被迫相互竞争有限的珍贵资源、工作、住房和空间时引发的文化价值观、礼仪和习惯模式的冲突。

内在倾向性和社会环境：一种功能分析。这是一种完全不同类型的分析，源于把偏见视为独特人格类型一部分的思维方式。这种观点最初是由加州大学伯克利分校的研究者提出的，它强调构成了"权威人格"或"反民主人格"核心的一组特质（Adorno et al.，1950）。通过问卷、访谈和心理量表，这种观点把人区分为具有高权威人格或低权威人格的类型，分别称为高—F（法西斯主义）或低—F类型。它认为，个体的反犹太人的偏见，种族中心主义以及其他价值观，与助长服从权威而敌视较低地位者的不同儿童教养方式和社会学习有关。这种个体特别容易受媒体偏见或权威的影响，尤其是当他们的安全感受到威胁时。这种观点在很大程度上源于弗洛伊德关于偏见性态度具有自我防御功能的思想，我们在本章前面部分曾讨论过自我防御功能。某些人所持有的偏见是他们人格特征中某些缺陷的表现，是被压抑的敌意和未表现出的冲突（通常是针对他们自己父母的）的表现；这些敌意和冲突被向下置换成了为社会所认可的替罪羊，从而在强度上变弱了并且"看上去也不同"了。于是，这些人可能会将他们自己潜在的暴力冲动或性冲动投射到少数目标人群上。

如果接受这种关于偏见的起源的观点，那么改变偏见的策略就应该是，通过心理治疗使偏见持有者意识到这些还未得以承认的被压抑情感、偏见性态度和歧视行为之间的关系。然而，由于这种观点太过局限于个人的内在因素而没有认识到偏见的社会起因，因此社会心理学家并不把它视为对偏见成因的全部解释。此外，这种克服偏见的方法依赖于让所有偏见持有者都参加心理治疗，以使他们自己摆脱那些他们自己并不知道的心理问题，而这些人恰好是那种抵制对自己进行个人分析的人；因此，这不是一种能在社会范围内矫正偏见的有效方法。

我们在前面曾看到，态度至少具有三种其他功能：知识功能、社会适应功能和价值表达功能。通过形成和维持偏见性态度可以行使这些功能。我们有理解和有意义地组织自己个人的经验世界的基本需要；我们从权威人物和同伴处得到的信息和指导以清晰一致的方式塑造了这种需要。在许多领域内，权威人物和同伴以事实的形式提供了精确的信息；因此，当他们呈现他们自己对少数群体"事实"的偏见性观点时，人们倾向于相信他们。当所呈现的新信息含糊不清时，即当个体改变了他的环境或者与少数群体成员有了正面的直接接触时，这种*知识*功能是易于被改变的。回想一下，我们在第 5 章曾经提到，接触积极情境会引发喜爱并促进积极的认知反应。

但是，父母和其他影响者常常不只是传递信息；他们还会对符合他们期望的信念和行动给予奖励。当我们利用一个态度客体来满足某些需要、获得社会的或实际的奖励并避免惩罚时，态度的社会适应功能就开始发挥作用了。我们怎样改变基于适应功能的偏见呢？通过改变情境中的奖励结构、把个体转向于一个不同奖励的情境中，或者把焦点集中于其他可满足这些需求的途径并创设新的期望水平，我们可以改变这种偏见。

最后，维持积极的自我认同和以提高自尊的方式行事对于我们的日常活动是非常重要的。通过赋予我们一种认为自己优于那些低劣和渺小的人的错误优越感，偏见性态度有助于支持价值表达功能。很明显，基于这种功能的偏见，如同自我防御功能一样，比基于知识功能和适应功能的偏见更难被矫正。为了消除这种消极的下行社会比较形式，必须使怀有偏见的人和群体对目前的自我意象不满意，通过环境输入的信息逐渐破坏支持原有自我优越感的价值观，同时要创造一个用于形成一种不依赖于对他人的压制的积极自我意象的新基础。这是一个很高的要求，但它意味着社会和社区领导必须要更加具有创造性地寻找新的方法，从而使其成员从自己身上和通过他们自己的亲社会活动来发现自尊来源。

减少偏见及其以各种形式表现出来的歧视，例如种族隔离政策，是我们社会和整个世界所面临的最紧迫的挑战之一。减少偏见和歧视是一件相当困难的工作，这是因为当物以类聚、人以群分时，在我们心目中会自然而然地形成态度和社会类别（Hamilton & Trolier，1986）。正如我们多次谈到，态度和其他思维定势一旦形成，就会对我们加工新信息的方式产生影响。带有偏见的头脑倾向于扭曲客观刺激，从而使其符合于类似的偏见"信息"。虽然减少偏见和歧视是一项很复杂的任务，但是，那些具备相关社会影响和说服策略的人一定愿意采取协调而系统的措施，来对降低偏见及其对我们生活造成的隐蔽而广泛的破坏性影响。

最后提示：做一个开放而不人云亦云的人

生活并不容易。我们既不能成为一个本章后半部分所讨论的人云亦云的人，也不能做一个在本章前面部分所讨论的过于固执的人；当既定态度或自我卷入态度模棱两可时，我们极易变成这两种人。让我们以一些保持平衡的建议来结束本章：拥有一个开放的但不易受骗的头脑。

- 首先要意识到，情境和沟通者因素已被证明能提高影响的可能性（Andersen & Zimbardo，1984）。然后，判断你是正在对这些线索做出反应，还是在对有价值的信息或要求做出反应。沟通者是否过于强调社会共识或者他与你的相似性？给予你的帮助是真诚的，还是旨在使你感到有必要做出报答？沟通者的行为是否过于自信？然而，请对似乎无关紧要的情境要求（角色关系、制服、头衔、权威象征、群体压力、规则和顺从的语言）保持敏感。

- 练习系统化的信息分析，以便养成在所有具有一定重要性的影响情境中进行系统化的信息分析的习惯。在你的思想中寻找偏见。目标是变得正确，而不是为了一致性、有抵抗力或者优雅。请仔细地注意那些增强"真理终将胜利"的可能性的信息细节。

- 返回和暂停。不要允许自己被迫立刻在虚线上署名。在买卖情境中，要三思而后行；在做出一个代价高昂的承诺之前，最好向无偏见的朋友或者家人征求建议。最后期限极少是一成不变并镌刻在石头上的。因此，向最后期限提出挑战。

- 分析影响环境中的责任感或内疚感。这些责任感或内疚感合乎道理吗？它们被影响者操纵了吗？这些分析将有助于保护自己免受"登门槛"效应和"闭门羹"效应的一连串改变（Cialdini，1988）。同时，做一些我们曾经鼓励我们的学生去做的练习：练习作为一个影响的受害者或影响目标。将自己置于一个易受影响的环境里，比如，假装要购买二手车、立体声音响、昂贵的运动器材或新娘礼服等；记录并稍后分析商家对你使用的影响策略和你对这些策略的感受。当然，请不要带上现金、信用卡或支票，免得你败在影响战壕里。

- 练习说"不"，并应付它所引起的麻烦。学会承认自己的错误，而不要坚持愚蠢的一致性。宁愿去承受金钱、时间、精力甚至自尊上的短期损失，也不要去承受因固守一个精糕的承诺而付出减少认知失调努力的长期代价。接受"沉没成本"，拒绝诱惑，从自己犯了错误的情境中摆脱出来。说出在人类词汇中最难说出口的三个短语——"我错了""对不起""我犯了一个错误"，然后对你所得到的教训加以评价，以免再次发生同样的错误。

- 不要相信复杂的私人、社会和政治问题会有简单的解决方法。如果这些简单解决方法有用，早就有人使用过了。我们需要一种理性的怀疑；回忆一下你从陌生人那里得到的一见钟情的无条件的爱，当你不做他们所期望的事时，这种爱就会即刻消失得无影无踪，快得像它会在一瞬间爆发那样。这种"微波式"迅速升温的关系是可疑的；信任需要花时间去发展和获得。

- 要回避你所不熟悉的、你自己不太可能控制的和你没有行动自由的"全然情境"——即你需要依赖他人以获得信息、奖励和引导的情境。一旦陷入此种情境，立即检查对你的独立性和权威性的限制；找出那些可能束缚你的强制性规定。找出身体和心理的出路：做好启动应急按钮和大声求救的准备，做好接受因你的退出而引起的麻烦和威胁的准备。在米尔格拉姆的研究中，或者现实生活中的配偶虐待关系、邪教和其他许多影响者拥有"环境控制"

的强大武器的情形中，这是几乎毫无办法的事（Lifton，1969）。

总之，做一个社会影响的明智消费者。无疑，在你的一生中你将"购买"很多的影响，也将直接"推销"相当多的影响；有时你可能还同时"购买"和"推销"某些影响。因此，这里以及本书各个章节所给出的建议，不应该仅仅被当成那种一旦考试结束后就可以从记忆清除的"书本知识"。正如你将发现，这些建议是能够提高你生活质量的重要日常生活规则或者"街头的生存智慧"。

小　结

本章讨论了影响力的极端情形。首先，我们探讨了人们为什么抵制态度和信念的改变，同时我们讨论了影响者用以克服这种抵制的方法。然后我们转到了相反的情形中，即人们过于容易被影响，我们也讨论了如何提高回避那些不受欢迎的说服的能力。在本章的最后，我们列举了许多可以用来在两个极端间达到个人平衡的策略。

- 对说服和其他形式的影响的抵制得到了人类心理上"认知保守主义"的支持。如果我们有一个关于某个事物的假设或理论，在我们收集新数据来支持它时，我们倾向于使用确认策略。我们会询问那些其回答只能"证明"我们预感的问题，并采纳支持预感的正面例子作为证实预感的充分证据（没有寻找负面例子）。这种确认偏差在我们回顾过去的信息时也会出现。我们会更容易回忆起与当前信念一致（而不是不一致）的事情。最后，一旦一种信念被信息所塑造，我们会继续保持它，即使信息是不可信的。该信念建立在我们通过确认所产生的观念之上。

- 动机也有助于抵制改变。当一个问题有个人关联性并且当个体被激发去思考与问题相关联的信息时，就有了态度的卷入。态度卷入的基础形形色色。当目标是一种正确的或为社会所接受的信念，而且人们没有专注于已有观点时，他们会有一种建构动机，并且对与目标相关的新信息保持开放（就认知保守主义将使他们采取的态度而言）。但是，当人们具有确认性动机，即具有去捍卫或确认已有观点的愿望时，他们对新信息会采取相对封闭的态度。当人们承诺了某一种立场，并且态度是高度自我界定的或者是与重要他人所共同拥有的，会存在确认性动机。

- 一种特别重要的确认导向状态是自我卷入，它以对问题的态度和个体自我界定的价值观之间的紧密联结为特征。自我卷入与狭窄的中立区和宽泛的拒绝区有关。相近的立场被同化了，看起来就像和个体自己的立场一样；但是，即使稍微有差异的立场也会被对立、扭曲，以至于看起来非常不同，并被彻底地拒绝。

- 有几种影响策略可能有助于部分地打开一个封闭的、确认导向的头脑。首先，我们可以鼓励影响目标考虑对某一重要他人的可解释性，而这一重要他人所关注的是信念的准确性。具有可解释性的人们会以一种更复杂和平衡的方式来评价沟通。其次，鼓励影响目标"考虑对立面"，正如他们评价新信息那样，想象真理与他们相信的立场相反。再次，影响者可以使用语言学上的"舌尖策略"。以诱发与态度不一致的答案的方式向影响目标提问，从而通过自我归因和自我说服，推动态度改变。

- 态度对不同人群行使不同的功能；这一知识是第四种克服抵制策略的基础。态度可能有助于表达自我界定的价值观，可能保护自我免受潜意识冲突的干扰，或者会使社会接受更为容易。如果信息证明了某一种不同态度能够更好地满足其潜在的功能，那么该信息将会引起更多的态度改变，当然影响者首先必须发现态度所行使的功能是什么。

- 已有的牢固态度和信念通常能抵制改变，而不那么牢固的态度和信念却可能会轻易地发生动摇。在环境发生迅速而彻底的变化、个体产生了"信念危机"或者个体具有低自尊的情形下，易受影响同样是可能的。邪教教条的灌输、通过道德分离过程招募新成员进行恐怖活动和儿童学抽烟，是对影响者彻底屈服的三个例证。

- 在易受影响的信念系统中构建抵制，涉及发展和强化某些心理因素，这些抵制的心理因素与那些支持认知保守主义的心理因素相同。通过激励人们对他们已有态度做出承诺，通过赋予人们与其态度一致的知识和经验，可以构建抵制。预防接种有两种方式，一是轻微地攻击人们的信念，二是预先警告即将出现的攻击。这两种方法都会足使人们去形成他们自己对其立场的论据——形成能够成功地反驳强有力攻击的认知反应。

- 偏见是一种关于某一社会群本的负面态度。在个体最容易受影响的童年时期，偏见通过社会学习和工具性学习发展而来。一旦形成，偏见性态度就很难被改变。偏见可以行使某些心理功能（例如：自我防御、社会适应等），可以获取经济利益，也可以得到刻板信念的支持，这些刻板信念通过对目标群体信息的解释偏差而不断被"证实"。

问题与练习

1. 请解释为什么"极权主义自我"这一术语所暗示的类比可能是适当的。现在请进一步地进行类比：为什么态度的戏剧化转变或者对影响的妥协可以与极权主义国家所发生的变化相类比？（提示：思考一下，当环境发生彻底的改变或受到强大的影响时，态度为什么会"屈服"，并把它与为什么极权主义政府有时会突然垮台作比较。）

2. 想一想你生活中的某个人，你非常想要以某种方式去改变他，但是他却抵制这种改变。请描述你为此已做过的但却失败了的努力，并使用本章所阐述的观点分析这些努力为什么会失败。请概述在阅读完本章后，你认为通过采用什么样的新影响策略会使你的努力取得成功。（如果你目标是亲社会的，或者对被影响的个体是有利的，那么请尝试将它们付诸实践。）

3. 请描述一种你曾被另一个人或一个群体所说服或者影响从而相信了某一种行为或信念，而你后来为此感到懊悔的情境。从与作为一个"人云亦云的人"有关的动力和因素方面来分析该情境。换句话说，为什么你屈服于这种社会影响？

4. 请描述动机和目标如何影响与态度相关和与信念相关的信息的加工。至少识别四种不同动机，并将它们分别归入建构性动机或确认性动机中。

第 *7* 章

影响、觉察与无意识：
潜移默化的改变

❖

    会议结束时，比尔确信这次会议达成的团体决策是明智的。但实际上，在会议刚开始时，比尔并不完全赞成"撤销对那个有争议的电视节目所提供的赞助"这一提议。但是，苏珊·约翰逊的调查数据相当清楚地表明，被该电视节目性主题冒犯的那类人，正是那些可能购买他们公司产品的人。相对于克伦威尔和柯蒂斯那些自我服务的意见，你更会信任蒂姆·格兰维尔对关键事件的敏锐判断力。

    这就是比尔对这一决策给予其关键支持的理由。但是琼·莫拉诺走近比尔对他说："比尔，你为什么让格兰维尔如此影响你呢？有时他对你的控制也太明显了。就像今天，我知道会议开始时你的感受不是这样的，但是你还是屈服于他的立场了。"

    比尔非常吃惊："你这是什么意思？约翰逊的调查数据才是关键。不论格兰维尔在想什么，停止广告赞助都是有意义的。我的决定是我自己做出的，我根本没有受他的影响。"

    "拜托，比尔。你几天前就知道了这一调查结果。而且，格兰维尔一告诉我们他的意见，你就会倾向他的立场。然后格兰维尔就开始用赞扬、眨眼和他那马基雅维利式的微笑向你发出信号：'你和我比那些家伙要更了解状况，不是吗？'从而肯定你那些支持他的言论。因为他知道你有多讨厌克伦威尔，所以格兰维尔强调从你的角度来看他与克伦威尔的分歧。尽管你通常是一个独立思考的人，但是很明显，蒂姆·格兰维尔知道怎样才能打动你。"

比尔继续反对说，他的决策完全依赖于事实。他和格兰维尔碰巧对很多问题的看法相似，仅此而已。但是比尔怎么样都无法说服琼。更糟的是，比尔的每一个朋友几乎都同意琼的意见，即在某些问题上，比尔受到了格兰维尔的影响。

我们都会认识一些像比尔这样的人，他们经常受到某些人或者某些经历的影响，然而他们却意识不到这一点。比尔的例子还表明一个更加普遍和重要的问题：有时我们对那些塑造我们态度和行为的力量毫无觉察。你是否总能认识到：演讲者真诚的笑容有助于赢得你的支持？电视广告音乐能激发愉悦的联想，之后会涌上心头并影响人们的购买决定？个人风格的哪方面使你接受了约会邀请？

影响常常发生在我们意识觉察水平之下。影响策略可能对某人如何思考、感受和行动有一定的可预测效果，但是该个体并不知道这些策略是如何影响他的心理状态和行动的。例如，回忆一下第 2 章，你可能会发现"虚报低价"和"登门槛"技术之所以会起作用，部分原因在于它们唤起了一种义务感。但是你可能并没有有意识地觉察到你顺从的原因是因为你的义务感。即使你确实有意识地感觉有义务，你可能也认识不到你的这份义务感是由先前对一个有意的小请求的顺从而引发的，而那个提出小请求的人就这样轻易地叩开了你的大门。如果你认识到了，那么我们敢打赌你不会同意第二个大一些的请求。你可能会愤怒地反抗这一"明显"想要操纵你的企图。通常情况下，一旦我们觉察到有计划的影响企图，那么这一影响就不会发生了。此时逆反心理被激活，我们会加以抵制或反抗。

这与认知失调相同。第 3 章我们已经明白，情境压力可能偶尔会迫使你违背态度而行动。这种情况下，如果你相信这一与态度不一致的行为是你自由选择的结果，那么你的态度可能会变得与你的新行为一致。但是，实际上你并没有真正进行自由选择；那只是实验者或销售人员制造出的一种错觉，用以提供足够微妙以至于你意识不到的诱因，但是它们却足够强大，能够指引你的思考和行为。情境使你顺从，但是你却认为自己做出了个人的、基于内在倾向的决策。在实验后的访谈中研究者发现，认知失调研究的参与者很少有人表示自己被人"诱导"去做什么事情。许多人甚至没有觉察到，他们已经改变了自己对某些事情的看法，准确无误地按着该理论和研究者们所预测的那样行事（Bem & McConnell，1970；Nisbett & Wilson，1977a）。

在我们没有完全觉察到说服信息影响我们的情况下，说服信息是如何影响我们的呢？一种途径是通过我们对启发式线索的依赖。当我们基于信息源的可信度、受众的赞同或者其他一些线索来决定接受或拒绝信息时，我们并不是每次都能意识到启发式线索的作用。有趣的是，相对于那些明显以我们为目标的信息，我们更容易被那些我们"偶然听到'（似乎并不是针对我们的）的信息所说服（Walster & Festinger，1962）。显然，如果说服对象并不认为信息具有深思熟虑的影响企图，就不能做出"沟通者那样说只是为了说服我"这样的归因。因此说服对象会更容易相信这一信息。然而，我们未必能觉察到偶然听到的信息何时会对我们产生影响，也未必能觉察到我们把知觉到的意图视为一种接纳线索。例如，"当胡藤说话时，人们就聆听"——特别是当胡藤并没有对这些人讲话之时。

我们也可能认识不到认知启动（priming）的影响。在一项启动研究中，首先呈现一种刺激，从而在参与者头脑中引入某个观点或者某种情绪。然后呈现另一种刺激——如说服信息。研究发现，参与者无意识地和自动地被吸引到那些他们已经"被启动"或者"准备好'思考的信息上面（Sherman，1987）。

本章我们要探讨意识及无意识知觉与思考过程之间非常有趣的相互作用，同时还将探讨这种相互作用对于社会影响的重要意义。

首先，我们将介绍心理学家对意识与无意识心理作用过程的认识。然后，我们将运用他们的理论来解释：为什么在不清楚原因的情况下，我们会喜欢或讨厌某些人和某些事物等诸如此类的问题。我们将思考我们的一些反应——甚至一些非常重要的反应——为何是"无意识的"和"自动的"。接着我们将探讨非言语沟通：不是指你的话语所说的内容；而是指你的音调、表情、眼睛和姿势所表达的内容。多数情况下，我们觉察不到自己传递的非言语信息，或者说觉察不到自己在解读非言语信息并受其影响。最后，我们将深入讨论阈下影响这一有争议的问题。广告商们能否通过向消费者的无意识心理传送信息，从而期望产生更多的购买行为，以此作为对这一隐性投资的回报？我们将了解科学研究如何解释这种影响，这种伦理上存在争议的影响是否确实有作用。

在探讨无意识影响之前，我们要注意，尽管我们通常意识不到各种影响力量，但是有时我们还是能够非常清楚地觉察它们。例如，在说服中人们有时会有意识地使用启发式经验规则来进行决策。你可能会非常严肃地辩解说："我没有时间分析这一复杂消息。但是我会相信该信息源，因为她是一名拥有资深背景的专家。"（Chaiken et al.，1989.）在第6章我们曾建议，为了避免对影响过于开放或过于封闭，我们应该尝试"接触"影响情境中我们要做出反应的对象。人类意识能够使我们与外部世界及其对我们的影响产生"心理接触"。但是，这种"接触"可能发生在这些界限之外，即无意识地发生。这就是本章关注的主题。

对影响的觉察与意识

什么是意识？一般而言，意识到某物就是觉察到某物。在我们正常的清醒时间内，我们的意识包括了视觉、听觉、其他感知觉、体觉、情绪和思维。在此之上，我们还必须加上我们对自己觉察这些事情的意识。我们运用"意识流"来描述日常生活中在我们的意识中进进出出的那些感觉和思想。当然，我们确实对意识的内容有一定的控制。我们能够集中自己的注意；我们能够注意到外部世界中的某一特定刺激或者是内部生成的记忆或观念。我们能够保持自己的注意并把它集中在——例如，言语信息上。意识的这一特征使"思考出"对刺激的反应成为可能。

尽管觉察是有帮助的，但是就对环境刺激进行心理登记而言，我们却不需要意识到这些刺激。在我们清醒的每一刻，我们的感觉系统都捕获着大量的外部信息。我们在同一时间所能注意到的刺激量是有限的，因此在数量庞大的刺激中只有很少一部分能够被有意识地注意到。注意是一个容量有限的加工过程。完全没有被注意到的信息被暂时保存在"感觉存储器"或者"缓冲器"中；除非注意转向了它，否则这一信息将会很快消失（Broadbent, 1958；1977）。

然而，研究者发现，注意在一定程度上能够被分离，同时，还存在注意程度的不同。此外，人们可以同时对多个刺激进行心理分析，这在某种意义上说是一种平行加工（parallel processing）（Kihlstrom, 1987）。因此，在我们的大多数注意和我们的全部觉察都被最显著的环境刺激所消耗的同时，我们还可能对缓冲器中的信息进行无意识分析，然后对这些信息进行进一步的加工，从而使其进入决策和记忆中。例如，当你阅读这一段文字并且专注于对你最为重要的那些内容时，房间里可能还有你所"听过"的、你喜欢或不喜欢的背景音乐。你可能会回忆起你第一次听到这段音乐时你发现自己饿了，但又意识到现在并非晚餐时间，并且尽力使自己回到被多重觉察干扰以前你正在思考的问题上去，这些觉察使你不能"全神贯注"地阅读本章。

许多认知心理学家认为，信息并不一定要被注意到才能对思维和行为产生影响（Bowers，1984；Mandler & Nakamura，1987）。同样，在判断、评价、问题解决、理解和信息整合中所进行的高级心理过程也可以发生在我们的意识之外（Kihlstrom，1987）。正如一名认知科学家所指出："是思考的结果，而非思考过程本身，自发地出现在意识之中。"（Miller，1962，p.56.）因此，我们可能并没有有意识地觉察到那些对我们产生了影响的难以觉察的刺激，甚至没有觉察到那些显而易见的刺激是如何进入我们的判断之中的。

让我们将眼光投向影响的世界，从而获得关于这些意识属性的证据及其对影响的意义。我们将特别探讨：（1）对特定刺激的情感依恋（或者拒绝）是如何通过条件作用和其他我们觉察不到的过程而形成的；（2）我们能够非常清楚地觉察到某些刺激，却不能觉察到这些刺激是如何对我们的思维和判断产生影响的；（3）对环境的某些反应如何能变成我们完全不加思考就做出的自动化习惯。

觉察、联想与情绪

觉察并不是形成情绪的一个必要成分。想一想巴甫洛夫的经典条件反射。把一个中性刺激（条件刺激）与一个能够自然激发情绪的刺激（非条件刺激）进行足够多次的匹配，中性刺激就会获得诱发相同强度情绪反应的力量，甚至稍后在它单独呈现时，亦有如此力量。的确，我们可以由此推论出一个强有力的论点：通过合理安排条件刺激与非条件刺激的呈现，个体所能知觉到的任何刺激都可能诱发他所能做出的任何反应——从肌肉抽搐到心脏跳动，从焦虑反应到喜欢和不喜欢。

行为主义之父约翰·华生运用这一思想使一个原本不知害怕为何物的婴儿变得害怕任何带皮毛的东西。他的研究表明，通过对任何中性刺激（例如白鼠）与一个非条件刺激（例如刺耳的噪音）进行匹配，可以迅速地使像恐惧这样的强烈情绪得以条件作用。一旦这种条件作用的恐惧建立起来，那么它将可以泛化到猴子、狗、毛皮大衣，甚至带有胡须的面具等这些并没有与令人害怕的刺激直接建立条件反射的东西上。

经典条件反射是广告商们喜欢的一项技术，他们常常在富含强烈感染力的情绪化意象（如性感的人和怀旧歌曲）的背景中呈现他们的产品。严格控制的实验室实验证实，这些条件作用策略非常有效而且效果持久。通过将中性词语、无意义音节（如"wuj"）、名字和概念与已经具有情绪倾向的刺激重复配对，可以使人们条件作用地喜欢或者不喜欢这些中性词语、无意义音节、姓名和概念。在一项著名的研究中，相对于那些与消极词汇（"痛苦的"）一起出现的民族名称，对那些先前重复与积极词汇（"高兴的"）同时出现的国家名称如"瑞典人"和"荷兰人"，大学生们的评定更加积极（Staats & Staats，1958）。

在类似的研究中，一些参与者注意到了对刺激的系统化安排而另一些参与者则没有注意到（Page，1969；1974）。但是，条件作用甚至可能会在那些没有注意到这一安排的人中间发生。此外，无论他们是否注意到了条件刺激与非条件刺激的重复配对呈现，参与者不一定会意识到他们的态度（例如，民族评定）已受到这些匹配的影响（Petty & Cacioppo，1981）。

如果巴甫洛夫这个名字让你想起些什么，那么西格蒙德·弗洛伊德会引起什么联想呢？对于心理学的初学者来说，可能是睡椅、冲突、口误和神秘的自我、本我及超我。弗洛伊德的精神分析理论认为，能够产生重要行为结果的特定态度是以童年时形成的联想为基础的。这一理论指出，强烈的心理冲突（常常与不可接受的性驱力和攻击驱力有关）受到了压抑——没有被觉察到，如果这些心理冲突被觉察到，就会引发焦虑并对我们的自我价值构成威胁。它们被深深地埋藏在了无意识中。在冲突的形成过程中，会有某些刺激与其产生最初的联系。当遭遇到这些刺激，可能会触发这一联系，进而产生强烈的焦虑。为了避免那种焦虑并继续将冲突隐藏在无意识中，个体会采用某种自我防御机制。自我防御机制有多种形式，例如否认、投射或者合理化。个体可能会采取的一种形式是对刺激的自我防御态度伪装下有意识的反对。

想想乔，他是一个反对任何形式的色情"污秽"组织的领导者，他宣称这些色情"污秽"正在污染我们的世界并且将生活变得使正派的人们难以忍受。像乔这样的人可能对性存在着无意识障碍，任何性刺激都会引发他们的焦虑，进而令人恐惧的冲突将会出现在意识中。乔会如何将它保存在心理底层那本属于它的地方，而不是在人前炫耀它呢？作为一种自我防御，反向作用将会使乔以与自己无意识倾向相反的方式行动。因此，他现在对任何的色情内容均感到厌恶，例如色情文学。他形成了一个信念系统来支持色情文学危害社会这一观点。通过领导反对在他所居住的社区开办"成人书店"的运动，乔将他的新态度付诸行动。他知道色情文学有多么狡猾和可怕，因为他已经亲自检查过数以百计的令人恶心的色情杂志和每部25美分的三级片录像。当然，乔决不会将他热诚的义务行为与他个人的性问题联系在一起。

根据我们在第 6 章中描述过的态度的功能理论，这一"反色情"的态度具有自我防御功能，使内在心理冲突的性的部分得到了部分表达，然而仍然隐藏了它的真实本质。另一个有着无意识性冲突的人，可能只是对某种产品有消极态度，因为该产品使用了有性暗示的广告主题。同样道理，因为冲突是被压抑的，所以这个人将意识不到为什么自己不喜欢这一产品。

广告音乐。《大白鲨》（Jaws）在我们见到这样巨大的噬人鲨之前，我们就会因即将与令人惊慌之物接触而感到恐惧。观众们已经被有节奏的、预示着某些恶兆的低音音符所"激活"。第一个联系是音乐伴随着一个年轻游泳者的突然消失。接着是音乐与其他令人不安的事件相伴随。最后，音乐本身就完全可以使人不安——令观众感到不安。

电影院或者电视中播映的商业电影把音乐作为一种激发我们情绪的工具——既有积极的情绪，也有消极的情绪。正如我们在第 5 章中所讨论的那样，广告也是如此。在这里我们必须强调，利用音乐实施条件作用能够使情感无意识地发生，甚至发生在自称是久经世故的消费者中间，例如商学院的学者。

在一项研究中，让学习管理学的学生观看了一则广告，这些学生被告知，这是广告代理商为一种圆珠笔所设计的广告的试验版（Gorn，1982）。对于一部分学生，画面——其中包含了最小限度的关于产品质量的信息——伴随有十分受欢迎的摇滚乐。对于另一部分学生，相同的画面却伴随着不受欢迎的音乐（印度古典音乐）。此外，实验还附带有另外一个特性：出现在广告中的圆珠笔是淡蓝色或者浅褐色。在观看并评定了广告后，学生们被告知，作为对他们帮助评价这一广告的报酬，他们将免费获得一支淡蓝色或浅褐色的圆珠笔。学生们可以自由选择圆珠笔的颜色：淡蓝色或者浅褐色。结果发现，学生们的选择与音乐有很高的相关。无论广告中笔的颜色如何，当配有令人喜爱的音乐背景时，近 80% 的人选择了广告中的笔。相反，70% 的学生拒绝了与不受欢迎的音乐相匹配出现的笔的颜色，而代之以另一种颜色。尽管音乐在选择行为上有异常强烈的作用，但后来要求参与者列出他们选择的原因时，205 个参与者中只有 5 人提到了音乐。

音乐并不是能够在说服与积极反应之间建立条件作用的唯一刺激。研究表明，在参与者在聆听信息时给他们提供可口的快餐，他们更加可能被这一信息所说服（Janis et al.，1965）。进食体验的积极特质被泛化到了对与之相伴的信息的评价上，即使信息本身与食物或者进食毫无关系。

光明与黑暗的力量。一项引人注目的研究进一步说明了经典条件反射可以在无需意识的情况下起作用（Zanna et al.，1970）。在这一研究中，当参与者预期会受到电击以及他们稍后实际受到轻度电击时，对他们的心率等生理指标进行记录。参与者相信实验者所感兴趣的是找出测量生理唤醒的更好方法。参与者被告知，9次电击为一组，在每组电击开始时会出现一个语音作为信号，而在每组电击结束时出现另一个语音信号。对一组参与者，起始语音信号为"光明"，结束语音信号为"黑暗"。对第二组参与者，语音信号恰好相反，"黑暗"是起始信号，而"光明"则是结束信号。

这里，电击无疑是一个非条件刺激：在不需要任何先前学习的情况下，受到电击自然会增强生理唤醒。在后继的实验程序中，呈现起始信号——光明或者黑暗——后，并没有对参与者施予任何电击，研究者对条件作用进行了测试。此时是否会出现增强的生理唤醒呢？对于近四分之三的参与者来说，确实如此。起始信号对于他们来说已经构成了一个条件刺激：仅仅是它的出现就能诱发生理唤醒。

这一研究结果本身不如巴甫洛夫的研究结果那样引人注目；在巴甫洛夫实验中，狗听到预示着食物出现的铃声就会流口水。然而，引人注目的研究结果出现在研究的第二部分。在同一天的稍晚时间，形成了条件作用的参与者参与了第二个实验，而这一实验似乎与前一个实验无关。参与者被告知，他们在参与一项词语意义研究的一部分，另一个实验者要求这些参与者对所呈现的10对反义词语进行评定，这些词包括：好—坏、令人愉快—令人讨厌和美丽—丑陋。你肯定已经猜到了，"光明"与"黑暗"这两个词也混在了这一堆词语中。图7.1呈现了形成条件作用的参与者对这些词语的平均评定结果。相对于那些曾经以"光明"作为电击结束信号的参与者，那些曾经以"光明"作为电击起始信号的参与者，把"光明"这一词语的评定得更为不积极。相似地，当"黑暗"作为电击起始信号时比它作为电击结束信号时得到了更低的评定。生理唤醒与情感都被条件作用了。当一个词语不断地与电击相关联时，参与者会更不喜欢这一词语。这种被条件作用了的情感甚至可以泛化到相似刺激，两个紧密关联的词语。"黑"与"白"同样属于"第二个研究"中需要被评定的词语。与那些由条件作用导致更不喜欢"黑暗"的参与者相比较，那些由条件作用导致更不喜欢"光明"的参与者同样也更不喜欢"白"而更喜欢"黑"。

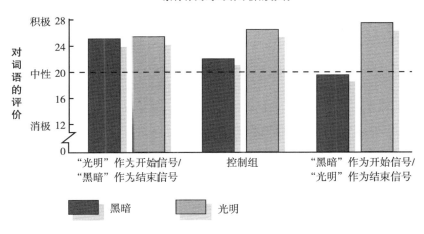

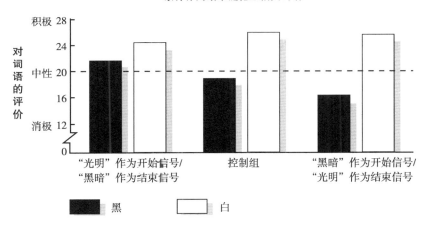

图 7.1 条件作用对词语评定结果的影响

通常而言，"光明"会比"黑暗"更受喜爱（在控制条件中）。但是当"光明"再三地出现在电击以前时，它会得到更少的积极评价，而当"黑暗"数次紧接电击结束而出现，那么它会得到更多积极的评价（"光明"作为开始信号/"黑暗"作为结束信号）。当对换两个词语的位置后，"黑暗"受喜爱的程度会下降而"光明"则会更加受喜爱（"黑暗"作为开始信号/"光明"作为结束信号）。这种经由条件作用形成的喜爱程度上的变化可以泛化至"黑"与"白"这一对相关词语，对它们的评价发生在一个完全不相关的背景中。条件作用可以是无意识的。

（资料来源：Zanna，Kiesler & Pilkonis，1970.）

对这些普通词语喜好的改变不是经过深思熟虑也不是有意识的。对参与者的访谈显示,参与者没有发现这两个实验之间的联系,所以在改变与电击相关联的词语是否受喜爱时,意识加工过程不可能起作用。看来在没有意识觉察的情况下,情感联系已经形成,并且影响到判断与决策。

未曝光的曝光。 有关我们未觉察到为什么会喜欢或不喜欢某些东西的另一部分证据,来自我们在第5章中所讨论的"单纯曝光导致喜爱"这一关系的研究。你可能回想起,在这一典型研究中,大量的新异刺激(例如汉字)被呈现;其中一些刺激的呈现次数多于其他刺激的呈现次数。稍后,参与者就他们自己对这些项目和其他(从没见过)项目的喜爱程度进行评定。通常,一个项目呈现次数越多,那么它就会比其他项目更受喜爱。对这一程序的一个小小修改是不仅让参与者说明他们对每个项目的喜欢程度,还需要报告他们是否记得先前曾见过这一项目。一个有趣的结果是,即使那些参与者没有认出先前呈现过的项目,也依然存在"曝光导致喜爱"的效应。相对于那些没有被认出、只呈现了一、两次的项目,呈现了10次却没有被认出的项目会更加受喜爱(Moreland & Zajonc,1979)。参与者似乎没有觉察到他们是如何形成自己的偏好的。偏好的形成不需要意识觉察。

参与者甚至可能形成对阈下(subliminal)刺激的偏好。阈下这一术语源于拉丁文 limen,它的意思是"阈限"。加上前缀 sub,就成了"阈下"。阈下知觉是指在低于觉察阈限的某一水平上对刺激进行心理编码——以低于有意注意所必需的最少时间或感官能量来呈现刺激。稍后我们将详细地探讨阈下加工过程及其对影响的意义。但是现在我们将主要关注于觉察与情感之间的联系——掩藏于表面以下的联系。

在一项研究中,刺激项目(不规则的八边形)只呈现了 1 毫秒(千分之一秒):这一时间太短以至于刺激无法被有意识地知觉(Kunst-Wilson & Zajonc,1980)。在实验的第一阶段,10 个八边形在屏幕上分别呈现 1 毫秒。所有参与者都只能够看到一个闪光,但是他们被要求认真观看屏幕,并且口头确认每一次闪光的发生。在实验的第二阶段,每一个曾经被阈下呈现过的"旧"八边形足足呈现了 1 秒,同时旁边还伴随着呈现另一个从未出现过的"新"八边形。要求参与者回答,他们认为哪一个八边形是先前见过的,以及他们更喜爱哪一个。他们对第一个问题的回答几乎是纯粹的猜测,他们正确地辨认出真正的"旧"项目的次数仅为一半。然而,就所有参与者平均而言,60% 的参与者更加喜欢曾经被阈下呈现过的"旧"

八边形。此外，75%的参与者显示出对没有被辨认出的旧八边形的显著偏好。

对这一研究结果和相关文献进行回顾时，扎荣茨（Zajonc，1980）指出，"偏好不需要推论"。他认为，人类大脑和感觉是由两个相对独立的系统组成的：一个用于思维，另一个用于情感。当思维系统在缓慢地理解某些事物时，情感系统迅速并有效地"获得了关于即将到来刺激的感觉"。这一刺激是好还是坏？是令人愉快的还是令人讨厌的？是有害还是无害的？是敌还是友？一个敏捷的情感系统可能曾经很好地为我们处在前语言期的祖先服务，他们生存的机会依赖于他们对事物进行迅速识别和分类的能力；如果某一事物可能带来愉悦，那么就接近并且安全地享用；如果带来伤害，那么就敏捷地逃离。

当然，人类最终进化出了语言和以语言为基础的思维，以及灵活多样的决策方式。但是，进行自动化情感反应的倾向仍然存在——因为快速和简易在我们这个复杂而繁冗的世界中仍然具有存在价值。关键在于我们人类似乎具有这样的感觉和神经机制，它们使我们在可以用言语清楚地对刺激进行描述并因此对刺激进行意识觉察以前，就使我们能够根据对刺激的情感而迅速做出反应。这样，我们可以首先播放音乐，跳起舞来，而把抒情诗留到后面。

觉察和"更高层次"的心理过程

在没有觉察的情况下，并非只能形成简单的联想。如前所述，涉及更高层次的认知活动的过程——通过这些过程我们对信息进行理解和整合——也不是有意识的。是思维的产物，而非思维的过程本身，出现在心理中并指导行为。因为无法有意识地了解到心理是如何作用于刺激并对它们进行整合的，所以我们通常无法准确地报告某个特定刺激是如何影响到我们的行为。我们甚至可能无法了解相当明显的刺激所产生的复杂效果，因为我们无法有意识地知道这些刺激所激发的认知加工过程。无意识远不止出现在条件作用和单纯曝光效应中，它还延伸到了人类用以应对其复杂世界的最基本的认知过程之中。

我们对更高层次心理过程的无意识有诸多含义。首先，它有助于解释为什么只有在影响对象不知道他们是如何被操纵以及被什么所操纵的情形下，才会产生认知失调和顺从效应。

一个研究小组进行了一系列研究，用以检验"当影响对象在做出似乎理性的决策时，他们通常'不知道是什么对他们产生了影响'"这一假设（Nisbett &

在建立条件作用式的联想和诱发情绪方面，一些广告既不是微妙的也不是阈下的。有人"意会"到了本广告所传达的信息，但是并不喜欢它。

Wilson，1977a）。在一项研究中，购物者参加了一个被描述为消费者调查的研究。要求他们对从左到右排放在桌上的 4 双长筒尼龙袜进行比较，并选出他们认为质量最好的一双。实际上，这四双袜子都是同一个品牌。在购物者的选择中出现了一个明显的模式：被放置在越右边的袜子越被认为是质量最好的袜子。实际上，选择最右边袜子的购物者人数是选择最左边袜子人数的 4 倍。然而，购物者并没有意识到物品摆放位置对他们的决策产生的影响，甚至在暗示他们物品摆放位置可能会对他们有影响时，他们仍拒绝这一提醒。

在另一个显示人们如何没有觉察到什么对他们产生实际影响的实验中，研究者提供了两个版本的大学教授的采访录影，两组心理学系的学生分别观看了其中一个版本（Nisbett & Wilson，1977b）。在热情版中，教授愉快并热心地回答问题，并且夸奖学生们。在冷漠版中，同一个教授是令人不快的——对学生很严格、不耐烦而且很无礼。可以理解，观看了热情版访谈的学生比观看冷漠版访谈的学生更多地报告了对这一教授的喜爱。然而，更有趣的是学生对教授体貌特征的评定。在两个版本的访谈中，教授的穿着完全一样，有相同的举止习惯和相同的欧洲口音。即便如此，对教授的外表、举止习惯和口音的评定仍然存在巨大差异。绝大多数观看了热情版教授的参与者认为，这个教授是英俊、和蔼的，并且有迷人的口音。相反，观看了冷漠版教授的参与者普遍认为，他不具吸引力，并且他的举止和声音非常招人讨厌——相同的特性输入，却有不同的印象输出。这是一个非常生动的关于"知觉会受到态度极大影响"这个我们曾多次见过的观点的例子。人们以评价一致性的方式对事物进行知觉和解释。研究印象形成的学者把这一现象称为晕轮效应（halo effect），即一旦对目标人物形成了一个总体评价，不管是积极的还是消极的，都会以与总体评价相同方式对其所有方面进行评价。

然而，这一实验的真正巧妙之处在于，参与者是根据他们喜欢或讨厌这个热情或冷漠的教授的联想，来报告他们对这个教授体貌特征的判断。然而绝大多数参与者相信，教授的体貌特征导致了他们喜欢或讨厌这个教授。当然，这一说法是不可能的，因为教授的体貌特征在热情和冷漠条件中是完全一样的。显然，由于无意识的晕轮效应，所以美貌不只是表面现象。某种意义上，美貌可能像目标人物的人格那样"深"、像观察者的眼睛那样明亮。讨人喜欢的人们看上去会更加漂亮，因为他们被知觉为是可爱的（而冷漠的教授们在学生的眼中则变得丑陋）。

当我们走出实验室并不再以大学生为参与者时，我们仍然发现一般人——你的妈妈、我的兄弟、他的叔叔等——也常常没有觉察到他们自己判断和行为的原因。然而，当被询问时，人们可以毫不困难地解释他们行为的原因。有时这些解释是正确的；但通常解释并不正确。尽管如此，这些解释常常是现成的和唾手可得的。为什么呢？

根据理查德•尼斯贝特和蒂莫西•威尔森（Nisbett & Wilson，1977a）的观点，这些解释只是貌似合理的归因。基于一生中我们对自己和他人行为的观察，对态度、价值观和信念的阐述，以及听到和读到人类和社会自然环境关系的故事，我们形成了关于在何种情形下什么原因导致谁做出了什么反应的各种理论。回想一下我们在第 3 章中关于文化认可的因果图式的讨论，可能有助于你理解人们为自我及他人的行为寻求因果意义的这一普遍倾向。以这种朴素的个人理论为源泉，我们构想了在任何特定时间什么刺激对我们发生着影响的解释，预测着什么样的刺激将会在未来对我们产生影响。我们的理论有时完全正确；而有时却毫无根据。麻烦的是，我们常常不能够区分错误和正确，也没有什么证据可以帮助我们提高做出此类重要评价的能力。

这一分析暗示，通过做自己和他人行为的仔细观察者，我们能够提高自己解释的正确性。此外，对那些你相信应该会对你产生影响的因素，是有办法增加其影响效果的。正如上一章中所建议的那样，你可以留意并系统地思考一些重要决定。你可能无法觉察到你头脑中所有的"旋转的齿轮"，但是你可以有意识地把一些你认为重要的东西放入"工厂"中，并且更加留意那些无意识的中介思维过程的产物。可能更为重要的是，要保持一定的"心理灵活性"，不要匆忙地就你为什么会或者不会做某事给出一个僵化的解释或归因。大多数行为都是由多个因素导致的：一些因素存在于当前情景中，一些因素源于你对过去情境的记忆激活，而另一些因素则是你对未来结果或者回报的部分预期。像科学家那样，通过形成可能的假设来进行暂时性的思考——在寻找证实证据以前，首先通过寻找证伪证据来进行评价。请留心！

向自动化转变

谈到留意，那么现在就让我们来看一下意识的另一个方面。伴随练习和重复，行为的模式变得自动化：它们能够在"不加思考"的情况下被执行。汽车驾驶就是一个很好的例子。在初学驾驶时，你必须全神贯注。你专注于你正在做的每一件事，而一次最微小的分心都可能导致一个严重错误。然而不久以后，驾驶就成了"小菜一碟"。你与你的乘客聊天、改换收音机的频道、唱歌，或者思考这周需要交的一篇论文的构思。驾驶成了离你的意识最远的一件事。但是，你还是无意识地将一部分注意划分给了驾驶。如果一辆轿车突然猛冲到你的车前面，那么你自然会去踩刹车——完全自动化地。

心理学家将这种状态称为意识分配（divided consciousness）。你有意识地做一件事；而无意识地，又开始了另一件事。这样的方式让你的行为看上去就好像是在进行自动驾驶。

同样，我们有充分的理由认为，在对社会影响的认知反应中也存在相同情况。如果在聆听或阅读说服性信息或其他信息上有足够的"练习"，那么我们可以习得常规。即使我们在聊天、做白日梦或者有意识地思考问题时，我们仍可以无意识地以程序化和自动化的方式对影响刺激做出反应。这就正是前面章节中描述过的启发法的经验规则的基础。特定的线索（例如权威角色）自动地暗示着特定的反应（例如服从）。

甜言蜜语进入不留神的耳朵中。对社会刺激的某些反应是如此自动化，以至于被打上了不留神的标签（Langer，1989）。在一个现场研究中，一个主试同谋走到一群正在排队等候使用图书馆里的复印机的学生身边，并向他们询问自己是否可以插队排在他们的前面。当她只是简单地要求帮忙时（我能用一下复印机吗？），60%的学生同意让她插队。这一结果显示，这些学生中的大多数都遵从了仅仅要求帮助这一基本的顺从获得策略。如何才能增强这一效应呢？同一个主试同谋在寻求其他学生的帮助时，在表达上有了微小变化："我能用一下复印机吗？因为我有一些东西必须要复印一下。"顺从的比率急剧增加至93%这样一个惊人的比例（Langer et al.，1978）。很神奇，不是吗？仅仅加上一个白痴般多余的原因，怎么就能使"助人行为"增加了那么多呢？显然，"因为"这个单词发挥了它的魔力。这个词是一个流行语。"因为"暗示了请求的原因，而原因的此种"证据"激发了一个自动化的反应——就像交通信号灯的突然变化会激发司机踩刹车的动作一样。当我们没有对刺激进行系统化加工时，就会发生这种不留神的反应；并且很明显它发生在我们的意识之外。

在人们进行自动化加工，从事一些不需要集中注意力的常规活动时，他们极易受影响。哈佛大学的心理学家艾伦·兰格（Ellen Langer）对不留神状态进行了大量研究，他曾经谈到过一个颇有说服力的有关不留神的趣闻轶事：

> 一次，当我走在曼哈顿的市中心时，我突然注意到了一个在过去的20年中似乎都处于"歇业"中的旅游用品商店，它的橱窗中有一块写着"可以点燃的蜡烛！"的标牌。想着这些特别的蜡烛可以作为不错的礼物，于是我正要走进这家商店去购买这些很新颖的礼物，却突然想起来所有蜡烛都是可以点燃的（Langer，1989，pp.50-51）。

突然进入留神状态，使兰格避免了陷入非常懂得"不留神的购物者"的商家所设下的陷阱。

类别带来的差异。兰格把不留神状态刻画为一种被动的活性状态，在这一状态中，情境，或者情境的某些结构特征，例如"因为"，自动化地对过度学习的规则和类别施予影响。不留神就是不能够超越心理定势进行思考，就是"陷入类别的陷阱"。在一项研究中，严格的分类标签阻碍了人们的创造力。相对于那些只被告知物品的不确定标签（"这可能是一个吹风机"）的参与者，那些被确切地告知物品是什么（"这是一个吹风机"）的参与者在后来能够想出的这一物品的其他用途会更少一些（Langer & Piper，1987）。在另外一项研究中，研究者先拍摄了一段对一位男士的访谈影片，然后，分别让两组职业心理治疗师观看这段影片。那些被告知这位男士是精神科"病人"的参与者在观看了这段影片之后，认为这位男士有许多变态和适应不良的行为。有趣的是，另一组心理治疗师观看了相同影片后判定这个男士适应良好。两组的差异就在于这个"正常"的男士在被介绍给第二组心理治疗师时被说成是一名"求职者"（Langer & Abelson，1974）。

这一预设类别对意识的约束作用对社会影响具有重要意义。如果你想要保持现状，就要培养这样一种感觉："它过去、现在以及将来都一直会是这样。"这种习惯性的行为将无疑会持续下去。如果你的目标在于让人们"以一种新的视角来看待问题"，那么诀窍就在于让他们跳出已有的心理定势。当人们遭遇到不符合他们已有分类的新异刺激，当人们的教师和传教士有条件地教诲和引导他们（"看情况而定"而不是"毫无疑问，绝对是"），当人们被鼓励去进行系统的思考，而不是陷入不留神加工时，人们将会变得更加留意。

现在我们已经看到，对影响刺激进行的许多心理加工都是无意识的。因此，在不被我们觉察的情况下，影响者通过使用条件作用、重复曝光以及使我们陷入不留神状态等策略，轻易地操纵我们的心境、喜好以及决策。既然这些想法已经有意识地存在于我们的头脑中了，那么让我们转而讨论那些尤其可能无意识地和自动化地对我们产生影响的沟通刺激：伴随人们言语的非言语行为。

非言语（且不一定是有意识的）信息

　　"把她嘴里的布拿掉。"保罗命令道。

　　杰西卡感到这句话在空气中滚动，那语气、音质都用得很好——威严、严厉，音调再稍低点更好，但这还是可能在保罗的音域范围内。

　　切科把手伸到封住杰西卡嘴巴的胶带上，拉开了布的结。

　　"住手！"克奈特命令道。

　　"哦，住嘴，"切科说，"她的手被绑着。"他把封住杰西卡嘴巴的东西取下来。在观察杰西卡时，切科的眼睛亮了起来。

　　克奈特把手放到了飞行员的手臂上说："喂，切科，没必要……"

杰西卡一甩脖子，把塞住她嘴的东西吐了出来。她以低沉而亲热的语气说："先生们！没必要为我打架。"同时，她向着克奈特优美地扭动起来。

她看见他们紧张起灵，知道在这一刻他们认为应该为她而争斗，他们的这种不和不需要别的理由，在他们的意识里，他们曾经为她而争斗过。

她仰起脸使其暴露在仪表射出的灯光下，以便克奈特能看到她的嘴唇，说："你不能表示异议。"两人把距离拉开，警惕地注视着对方。"有什么女人值得你们决斗吗？"她问。

她自己就在他们面前，说出这番话就使他们觉得完全有必要为她而决斗。

保罗紧闭双唇，强迫自己不发一言。他有一次利用声音控制术的机会，他成功地利用了它。现在——一切都靠他母亲了，她的经验远远超过自己。

弗兰克·赫伯特（Frank Herbert），《沙丘》（Dune）

这一情节来自弗兰克·赫伯特的经典科幻小说。在这一情节中，我们的女英雄利用她的声音和身体控制了对她毫不怀疑的俘虏者，最终成功地逃脱了死亡。从《沙丘》这一故事中，我们知道杰西卡天生擅长这些非言语的技巧并接受过相关训练。关键在于，杰西卡的行为和语气所传递出的信息（"为了我而争斗吧"）与她的言语所传递的信息（"不要为了我争斗"）相反，而最后她的非言语信息获胜。科幻小说作家们长久以来一直都为非言语沟通成为一门深奥科学的可能性而着迷。在非言语沟通中，恰到好处地使用语气和目光接触可能会使社会控制成为可能，就像杰西卡那样。对非言语信息着迷的一个原因是对说话内容的控制常常十分困难。言语内容会激发有意识的思考——并且可能激发反驳。但是目光和嗓音的细微差别能够在滔滔不绝的言语之外支配听众的意识。当人们注意言语时，这些非言语刺激可以从侧门偷偷溜入；当人们尝试理解那些歌词时，攻击已经从内部开始了。

有点牵强？坦白地说，就科幻小说的极端形式及其魔力而言，确实有一些牵强。但是，从社会科学家的研究来看，许多关于非言语沟通的影响的较为谨慎的断言绝非"天方夜谭"。非言语沟通指在社会交往中，一个人从另一个人那里获得的除言语内容之外的所有信息（Harper et al.，1978）。非言语信息的传递有两条途径。第一，副语言途径，我们在上述科幻小说的情节中已强调过，它包括言语的听觉特征，而不是单词和句子。语速、音高和音量都是副语言的基本属性，如同语调和音调的变化一样。就后者而言，请思考一下，当你很平淡地说出"好工作"，而不是强调突出"好"而把重音放在"好工作"的"好"时，你所传达的意思的区别。第二，可见的途径，包括在沟通过程中我们能够看到的方方面面：手势、身体姿态、面部表情、目光的移动和接触，甚至还包括衣着和化妆。

那么非言语信息到底有多重要呢？回想一下你曾经遇到过的印象最深刻的说服者。这个人很可能具有生动的非言语风格，这使你兴奋，让你始终保持兴趣，并且使你相信了这个说服者的真诚。任何一个曾经在讲演中犯困的听众都知道，保持听众的注意光有语言是不够的，更别提说服听众了。

就非言语的说服力量而言，美国前总统罗纳德•里根是一个极其生动的例子。他在任职期间获得了一个很形象的绰号。政治分析家和媒体分析家称他为"伟大的沟通大师"。然而，我们从里根演讲的内容中只能看到很少的洞察力——他不比其他美国总统更具雄辩力，很多时候甚至还会差一些。他的总统演讲在语言上并不华丽也不如诗歌般悦耳。他使用的词汇十分简单。当他停下来参考他那3×5大小的索引卡片时，他的思维常常发生跳跃，或者甚至会忘记自己正在思考什么。

但是，他的演讲无疑会给人留下深刻的印象。作为总统，里根长时间地保持着较高的公众支持率，甚至在民主党中也是如此。我们的这位总统在长达数十年的时间内是一位还算成功的好莱坞演员。因此，与其说是里根演讲的内容不如说是他演讲的方式，使他受到了美国民众的欢迎，并激发了他们的支持和认同。我们回顾第1章的内容可以发现，里根的言语、声音以及面部表情都显示他是一个真诚而谦逊的人，一位"我只是依赖了那些值得眷恋的常识而已"的角色。他把微笑以及与听众的目光接触非常完美地融合在演讲激情中。听众从未感觉到里根先生是"戴着面具"在做演讲。尽管有一位华盛顿的记者指出里根的最大技巧在于想象他自己是一名正在扮演总统这一角色的演员，但是大多数人们仍然相信里根所表现的正是"他本人"，是"真实"的自我。

我们在第4章中曾提到形象的构成因素，而非言语沟通就是其中的一大部分。在电视上对政治候选人进行的"形象加工"，试图充分利用观众对非言语线索的敏感性。就视觉形象而言，前总统尼克松的竞选班子就曾建议他要保持更好的体态，因为他那有些佝偻的肩使他看上去非常衰老而且毫无活力。1988年民主党总统候选人迈克尔•杜卡基斯在一场与乔治•布什的电视辩论中，站在了一个踏板上，以使自己看上去更高一些。

就副语言而言，杜卡基斯以一种惨痛的方式认识到语气比言语内容本身更加重要。在他与布什的最后一场电视辩论中，杜卡基斯被问到如果他的妻子基蒂被残忍地强奸并杀害了，那么他是否会变得支持死刑。杜卡基斯回答说他仍然会反对死刑，因为没有证据表明死刑对暴力犯罪有抑制作用，并且即使处死害死基蒂的人也无法让基蒂复活。很有道理的辩论。但是，听众们觉得这比在酒吧里放了一周的啤酒还要索然无味。杜卡基斯因为他的回答而受到了广泛的批评，甚至也受到了民主党中死刑反对者们的批评。为什么呢？因为他的回答完全不带激情。杜卡基斯对自己妻子遭遇如此糟糕命运的假设没有表达出任何情绪；他也没有以任何非言语信息表明他知道美国民众对于暴力犯罪有多么担忧。不管他的感受如何，他的声音中不带任何情绪，他的脸上也没有表现出任何痛楚。对此，听众们不得不问：在杜卡基斯的逻辑背后激情何在？他到底是怎样一个人？一个好男人无疑会因为自己所爱之人受到伤害而感受到强烈的痛苦。但是杜卡基斯没有带给人们这样的印象；这对他的形象产生了损害，而这也是他后来落选的原因之一。

既然你已经知道了一些著名的形象，那么让我们再增加一些。想象并且你的脑海里"回放"一下约翰·肯尼迪、马丁·路德·金、米哈伊尔·戈尔巴乔夫和杰西·杰克逊的演讲。带着我们脑海中这些富有影响力的沟通大师的非言语风格，让我们看看那些揭示非言语沟通作为一个影响因素的研究。我们在下面几节中将会看到，就影响而言，表达的方式如同表达的内容一样重要；通常在我们没有觉察到那些让我们接受或抵抗社会影响的相关线索的情形下，表达的方式在产生影响。我们还将看到，表述方式（例如音量）和目光接触会影响到我们对社会交往中操纵者的印象和归因；情绪可以通过面部表情表现出来，进而又影响到接收者的情绪；谎言可能会因非言语线索而"露馅"；说服者的发音和体态可以影响到说服，甚至是自我知觉。

观看：通过声音和表情形成印象

演讲中的视觉和副语言成分会影响我们对他人的印象，并且我们通常能够完全觉察到这些能引发特定印象的非言语特征。我们可以利用这些视觉和副语言成分来管理他人对我们自己的印象，同时我们也能够理解他人传递给我们的非言语信息中所包含的视觉和副语言成分。一个避免与新近结识的人进行目光接触容易脸红的人，可能会被认为是一个害羞的人。如果某个人（正要与你说话时）晃动他的脑袋、脖子和肩膀，就如同它们是单个的部件，且他的双手、手腕和手臂以相同的"统一"方式晃动着，传递出的这些信息暗示对方是一个地位更高的人。转瞬即逝的情绪，例如生气，同样也反映在一些我们能有意识识别到的非言语信号中，例如怒目的注视和声音的突然提高。戏剧指导和导演可以向演员们传授一些引发观众的某些特殊情绪所必要的特定体态和表情。我们对这些信号的觉察反映了一种事实，即在一种文化中某些行为表达成为一种规范：我们所有的人从小就形成了类似的情绪表达和特质表达习惯，并且懂得在他人身上发现和识别这些表达（Mehrabian，1981）。

此外，至少有 7 种基本情绪似乎是跨文化存在的，并且在所有文化中都与相同的面部表情相联系（Ekman & Friesen，1971；1986）。图 7.2 呈现了情绪的这些文化普适表情。当把这些面部表情分别呈现给美国大学生、新几内亚一个没有文字的原始部落居民、6 岁的儿童，以及其他不同群体时，所有人对每个表情各自所表达的情绪都有一致的看法。当要求来自各种不同文化和不同年龄群体的成员以不同表情来传递这些情绪时，他们基本上做出了相同的面部表情。

使用非言语线索来推断他人的特征，是运用启发法判断的一个实例。因为非言语行为通常确实能够准确地反映某一特定特征，因此"了解"他人的一个捷径就是观察他们的行为，而不是对他们言语的内容进行系统分析。如果一个演讲者说话流畅而快速，那么她一定"精通于自己的业务"。如果你的朋友看到小孩就微笑的话，那么他一定喜欢小孩。这些很有趣的情形与本章内容密切相关：我们并非有意地想要"了解"某人，完全是无意识地——自动化地——由他的非言语行为得出推论。

谁负责？嗓门高的那个。这种无意识的微妙影响在一项以高嗓门作为副语言变量的研究中得到了很好证明。当我们以"大嗓门"来描述一个人时，下一个进入头脑中的词语通常就是"令人反感的"。没有人会喜欢吵闹的人。但另一方面，没有人会注意到那些说话过于温和的人。正如我们在第3章中所谈到的那样，研究显示，人们通常会将更多的因果关系和支配性归结到那些在社会交往中吸引了更多注意的人身上。两位研究者就此推断，如果人们把更多注意放在了两人交谈中嗓门高的那个人身上，只要嗓门没有高到令人讨厌的地步，那么他们就应该会认为是这个嗓门高的人占据了支配地位（Robinson & McArthur，1982）。

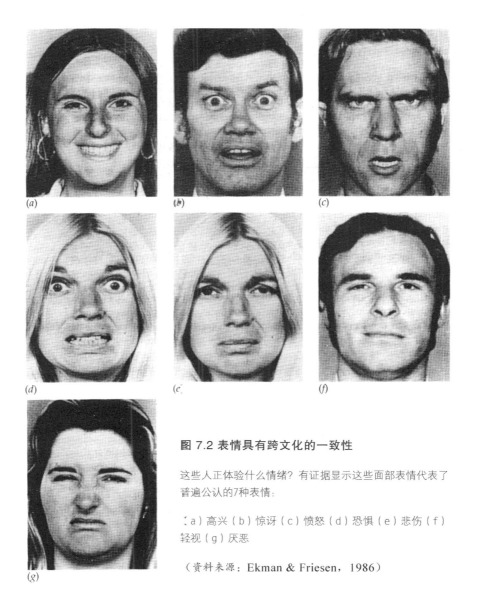

图 7.2 表情具有跨文化的一致性

这些人正体验什么情绪？有证据显示这些面部表情代表了
普遍公认的7种表情：

（a）高兴（b）惊讶（c）愤怒（d）恐惧（e）悲伤（f）
轻视（g）厌恶

（资料来源：Ekman & Friesen，1986）

　　为了验证这一观点，研究者让参与者聆听了一段长度为 5 分钟的交谈，在这段谈话中，交谈者的声音由不同的说话者传出。A 的声音为 75 分贝；而 B 的则为 70 分贝。这一差异非常小，仅仅刚好能够被觉察到。但是这一差异已经大到足够使参与者更多地注意那个更大的声音了。果然，参与者一致评定声音更大的那个交谈者——A——在交谈中占支配地位。图 7.3 呈现了参与者的平均评定。需要指出，嗓门高低这一影响作用与谁说话无关，也与谈话的内容无关。当把情形

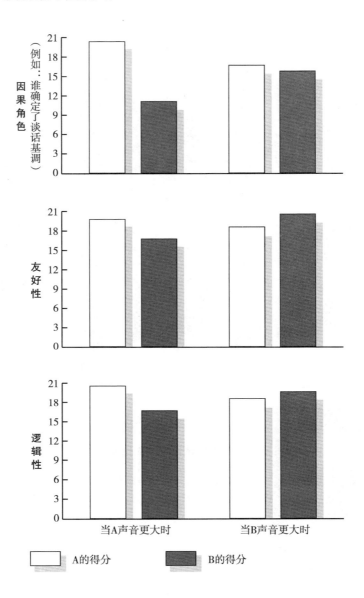

图 7.3 大声与沉默对印象的影响

参与者聆听了A与B之间的谈话录音。除了A或者B的声音会比对方高5分贝以外，沟通内容完全一样。谈话声音更大的人被认为更加友好和有逻辑性。参与者通常认为A对会谈有更多因果影响，但是当A声音更大时，这一差异就更加大。

（资料来源：Robinson & McArthur，1982.）

反转，让 B 拥有更大声音，而对话的其他方面保持不变时，A 作为一个更强因果影响者的印象就被大大削弱了（对 A 的印象似乎会有少许持续，因为 A 是一个稍微更具说服力的说话者）。那么现在谁会被认为更友好更富有逻辑性呢？当然是 B。

在大学生形成对他人的判断上，5 分贝起了很大的作用。如果你现在告诉参与者，他们对他人社会和认知特征所做的"灵敏，有洞察力"的评价被音量大小所操纵了，你认为这些参与者会怎么说呢？绝不可能！而你可以回答说，这是有可能的：在未觉察的情况下。

力量的有力展示。 这一研究表明，力量和影响能通过个体声音的强度来传达。给女性的建议非常清楚：大声说话，否则人们就会认为你不如那些嗓门高但却实际上不那么在行的男性有影响力。学生们评定他们的教师时，无论男生还是女生都做出了同样的判断：女教授不如男教授那么"有活力、有热情"。但是，只有男生进而以这一行为方式做出判断，评价女教授缺乏学术性、思维不清晰和条理性差（Basow，1986）。

各种非言语行为都在暗示我们，谁在面对面的交往中起支配作用，谁在演讲情境中更为可信。当演讲者更多地注视听众时，听众就会认为演讲者更有才能、更见多识广、更经验丰富，甚至更为诚实、友好和亲切（Beebe，1974）。因此，你不能只在转换话题时才注视听众，你还应该在演讲过程中注视他们。在两个人的沟通中，处于主导地位的那个人——因为他地位更高、专业性更强或者其他的一些优点——通常拥有更高的视觉主导比率（visual dominance ratio）（Exline et al.，1975）。与其搭档相比，处于主导地位的个体在讲话时看着对方的时间会成比例地多于听对方讲话时看着对方的时间。地位高的人在他们自己说话时会注视你，但是你说话时他们却并不一定在看着你。此外，占支配地位的个体倾向于比不占支配地位的个体更少微笑、有更多手势并且更经常地用手托着他们的下巴。一系列有趣的研究发现，年轻人是自动化地、无意识地通过这些非言语动作来显示自己的力量，而观察者会通过这些非言语动作来推断他们力量的差异（Dovidio & Ellyson，1982；Dovidio et al.，1988a & 1988b）。

在其中的一个研究中，男女配对的大学生们以随机的顺序讨论了 3 个话题：一个是传统上男性更为熟悉的话题（更换汽车机油），一个是女性更为熟悉的话题（编织图案），另一个则多多少少是"中性"的话题（园艺）。对所有谈话都进行录像，并且稍后根据录像对每个参与者的言语行为与非言语行为进行编码。研究发现，对于男性化主题，男性会话伙伴主导了谈话，他们引出了更多的对话并通常发言更多，所有这一切都与他们依靠更多的专门知识所获得的更高地位相一致。他们同样也通过非言语信息展示自己的力量。与他们的女性搭档相比，男性有更高的视觉主导比率，更少的微笑，更多的手势，并且更频繁地用手托着他们的下巴。

对于女性化主题，地位的差异发生了逆转，并且出现了相反的反应模式。女性主导了对话，并且更多地通过非言语信息显示她们的力量。那么，你认为对于中性主题（园艺）的讨论中应该发生怎样的情况呢？在双方都缺乏专门知识的情况下，是否会有一方主导谈话呢？嗯，确实是这样，并且与男性至上的观点相一致。男性通过他们的视觉、手势和面部表情，确保他们主导了关于园艺的讨论。参与者似乎陷入了传统的性别角色中。当双方参与者拥有相同的先前知识或经验时，所有观察者都注意到，男性扮演了主导角色，并且展现了他们对女性的支配地位。无论男性还是女性参与者都没能觉察到，他们的非言语行为对专门知识和文化中的性别歧视是如此敏感。这项研究隐含的一种意义在于"行为中的非言语性别差异十分微妙，但却是塑造男性与女性之间地位关系的重要变量"（Dovidio et al.，1988b，p.586）。

人与人之间行为方式的差异有助于在观察者和互动双方的头脑中形成不同的认知结构，从而形成了评价性的判断与态度。那些有更高地位和权力的个体被认为更有能力、更聪明。人们会更多地聆听他们的发言，而其发言内容也具有更大的潜在影响；因此，就形成了一个自我实现预言的循环。

为了证明这一效果，研究者使一起人身伤害案中陪审员角色扮演者的行为方式发生系统的变化。在这一案件应判处多少赔偿金问题上，这个陪审员提出了一个极其反常的意见。实验者对他的辩论进行了录像，并让有权决定最终赔偿金额的参与者观看了这一录像。当陪审员表现出一个高地位的行为方式——令人敬畏地提出要求时，参与者受到了极大的影响；而当他扮演了较低地位的角色——毕恭毕敬时，参与者受到的影响是最少的。最值得注意的是，在每个录像版本中，陪审员法庭辩论是完全相同的：所说的内容一致，只是说话风格发生了变化。最后，相对于告知参与者该陪审员有一个地位很高的职业但他却没有表现出相应的行为的情况，陪审员展现了高地位的行为时，他的影响会更大（Lee & Ofshe，1981）。

自信地展示信心。表达自信对于说服极为重要，特别是在两人互动情形下的说服更是如此。在一系列研究中，要求成对的参与者像陪审员那样对法律案件进行商讨。研究发现，在两人之间在说服性互动过程中，说服者（即那些让其搭档改变自己的判决的人）使用了一些表达自信的言语，被说服者则倾向于使用一些表达怀疑的词语（London，1973）。在稍后的研究中，对自信这一在先前实验中被自然表达的特质进行了实验控制，以证明它是说服过程中的一个原因变量。研究者通过让行为者做出同样的口型，但是在三种视频资料上配以表达不同自信程度的声音，从而将言语内容从行为方式中分离出来。

结果很明显：自信的表达是人际情境中说服的一个关键预测因素，无论是以语言来表达或副语言表达。然而，过分啰嗦的自信表达反而会使他人产生对抗。一般而言，那些最有效的女性说服者所使用的策略是，既改变被说服者，又维系与被说服者的社会联系。她们使用了两种策略来达到这一复杂目标：（1）表达对自己能力的自信及其原因；（2）一旦有把握说服对方，她们就降低说服压力并且讨好被说服者。因此，她们在影响了他人的同时还赢得了朋友。通常，双方中任意一方未能有意识地觉察到这一"高明"策略和它得以表达的机制之间的相互影响。

情感与谎言的视觉与听觉

一些理论学家认为，对形成印象和理解他人情绪最有用的信息，来源于非言语信息，而不是言语信息（Mehrabian，1972）。但是事实确实如此吗？

在一项研究中，研究者给参与者呈现了一场政治辩论的片断，在这些片断中，演讲者清楚地表达了积极或消极的情绪（Krauss et al.，1981）。一些参与者观看了原始录像，并且十分容易地辨别出了不同演讲片断中的感情基调。对于其他的参与者来说，研究者通过对片断中一个或者更多感觉通道的信息进行删节从而设立了一个相互间竞争性的沟通途径。一组参与者阅读了这些片断的脚本；他们得到了言语信息但是没有视觉信息，也几乎没有副语言信息。另一组参与者只获得了视觉信息，因为他们观看了没有声音的录像带，导致了言语和副言语信息的丢失。另外还有一组参与者听了一个被过滤过的录音带，在录音带中演讲是难以理解的，而副语言的特点例如音调、响度等被保存了下来。哪一种途径最能够传递出情绪？书面文字？视觉？副语言？研究发现，对情绪的最好判断出现在了脚本这一条件中，其中几乎没有非言语信息可利用。阅读了脚本的参与者，其判断与在全通道条件中得出的非常准确的判断最相配。

惊讶吗？在仔细思考后，你可能并不会觉得吃惊。本章所强调的观点与流行观点相反：没有比语言更适合作为传递情绪的媒介了（Brown，1986）。词语和语言规则是非常灵活且被广泛应用的传递情绪的工具。尽管如此，非言语通道也确实对帮助人们理解情绪起着很重要的作用。在刚刚回顾过的研究中，语言途径（脚本）是觉察情绪最好的单一通道，尽管它不如全通道那么好。除言语以外，非言语线索也有一定的作用。

在言语自身没有提供线索或者提供了误导线索的情况下，视觉和副语言线索在传达情绪上就显得非常重要了。当言语内容完全没有，或者是刻意没有，涉及情绪内容时，就只有依靠非言语信息来"泄露"情绪了。当存在一个"混合信息"时，例如非言语线索传递出的情感与说话内容相矛盾时，人们似乎更加信任面部和身体所"表达"的内容，而不是言语内容。显然，人们明白，相对于言语内容，沟通者很少有意识地控制自己可见的非言语行为，也很少能够控制自己可见的非言语行为。稍后，我们将探讨一个特殊的案例，在这一案例中非言语线索可能传递出了比言语内容更多的（或者不同的）信息：一个关于谎言与欺骗的案例。然而，首先我们必须考察一下非言语沟通在影响中重要性的另一根据——非言语行为对情绪的引发作用，当然这种影响常常难以觉察。

表情的作用。表情提供了特别丰富的情绪线索。不仅如此，面部表情还可以激发他人的情绪。有一项研究很好地说明了这一点，这项研究考察了人们对伟大的沟通者，罗纳德·里根演讲录像的无声剪辑的情绪反应（McHugo et al.，1985）。里根的支持者与反对者都观看了显现总统上半身的1分钟剪辑。每个剪辑分别捕捉了总统的4种不同情绪状态：中性、愉快而从容、害怕并逃避、愤怒和恐惧（图7.4）。在参与者观看每段剪辑时，记录他们的生理指标，包括对面部肌肉紧张度的测量。在观看完每段剪辑后，参与者报告了他们自己的情绪。所有非中性情绪的剪辑都引发了参与者心率增加等诸如此类的生理唤醒。另外，面部肌肉紧张度的测量显示，对里根所表达的情绪有一种移情式"模仿"。在生理水平上，里根由面部传达出的情绪使参与者产生了相同的反应。例如，里根展现出的愉快和从容会引发参与者微笑；而他愤怒和害怕，则引发参与者皱眉。无论是支持里根的观众还是反对里根的观众都出现了这种反应。

图 7.4 一项关于表情的研究

前总统里根正在展现（从左上角顺时针方向）高兴和从容，害怕和逃避，愤怒和恐惧。

（资料来源：McHugo，Lanzetta，Sullivan，Masters & Englis，1985）

然而，参与者对总统的态度，确实影响到了他们在观看每段特定剪辑之后所报告的感受。当里根非言语地表达了高兴时，里根的支持者报告的感受是积极并热情的，但在里根看上去愤怒或恐惧时，他们报告的感受则会相当消极和愤怒。相反，无论里根表达什么情绪 他的反对者，尤其是民主党中的极端反对者，所报告的感受多少都有点消极。

这些结果意味着什么呢？它们主要说明了，演讲者的情绪性面部表情能够引发听众的情绪反应。生理水平上的这种"内在反应"与说话者的情绪相匹配，这种效应非常类似于我们都体验过的感染性微笑，或者当看到某人遭受痛苦时我们就会有的痛苦表情。然而，一旦这些自动化反应与思维及先前态度发生了联系，那么这些被有意识地体验到的情绪就可能会，也可能不会，再类似于说话者的情绪了——尽管如此它仍然是一种情绪。

就电视形象而言，这一研究十分有意义。那些擅长控制自己面部表情的公众人物，能够通过引发那些观看自己在晚间新闻上短暂露面的观众的积极情绪，而塑造自己的印象——只要观众并不是原本就反对这个形象的塑造者。实际上，该研究的跟踪研究发现，在观看了里根愉快且使人安心的表情后，原本中立的学生报告了更多关于里根的积极态度（Lanzetta et al.，1985）。

　　如果晚间新闻主持人在心里对候选人有较高评价的话，那些注意自我意象的候选人可能会做得更好。这不是因为新闻主持人会给予口头的称赞，主持人不可能在新闻中表现出偏袒，但新闻主持人可能会无意地将他们对候选人的偏好"写"在脸上，并且把那些偏好传递给他们的观众，就像在上述研究中，里根将情绪从他的脸上传递到参与者的情感系统中那样。我们依据一些有趣的现场研究得到了以上的结论。

从蒙娜·丽莎到彼得·詹宁斯。一项研究考察了1984年的在任总统罗纳德·里根与民主党人沃尔特·蒙代尔之间的总统竞选活动。研究的第一阶段，在投票前的8天时间里连续对三家主要电视台的晚间新闻进行录像。在第二阶段，研究者让大学生对录像片段中3家电视台的新闻主持人在报道里根或者蒙代尔时的面部表情进行评价。评价结果显示，在报道关于里根或者蒙代尔的新闻时，哥伦比亚广播公司（CBS）的丹·拉瑟和国家广播公司（NBC）的汤姆·布洛克肖这两人的面部表情所表现出的愉快程度没有任何差异。每个人在谈论任一个候选人时脸上都带着相同（而且适当的）愉快表情。然而，美国广播公司（ABC）的彼得·詹宁斯却表现出了一种支持里根的强烈积极表情偏向；当他谈论里根时，他的表情会比报道蒙代尔时"泄露"得更多。在选举结束后的那个春天进行了最后一个阶段的研究，研究揭示了这一"詹宁斯的微笑"的意义。对5个美国中西部和东部城市的约200名选民进行了电话调查。调查者询问他们最常观看哪个电视台的晚间新闻报道，以及他们投了谁的票。在那些确实参与了选举的人中，有63%的CBS和NBC忠实观众投票支持里根。与之相对照，有75%的ABC——彼得·詹宁斯——忠实观众投票支持里根。一个新闻主持人的笑容是否有助于选举总统呢？

　　研究者相信答案是肯定的。他们认为，詹宁斯的积极面部表情引发了其观众的积极情感，而这些积极情感与里根——这个与那些积极表情同时出现的客体——联系在了一起。另一种可能性是，那些原本就支持里根的观众更多地观看ABC频道，因为该频道明显具有支持里根的偏向。但是，后一种解释似乎不太可能成立。一项独立研究的结果显示，相对于其他电视网，ABC在新闻内容方面实际上更少支持里根（Clancey & Robinson, 1985）。因此，"新闻主持人的面部表情偏向影响了选民态度"这一观点是该研究结果最可能的解释——由于具有这一解释一定政治意义，所以它值得更多研究的关注。这一解释对惯用语"接受表面价值"赋予了新的意义。

说谎是不诚实的表现，觉察谎言则是人之常情。我们认为，任何一个沟通者的可信度的核心，除了专业素养，就是诚实坦率。当我们感觉某人"没有说真话"，或者正在掩饰某些事，那么他的可信度会直线下降。对于人们什么时候在撒谎的判断有时是受非言语线索指导的，因为当人们设法欺骗他人时其言行会有所不同，尽管这种差别通常很微妙（Ekman，1985）。一项研究对比了那些被要求对自己的情况或对一起目击事件说谎话的参与者和被要求说真话的参与者，结果发现，说谎者似乎语速更慢而且音调更高、更经常变换身体姿态、更少微笑和避免目光接触（Apple et al.，1979；Zuckerman et al.，1981）。此外，说谎者在回答问题时会有更多语误和犹豫。

为什么我们在欺骗时有"侧面表露"？最重要的两个原因是谎言泄漏和认知干预。谎言泄漏涉及了这样一种观念，说谎时我们会尽可能地使自己看上去、听起来是真实的，这时我们通常会发现那些激发焦虑的行为。我们也许能够控制我们沟通中的一个或者多个通道。但是关于我们焦虑不安的证据或者我们真实感受的证据可能会在另一个通道"泄露"出去（Ekman & Friesen，1969）。当然，"泄密"的通道自然是最难以控制的通道。言语通道，我们有意识选择的词语，是最容易控制的。有趣的是，面部表情也是相当可控的，但不是完全可控（Ekman et al.，1988）。研究表明，最难以控制的是身体动作和声音特征（Scherer et al.，1986）。1970年代中期一首流行的摇滚慢歌警告那些不忠的妻子们"你不能隐藏你那说谎的眼睛"。研究显示，不忠的妻子更难以掩饰她那不安的双脚和颤抖的声音。

欺骗同样也涉及心理努力。谎言很少是自然产生的；人们需要编造谎言，并需要小心地注意谎言是否合乎逻辑且前后一致。这些要求可能会加重心理负担，并因此而干扰言语的流畅表达。这有助于解释为什么伴有欺骗的言论中会有更多停顿，以及为什么对虚构事件的描述通常是生硬而不自然的（Koehnken，1985）。

我们通过一些仔细设计的研究了解哪些非言语行为通常会伴随谎言出现。但是人们能够识别谎言并因此而占胜那些基于谎言的影响企图吗？研究显示，谎言有许多相同的非言语特征，人们报告说他们使用这些非言语特征作为洞察欺骗的线索。实际上，当人们怀疑有欺骗时，他们似乎更加相信从身体姿势和副语言这些可控性低的通道中所获得的信息，而更少相信那些高度可控的言语内容——一个明智的策略。然而，不幸的是，人们在洞察谎言时的表现并不那么好。谎言的洞察可能会比纯粹的猜测好一些，但是并没有好太多（Brown，1986）。仔细回顾有关洞察欺骗的研究时发现，对个体是否撒谎的判断其正确率为 57%（Kraut，1980）。而纯粹猜测情况下可以达到 50% 的正确率。

让我们尽快将这些令人沮丧的研究结果整合为观点吧。研究探讨了在缺乏相关背景的情况下洞察陌生人的欺骗的技巧。在这些情况下，人们可能会去寻找关于欺骗的线索但却没有考虑到产生这些非言语行为的其他可能原因。被认为是说谎者的人可能只是害羞，在赶时间或者是通常所说的"神经质类型"的人。在纽约州锡拉丘兹市（Syracuse）机场进行的一项现场研究是这方面的一个不错例子（Kraut & Poe，1980）。一些在等待航班的旅客被邀请参与一个模拟演习，在演习中他们要设法在不被拦阻和检查的情况下通过海关。对其中一半志愿者，研究者给了他们一些违禁品（例如，一包海洛因），要求他们"走私"这些违禁品，并且为成功的走私者能获得高达 100 美元的奖励。海关官员（被认为是专家）和观看了海关询问录像的纽约市郊的居民（非专家）都没能准确地辨认出谁是走私者，谁不是走私者。实际上人们对走私者的怀疑要少于对无辜者的怀疑。尽管如此，人们对谁看上去比较可疑的判断还是比较一致的。大多数人选择拦阻那些看起来神情紧张的人，他们常常"回答询问前会有所犹豫，回答非常简短，晃动他们的身体并且避免目光接触"。所有这些行为都被认为是与某些情况下的欺骗有关。然而，在这一案例（走私）中，这些判断显然没有能够考虑到这些行为可能并不是特别有效的欺骗信号，这些行为可能也与人们所不知道的其他一些个人或情境特征有关。

与上述情况相反，在某些情形下，你对某人可能会说谎的情境非常熟悉，同时你还对这个人的人格类型和其可能的动机有所了解。你在这种情形下对这个人欺骗的觉察能力会很高，远远高于你在实验室和机场对一个完全陌生的人的单一孤立欺骗行为的觉察能力。

说服与非言语沟通

我们关于沟通者的印象和感受无疑会受到他们信息的非言语方面的影响。我们快速且无意识地对沟通者的某些非言语表达做出反应，这种反应既表现在对沟通者力量及其可信性的归因上，也表现在对沟通者的喜爱或厌恶上。对沟通者的这些反应可能会影响到由信息所引发的态度改变的程度。研究证实，非言语线索可能会通过对说话者印象的塑造而影响到说服。一项研究发现，当要求大学生设法改变某人的态度，而不是简单地传递信息时，他们的语速会加快，声音更大而且表达更加流畅；他们还会有更多愉快的表情，并且与听众有更多目光接触（Mehrabian & Williams，1969）——正如前面的讨论所预测的那样。此外，对拥有这些特点的信息进行评定时，它们通常会被认为更具有说服力。研究发现，更具影响力的心理咨询师会比那些不怎么有影响力的心理咨询师以稍为大一些的声音来做咨询（Packwood，1974）。长相有吸引力的个体似乎也更有说服力，他们在试图影响他人时会以高于平均水平的语速和流畅度讲话，这可能不是一种巧合（Chaiken，1979）。

语速似乎是一个特别有效的非言语说服线索。想一想在前面段落中我们是多么频繁地谈到它。让我们看一下一组研究者所进行的研究，他们在前往洛杉矶一家购物中心的途中，请人们聆听一段关于喝咖啡的危害的录音信息，对这一信息进行评价，并表明对这一信息的赞同程度（Miller et al.，1976）。当听到的录音中说话者以高于平均的语速传递相关信息时，购物者认为这一说话者更加可信，并且对其信息更加赞同。在大学实验室里再次进行这一实验时得到了相同结果。

较快语速传递了可信度和知识性，并因此可能被作为接受信息的一个外周线索。同时它可能也使系统化加工变得更加困难；但是这并不是非言语沟通的效用，因此，在这里我们不再继续探讨。你可能会说"等一等"；怎么会是这样呢？我们被告诫，要小心那些"滔滔不绝的推销员"，那么快速的言语如何能够成为可信度的线索呢？问题的答案就在于言语本身。这个人正设法向你推销，对这一点的认识本身就是一个线索——关于不信任的线索。当说话者没有显出他想要操纵你的目的时，那么快速的言语就是具有说服力的。

非言语行为的自我知觉：我点头了，因此我是同意的

我们在第3章中已经知道，在某些情况下，我们从自己的行为来推断自己的感受。与此相类似，我们的非言语行为同样可能给予我们一些反馈并影响我们的态度和情绪。这一点在一个设计十分巧妙的实验中得到了证明（Wells & Petty，1980）。以检查戴着立体声耳机"在变换姿势时是否舒适"为名，研究者要求大

学生在听广播时点头（"上下移动你的脑袋"）或者是摇头（"来回移动你的脑袋"）。在音乐广播中插入一段长度为 90 秒的有关参与者所在学校增加学费的说服信息。流行音乐节目主持人将这条信息作为一条电台评论介绍给听众。在信息呈现后进行的观点测量清晰地显示，头部动作对参与者的观点具有重要影响。相对于仅仅收听广播的控制组，在收听时被要求点头的参与者更加赞同这一信息，而被要求摇头（就像"否"的姿势一样）的参与者则更少赞同这一信息。

更为重要的是，参与者丝毫不怀疑是头部动作影响了他们的态度。我们再次看到了无意识过程所发挥的作用。但是，无意识过程是如何产生影响的呢？研究者认为，当我们点头时，我们总是在思考积极的问题；而当我们摇头时，我们则总是在思考消极的问题。我们非常好地习得了这样的联结，以至于非常难以做出"以点头来表示不同意"这类的行为：此时的身体反应与认知反应是不相容的。于是，不相容的认知反应基本上都被身体上的头部运动所抑制，而相容的认知则得以增强、变多。点头促进了心理上的认同反应；摇头则促进了心理上的不认同反应。

让我们来考虑一下这一结果的实践意义。在听说了这一头部运动的研究后，你是否会对这样一个电视广告表示怀疑呢：广告的视觉特征是一个垂直弹跳的球，同时其音频部分则在详细解说这一产品的优点。

非言语线索，无论是他人还是我们自己的，是能够被客观地看到、听到或感受到的。它们是可觉察的。但是正如我们已经讨论过的，即使当非言语线索没有被有意识地注意到时，它们也可能对我们的情绪和印象产生影响。在本章的最后部分，我们转向那些可能没有被注意到也无法被注意到的影响线索：低于心理阈限的影响线索。

阈下刺激：难以察觉的影响

1950 年代诞生了摇滚乐、呼啦圈以及被福特公司命名为爱泽尔（Edsel）的新款轿车。摇滚乐继续存在；如歌中所唱到的，它还"在此停留"。呼啦圈很快就淡出了，但偶尔还会复现。爱泽尔于 1958 年出产，但自那以后就再也没有被生产过。1950 年代出现的另一个新生事物是，使用阈下影响技术进行的商业实验。1957 年秋天，新泽西州黎堡的电影观众观看了一些被处理过的电影。在一部电影的无数张胶片中，插入了一些含有"饿了？吃爆米花吧"和"喝可口可乐"等词语的单帧胶片。这些胶片移动得非常快以至于它们无法被看到，但设计了这一隐蔽提醒方法的营销公司报告说，爆米花在幕间休息期间的销售量上升了50%，软饮料的消费则上升了18%。为了惊吓而非销售，一个电影制片人运用相同技术，在恐怖电影的关键时刻以不被觉察地方式闪现骷髅图片和文字"鲜血"（Packard，1957）。

　　当这些阈下影响的做法作为新闻被公众得知时，反应是可预见的：公众被激怒了，并出台了限制在广告中使用阈下影响的新法律。因此，在研究清楚阈下影响是否真正地起作用之前，阈下影响就被人们抛弃了。但如同呼啦圈一样，阈下影响在1970年代中期又卷土重来并陪伴我们至今。在1974年的电影《驱魔人》（Exorcist）中，一个死亡面具在屏幕上以短得无法被注意到的时间闪现。近年来，为了应对偷窃行为，北美的许多百货商店在播放一些悠闲的背景音乐的同时，还不断快速重复播放一些几乎不能被听到的低语，例如"我是诚实的，我将不会偷窃。"许多商店都报告，入店行窃率大幅度地降低了（Time，1979）。一些畅销书籍例如《阈下诱惑》（Subliminal Seduction，Key，1973）宣称，平面广告中含有隐藏的信息和暗示，通常是性暗示——例如一杯杜松子酒中的冰块里有一些像阴茎的东西，或者远处海浪的顶端投影在沙滩上身着比基尼晒太阳的女性分开的双腿上。而现在，你可以购买到一些宣称可以缓解压力的音带，在这些音带中包含着一些抚慰性的亚音频信息，而这些信息通常被浪漫音乐和周围自然的声音所掩蔽。

　　这些阈下技术有用吗？它们是否如其支持者宣称的那样可以对那些没有觉察的对象产生影响呢？想一想你在本章中已经读过的内容，你可能会更加开放地考虑这种可能性。我们已经知道，可被觉察到但没有引起注意的刺激，能够在不被我们意识到的情况下影响我们的态度和行为。否则，我们就无法解释刺激是如何对我们产生影响的。我们曾考察过的一个研究比这一观点更为极端——不止是没有被觉察到的刺激，无法被觉察的（即阈下的）重复刺激，也能够对态度产生影响（Kunst-Wilson & Zajonc，1980）。总之，就我们已有的知识而言，我们应该对那些以我们无法"看到"或"听到"的方式所呈现的刺激的潜在影响持一种开放心态。

　　然而，开放的心态也同样应该具有辨别力。近年来，阈下加工已经吸引了相当多的科学关注；但迄今为止，严格控制和可重复的研究并没有证实任何关于阈下影响的神话般的断言。同时，虽然一些受到推崇的阈下技术推动了科学研究，但是另一些阈下技术却完全无法揭示任何人类心理的功能。让我们对阈下影响的各种尝试进行整理归纳，将它们与新近的心理学研究和理论联系起来。

利用阈下"视觉"改变心理的可能性

新泽西州爆米花广告的发起者宣称，他们著名的阈下广告导致了剧院快餐店销售额的巨大增长。然而，实际上，他们没有进行严格控制的研究，因此无法确定究竟是什么导致了销售额的增长，或者是否确实出现了销售额的增长。由于缺乏关于"销售额"的清楚定义以及缺乏阈下信息呈现之前定义清楚的、作为对比基线的销售额，我们不知道"销售额增加"是否应归结为阈下刺激、一群异常饥饿的观众、观众数量的增加，还是偶然的一个波动或者其他的什么因素。此外，一些证据显示，研究的结果是捏造的（Weir，1984）。

如果我们不考虑 1960 年代的一些拙劣研究（Moore，1982），那么在本章前面讨论过的那个以 1 毫秒时间呈现八角形的研究，最早直接证明了短暂闪现的刺激能够对情感产生影响，即使刺激没有被有意识地注意到（Kunst-Wilson & Zajonc，1980）。正如我们所知，平均起来，这些"呈现得太快以至于无法被看见"的八角形会比那些从未呈现过的八角形更受喜爱。

这一八角形的研究能否推广到影响线索呢？它本身并不行。它的一个局限是阈下刺激与其他刺激相分离，而参与者关注的是阈下刺激。参与者认真地看着屏幕——即使他们什么也看不到，只能看到短暂的闪光。相反，在广告中，阈下刺激会被附加在已经被观众有意识注意到的电视广告或者电影的视听内容上。如果对某些内容的有意识注意削弱了伴随性的阈下刺激的影响，那么阈下刺激几乎没有实际应用价值（Dixon，1971；Moore，1982）。

第二个局限是，八角形研究的结果表明，通过阈下呈现，只有刺激本身变得更受喜爱。而那些把著名的阈下刺激穿插到电影中的爆米花推销者，不会对特定的物理刺激（"饿了？吃爆米花吧！"）变得更受欢迎这一点感兴趣。他们需要一个更具普适性的效果：想吃爆米花的更强愿望，并进而引发他们所期望的行为，即购买爆米花。相似地，《驱魔人》的制片人想要的也不只是观众们对死亡面具的一个反应。他们同样也寻求一个更具普适性的效果——恐惧。如果阈下刺激的效果仅仅限于针对刺激自身的特殊反应，那么其实用价值会受到很大限制。

第三个局限是八角形研究中，在刺激物呈现后的几分钟内测量了对刺激物的喜爱程度，没有告诉我们被诱发的感受是否足够强烈和持久以至于能对引发后续直接行为的心理加工产生影响。广告的目标是行为改变。电影观众必须要能离开座位，去购买爆米花。终日懒散的那些人必须在他们光顾商店以前一直保持由阈下呈现的产品信息所塑造的态度，同时这一态度必须足够强烈，从而能够在他们光顾商店时适时地被激活。

这些局限是否意味着阈下说服不能起作用呢？或者说，（1）阈下刺激是否能被附加在那些被给予了充分注意的材料上？（2）阈下刺激是否仍能引发一般情绪和态度？（3）阈下刺激引发的情绪和态度是否足够强烈从而足以影响特定的目标行为？最近的研究显示，在一定限度内，对这些问题的答案都是肯定的。让我们对其中的一些研究进行探讨。

阈下刺激影响判断，即使只是作为附加刺激。 多个研究已经证实，甚至当阈下刺激与一些支配了意识注意的刺激同时呈现时，阈下刺激仍会产生影响（Greenwald et al.，1989；Marcel，1983）。这些研究使用了速示仪，一种能快速呈现刺激，并能精确地调整刺激在每只眼睛或每只眼睛不同视野区内持续时间的仪器。在一项研究中，以仅仅30毫秒的持续时间向参与者的非优势眼呈现一个带有感情色彩的词语，同时向参与者的优势眼呈现一个"掩蔽刺激"——一个很杂乱的图案（Greenwald et al.，1989）。所有参与者报告，他们所看到的只是杂乱图案的模糊闪现。不到1秒钟后，以2秒钟的持续时间向参与者呈现了另一带有感情色彩的词语，并要求参与者判断这一词语的含义是好还是坏。当前一个阈下词语（例如"悲痛"）与目标词语（例如"厌恶"）具有相同的情绪内涵时，参与者的判断会更快，反之（例如"高兴"与"厌恶"）则更慢。因此，即使与一个更加强烈的刺激同时呈现，阈下刺激也能影响参与者：阈下刺激对参与者具有启动作用，使他们更快地辨别出另一个刺激的感情色彩。

阈下刺激对一般反应的影响。 阈下启动的研究同样也说明，对其他刺激的评价会受到阈下刺激的影响（Bargh & Pietromonaco，1982）。一项研究使用速示仪将成对词语呈现在参与者注视点的左边或者右边；这些词语的呈现时间非常短，以至于参与者无法觉察它们的含义（Erdley & D'Agostino，1988）。所呈现的词语看起来就像是微弱的闪光。研究者要求参与者指出每个闪光是出现在左边还是右边。对一些参与者而言，大多数阈下呈现的配对词中有一个词是"诚实的"的同义词——"真诚的"或"正直的"。对另一些参与者，大多数配对词中包含了"卑鄙的"的同义词——"粗鲁的"或"敌对的"。对第三组参与者，则呈现了一些中性词语。因此，如果阈下刺激具有启动作用，那么一些参与者应该会把诚实作为一种特质；而另一些参与者则会把卑鄙作为一个特质。

他们确实被启动了。在完成了阈下阶段几分钟后，所有参与者都阅读了一个简短的故事，这一故事讲述了一位名叫堂娜的女青年的一次购物之旅，这位女青年在多个不同的场合中表现得既有些诚实又有些卑鄙。与控制组相比，被无意识地启动了诚实特质的参与者后来将堂娜描绘得更加诚实和值得信任。相反，被无意识地启动了卑鄙特质的参与者则将堂娜形容得更加卑鄙、粗鲁和自私。被无意识启动的内容波及了对客观上并无关联的刺激的有意识判断。

对上述启动程序稍作改进的研究，有力地说明了由阈下刺激触发的联想范围。该研究中的启动刺激不再是一些包含特质的词语，而是大多数美国人所持有的与对黑人刻板印象有关联的词语，其中包括一些绰号（"黑鬼"和"黑人"）、品质词（"善运动的"、"贫穷"和"懒惰"）、地点词（"非洲"和"贫民区"），以及一些活动词（"爵士"和"篮球"）（Devine，1989）。白人参与者接受了100次阈下刺激的启动。对一组参与者，有80次阈下启动词与刻板印象有关（12个词语每个呈现了6至7次）；而对另一组参与者，只有20次阈下启动词与刻板印象有关。在阈下启动的几分钟后，参与者阅读了一段文字，这段文字描写了一个（种族不明的）男子所做出的一些"模棱两可的敌意行为"，例如刚付完款就要求退货，在公寓没有被重新粉刷以前拒付租金。研究者要求参与者在不同维度上对这段文字中所描写的男性的行为进行评定，包括敌意。

实验结果非常令人吃惊：相对于那些接受了有关黑人刻板印象的轻度阈下刺激的白人参与者，那些接受了重度阈下刺激的白人参与者对那个男子的评定为更具敌意；但是两组参与者在其他特质维度的评定上没有差异。在进行实验的几个月前，曾采用种族歧视量表对这批参与者是否怀有偏见进行了测量。

这里有什么联系呢？在刻板印象的无意识暗示下，无偏见的白人参与者如何能在一个陌生人身上看到比他客观具有的敌意更多的敌意呢？几乎所有的美国白人在其童年早期就习得了关于黑人的刻板印象。这一刻板印象的一部分就是黑人更加有敌意这一假设（Brigham，1971；Devine，1989）。有偏见的人们有意识地获得刻板印象，并且情绪化地对刻板印象的消极成分做出反应。偏见不强的人们会有意识地抵制刻板印象，但是刻板印象是如此牢固地被习得，它存在于无意识中，处于隐匿状态；而一些与黑人或黑人刻板印象有关的暗示会激活这一刻板印象。一旦有这类暗示，个体的刻板印象会被启动，并在即时情境中发现一些与刻板印象有关的品质。在本研究中，暗示是阈下刺激，然而阈下刺激仍然能足够强烈地激活刻板印象，使刻板印象中的唯一成分——敌意——被凸现到意识的关注点上。

让我们来看一看不那么极端的情况。有一项研究把电影院中使用的阈下刺激引入到实验室，这一研究再次证实了阈下刺激对一般反应的影响。实验者让学生们观看了一部由电脑生成图形的录像，这部长度为 2 分钟的录像是令人难忘（Robles et al.，1987）。在录像中，满是家具的房间其不同视角的图像以生动的色彩在屏幕上做水平和垂直旋转。为参与者不知的是，在录像中至少插入了 12 个持续时间为六分之一秒的单帧"阈下刺激"。其中，有些参与者观看的录像中插入了积极的阈下刺激（流行的卡通角色如兔巴哥），有些是消极的阈下刺激（恐怖电影中血肉模糊的面孔、魔鬼和妖怪），还有一些则呈中性（灰色的无特色形象）。短片放映完后，立即让参与者完成标准化的焦虑问卷。所插入形象对焦虑的影响是不可忽视的。相对于那些曝光于中性形象的参与者，那些曝光于血淋淋的形象的参与者报告了更强的焦虑，而那些曝光于有趣卡通形象的参与者所报告的焦虑甚至比控制组参与者还要少很多。

阈下刺激可能会影响行为（但是需要更多的证据）。 关于阈下影响是否能够达到行为改变这一最终目标，几乎还没有什么很好的研究，但是，一项实验室研究为我们提供了积极线索（Bornstein et al.，1987）。研究发现，在完成一些评价性任务的过程中，参与者对于面孔曾被阈下呈现过的主试同谋的公开赞成多于对未曾"谋面"的主试同谋的公开赞成。但这一效应并不强烈，并且没有伴随出现更加喜爱"熟悉的"主试同谋的其他行为证据。然而，研究结果确实显示，由阈下刺激引发的状态与简单行为之间或许存在着直接的关联。

于是，我们可以断定：如果不考虑行为改变，活动的视觉媒体中出现的阈下呈现至少能够唤起情绪并激活各种心理范畴，以致评价受到完全不同的刺激（包括自我）的影响。在解释这些影响时，心理学家首先使用了本章前面部分讨论过的知识。未被有意识注意到的刺激仍然可能被登记和被无意识地进行粗浅加工。就阈下刺激而言，我们必须补充一些有关人类信息加工的额外假设，而且这些假设一点也不能牵强附会。例如，为了激活与评价相关联的一种情绪或者一个特定心理范畴，如"诚实"，刺激的一部分可能必须被登录。如前所述，扎荣茨（Zajonc，1980）曾提出，刺激可能得具有使对刺激的"情感再认"大大快于对刺激的言语识别的属性。总而言之，阈下加工似乎是能够快速运转——以奔跑般的速度工作——的大脑的副产品，与此同时，大脑还在慢慢地从事一些其他活动，例如，获取正在观看的电影情节的含义。

于是，可能那些一闪而过的死亡面具确实让《驱魔人》更加吓人。但因为还缺乏运用行为测量或以远大于几分钟时间追踪阈下影响的研究，所以阈下刺激是否能够有助于销售爆米花——或者汽车、啤酒等诸如此类的东西——仍然有待探索。有专家指出，在短暂的实验室研究中所体验到的阈下刺激作用本身是短暂存在的。但是请考虑一下这些问题：如果阈下刺激被整合进一个你每天多次、每周多天都会看到的电视广告中，那么阈下刺激产生的情绪性反应是否会随着阈下刺激的重复呈现而增强呢？阈下影响能否作为稍后说服的一个铺垫？或（帮助）建构对反说服的抵制？一项新近的研究发现，由阈下曝光形成的对汉字的态度，在稍后受到来自汉字学专家简短说服信息的攻击时，能够抵制改变（Edwards，1990）。当观众处在一种阈下刺激引发的良好心境中时，广告商能否通过呈现一条产品的说服信息来"趁热打铁"呢？鉴于新近的实验证据，以及广告商们对获取更大产品利益的"窍门"的无止境的追求，这些问题都是值得认真研究的。

阈下音频信息与嵌入式书面信息：不太可能的影响

除视觉外，经由其他感觉通道的阈下影响或许同样能产生所期望的效果。现在让我们来考虑一下阈下听觉。从消极方面说，严格的阈下影响不太可能通过耳朵来形成，而只能通过眼睛来形成。阈下音频信息可能太过微弱而无法被听到，如果注意全都集中在其他的声音上，那么阈下音频信息可能根本不会被登记。眼睛可以从视野的不同区域同时获得信息；与眼睛不同，耳朵是依次处理输入的信息，一次处理一个刺激。当多个声音同时出现时，它们混合在一起；而混合的结果可以从模糊的刺耳声音到和谐的声音——音乐。除非我们专门去听许多同时存在的信号中的某一个，否则那些信号大多将被淹没在混合后的声音中。如果我们实际上能够听到这一信号，那么根据定义，它已不再是阈下的声音了。

另一方面，一个简单的阈上信号（"在阈限以上"）可以微弱地向我们重复呈现，尽管我们对该信号的注意时有时无。我们可能从未完全意识到这一信号，但是通过重复曝光，我们或许能体验到对这一信号或者信号所传递思想的积极情感。这一心理机制有助于使缓解压力的录音带发挥作用，尽管这一心理机制尚未得到证实。那些简单的信息——"放轻松"、"你很棒"、"不要担心，高兴一些"——能够被听到，但只是极为勉强地被听到；在新纪元音乐[1]的帮助下，那些简单信息触发了恰当的情绪联想。

一项设计精巧的实验表明，尽管美国人每年在阈下"自助"音乐上花了5000万美元，但是，这种磁带即使有治疗效果的话，也非常小（Pratkanis et al.，1990）。一群18～60岁的参与者连续五周每天聆听旨在提高他们的记忆或者自尊的阈下磁带。在聆听这些商业磁带前后，研究者根据多个维度对每个参与者的记忆和自尊都进行了测量。此外，对于那些聆听记忆磁带的参与者，一半的人被诱导相信这些磁带能够改善他们的记忆，而另一半的人则被错误地告知该磁带是提高自尊的。对于那些聆听自尊磁带的参与者，则进行相反的安排。

这一研究得到了两个明显的结果。首先，对自我改进的知觉显著受到了参与者期待的影响；如果他们被告知磁带会改善记忆，那么他们就报告了记忆的改善，而如果他们期望自尊提高，那么他们就报告了自尊的提高。然而，在参与者聆听了记忆磁带但却相信它是一盘自尊磁带时，这一"自欺"效果是最强烈的。其次，尽管参与者的期待是参与者相信自己得到了的东西，但实际上那并不是他们实际得到的回报。他们什么都没有得到。在14项客观测量中，没有任何一项显示出了记忆或自尊改善的任何线索。根据安慰剂效应，期待本身可以引发个人改变；而这一研究结果显示，阈下治疗磁带甚至可能不具有安慰剂效应。

嵌入式平面广告中的刺激完全不可能成为有效的阈下刺激。事实上，甚至不可能存在这类嵌入式的刺激。威尔逊·布赖恩·凯（Wilson Brian Key）揭示出，麦迪逊大街[2]所谓的凶兆图片秘密的极力鼓吹者，煞费苦心地试图在杂志广告中发

1　新纪元音乐（New Age music），在1970年代后期出现的一种音乐形式，旨在帮助冥想和心灵的洁净——译者注。

2　麦迪逊大街（MADISON AVENUE），美国纽约著名的大道之一，为美国广告业中心——译者注。

自1957年以来，人们一直试图在这些冰块中发现乳房。

广告业有时被控在广告中偷偷插入了一些诱人图片。

按照推测，这些图片能够使你在甚至没有见过产品的情况下就去购买广告产品。

仔细看看上面的图片。在一些人看来在冰块折射的光线中隐藏了一对女性的乳房。

嗯，如果你认真地搜寻一下，那么你是可以看到乳房的。就此而言，你还可以看到米勒德·菲尔莫尔（Millard Fillmore），一块煨好了的猪排和1946年出产的道奇车标。

问题在于所谓的"阈下广告"完全是不存在的。然而，很多过度活跃的想像的确能产生类似的效果。

因此，如果某人宣称在上面这杯酒中看到了乳房，那么实际上它们并不存在于冰块中。

它们在观看者的眼睛里。

印刷品广告中可能不会隐藏着暗示性的刺激。即使有，也需要通过发现（"不隐藏的"）才能使其产生影响，但这是不太可能的。

现爱欲客体，包括通过放大镜和以斗鸡眼的角度来观察。也许他用放大镜真正看到的恰好是他期望看见的。如果你足够努力地观看任何模棱两可的刺激——云朵、放大的冰块或者罗夏克墨迹——你都会看到某些东西。在某种程度上，你的所见正是你的所想。

但是，即使平面广告确实包含了嵌入式符号，它们也不会以阈下的方式影响人们。道理很简单，因为迄今为止我们还不知道有这样一种心理过程，即通过偶然浏览广告就能够无意识地接受一个需要通过放大镜或仔细揣摩才能在意识水平上被看见的刺激。

影响的伦理道德——觉察之外和觉察以内

阈下影响的商业应用是不道德的吗？为了回答这一问题时，让我们考虑一下与影响和说服有关的伦理道德问题以及在此背景下的阈下刺激问题。道德问题十分复杂，在一定程度上是个观念的问题。但许多人至少会同意，不道德的影响技巧涉及以下三个核心方面（不包括强制性的外部力量，这不在本书讨论范围内）。如果一种影响技巧依靠欺骗、禁止呈现反面信息或者不公正地阻碍对影响的抵制，那么一般说来，这种影响技巧就可以被认为是不道德的。

对欺骗的依赖。我们在第2章描述过的汽车销售中的虚报低价技术是不道德的，因为它只有在向说服对象说谎的情况下才会起作用。销售人员有一个关于较低交易价格交易的承诺，但他从未打算要以这一价格来成交，他利用这一承诺使购买者同意一个修订后的更高价格的交易。除了谎言以外，没有任何的技巧。（没有谎言就没有销售）。类似地，阈下刺激的使用者将其使用视为秘密来保守，从这个意义上来说，阈下刺激也是欺骗性的，因此也是不道德的。然而，可以想象，甚至当公开宣称呈现阈下刺激时——例如，呈现在有明显说服意图的电视商业广告中——阈下刺激仍能够产生影响。在这些情形下，可以认为，阈下刺激至少能够"通过"对欺骗的道德检验。阈下刺激的呈现和信息的说服意图都是被公开承认的。

呈现单面信息并禁止另一面信息。一些影响策略是不道德的，因为它们涉及有意封锁对立观点或对立行为的选择性曝光。统一教的招募体制经常遭受以此为根据的批评。如我们所知，邪教成员使被招募者专注于邪教本身的信息，并蓄意使被招募者失去聆听——乃至思考——对立面观点的时间和机会。这一"拒绝对立面"的规则并没有被真正应用到任何一个影响技巧，例如阈下呈现等。实际上，这一规则与影响者用来审查和限制被影响者自由接触其他观点的一般能力和权力有着更加密切的关系（例如在一个极权主义的国家中）。根据这一规则，在同时存在双方面观点的情形中，单方面的阈下信息似乎是道德的。

阻碍抵御。 当影响的方式或多或少地剥夺了人们防御、反驳的动机或能力，或者仅仅回避的权利时，这一影响似乎就是不道德的了。就像在一些邪教招募和战俘营里的情况一样，这种剥夺可以通过剥夺睡眠和食物来达到。通过一些纯粹的心理学手段——分散注意和引发混淆——也能够剥夺人们防御的意愿和能力。当我们在第8章探讨警察有时如何强迫无辜的嫌疑人认罪时，我们将看到一个关于阻碍防御的事例。通过运用那些使影响对象觉察不到其作用的影响刺激也能使影响对象变得不具防御性。

那么，为什么阈下刺激是极度不道德的呢？因为，你无法防御那些你不知道的东西，而阈下信息就是你无法觉察的。那么经典条件反射是不是无法觉察的呢？通过促使受众对符号、意象和其他带有感情色彩的刺激做出情绪化和无意识的反应，经过包装的候选人形象和产品形象使受众的注意偏离了实质并且抑制了系统化思考，那么这些形象是否也是无法觉察到的呢？正如我们所知，这些策略诱发了那些人们没有觉察到的改变过程。

但是，这些方法与阈下刺激之间有着非常重要的区别。在形象加工和条件作用中，操作性刺激和策略是可以被觉察到的，即使很多人可能因使用这些技术不够熟练而有所遗漏。因为我们的敏感和细心，我们至少有机会抵制它们带来的影响。通过留意，通过在第6章以及其他章节讨论过的分析影响情境的策略，我们就能够保护自己。但这些方法不适用于阈下刺激的情况。我们无法觉察阈下刺激，因此没有任何东西能够提醒我们要留意。我们唯一的防御只能延后，延至行为决策的时候。在那时，我们可以问自己为什么我们会有这样的感受。在没有发现线索的情况下，我们可以从阈下影响所塑造的倾向中逐步退回。这是一种防御，但不是最终的防御。此外，这也不是一种对阈下刺激在"小事"上——在不用担心什么因素导致的情况下必须不断做出的即时判断——所造成的微妙影响的防御。回想一下，在阈下种族刻板印象的强烈提醒下，人们在一个无辜的陌生人身上看到了敌意。

　　因此，我们可以得出结论，如果证实阈下影响在实验室以外的广告情景中发挥了作用，那么对它的应用将被视为是非常不道德的——主要是因为阈下影响本身剥夺了人们抵制它的机会。

觉察与意识：结束语

　　人类两个格外显著的特点是：（1）语言，它使极度复杂和微妙的沟通成为可能；（2）意识，一种主观觉察外界的能力——带着观察的意识去观察个体自我的思想，去观察个体与外部世界的沟通。意识在很大程度上使我们复杂的语言成为可能。人类的这些重要特点是我们沟通和选择的主要方式。人们生活在一个言语的、主观体验的世界中。因此，言语符号和意识符号是最强大、有效和普遍的媒介物，通过它们我们彼此互相影响。

　　本章我们对有意识、有目的的沟通进行了补充。首先，并非所有信号都需要经过意识觉察才能进行登记。人类心理可以在对一些信号进行有意识加工的同时，对另一些信号进行无意识加工。其次，通过有意识沟通而得到的言语信息，经常在无意识水平上进行整合和做出反应。这种"心理属性"非常关键，它可以避免由于对每件事物的加工都必须经过在意识这一聚光灯照射下的缓慢过程而可能形成的瓶颈。无意识或者没有觉察到的信息加工必然会伴随，而不是代替，有意识的或觉察到的加工而发生。它们是同一系统的两个部分。

　　精神分析学家的任务就是帮助指导病人依靠自己的力量来发现无意识的影响是如何作用于他们日常的思维、情感和行为，以及它们如何表现于外显症状中。然后，这些见识为朝向更加健康的个人改变奠定了基础。我们本章的任务是使你——一个潜在的影响对象——更加清楚某些类型的刺激和信息如何、什么时候以及为什么能够在意识觉察水平以下控制你的行动、思考和情感。这些知识需要被转变成一种留意的应对方式，以用来应对一些"隐蔽的"说服和社会影响的说服源。那就是你的任务了。

小　结

　　我们探讨了人们在没有觉察到社会影响或者不知道是什么对他们产生了影响的情形下而被社会影响所改变的方式。如果影响对象注意到了影响技巧赖以支持的微妙社会压力，那么这些技巧根本不会起作用。尤其是，我们看到人们可能没有觉察到联想的形成，可能会无意识地依赖来自他人的非言语线索，而且可能对阈下信息产生反应。

- 要意识到某物就要觉察到它。尽管注意可能被分配到多个刺激事件上，但通常我们只能意识到情境刺激中我们所关注的很小一部分。当有意注意被占用时，就可能对一个刺激进行无意识加工。

- 对刺激的情绪和喜爱-不喜爱反应常常通过我们没有觉察到的过程而得以形成。一个过程就是经典条件反射。在经典条件反射中，将一个中性刺激与一个能够激发积极或消极反应的重要刺激不断重复配对后，原本中性的刺激就变得能够引发相同反应。这一过程能够在影响对象没有认识到是刺激配对导致了反应改变的情况下发生。另外，甚至当我们没有发现曾见过这一刺激的情况下，仅仅单独重复呈现一个中性刺激就能够导致对刺激的喜欢。这意味着在我们有意识地思考刺激之前，我们心理上已经准备好对刺激进行情感和偏好反应了。

- 我们的有意识思维是理解、评价和整合这些高级加工过程的产物，而这些高级过程有可能发生在意识之外。因此，通过对构成态度和决策之基础的显著刺激的无意识加工，即使显著的刺激也可以以我们不知道的方式对我们产生影响。在研究中，参与者对他们行为的解释通常不同于对他们产生作用的实际影响。

- 由于不留神，影响也会无意识地发生。随着练习和重复，对社会刺激的某些特定反应会变得自动化：我们不加思考地做出这些反应。当我们全神贯注时，当一个固定的分类标签可被用于特定刺激时，我们可能会对这类刺激（例如权威形象）做出不留神的反应（例如服从）。

- 我们常常无意识地对非言语行为做出反应。非言语线索可以是副语言——例如语速、音调变化、语调——或者视觉的，例如面部表情和肢体运动。它们引导人们形成对他人特质和情绪的印象。

- 言语最能传递情绪；但是，当言语是不带感情的，或者似乎与非言语行为相矛盾时，我们会通过非言语线索来推断情绪。此外，面部表情能够自动地引发观察者的情绪，通常引发的情绪与传递者传递出的情绪相同。因此，那些善于控制自己面部表情的人们也许能够控制他人对他们自己和动机的情绪反应。

- 撒谎会激发焦虑，这一焦虑可能通过那些比言语更难控制的非言语通道泄漏。欺骗可能在姿势转换、声音颤抖和回避目光接触中表现出来。说谎是需要认知努力的，因此欺骗同样可以在更多的犹豫、笨拙的言辞中得以体现。我们利用这些非言语线索来觉察欺骗，但通常为了获得可靠的觉察，我们还需要从沟通情境中获得信息。

- 说服部分地依赖于从沟通者的非言语行为中推断出的沟通者特质。通过快速、大声地说话，沟通者听上去会更加值得信任。愉快的面部表情和频繁的目光接触能够提升受喜爱的程度。我们甚至可能被我们自己的非言语行为影响：貌似同意的点头实际上有助于形成赞同性的思想。

- 无意识影响的一个引人注目的形式是阈下影响——通过过于微弱以致无法被意识觉察到的刺激来引发情感和认知上的改变。关于阈下影响的一些十分夸张的观点是没有科学支持的。但实验室研究显示，那些闪现时间太短以致无法被看见的视觉刺激，或者被更强刺激掩蔽从而远离了意识的视觉刺激，能够产生影响。这些刺激本身会变得更受喜爱。此外，伴有强烈情绪或主题联想的刺激，其阈下呈现会启动刺激的接受者，使其根据这一情绪或者主题来界定或解释稍后的事件。然而关于这一效果是否会持续、是否会增强或者是否对行为产生影响，都仍然未知。

- 如果一种社会影响技巧依赖于欺骗、有意地压制对立面的信息，或者破坏对其进行防御的动机或能力，那么这一技巧似乎就是不道德的。不公开宣布的阈下刺激是欺骗性的。因为这些阈下刺激不会被注意到，因此不能对它们进行反驳或者抵制。

问题与练习

1. 找出一个当前正在大肆做广告的产品。对这一产品的各种电视广告、广播广告和印刷品广告进行研究。广告中的哪些成分是我们可能会有意识注意到的？什么成分可能会"悄悄溜入"并且无意识地影响我们（例如音乐、模特或代言人的非言语行为、外周线索）？广告激发了何种类型的联想和条件作用？是如何激发的？

2. 你的一个朋友将要去参加一个令人紧张的求职面试；在面试时，他将接受许多个人提问，并且还会在有评论者观察的情况下与其他面试者一起参加一个团体讨论。他清楚自己的能力，因此他并不担心要说什么。他担心的是他将会给他人留下的非言语印象。他希望你能够在这点上给予他帮助。请就表情、声音、肢体以及它们可能如何参与印象形成，为他简短地上一课。为了能够创造出他所期望的最佳印象，他要做些什么呢？

3. 请描述各种发生在意识觉察之外的社会影响形式。对影响的无意识会以什么方式给影响对象带来困扰？另一方面，请你考虑对影响的无意识（例如不留神、自动化地运用直觉，情绪化条件作用）可能会在其中发生作用的方式。

4. 请根据本章以及前面章节中的重要观点评价这一主张：现代极其复杂的视觉媒体已经成功地让公众更加依赖于印象、外周线索和情绪诉求，而这三者能够在不需要很多有意识注意的情况下就被无意识地加工。一般而言，媒体和社会的哪些方面可能促进了这一结果？这种促进是好还是坏？从社会层面上说，我们能做些什么来扭转局面，从而使人们对影响进行反应时能够更加留意，着眼于实质而非形式？

5. 请论证使用阈下广告来传递亲社会信息——例如反对毒品、提倡安全性行为或者能源保护——的道德问题。有父母亲希望在自己孩子睡觉时使用无意识的说服性信息来增强他们孩子的积极态度，使这个毫无抵制的孩子变得更爱国、更加虔诚、能够在他做一些其他好事的同时也清扫自己房间。请反驳出于这样善意的父母对无意识影响技术的使用。

第**8**章

影响与司法制度：艰难的历程

❖ ──────────

美国纽约市炎炎夏日的一个夜晚，许多人在街上闲逛，躲避他们公寓的闷热。当然，夜晚活动的人除了晚间散步的人外还有很多犯罪分子，这些犯罪分子在1989年当年总共犯下 169 407 宗各种各样的危害人身安全的罪行以及 121 320 宗入室行窃罪（*The New York Times*，3/31/90）。小杂货店因为防备措施不到位而经常被洗劫，小酒店也因为周末生意兴隆带来大量现金而成为洗劫目标。

今晚一家酒店又遭到抢劫，这是本月第三次被抢。一辆从第 41 街区驶来的警车及时抵达了现场，但是却不如我们曾在重播的《希尔街的忧伤》（*Hill Street Blues*）中所看到的那样富有戏剧性。警车抵达犯罪现场只是引发了一连串事件中的第一个事件，而每一个事件都可能有影响过程在发挥作用。那么在这一进程的各个环节中，迄今我们学习过的那些社会影响过程会在案件侦破中发挥什么重要作用呢？

- 警察从目击证人那里获取证词。那么，警察提问的方式是否会影响目击者的记忆或者他们自以为记住的内容？

- 根据目击者的报告和其他一些证据，警察提出了犯罪假设：手段、原因以及犯罪嫌疑人。这一犯罪假设是否会影响警察进一步的证据搜集工作以及对新证据的解释？

- 一名目击证人果断也在一组嫌疑人队列中找出了一名嫌疑人。尽管感觉不太确定，但这一目击者是否会在微妙的压力下进行指证。

- 嫌疑人（现在是被告）得到认罪的机会。尽管认罪可能会使他们丧失自由或者生命——有时他们甚至完全是无辜的，但是他们是否会因为受到影响，在心理上被迫或被哄骗而认罪呢？

- 为了确定是否有充足的证据证明被告犯下了这一罪行，而召开大陪审团听证会。能否以特殊的方式来"打包"呈现这些证据，从而确保大陪审团会相信对被告的起诉？

- 在大陪审团起诉后，紧接着进行了保释听证会。在确定保释金金额时，控辩双方就被告是否"对社会构成明显而即刻的危险"或者可能会在保释期间逃跑而进行辩论，这会影响法官吗？

- 尝试辩诉交易（即认罪求情协议）；控辩双方企图达成协议，被告可以承认一个较轻的罪名来换取较轻的处罚。那么，在这一谈判中说服与顺从原则是否起作用呢？

- 辩诉交易失败了，召开庭审——我们上了法庭。控辩双方律师呈现各自的证据，陪审团做出裁决。除了证据以外，律师的说服技巧会影响陪审团吗？被告、受害人以及目击者的特征将会起怎样的作用？在合议庭评议中，顺从、从众以及说服的过程是否会发挥作用呢？

如果你对上述每一个问题都给出了肯定回答，那么你是对的。社会影响的过程在解决法律案件的每个步骤中都可能影响审判结果。许多因素使得社会影响极有可能在司法制度中发挥作用。

首先，大部分证据都是主观的，是解释的问题。例如，对被告双手进行的硝烟测试或许可以显示，我们有 50% 的把握说他在过去 24 小时之内开过枪。这一几率足以保证更进一步的怀疑吗？正如前面的章节所示，依据先前的观念、怀疑以及推论的目标，针对诸如此类的模糊信息的解释也会各不相同。

其次，许多证据是言语性的，是以人们话语的形式存在的；因此，影响就会卷入到此类证据中。言语陈述（如目击者报告、列队指认和被告认罪等）是在双向沟通的背景中进行的，其中自我归因、言语与非言语说服、从众、服从以及顺从过程都可能会发挥作用。

最后，审判制度涉及抗辩模式这一事实放大了社会影响的作用；在抗辩模式中，双方就"事实真相"各自调查并给出竞争版本，各自阐述关于"事实"的不同观点。实话实说，法官与陪审团常常不得不在事实真相两种截然不同的社会建构之间进行裁决。一边是原告；而另一边则是被告。

因篇幅有限，我们无法探讨那些社会影响起着重要作用的所有法律背景。但是，我们可以重点探讨社会影响对司法决策产生影响的一些重要方式和场所。本章我们首先探讨司法的抗辩系统如何对警察、律师、法官以及陪审团成员这些寻求事实真相的人的判断和知觉产生影响。紧接着，我们将重点讨论三个关键的法律背景中固有的社会影响的可能性。我们将考察发生在警察局（在讯问目击者和嫌疑人时）、法庭以及合议庭这三种法律背景下的社会影响。

抗辩模式：竞争性说服能确保法律公正吗

在美国、加拿大和英国，法律案件都是在被称之为抗辩制的法律程序这一竞争性环境中进行裁定的。在这种司法体制中有两方。一方是原告。在地方检察官的引导以及在警察部门的帮助下，原告力图通过排除合理的怀疑，证明被告有罪从而使被告被定罪。另一方是被告。在辩方律师引导下，被告力图通过表明证据不可信从而获得无罪释放。关于呈现什么证据、传召哪位目击者和专家、如何提问目击者以及在开庭陈述和终结辩论时向法官和陪审团描述什么版本的真相，每个律师都极具判断力。在法律和法庭规则允许范围内，控辩双方律师操纵着证据的呈现。

抗辩制助长了有选择性和带有偏差地对证据进行收集、解释和呈现。显然，人们寻找和呈现有利于案件的证据。此外，这一制度使说服成了法庭中的一个重要因素。法庭的裁决可能取决于了哪一方最令人信服——如我们在第 4 章所讨论的那样，不止是说了什么的问题，还涉及谁说的、什么时候说的、如何说的以及对谁说的。

抗辩制可能与一些欧洲大陆国家的审问制度不同。欧洲的审问制度被称为讯问制（inquisitorial approach），它通过中立的法庭代表来调查法律争端。在法庭上，尽管每一方可能都有律师，但首席法官根据法院调查官预先准备好的报告来展开工作，对目击者进行提问并控制证据的呈现。所有目击者为法庭作证，而不是为辩护双方或某一方作证；并且在目击者出庭作证以前，反方律师无法对目击者进行训练或者做其他预先准备（Lind，1982）。这样做的目的在于通过对证据进行无偏见的、客观且系统的评估从而来获得真相。

乍看之下，你可能认为讯问制比抗辩制能更好地服务于司法公正。毕竟，抗辩制迫使陪审团成员在真相的两个竞争性版本中进行选择；而在"获胜"驱动下，这两个版本都被案件的偏差性建构所污染。另一方面，抗辩制的竞争性实质可能会使每个人力图获胜。在讯问式审判中，法院调查官也不可避免地受到记忆和价值偏差的一些影响。讯问制中的法官也是具有个人信念的人，有时同样会被那些影响客观性的沉重政治压力和事业心所拖累。16 世纪与 17 世纪的宗教讯问裁决（the religious Inquisition）具有消除世界邪恶这一最好的意图，但是在"正当的法律程序"之后，数不清的无辜民众被当作巫婆而受到折磨和被处死。那么这种讯问裁决公正吗？

公正与偏见：一个权衡的问题

有趣的是，无论是美国人或者欧洲人，人们都认为抗辩程序（adversarial procedure）会更加公正（Lind，1982；Thibault & Walker，1975）。这一结果得到了研究的证实，这类研究通常使参与者高度卷入到一个模拟审判中，审判使用抗辩程序或者讯问程序。研究发现，如果通过抗辩过程做出最后的裁决，那么即使是这种模拟争端中的败诉者也不会对判决感到不满。

但是，抗辩制能够真正地对案件做出更加公平的裁决吗？这关键取决于人们关于公平的观念。公平意味着"与事实真相完全相一致"吗？还是公平意味着帮助弱者赢得胜利，或至少不要输得太惨吗？不管怎样，抗辩制与讯问制两者间的最大区别似乎在于，抗辩制为缩小一方胜过另一方的巨大优势差距提供了更多机会。

当一方的优势是基于一些非理性的先入之见时，例如陪审团成员关于罪行存有的一些刻板信念（如"毒贩子是不会被起诉的，除非警察当场抓住他们""儿童是不会就性虐待撒谎的"），抗辩制是非常有益的。我们知道，人们倾向于寻找、解释以及记忆那些能够证实他们先前信念和假设的信息（回顾一下第 6 章）。在一些模拟陪审团研究中，参与者就虚构案件进行裁决；这些研究发现，当案件证据在抗辩制中呈现而不是在讯问制中呈现时，先前信念的影响会更加微弱（Lind，1982）。

但是，当事实真相——而不是先入之见——有利于其中一方时，降低这一优势的价值便值得质疑了。然而，抗辩制会助长对这一优势的降低。一项研究发现，当使用与讯问制程序相反的抗辩制程序时，在案例练习中被分配到了不利一方的法律系学生会更加努力地研究案件并为他们自己一方辩论（Lind et al.，1973）。结果，在中立的观察者看来，原本有利于一方的案件看上去对双方一样有利，这不同于案件的实际情况。

当案件双方的状况看上去比实际情况更加平衡时，一些危险的罪犯有时可能会获得自由。另一方面，美国的司法制度是基于这样的假设来运作的，即误判和非法拘禁是最糟糕的过失。通过鼓励不利一方更加努力的尝试，抗辩制可以恰当地平衡因罪证不足而假定其无罪与赋予法律实施者以强大调查权力这两者之间的关系，即使这种平衡可能是不完善的。

抗辩制中十分微妙的社会心理

抗辩程序有一些令人信服的"卖点"。但是抗辩制也可能会有消极的结果，而这样的结果可以通过对法律程序进行微调从而得以预防。让我们看看由最近两个研究所揭示的抗辩制辩护的微妙效果。

发生了什么取决于谁在提问。在抗辩制诉讼中由原告方挑选和传唤原告方证人是一件很普通的事情，同时被告方也在做相同的事情。那么，仅仅知道是由哪一方传唤自己出庭是否就会对证人报告的内容产生影响呢？为了找寻这一问题的答案，加拿大一所大学的研究者让学生们观看了一场酒吧混战的录像，而这一混战导致一个人的脑袋被酒瓶砸伤（Vidmar & Laird，1983）。然后这些"目击者"得到了一张看上去真实的传票，要求他们分别代表"原告赞普"、"被告亚当斯"或者"法庭的目击者"出庭接受提问。随后每个目击者都被单独护送至一个秘密的"审判庭"，在那里他将起誓并且接受"审判员"关于酒吧事件的提问。

结果是值得注意的。审判员们（研究生）听取了目击者的陈述，同时一组独立的评价者也观看了这些陈述的录像。审判员们不知道任何关于参与者传票的实质。然而，审判员与评价者都发现，那些为原告方作证的目击者的陈述比那些为被告方作证的目击者的陈述更具有控告性。而为中立法庭作证的陈述则介于两者之间。因此，实验者得出结论："尽管处于中立角色的目击者传递了相对客观的报告，但抗辩制中的目击者趋同于使用那些情感上不中立且不利于对方当事人的文字或短语来描述真实事件"（Vidmar & Laird，1983，p.895）。审判员和评价者了解这类微妙的偏见。

有趣的是，目击者们自己可能并没有觉察到他们的目击证词是有失偏颇的，有利于传唤他们的那一方。在提交了他们的描述以后，目击者们就被告在何种程度上应为此事件负责而进行评价。无论目击者是代表哪一方出庭，评价的结果与他们的证词相一致。甚至在没有意识到的情况下，人们可能会采纳传票上写着的暗含角色的对抗性观点："你代表……作证"。

那么，这一问题能否避免呢？也许可以由法庭来传唤由竞争双方当事人递交姓名的目击者——如同前面研究中的中立状况那样。这可能会减少传票暗示所带来的非蓄意性偏见，但是，它可能无法阻止那些指定方律师在为"自己方"建构案件真相时对目击者进行追踪提问时所产生的偏见。

听上去有罪和听上去无辜——顷刻之间。现今警察部门通常都会就他们对嫌疑人的审讯过程进行录像。如果他们能够确保嫌疑人认罪，那么录像带无疑将会在法庭上很好地为原告服务。最近，一项研究考查了从审讯录像带中获得的印象是否会受到抗辩程序中解释性偏差的影响（Kassin et al.，1990）。参与者们阅读了一个真实谋杀案件的概要，并且观看了对案件的女被告进行审讯的录像，录像的长度为45分钟（这一录像的使用得到了布朗士区律师事务所的许可）。在审讯过程中，被告从头至尾都坚持她是无辜的，然而，她做了一些模棱两可的声明。因此，她的陈述是十分含糊的。那么，这些声明会被解释为是有罪或者无罪的证据吗？为了得到结论，研究者创设了两种条件，这两种条件除了一点不同以外其余全都一样；唯一的不同点是：把这一录像带作为证据引入的律师不同。在被告条件中，辩方律师引入了录像带，他指出，可以从录像带中看出，在面对要求坦白的强大压力下被告的陈述是前后一致的。然后播放了这一录像带，但在随后的抗辩中，原告律师指出了被告陈述中的严重破绽。在原告的条件中，所有事情都反了过来。原告律师引入了"有缺陷的"陈述作为有罪的证据，然后播放录像，而被告方予以了抗辩。

如图8.1所示，由哪一方的律师引入这一录像明显影响了参与者对该被告的印象。然而，影响的方向对于两类不同参与者而言有所不同。研究者采用认知需求量表测量了参与者在思考上花费时间的多少和喜欢思考的程度，并根据参与者

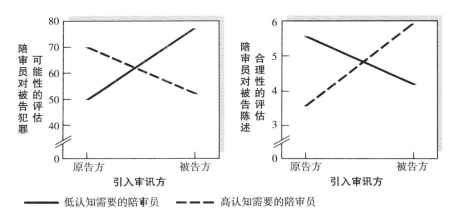

图 8.1　法庭中的首因与近因效应依赖于谁是陪审员

警察审讯被告的录像带经由原告方（作为有罪的证据）或者被告方（作为无罪的证据）引入。然后另一方予以驳斥。由谁引入录像带对高认知需要的陪审员产生影响（首因效应），而低认知需要的陪审员则认同最后发言方（近因效应）。

（资料来源：Kassin，Reddy，& Tulloch，1990.）

在该量表上的得分对参与者进行了分组（Cacioppo & Petty，1982）。高认知需求的参与者显现出了很强的首因效应，无论是谁引入被告的陈述，他们都会与之分享相同的观点。如果由被告方引入录像，参与者会发现被告的陈述看上去是有道理的，被告是无辜的。如果由原告方引入录像，他们则会认为被告的陈述是难以信服的，被告是有罪的。相反，低认知需要的参与者则刚好显示了相反的模式——近因效应。他们的解释与最后发言的一方相同。

似乎高认知需要的个体三动形成了一个第一印象，这一印象指导了他们后续的知觉和解释。相反，认知活动性不那么活跃的参与者直到最后才开始仔细思考，更容易受到那些最后陈述者的影响。

但是，一个更为关键的问题是：完全相同的证据具有非常不同的含义，而这取决于谁来将控辩双方引入到法庭审判中。在另外一种意义上，某类特殊的证据——警察记录——应该由中立的法庭而不是由带有偏见的抗辩双方中的任一方来引入。

在这两个抗辩制的例子中，我们首次看到影响过程如何影响到刑事司法体系中参与者的判断和行为。让我们记着这些初步的知识，继续前往警察局，看看哪些社会影响因素可能会在那里发挥作用——如同这些因素在 Quicker Liquor 商店的抢劫案中对案件嫌疑人逐步产生的影响一样，而这一案件只是警察们日常处理的许多案件中的一件。

警察局：证据搜集

在警察局中，主要获得两类极其重要的证据：目击者报告和嫌疑人的招供。这两类证据均是通过人们的言语来描述，因此，它们强烈地受到那些用以获得这些证据的策略和技巧的影响——无论有意还是无意，这些策略和技巧常常受到希望尽快发现罪犯并将他定罪这一期望的指引。

目击者的证词：我亲眼所见

目击者报告尤其重要。在许多案件中它为警方提供了唯一的真实线索。如果目击者将一名嫌疑人辨认为犯罪者，那么这通常足以使嫌疑人被逮捕了。的确，当案件缺乏能进行肯定指证的目击者时，案件可能会被认为太过缺乏说服力而无法进行裁定。在法庭审判中，目击者对嫌疑人的指证往往对陪审团非常有用。一项针对英国各类案件的研究发现，通常在一年中，74% 被宣判有罪的法庭案件其唯一的证据就是目击者的证词（Loftus，1979）。

目击者的证据非常有效，但是它是否真的可靠呢？在加利福尼亚的一所大学中，在 141 名目击者面前发生了一起针对大学教授的袭击案（Buckhout，1974）。在同一天中从所有目击者那里获得的证词表现出巨大的不准确性，包括对案件持续时间平均高估了 150%，对攻击者体重高估了 14%，以及对攻击者的年龄至少低估了 2 岁。总的来说，在涉及攻击者的外貌、衣着和行动的测试上，目击者的回忆平均只有 25% 的正确性。7 周后，只有 40% 的目击者从 6 张面孔照片中辨认出了攻击者。25% 的目击者把一名被研究者安插在现场的无辜旁观者指证为了攻击者。

在另一项研究中，在一起"假扮"的偷窃案中，只有 30% 的目击者在偷窃案件后的短短 20 分钟后正确地辨认出了小偷，虽然当小偷在离目击者的几英尺远处笨拙地将装满偷来东西的袋子掉下，完全处在目击者视野之内，在逃跑以前还直视了目击者（Leippe et al.，1978）。一旦小偷处在人们的视野之外，那么人们就不会记住他了。

目击者记忆的不可靠性具有重要的现实意义。这在许多基于错误指证的误判案件上得到了证实（Loftus，1984）。一起声名狼藉的案件是 1971 年发生在特拉华州威明顿附近的"绅士大盗"抢劫案件。这位绅士般的抢劫者常常向他的受害者道歉并且会非常友好地对待他们——除了抢劫以外。当地报纸刊登了一幅警察基于受害者的描述而合成的关于抢劫者面貌的素描。通过一个匿名的情报，警察得知一名天主教牧师，神父伯纳德·帕格诺，与这幅素描极其相像。接着神父帕格诺被逮捕，并以抢劫罪被起诉。7 名受害者在法庭上指证他为抢劫者，几乎完全基于目击者证据的定罪似乎是确定无疑的了（Wrightsman，1987）。牧师可能需要感谢上帝，真正的抢劫者（因为另一罪名而被逮捕入狱）在经受了 11 个小时的审判后自愿承认了罪行。

有许多因素导致了这一错误指证。这里，我们感兴趣的是，作为目击者报告中错误的潜在根源的社会影响方面。记忆是一个主动建构的过程，在这一过程中我们曾经看到或听到的内容可能会与我们已有的其他记忆和期望以及稍后他人通过提问或暗示传递给我们的信息整合在一起。记忆包括 3 个独立阶段，曲解和偏见可能存在于其中每一阶段。信息首先必须被编码（即被转译成为可存储的形式或者代码），然后编码后的信息以特殊的格式被存储，最后它必须能够在某种提

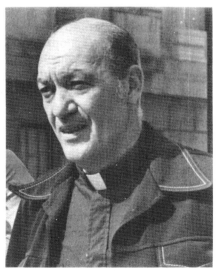

7名目击者将伯纳德·帕格诺神父（右）错认为了罗纳德·克劳塞（左），被称为"绅士大盗"的真正持枪抢劫者。在克劳塞露面之前，帕格诺神父几乎已经被宣告有罪了。

取线索的帮助下重新被提取。

我们信赖记忆的程度，或按照记忆行动的意愿程度，同样可能会受到社会压力的影响。因此，警察审讯者常常能够通过他们审问的方式来影响目击者关于记忆的报告。让我们来看看这一影响是如何发生的。

你引向哪里，我将随之而至。认知心理学家伊丽莎白·洛夫特斯（Elizabeth Loftus）所做的大量实验研究证明，提问方式中的一些微妙特征可以扭曲目击者对曾经所见内容的报告。她的研究小组常用的研究范式是，首先让参与者观看重要现场（用幻灯片或者录像来呈现）。然后研究者就现场的一些细节向参与者提问。研究者系统化地变化问题的措辞，或者他们通过扭曲一些细节来误导参与者，考察参与者所报告的记忆内容是否融合了这些被暗示的错误细节。

在一系列的研究中，参与者观看了一组描述一起行人—轿车碰撞事故的幻灯片（Loftus et al.，1978）。在这一系列幻灯片中，参与者会看到黄色的退让标志处有一辆轿车（一辆红色的达特桑）。在观看了幻灯片后，研究者要求参与者回答许多问题，其中包括一个关键问题。控制组的参与者被问到当红色的达特桑停在退让标志处时是否有另外一辆车从它旁边驶过。对偏差回忆组参与者提了相同的问题，除问题中含有一条误导信息外：退让标志被替换为了停止标志。稍后，当要求参与者辨认哪些幻灯片是他们刚才看过的片子时，绝大多数被误导的参与者选择了显示达特桑停在停车标志旁的幻灯片。包含在问题中的言语信息似乎已经被整合到了被误导组参与者的视觉记忆中。

由上述少许措辞对记忆进行的显著控制，想一想可能以多种形式出现在警察问讯中的诱导性提问。在调查犯罪时，警察（十分自然地）会就发生的事情形成推测并且推断一些"一定已经发生"的事情。对目击者的提问转而可能会将这一推理暗示为一个事实。如果有多个目击者，警察可能会将第一个目击者告诉自己的内容（"抢劫者的手臂上有一个文字刺青"）整合到对第二个目击者的提问中（"你看见抢劫犯的刺青写的什么了吗？"）。请注意，提问第二个目击者的问题假设了有刺青的存在。这种多目击者的状况可能同样包含了规范性从众压力（"根据其他两个目击者……"）。当然，你可能会想到通过由不同警察对每个目击者进行问讯从而来更好地为司法利益服务。

提问中准确而且似乎是无辜的线索可能同样具有暗示性并且能够改变记忆。

想象一个男货车司机和一个男舞蹈家的形象。谁会更重呢？当研究者要求学生们描述一个演讲中在讲台上闲适漫步的陌生人时，若学生们在询问中被告知这个人是货车司机时，对他体重的估计平均为 78 公斤；而当被告知这个人是一个舞蹈家时，估计的体重平均值则为 72 公斤（Christiaansen et al.，1983）。此外，如果提问者将这个陌生人描述为"男性"，那么对他年龄的平均估计为 27 岁，而当陌生人被描述为"青年男性"时，对年龄的估计则降低为了 24 岁左右。（顺便提一下，这个陌生人 19 岁，体重 63.5 公斤）。棍棒石头可能会打断你的骨头，但是一个放置得当的字词却能够将你束缚住。

请指证。暗示除了有塑造言语回忆的能力外，它还能够影响到对面孔的识别，影响到信任朦胧的熟悉感的意愿。将嫌疑人"带回警察局"标志着警察案件调查工作的重要进展。他把案件推进到传讯与起诉这一步骤——目击者的肯定性指证。因此，警察变得非常愿意去获取目击者对嫌疑人的肯定性指证。

除非警察非常小心，否则这一动机可能会演变为一种增加错误指证危险性的影响行为。一个相当明显的偏差行为就是集合一组差异很大的嫌疑人队列。理想状况是一组嫌疑人队列的阵容应该包括嫌疑人和其他许多无辜的人（陪衬者），这些陪衬者的外貌应与目击者对犯罪者的描述非常相似（Luss & Wells，1991）。然而这一规则不时地受到破坏，嫌疑人总是成为队列中特别引人注目的对象（见图 8.2）。在威斯康星州的一起案件中，受害者报告说是一名黑人犯下的罪行。警察集合了一个队列，该队列包含了 1 名黑人嫌疑人和 5 名白人；并且一开始警察就询问受害者是否有哪一名男性的相貌与犯罪者相似（Ellison & Buckhout，1981）。

影响的一个更为微妙的形式是使用带有偏差的队列指证指导语。通过信心十足地说罪犯就这一队列中，或者通过让目击者说"指出面前这 6 人中谁犯下了罪行"——而没有明确地提供一个"以上都不是"的选择——警察向已经乐于合作的目击者施加了多种形式的影响。他们暗示这其中有一个是嫌疑人，并且这一嫌疑人可能的罪行得到了专家收集到的大量证据的支持。甚至除了这一推论以外，带有偏差的指导语使目击者不太可能拒绝整个队列（即在整个队列没有一个人可指证）。一些目击者甚至可能没有意识到他们可以有选择；而其他目击者则可能不愿意就此进行深究。最后，在由一个著名权威人物（一位警官或者侦探）所掌

图 8.2 证人指认嫌疑人时要保证队列中的人外貌相似

当嫌疑人队列中的陪衬者与对嫌疑人的描述不相似时，就会增加错误指证的危险性。

控的不熟悉背景中，一些目击者（尽管有很大的不确定性）可能会服从警官含蓄的命令，就像米尔格拉姆实验中的情形那样，尽管有相当的不确定性但仍然选择了队列中看上去最熟悉的那个人。

带有偏差的指导语能够在多大程度上增加错误指证的危险性呢？来看一个著名研究。在这一研究中，在目击了研究者蓄意安排的野蛮行为后，目击者被引导相信，这一野蛮行为的肇事者肯定是 5 人队列中的一员（有偏差指导语），或者肇事者"可能"会在其中（无偏差指导语）（Malpass & Devine，1981）。实际上，这一队列中并不包括破坏者。然而，在有偏差指导语条件中，78% 的参与者将这一嫌疑人队列中的一名无辜者指证为了破坏者。相反，在无偏差指导语条件中，只有 33% 的目击者这样做。有偏差指导语这种令人担心的虚报效应，在一项目击者认为他们真正在为一名真警察指证一名真实小偷的研究中也得到了重复验证（Hosch et al.，1984）。

警察有许多权力，但不是无限的，法律要求警察为目击者明确地提供"无法决定"或者"他们中一个都不是"的这类选择。在指证时，嫌疑人同样被允许可有自己的律师在场。（你是否有很快就能叫来的私人律师？我们没有，并且大多数人可能都没有）。无论如何，这些规定从影响的角度提供了一个非常好的开端。

信心的促进者。 你是否认为对自己记忆有信心的目击者可能会比那些对自己记忆有所迟疑和不确定的目击者更加准确？这听上去很有道理，不是吗？然而，关于目击者研究的一个重要且令人吃惊的发现却是准确性与信心之间通常只有很弱的关联（Deffenbacher，1980；Wells & Murray，1984）。不准确的目击者往往与那些准确的目击者拥有同样的自信。那些影响记忆的因素似乎不同于影响"对记忆的信心"的因素。此外，人们可能并没有觉察到记忆或者信心的改变，或者说没有觉察到导致那些改变的因素（Leippe，1980）。正如我们在前一章中所见，那些引起有意思考的心理加工过程可以无意识地发生。其结果可能导致记忆与信心的分道扬镳。

让我们考虑一下这种心理状态的后果。在没有改善目击者对某些关键事件或关键人物记忆的状况下，某些审讯步骤可能增强了对目击者信心的支持。例如，我们已经学习过自我归因和认知失调（在第3章中），那么你是否会感到惊讶，当目击者被有偏差的队列指证指导语巧妙地引入选择中后，可能变得对其嫌疑人队列选择结果更加有信心？一旦做出选择，尤其是做出一个可能将某人送入监狱的重要选择，那么决策后的认知失调感将会有所降低。由于基本归因错误，有偏差指导语对自由的约束效果可能会被忽视：我们过低估计了那些在外部情境中起作用的力量却又过高估计了内部力量，在这一情形中，内部力量即是我们关于自己记忆准确性的信念。

重复提问可能同样会增强信心。在警察的审讯中，一名目击者可能会被多次提问。而重复提问的确会导致回忆总量的增多（Scrivner & Safer，1988）。但是，由于个体对其证词的不断公开承诺，他对自己记忆准确性的信心可能也会无端地逐步增强（Leippe，1980）。更糟糕的是，目击者在第一次讯问中由警察的鼓励而做出的猜测或者由警察的暗示而插入的"缺失片段"，可能会在第二次讯问中被目击者当作自己目睹的一部分内容而自信地"被回忆起来"（Hastie et al.，1978；Loftus et al.，1978）。最安全和最能提供信息的警察办案程序应该是首先让目击者进行自由的叙述，目击者在完全不被打扰的情况下讲述他所知道的情况。然后，警察再提出更有针对性的问题，但要避免把警察所怀疑的细节"硬塞"到目击者的嘴里，要把"我不知道"这一答案作为目击者回答的备选项。进一步的提问必须遵守相同的规则并且在必要时才进行。

这一节讨论的主要问题是目击者报告。尽管目击者报告对警察办案程序不可或缺，但却非常容易受到人际影响的制约。我们应该采用将这种影响最小化的程序——尤其是因为（正如我们将要看到的那样）陪审团往往过于信任自信的目击者的证言。但是，现在让我们先来考虑一下针对另一目标——嫌疑人——的可避免的影响。

什么是朋友之间的小小坦白

> "尊敬的陛下，"流氓说道，"这不是我写的，他们无法证明是我干的，而且这份东西的最后也没有署名。""如果你没有签名，"国王说道，"那么情况将更严重。你肯定怀有恶意，否则你肯定就会像一个诚实的人那样签下你的名字。"
>
> 路易斯·卡罗尔，《爱丽丝漫游仙境》

1964 年，在美国纽约市，小乔治·惠特莫尔经受了警察的长时间审讯后，就谋杀两名社交名流给出了长达 61 页的招供。但稍后他却被证明了是无辜的。当一个人知道可能会以失去生命为代价时，他如何能够被迫承认这样的罪行呢？如果这种情况经常发生的话，我们必然在使用一整套强有力的改变态度和行为的技巧。实际上，在经过一段时间的警察审讯后，80% 的被提审嫌疑人会认罪。有趣的是，当允许警察使用身体虐待来严刑逼供时，可能达到相同的"成功"水平，当然，严刑逼供后来已经被法律所禁止了。显然，一些心理策略可能会与身体虐待一样有效。

近期的一项研究确认了 350 例发生在美国的将无罪者宣判为死罪的审判不公事件。在这些案件中，有 49 例案件的定罪主要基于假供，而这些假供全都是强迫威胁导致的（Bedau & Radelet，1987）。一项关于 4 例残忍谋杀案或重大盗窃案的无辜嫌疑人假供案例的研究显示，招供是唯一连接犯罪与嫌疑人的证据（Ofshe，1990）。

并非所有的招供都是审讯策略的直接结果；辩诉交易（plea bargaining）常常包含有对较小罪行的招供，以期获得一个更轻宣判。然而，警察例行公事般地鼓励嫌疑人坦白。而那些稍后因被告否认指控而被撤回的有争议招供可能在法庭审判案件中占到 20%（Kalven & Zeisel，1966；Wrightsman，1987）。

如同目击者报告，招供是警察从一个人嘴里"挖出来的"。如同对目击者的讯问，讯问嫌疑人的技巧没有经过系统化的研究，而是长年累月的反复尝试和警察的个人实践经验的结果。这是一系列十分复杂的技巧，其中的大多数已经被收录进了警察手册，被警察部门用于培训中（例如，Inbau et al.，1986；Inbau & Reid，

1962；Mulbar，1951）。这些手册所提供的一般技巧摘录如下：

> 如果某人……具有实用心理学的通俗知识，并使用推销员的技巧，那么他可能成功地深入到一个人的大脑中，获得他想要的真相（Mulbar，1951）。
>
> ……应征侦探职位的候选人参加为期 6 周的强化课程，该课程强调对囚犯的讯问。绝大多数的侦探都基于本能和经验拥有必要的心理学知识，善于利用人类弱点。因此，他们能够使囚犯开口（Michael Murphy，former New York Police Commissioner，quoted in The New York Times，November 7，1963）。

简言之，有关讯问策略的主要教材把对引诱招供概述为社会影响的一种绝技，这种绝技推测，犯罪嫌疑人是被"说服"而坦白的（Inbau et al.，1986）。那么警察手册向受训的审讯者所灌输的引诱招供又意味着什么呢？它依赖于什么影响原理呢？让我们来看一下那些经验丰富的审讯者们所常用的几类主要技巧（来自对许多侦探手册所进行的仔细的内容分析，以及由津巴多于 1971 年对一些警局侦探们所进行的访谈）。

为了促进这一信息的影响以及你关于这一信息的记忆，我们希望你能想象你就是嫌疑人。你因为一项你知道自己并没有做过的犯罪行为而被逮捕；但是你没有不在场的有力证明，而且你是这起犯罪中警察们能够逮捕到的唯一嫌疑人。

心理环境的控制。手册建议审讯者应该与嫌疑人单独在一起，并且以物理上接近的位置站或坐在他身边。通过一些小的姿势来建立权威性，例如禁止抽烟，告诉嫌疑人坐在哪里，或者提供一杯水。讯问应该在嫌疑人不熟悉的环境中进行，由此来摧毁熟悉事物为嫌疑人所提供的心理支持。房间内应该只有很少的家具并且没有分心物。不应有嫌疑人可以乱动的物体（如回形针）或者使嫌疑人想起与外界生活联系的物体（如电话）。

通过这些苛刻的安排，我们能够辨认出许多对行为产生影响的力量。审讯者将自己塑造成一个在自己地盘上活动的权威角色。结果，"服从权威"的直觉可能会发生在嫌疑人身上。同样，审讯者无疑控制了所有的奖赏：用于解渴的饮料，抽烟的许可，从不舒适的房间中得到开释。随着时间的慢慢流逝，这些都变成了促使嫌疑人招供的强大诱因。因为自我分心物被剥夺，所以信息重复将是不断且不可避免的。因缺乏关于社会支持的提醒，抗辩以及其他形式的心理与言语抵抗受到阻碍，并随着焦虑和疲劳的渐增将变得更加困难。

知觉和判断扭曲的技巧。审讯者鼓励认知重构，就像在从众与服从的实验室研究中出现的认知重构那样。他们会将犯罪的严重性降至最低，允许嫌疑人可以暂时体面地离开，或者利用相反策略来极力夸大犯罪的严重性。在第一种情况中，审讯者暗示嫌疑人其轻率之举不是太过严重，因为有成千上万的人做出了同样的行为。或者审讯者可以转而指责嫌疑人所处的境遇（例如环境或者嫌疑人的弱点）。这些暗示可能通过使嫌疑人感到自己不那么有罪或不那么可耻，从而迫使其招供。在此，我们能够发现对比效应的应用。同样，通过鼓励情境归因或者使嫌疑人觉得这一行为或多或少是正常的（"嘿，要知道任何一个正常人都可能会因为那个荡妇的投怀送抱而兴奋起来"），嫌疑人可能会受到引导从而期待自己的招供可能会得到理解和宽大处理。

相反的一种扭曲——即比嫌疑人认为的更加糟糕——利用恐惧来诱发坦白，可能通过无耻的对事实的虚假呈现而达到。审讯者可能虚假地宣称掌握了一些犯罪证据，使嫌疑人感到"彻底完了"。或者审讯者可能会十分巧妙地"虚张声势"，假装说正在隔壁房间被单独审讯的一个同谋刚刚已经坦白了。猜猜他已经背叛了谁——当然是你了。因此现在轮到你来报复这一背叛了。

同理心错觉。有不少策略可以使因犯愿意信任审讯者。恭维的话以及一些小的好处（例如提供一杯咖啡，一杯水，或一支香烟）可能被用来促进好感。更加老练的方法则是采用"马特和杰夫"[1]计策。两名审讯者协力展开工作，马特，一个残酷无情的审讯者，而杰夫则是一个有家室的好心男人，并且他的一个兄弟可能曾经处在相似的困境中。杰夫不断地告诉马特让因犯休息一下，并且对马特感到十分生气。最终马特离开了审讯室，然后杰夫吐露说他也讨厌马特的做法，但是他建议，嫌疑人唯一的希望就是告诉事情真相，尽快与好心的杰夫合作。同时，他们两人将一起向马特的上级投诉马特。愤怒的嫌疑人与杰夫站在了同一战线，相信了他的话——却出卖了自己的自由。

1　马特和杰夫（Mutt and Jeff），又译"僧侣与小丑"。美国1940年代著名的漫画人物，一高一矮，一个一丝不苟，一个非常随便——译者注。

鼓励对罪行的自我归因。另一项技术显示了审讯专家对情绪的自我归因的直觉领会。为了使囚犯感到高度焦虑——也有可能是罪恶感——审讯者指出他们行为举止中的有罪迹象。注意力全指向了脖子上颈动脉的搏动、喉结的运动、口渴、不安的四肢以及"内部的一种古怪感受"，这些迹象都反映出了一种混乱的意识状态（Inbau et al.，1986）。

测谎仪的支持：科学的谎言。我们有了谎言探测器，或者说是测谎仪。谎言探测器就是测量生理唤醒——例如，心率的改变，皮肤电活动（出汗），以及呼吸——的机器。说谎会让我们紧张（见第7章），而紧张可以通过增强的唤醒表现出来。有各种各样的方法可用来评估说谎，但是谎言探测器测试的基本方法是，当嫌疑人回答与犯罪行为有关的问题——尤其是直接讯问他是否犯下这一罪行（"你是否强奸了艾丽丝•布朗？"）或者谈到警察所知的犯罪行为的部分细节（"你是否威胁说要杀了她？"）——时，看嫌疑人是否显示出了不同寻常的唤醒增强。其假设是，相对那些非关键的"准绳问题"，当就上述关键问题撒谎时，嫌疑人可能会显示出更强的唤醒。

那么，谎言探测器是否探测到了谎言呢？在要求参与者先犯下一个"罪行"然后对自己的罪行加以否认的实验室研究中，平均而言，在大约3/4的案件中测谎仪的测试揭露了他们的"罪行"（Kircher et al.，1988）。而在"无辜"参与者中，约2/3的人被查明是"无辜的"。对于不是通过测谎仪的形式而确认了嫌疑人是否有罪或无罪的一些真实犯罪案件中，确认的平均准确率大致相同（Saxe et al.，1985）。但如果你在头脑中做一个简单的数学计算，那么你会注意到这些测试具有显著的错误率，将无辜的人定为有罪而有罪的人却定为无辜。

一般而言，测谎仪得出的结论比纯粹的猜测要强。然而，当涉及刑事司法时，我们谈论的是一个个的个案——是你——而非一般人。因此，关于谎言探测器还有更多的内容可说。谎言探测器的失效表现在对罪犯的误读。你可以使自己的肌肉紧张、抓耳挠腮或坐立不安，以此创设出一种增强了的恒定唤醒状态，而这一唤醒使讯问所导致的生理改变难以被觉察（Saxe et al.，1985）。更糟糕的是，"罪行的揭露"主要存在于那些相信测谎仪有效性的人中间（Saxe et al.，1985）。不相信测谎仪的人其谎言更难被发现。因此，警察可能需要竭尽全力使嫌疑人相信谎言探测器是十分有效的，他们常常通过表演在扑克游戏中作弊的方式来证明测谎仪神奇的探测功能。有时警察只是通过威胁说将会使用谎言探测器，从而就能促使嫌疑人坦白。（"如果你有罪的话，你还是早点承认好。反正，测谎仪将会查明真相。"）在最后的分析中，谎言探测器的测试并没有准确到可以使我们信赖的地步，不能以此来决定一个嫌疑人有罪或无罪，它最终的功能通常就只是充当了另一个强大的情境性"道具"，从而迫使嫌疑人招供。

因为拥有大量的影响武器，所以警察能成功诱发招供；对此，人们一点也不会惊讶。然而，对于大量的法官和陪审团成员而言，审讯室中的说服力量并非那么直观明了。由于人们假设陪审团成员通常能够确定招供是自愿的还是被迫的，因此有争议的招供通常仍然被接纳为一项证据。但是，有关基本归因错误——人们如何低估了行为的情境原因，尤其是言语陈述——的研究证据，对这一假设提出了质疑。当问题在于什么导致了嫌疑人招供时，谁更加可靠，是侦探还是为了自己生命而战的嫌疑人？此外，模拟审判的研究表明，相对那些通过惩罚威胁而诱发的招供，陪审团成员会更加重视那些经由积极心理策略（例如宽大处理的允诺）而诱发的招供（Kassin & Wrightsman，1980；1981）。人们通常相信，惩罚是一个比奖励更强大的"诱因"（Wells，1980）。但是，使用与"铁拳头"相反的"外柔内刚"的技巧，至少会同样成功地逼迫嫌疑人进行非自愿的坦白——甚至可能会比惩罚更为有效。这一点是不是非常具有讽刺意味呢？

通过对心理环境进行几乎完全的控制而获得的强迫招供，存在着道德伦理上的问题。实际上有证据显示，起诉几乎不需要把招供作为"确凿"证据的一个补充（Zimbardo，1971）。因此，用以获取招供的策略可能完全没必要。

法庭：说服的战场

如果确实存在说服背景的话，那么法庭审判就是这个说服背景。当你想到一场审判时，首先进入你头脑的是什么呢？你是否看到一个律师在审判席前来回地踱步，以时而激昂时而低沉的声音演讲，恳求认真专注的陪审团驳回有罪的裁决？出庭辩护律师无疑就是一个说服性沟通者，其目标就在于使受众（陪审团或者法官）采纳对一个态度客体（被告）的一个特定信念（有罪或者无罪）。为了对这一信念产生影响，律师必须影响方方面面的态度和知觉——对被告、对支持和反对的目击者、对犯罪事件、对物证、对犯罪现场等的态度和知觉。

然而，不同于广播和电视广告中的沟通者、政治演讲以及推销说辞，出庭的辩护律师必然要应对两种额外的现实：与对手的当场竞争；对他人——他的证人——表现的依赖。法庭是一个有两方决斗者的说服战场，无数的士兵参与了言语的战争。这使说服过程变得复杂化。

审判中的出庭辩护律师

关于出庭辩护律师所使用的说服技巧有大量内容可写。我们试图就心理学已有的研究和相关的律师知识做一个详细阐述。

陈述顺序及其作用。通过第5章的学习我们已经了解到，如果在两条对立信息呈现和态度测量之间存在一个延迟时，第一条信息占有说服优势（首因效应）。为了使第二条信息获得说服优势（近因效应），它的呈现时间必须与第一条信息的呈现时间有一定的间隔，同时必须在第二条信息呈现之后立刻进行态度的测量。如果这些条件都没有满足，例如在审判中对立观点的呈现几乎没有任何延迟而是轮流进行，那么顺序效应基本上不可能出现。这很幸运，因为在审判中，均由原告方来进行最初和最后的陈述。原告方进行开庭陈述，然后被告方紧随其后。在听取了所有证据后，由原告方进行终结辩论，而被告方则紧随其后进行自己的总结，然后原告方被允许可以进行反驳——原告方的总结。

尽管这一相当不均衡的安排可能一般不会有偏差，但是特殊境况确实会增加顺序效应的可能性。例如，原告方的总结可能会给证据十分确凿的案件提供一个轻微、但却是决定性的助推；或者是被告方可能会有一个难以被反驳的强有力总结。出庭辩护律师路易斯·耐瑟（Louis Nizer）在他的著作《我的法庭生涯》中描写了他如何通过使用我们在第6章已经见过的多种预先警告以及接种技术来抵挡近因效应。他还以恭维话、请求帮助以及假装的共识（即他的对手是一个不可靠的人）作为补充策略：

> 在我按照要求首先进行总结时，我竭力使陪审团做好准备，以便于他们不会受到我的对手的欺骗。我提醒陪审团注意我的对手将做辩论的最后发言，而我将不被允许进行回击。我告诉他们，我必须依赖他们的回忆来纠正我的对手在紧随我发言中可能会做出的任何错误陈述。我必须依靠他们有鉴别力的判断来抵制任何的错误论证。然后，在我继续为我自己的案

件建构论据时，我预见了我的对手的论点。我公布了他的口号并且尝试击毁它们，请求陪审团成员在聆听此类诡辩时成为我的守卫者，并且把这一诡辩当作对他们智慧的侮辱而将其拒绝（Nizer，1961，p.434）。

作为审判的另一端，审判开始时，如果被告没有采取措施来消除这一优势的话，原告能够在证据确凿的案件中享有首因优势。而在对含糊不清的案件的模拟审判中，当原告做了一个滔滔不绝的开庭陈述时，首因效应——更加有罪的判断——出现了（Pyszczynski & Wrightsman，1981）。当证据确实不明确时，经由详细的开庭陈述而在陪审员头脑中形成的推测或框架似乎能够持续地使陪审员对证据进行有偏差的解释。

把你自己想象成一名陪审员（你现在已经不再是一个被审讯的嫌疑人了）。什么将能够说服你？你想要发现什么？随着审判的进行，陪审员们了解"故事情节"，或说逻辑连贯的故事的情节。从这些情节中，他们就发生了什么形成了"他们自己的推测"（Pennington & Hastie，1986）。那么律师的工作就是确保陪审员听到——并且相信了——他自己的故事。

原告方通常通过概述针对被告的"州法院判例"来开场。（"我们打算证明……是被告做了这一……而这是有罪的"。）被告方所不愿做的是，紧随着做一个同样的简短开庭陈述，或者直到原告展示了其证据和证人后才可以开始做自己的开庭陈述。模拟审判的研究发现，当被告做此类选择时，他们给陪审员留下了更强烈的有罪印象（Pyszczynski & Wrightsman，1981；Wells et al.，1985）。除非在你开始研究证据之前，被告向你和陪审员提供了一个关于案件的合理假说或者对证据的期待，否则你可能无意间被你唯一拥有的假说——原告的假说——引导了你对证据的考虑。

结论陈述。 当律师呈现她的案件时——引入证据，传唤并提问目击者等等——律师应当"让证据不言而喻"或总结证据并且清楚地陈述她的结论吗？对说服的研究表明，除非陪审团格外聪明，否则就应该形成明确的结论（Hovland & Mandell，1952；Weiss & Steenbock，1965）。律师们似乎经常遵循这一建议，陈述他们希望陪审团能得出的结论（Saks & Hastie，1978）。虽然世事皆有两面，但是让受众自己得出结论具有很大的风险。

混合展示。审判实用手册推荐，律师在呈现他们的证据时，应该辅之以生动的听觉、视觉和嗅觉（"有味的证据"）（例如Keeton，1973）。从心理学的角度来说，这是一个合理的建议。想一想演讲，其滔滔不绝的言语与审判中的状况很像。即使在你状态最佳的日子里，你可能也难以对演讲者那冗长的、连续的言语流保持注意。在课堂活动中，电影与演示都是受欢迎的变化。与法庭审判单调的言语背景相对照，大多数由非言语呈现的证据——一段关键对话的录音、一张身体受到伤害的放大照片、在黑板上画出的一个简单流程图——将十分引人注目。如我们所知，知觉上显著的刺激能够主导归因。它们同样可能在陪审团评议时更好地被陪审员记住（Reyes et al.，1980）。优秀的出庭辩护律师会让自己的证据能够更好地被人记住：吸引住人们的眼睛、耳朵或者鼻子。

言辞大战。视听设备是必要的，有时还是获取注意的关键；但是，归根结底法庭还是一个语言的战场。言辞既可以是引人注目的，也可以被人忽略。在其他条件相等的情况下，那些能够用言辞更加生动地"描绘出"他们关于案件的观点的律师，通常能够在更多官司中获胜。研究指出，在实际案件中，获胜的原告方比那些失败的原告方演讲时间更长，并且进行了更多的断言性的陈述（Andrews，1984）。正如我们所知，"谁拥有控制权"的印象自然导致了"谁知道更多"的归因（见第3章），以上这一结果并不太让人吃惊。

在法庭的言辞大战中，最为重要的就是律师与证人席上证人之间的互动。法律心理研究者指出，"律师的许多理由都是经由目击者的嘴被传递出来的。律师则是在运用相当多的影响来控制目击者说什么"（Saks & Hastie，1978，p.114）。审判实用手册清楚地说明了许多用来塑造目击者言语行为的策略。一个通常的建议是，给己方的目击者以"空间"，使其能顺利地对己方律师的问题给出清楚明白的叙述性答案——其答案应当传递出这样一种印象，即目击者是肯定且自信的，而律师足够相信目击者以至于放弃了对他的控制（O' Barr，1982）。叙述性的风格听上去应该如下：

问题：那么，在他出现在商店之前，你是否还有其他的顾客？

叙述性回答：嗯，是的，有顾客光顾过商店，但是在9点以后店里除了我以外就再没有其他人了。我和我妹妹乔治娅在电话上聊了大概20分钟。我一直在和我妹妹通电话，直到大约9点20时才有人走进商店，而进

来的那个人就是他，约翰·巴恩斯。尽管如此，我仍然在通电话。而他径直走了进来。（O'Barr，1982，p.145）

请注意这些冗长且未被打断的语言。现在将这一叙述性风格的言语与片断式风格的言语进行对比。律师们常被建议要经常打断对方证人，要求对方证人只需回答所提问的问题，"鼓励"对方证人使用片断式的言语。

> **片断式的回答**：嗯，是的，有客人光顾过商店，但是在9点钟以后店里除了我以外就再没有其他人了。
>
> **问题**：你那时在做什么？
>
> **回答**：我在和我妹妹乔治娅通电话。
>
> **问题**：那么电话通了多长时间？
>
> **回答**：大概，嗯，接近20分钟。
>
> **问题**：……等等。（O' Barr，1982，p.139）

哪一位目击者的回答听上去更好呢？在一项研究中，人类学家威廉·奥巴（William O' Barr）及其同事将具有叙述性风格或片断性风格的律师—证人的沟通呈现给参与者（Lind et al.，1978；O' Barr，1982）。研究发现，相对于片断式的沟通风格，当沟通是叙述性的并且证人是一名男性时，证人被认为是更称职的，而律师则被判断为能更好地理解证人证言——这证实了一些优秀法学家的预感。然而有趣的是，当目击者是一名女性时，片断式的风格并没有对她的印象造成相反的影响。奥巴推测，对于那些持有女性是不够自信不够坚决的这一陈旧刻板印象的人来说，他们期待女性具有片断式的沟通。

"无力的言辞"也是不恰当的证词。"无力的言辞"是一种说话的风格，它涉及许多模棱两可的言语（例如"我有点不舒服"），礼貌用语（例如"麻烦您能够说话声音大一些吗？"），反义疑问句（例如，"约翰在家，不是吗？"，而不是"约翰在家吗？"），以及空洞的形容词（例如可爱的、值得敬仰的）。相对那些说话更加"有力"的人，具有无力言辞风格的目击者被评定为更加无法使人信服，能力更弱以及更加不值得信任；这一结果显然是因为无力的言辞传达了低下的社会地位信息（Erickson et al.，1978；O' Barr，1982）。出庭辩护律师常常训练他们的目击者更加肯定地说话，去掉那些不适宜的、模棱两可的话以及不必要的形容词。

旨在获得预期回答的诱导性提问以及对问题进行仔细排列和时机安排——这

些都是成功的出庭辩护律师的基本素养，尤其是在他们交互讯问目击者时。我们已经看到，诱导性提问巧妙地暗示了问题的答案或有争议的事实的提问，都能对记忆的报告产生影响。基于这一基本原则，律师能够使证人说出，或好像说出他们在回答直接提问时决不会承认的事情。

李·贝利（F. Lee Bailey）是一位著名的出庭辩护律师，他的著名客户包括波士顿杀人王（Boston Strangler）和帕蒂·赫斯特（Patty Hearst）；他为我们提供了一个交互讯问的小片断。在这一交互讯问中，一项持枪抢劫案的受害者—证人陷入了圈套中，用贝利自己的话来说，受害者给人们留下的印象是，当被挟持时，他非常紧张，以至于他的知觉和记忆变得不清晰。到此为止，证人坚持认为恐惧并没有妨碍他对罪犯的记忆。我们下面摘录的片断中，证人正在澄清留给警方的陈述与被告实际外表之间的差异。

目击者：这就是对我和警察说话时的最清晰记忆。

对方的律师：在案发后不到 1 小时，是吗？那时你的记忆还很清晰。

目击者：是的，但是我那时很紧张。

对方的律师：你的紧张可能会或多或少地影响到了你向警察的陈述，不是吗？

目击者：是的。

对方的律师：但是毫无疑问，先生，当你在警察局的一个明亮房间里与警察坐在一块儿时，你不会为你的生命安危感到担心，是吗？

目击者：不会，我只是有点紧张。

对方的律师：但是先生，毫无疑问的是在你被抢劫的那几秒钟内你一定会比你与警察谈话时要更加紧张——不是吗？

目击者：我都很紧张。

对方的律师：但在被劫持的过程中会更加紧张，对吧？

目击者：可能是。（Bailey, 1985, p.153）

对方的律师利用证人对一项事实的承认继而强迫他必然具有逻辑性地承认了更加重要的另一个事实。当然，证人要么撤回他初期的证言使自己看上去是一个反复无常、不诚实的人，要么陷入律师设置的富于逻辑性的陷阱中。无论选择哪一个，他都失败了。

与逻辑陷阱相近的是自我归因的心理逻辑陷阱（Saks & Hastie，1978）。如果证人不承认某种情绪、动机或者特质，那么他可能将被诱导做出自我陈述，而他自己将会根据这些陈述来推断自我特征。让我们看看对一名抱怨考试分数不应那么差的学生进行的"交互讯问"。然后，想一想如何将这一方法应用到法庭中。

> 教授：你的确没有怎么花费精力来准备这次考试，不是吗？
>
> 学生：不是的。我努力过。只是这一考试难得有点过分了。
>
> 教授：在考试的前一晚，我听到你对约翰说你与女朋友去看了一场电影，不是吗？
>
> 学生：是的，我是去了。但是……
>
> 教授：在周一，也就是考试的两天前，你是不是把所有的指定章节都看完了呢？
>
> 学生：没有。
>
> 教授：你最后有阅读完所有东西，并且复习过吗？
>
> 学生：是的，我读完了每样东西，并且复习过一次。
>
> 教授：对于你最难的一门课程，复习一次就够了吗？
>
> 学生：不够。
>
> 教授：那么，你说你自己的行为是不是暗示你在我的这门课上并没有全力以赴？
>
> 学生：是的，可能我并没有尽全力。（自言自语：这个教授难道是律师吗？）
>
> 教授：那么，似乎你可以说这次考试对于那些认真复习的人来说尽管很难，但却是公平的，而对于那些没有认真复习的人来说则会感觉不公平并且很难。
>
> 学生：我猜是这样的。很抱歉打扰了您。在事情变得更糟糕以前我还是离开这儿吧。

鉴别证人

我们在前面指出，目击者的记忆常常是不可信的，并且很容易受到提问的影响。在感慨目击者证词可能是多么拙劣的时候，出庭律师李·贝利（Bailey，

1985）还谈及这样一种恼人的观点："陪审团成员对目击者的证词十分相信，却不知道对这些错误的目击者证词的认同会比陪审团所犯的其他各种错误更加糟糕，会把更多无辜的人送进监狱"（p.148）。事实上，贝利认为对指证证人的怀疑"是每个出庭辩护律师都不得不做的一件最困难、最麻烦，也最危险、最让人讨厌的事情"（p.145）。

就对目击者证词的反应而进行的研究提供了与贝利这一令人不快的观点相一致的结果，即陪审团成员过高估计了目击者的准确性（Brigham & Bothwell，1983）。在阅读了一个关于持枪抢劫的法庭案件的摘要后，当原告没有提供目击者时，研究中的模拟陪审员投票裁定被告有罪的比率为18%，但是当呈现了目击者——案件的唯一增加物——时，裁定有罪的比率上升到了72%（Loftus，1974）。

让我们降低目击者的可信度，看看会发生什么情况。一名研究者通过将目击者描述为严重近视，并且在目击抢劫过程时没有戴眼镜，从而来降低了目击者的可信。那么裁定有罪的比率下降了多少呢？只是下降到了68%（Loftus，1974）。

在一些对目击证词的反应而进行的研究中，人们使用了两阶段程序。在第一阶段中，作为目击者的参与者观察了一出研究者安排的"犯罪"，然后给出目击者报告，并进行了针对嫌疑犯的列队指认。在第二阶段，作为陪审员的参与者观看了这些目击者对记忆进行报告的录像，并且猜测这些报告的准确性。这些作为陪审员的参与者把错误辨认判断为准确辨认的比率高得惊人（Wells et al.，1979；Lindsay et al.，1981）。即使人们质疑自己能够正确再认出只见过一面的面孔的能力，他们也仍会将这种怀疑在研究者面前很好地隐藏起来。

自信的样子。你如何才能确定自己是否相信单凭记忆而给出的报告呢？你可能会去核查许多的事情。那些似乎具有内部一致性的报告可能会更容易令人信服（Leippe et al.，1990）。更加详细的报告同样会更加令人信赖，即使当细节都是一些琐事时。模拟审判中，当一名店铺抢劫案的目击者报告说抢劫案的一名旁观者买了奶球糖果和健怡可乐，而不是简单地说"一些物品"时，模拟审判中的陪审员们更倾向于接受目击者的陈述（Bell & Loftus，1989）。

但是，如果非要我们指出最可能影响你关于他人记忆准确性的信念的一个变量，那么这个变量就是个体表现出的自信或确定性的程度。在一项两阶段模拟犯罪的研究中，目击者看上去越自信，那么作为陪审员的参与者就越倾向于认为目击者对罪犯有着清楚而准确的回忆（Wells et al., 1979；Leippet et al., 1990）。这看上去很有道理。最高法院甚至已经把"证词中表现出的信心"作为陪审员们判断法庭证词的一个指标（Neil v. Biggers, 1972）。

即便事实确实如此，也绝非仅此而已。正如我们早先曾提到的，信心和准确性之间只有很微弱的关联。然而，当赌注只不过是被告的自由时，自信（或不确定性）的样子是如此令人信赖，以至于它能够轻易地决定对目击者证词的信任（或不信任）。出庭辩护律师非常清楚这一点，他们毫无例外地建议，甚至训练他们的证人在证人席上表现出自信的举止。他们也事先向证人简要地介绍他们可能会遇到的对抗性交互讯问。你认为这种事先简介的效果何在呢？无论准确与否，证人"使他们自己做好了精神准备"，并且在证人席上表现出了更强的信心（Wells et al., 1981）。

自信的破坏者。然而，请别忘记了另一方。优秀的反方律师能够通过"动摇目击者的信心"，把自信的说服力量转变成为自己的优势。可是，请等一下，想一想归因原则。如果反方律师的策略很明显，或者她看上去像一个欺凌弱小的人，那么陪审员将会把目击者缺乏自信的证词归因于反方律师，而不会归因于目击者的糟糕记忆。因此，借用西方恶女巫（《奥兹王国》结尾部分）的话来说，"这些事情必须做得很巧妙"。当然，我们已经熟悉其中一种方法了。反方律师能够（并且常常）以足够快的步调来提问，从而迫使目击者形成一种片断式的说话风格，这种风格可能让目击者看上去不仅无法胜任并且还十分犹豫和缺乏自信。第二种方法是引入对糟糕记忆的自我知觉。就细枝末节的东西进行提问，促使目击者做出足够多的"我想不起来"的回答，从而可能使目击者开始质疑他自己的记忆。这种自我怀疑将会表现出来，并且会适时地被法官和陪审团注意到。

使清晰的记忆显得糟糕。老是无法回忆起细节，会引起陪审员怀疑其记忆出错——我们前面见过的"更多细节意味着清晰记忆"这一直觉的反面。在某些特定情况下，对细枝末节的回忆可能会成为关于重要证词（如罪犯的面部识别）准确性的非常糟糕的线索。想想下面的情况：一位目击者在同一时间内只能注意到一件事情，因此她对罪犯的关注越多，那么她对四周背景的关注时间就会越少。由此可以推断，那些对罪犯面孔有更好记忆的目击者对外周细节只可能有更差的记忆。这正是一项模拟犯罪研究所发现的结果（Wells & Leippe，1981）。

　　但是，更有趣的是，当就一些不重要的外围细节，十分残忍地交互讯问作为目击者的参与者时，参与者所传递出的印象。那些对这些细节有最差记忆的目击者在这种煎熬下看上去十分糟糕，而那些作为陪审员的参与者在观看了交互讯问后，认为这类目击者凭记忆而给出的报告——包括目击者们的列队指认结果——是不能信赖的。实际上，相对那些对细枝末节的事情有清楚记忆的目击者，陪审员更加不信任这类目击者的列队指认结果。这一现象是确实存在的，即使那些对细节拥有糟糕记忆的目击者实际上最能够在列队指认中正确辨认出犯人（见图8.3）。在此，我们有一个误用经验判断记忆可信性的清晰案例。

准确判断的不准确性。
我们已经就凭记忆进行报告的准确性进行正确判断的拙劣能力，描绘了一幅暗淡的图景。陪审员（可能再加上警察审讯者）依赖于通常无效的外周线索，例如自信和对一些细枝末节的记忆。能否做一些事情来改善这一状况呢？人们可能从未就对记忆的判断形成高超技巧。毕竟，我们倾向于相信我们自己的记忆，即使这些记忆充满了瑕疵。在准确记忆报告和不准确记忆报告之间可能只有

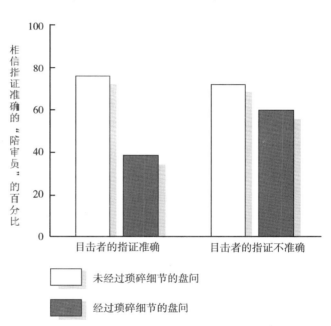

图 8.3　对琐碎细节的记忆具有误导性

一起偷窃案的目击者在嫌疑人队列中进行了准确或者不准确的指证。然后律师就他们的记忆对他们进行了交互讯问，在有些讯问中包括了对琐碎细节的盘问。那些观看了不含琐碎细节盘问的参与者（参与者扮演陪审员）对指证不准确目击者的信赖程度与对指证准确目击者的信赖程度相同。而那些观看了对目击者进行琐碎细节盘问的参与者则更加相信不准确的指证。有更好面孔记忆的目击者对周围环境（琐碎细节）的记忆会更糟糕，并且这一糟糕记忆在交互讯问中表现了出来。

（资料来源：Wells & Leippe，1981.）

很小差异，而那些确实存在的差异可能只是刚刚能够被他人察觉到。

　　尽管如此，还是有可能进行一些改进。认知心理学家已经证实，在对真实记忆的报告与人们按要求想象的报告之间存在系统的差异；此外，其他人可能可以通过训练而注意到这些差异（Johnson & Raye，1981；Schooler et al.，1986）。例如，关于真实记忆的报告传递了更加丰富的感觉意象。尽管我们已经看到，观察目击者对交互讯问问题的反应，可能会迫使自己对没有被讯问到的记忆方面产生不适当的推论，但是它能够增加对交互讯问特别涉及的那些记忆方面进行探查的准确性（Turtle & Wells，1988）。

合 议 庭

　　现在我们进入了本章的最后一个主题，陪审员的评议。陪审团是我们这个社会中司法民主的最终象征。在电影与电视中，陪审团常常是审判的高潮：英雄般的律师那才华横溢的辩护以及充满激情的总结是否说服了陪审团，从而宣告那无辜的被告无罪？陪审团是否会将邪恶的犯罪头领投入"监狱"？

　　陪审团通常由 12 个公民组成，他们有 2 项关联很高的任务。首先，他们必须聆听在法庭上呈现的证据，并且对其进行评估。其次，他们必须与其他的陪审员沟通他们自己的印象，以期就罪行达成一致意见。在他们的第一项任务中，陪审员成为众多影响尝试的目标，我们已经对其中一些影响尝试进行了探讨。然而一旦进入了合议庭，陪审员就既是人际影响的源头又是人际影响的目标——是组成含有各种观点与讨论的影响环境的活跃成分，而这些观点与讨论有望形成一个裁决。

　　大多数情况下，裁决都能很快形成。在美国 95% 的审判都能形成裁决，而陪审员相互商讨的时间通常少于 2 小时（Kalven & Zeisel，1966）。此外，多数陪审团的裁决对证据十分敏感（Saks & Hastie，1978；Visher，1987）。被告可能外表很有魅力，或者怪异的受害者可能难以相处。然而，实验室模拟研究和对真实法庭案件的回顾发现，这类偏差性因素通常是被法律认可的证据所排斥的，只要这些被采信的证据是清楚的。

　　知道有时证据能够控制推论和归纳是令人鼓舞的。那么从影响的角度来说，这是否就意味着陪审团评议是一件令人厌倦的事呢？答案是否定的。首先，在大多数时间里，这是一件关于 12 个人如何能够成功地形成基本可靠结论的事。其次，存在证据非常混杂这样一种情境。这正是心理活动发挥作用的场所。它也正是如前一节所讨论过的，律师和目击者行为等因素会渗透到陪审员判断的缺口处。

大多数情况下的多数决定原则

在 1957 年的影片《十二怒汉》（Twelve Angry Men）中，11 名陪审员很快就断定一名男孩是谋杀了他父亲的罪犯。而由亨利·方达扮演的陪审员则为宣判这个男孩无罪而拖延时间；为此他忍受了针对他个人的、要求其"醒悟"的群体压力，群体压力甚至演变为对他的敌意，我们在第 2 章中已经讨论过这种群体压力。但是最后，这位得不到任何支持的勇敢者最终改变了其余的人，从而使被告免于绞刑。这是一种常见情节吗？尽管也曾听说过，但是这类由单个持不同意见的陪审员所带来的说服性影响是极端罕见的。最为常见的情况是，当陪审员们开始评议时，最后的裁决通常是多数陪审员所赞同的意见，特别是由超过三分之二的陪审员构成了多数派时（Davis，1980；Kalven & Zeisel，1966）。这一多数—支配关系与我们前面谈到的观点——被认可的审讯证据的权重通常是决定性的——是一致的。如果 12 名陪审员中有 10 名在评议前的第一次投票中认为被告无罪，那么被告的证据可能会比原告的证据显得更加有说服力。

但是，多数派如何经常能够达到目的呢？根据对前任陪审员们的调查，以及在模拟审判中研究者对模拟陪审员们对话的记录，当少数派发现他们在人数上处于劣势时，他们不会立刻放弃（Stasser et al.，1982）。实际上，他们一定会通过社会影响的过程争取获胜。回想一下，我们曾在第 2 章中区分了影响的两种形式：信息性影响，在这种影响中人们采纳他人的行为或态度是因为他们发觉其他人拥有更多、更有效的信息；规范性影响，在这其中人们从众或服从是为了保持和谐的社会关系。在陪审团的评议中，这两种影响过程均有可能发挥作用。

人越多，论据越充足。 首先来看看信息性影响。在评议中，每个陪审员呈现他们对案件的个人意见及其论据。假设有10名陪审员赞同有罪的裁决，而其余的2名却相信存在足够合理的疑点能够宣告被告无罪。那么多数派的10名成员是否全都呈现了相同的论据呢？可能不是。每个支持有罪的陪审员可能会贡献出他自己关于证据的一套观点，可能会添加其他人没有记住的一些信息。当然，那两个坚持无罪的陪审员可能也有其他一些单独的论据。但是，每个少数派成员只有一套新的支持性论据，而同时他们必须要逐一地反抗10套相反的论据。在此说服情境中，包含数量更多的合理论据的信息会引发态度改变。而这种信息通常正是多数派所拥有的。

犹豫就是失败。规范性影响可能源于少数派"为获取社会认可和避免社会非难而进行的自私尝试"（Stasser et al.，1982）。当多数派成员的沉着说服尝试无法影响持有异议的少数派时，多数派成员就会变得不高兴，他们的沟通就会变得暗含拒绝、嫌恶和怀疑的味道（见第2章）。能忍受这种持续性社会压力冲击的通常只有那些勇敢、十分坚定并且几乎是英雄式的人物。规范性压力可能还在另一层面上起作用（Stasser et al.，1982）。陪审团的目标在于形成裁决。如果不能形成裁决，如果陪审团变得犹豫不决，那么它必然无法达到这一目标。这就会对司法产生阻碍——并且，从一定意义上来说，还浪费了每个人的时间，当然，被告除外。因此，为避免这一失败而达到社会所期望的群体目标，可能会迫使许多少数派成员变得逐渐能够接纳多数派的观点。

作为一个需要做一些说服工作的陪审团成员，你会向那些反对你的人诉求信息性影响或规范性影响吗？这必然与你的个性风格有关。你可能是一个说教者或者是一个追求"事实真相"的人。然而除了特有的风格以外，案件本身可能也决定了你使用社会影响的何种主要成分。在一项研究中，模拟陪审员们以6人为一组阅读了一例民事案件，这例民事案件涉及一个设计有缺陷的熔炉爆炸时所导致的伤害；然后他们进行评议（Kaplan & Miller，1987）。陪审员们被告知，另一个陪审团已经达成了一个不利于被告（熔炉制造厂家）但有利于原告（受伤的物主）的裁决。现在陪审员们的任务是就伤害赔偿金达成一致意见。一半的陪审员倾向于采用补偿性赔偿，即向原告赔偿因被告的疏忽而导致的实际损失。而另一半陪审员则倾向于采用惩罚性赔偿，判处超过补偿的金额，旨在惩戒原告以及阻止其他类似轻率事件的发生。

请注意，补偿性赔偿的判决或多或少包含了对事实的调查。这一不幸的事故给原告带来了多大的损失？相反，惩罚性赔偿的判决则会更加具有主观性和批判性；它反映出了社会价值（支持或反对商品交易）和道德责任感等等。考虑到这些不同，我们认为，在前一种情形（补偿性赔偿）中可能有更多信息性说服（陈述事实）的尝试，而在后一种情形（惩罚性赔偿）中则可能更多的是规范性压力（道德）。而这正是研究者在研究陪审员的评议内容时所发现的结果。面对基于事实的决策（补偿性赔偿），陪审员会在他们的大多数陈述中求助于事实和证据（"仅医院账单数目就足够庞大了"），而面对基于价值的决策（惩罚性赔偿）时，陪审员们大多常常做出暗示了社会认可和社会指责的陈述（"……是错误的"，"做多数人认可的事情是正确的"）（见图 8.4）。一般而言，我们可以预期，多数派关注于任何能把他人争取到"自己立场"的"压力点"。

群体极化。前一个例子提示我们，陪审团的决策并不总是关于有罪或无罪的二分选择。陪审员们同样会进行定量决策分析。在民事诉讼中，陪审团需要决定赔偿的金额。在刑事诉讼中，陪审团需要决定被告所犯何罪，如果有罪的话。通常可供选择的办法是根据犯罪的严重性和相应惩罚措施进行排序：例如，过失杀人者（有期徒刑），二级谋杀罪（更长的有期徒刑），一级谋杀罪（终身监禁或者死刑）。研究显示，在这些情况下，从第一次投票到最后一次投票，陪审团十分有可能在判决上变得更加极端。多数派本身可能会发生改变——朝着更加极端的方向。于是，**群体极化**（group

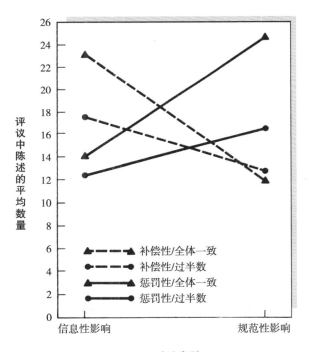

图 8.4　问题与影响的匹配

当模拟陪审员必须决定一起民事案件中就实际损失而应赔偿原告多少赔偿金时，他们在评议中主要通过求助于案件的事实（信息性影响）来互相影响。当他们必须决定惩罚性赔偿的金额以惩戒过错方时，陪审员在评议中主要求助于价值观和道德观（规范性影响）。当陪审员面临一种要求达到全体一致性决策的压力（而不是仅仅过半数票）时，这些趋势就更加强烈。

（资料来源：Kaplan & Miller，1987.）

polarization）发生了。

　　为了更好地理解这一现象，让我们简要地回顾一下在不涉及侵权或伤害的背景下，群体如何随时间流逝而变得更加极端，然后再来讨论陪审团背景下的群体极化。在 1960 年代早期，关于商业决策的一些研究（Stoner，1961）最早发现了群体极化；随后，在其他一些要求参与者向处于两难困境中的个体或行业提供建议的研究中，也证实了极化的存在（Myers & Lamm，1976）。例如，查理是否应该辞掉那份安定舒适但却没有前途的工作，去开始那份他一直想要从事的职业呢？参与者阅读了相关背景信息，然后分别私下预测在做出改变之前查理至少需要获得多大的成功概率。所需的概率越低，他们鼓励查理去接受挑战的风险就越大。然后，参与者聚集到一组中，来讨论查理的困境；讨论完成后，他们将再次表达他们对做出改变所需最小概率的观点。

　　典型的研究结果可总结如下：如果最初每个群体成员都倾向于赞同冒险行为（"查理，大胆地去尝试，即使你只有 30% 的成功机会"），那么群体讨论将会使他们倾向于持更加冒险的态度（"查理，大胆地去尝试，即使你只有 20% 的成功机会"）。如果最初的趋势是倾向于持谨慎态度（"你最好有 70% 的把握"），那么讨论将会使他们更加谨慎（"要有 80% 的把握"）。群体讨论使群体朝着最初的倾向做了更近一步的推进。

　　在态度问题上也发现了相同结果。那些最初只有一点喜爱自己总统的法国学生在进行了关于总统的讨论后变得更加喜欢他，而他们最初对美国人的厌恶经过讨论同样得到了增强（Moscovici & Zavalloni，1969）。

　　为什么会发生群体极化呢？有两个主要原因。首先，如果所有的群体成员关于事件的观点全都偏向一个方面，那么在讨论过程中他们所表达的观念和论证同样会是有利于那一方面的（Burnstein & Vinokur，1973）。那些因为出于两个原因而喜欢某物的个体，在聆听了其他人的观点后可能会有 5 个好的理由——信息性影响再次出现了。其次，许多人会以比人均水平表现得更加极端——当然沿正确的方向——为荣。显出些许极端使人看上去很独特，一种通常令人向往的品质。当在群体中相互交换意见时，个体获悉自己不那么显著地极端，因此他们提高自己的极端水平以期引人注目（Brown，1965；Goethals & Zanna，1979）。你可以将这归结为规范性影响的一个特例，在这其中，那些想在一个特定群体背景中从相似他人中显得与众不同的人，必须要以更加极端的方式来行事，如果不是本质上有所不同的话。

群体极化会发生在陪审员中间吗？似乎会的。在一项研究中，模拟陪审员们就一些包含了不利于被告的强有力证据或薄弱证据的交通案件进行评议。当案件证据薄弱时，陪审员们进行评议时会倾向于"无罪"，而在评议的过程中会变得更进一步地确信被告无辜。而当案件证据强有力时，陪审员们最初"有罪"的倾向在评议过程中同样会变得更加强烈（Myers & Kaplan，1976）。

群体极化的倾向使一些玩忽职守案件和人身伤害案件的巨额赔偿金不再那么令人惊讶。对受到永久性伤害的原告持同情心的强健多数派，在讨论为惩罚有过失的医生或公司并为向其他潜在过错方传递预警信息而应判处多少罚金时，步步逼近。这就是多数派规则——以绝非温和的方式解决问题。

多数派在大多数的陪审团决策中都会获胜；并且大多数的陪审团决策主要都基于可接受的证据的权重。但是，还有其他的陪审团决策。这些裁决有时候会依赖一个不相关的因素或者一个错误的社会心理过程。有时，仅仅一名或者为数不多的几名陪审员就能够对评议施以不合比例的控制。通常，当案件双方势均力敌或者案件具有一些不同寻常的特点时，将会发生这些特殊的影响。首先，让我们看看少数派如何在有些时候影响群体裁决。然后，在最后部分，我们将探讨超出法律权限的（非证据的）影响。

少数派偶然的力量

慈悲宽厚的倾向。 当陪审团最初平均分成两半，6个人赞同有罪的裁决而另6个人赞同无罪的裁决，那么会发生什么呢？多数情况下，裁决将会判为无罪，这反映了被称为慈悲宽厚偏差（leniency bias）的现象（Davis et al.，1981；MacCoun & Kerr，1988；Tindale et al.，1990）。实际上，即使当陪审员们最初以7比5的比例赞同有罪的裁决时，通常最后会还以宣告被告无罪而结束（Stasser et al.，1982）。为什么呢？支持无罪的那一小派系通常会拥有更多有影响力的论证吗？事实上，的确如此。首先，在证实有罪之前，美国法律均是在假设无罪的情况下运作的，并且它要求原告在排除合理疑问的情况下证明被告有罪。如果相当数量的陪审员均赞同无罪，那么显然存有一些疑问了。而所有这些陪审员们必须要做的就是使其余陪审员相信他们的疑问是合理的。同时，赞同有罪裁决的那一派必然会怀疑所有的疑问——一项艰难的任务。他们可能还会考虑到，赞同无罪裁决的陪审员们可能会指出错误定罪所带来的可怕风险——剥夺了一个无辜个体的自由。而由5到6个人构成的少数派能够相对容易地使支持有罪裁决的陪审员相信，错误定罪所带来的风险比释放一个有罪之人更加可怕（Stasser et al.，1982）。

坚持的回报。少数派常常拥有影响的潜力，即使它只是一个规模非常小的少数派并且并非支持无罪裁决。社会心理学家花费了数十年的时间来证明"人数"在创造从众压力上的"功效"，而最近他们开始研究持不同意见的"少数人"是否存在能够影响群体决策的"力量"。当然，结果是这种力量是存在的——但是它需要这部分人自由地表达意见并且坚持。

现在让我们告诉你为什么。如果考查一下多数派对人类行为的影响方式，我们会发现，多数派决定原则中的大多数过程都是充分地基于启发法加工。未作太多思考的个体会采用"不可能每个人都错"这一经验规则，接受由"几乎所有的人"构成的那部分人所提供的信息。这是一种信息性影响，但是它只涉及肤浅的思考。多数派同样拥有巨大的规范性力量；被"非常重要的人"拒绝将是灾难性的；面对这样的前景，人们可能会不假思索地服从。多数派的这些特点表明，除非存在明显的反对，否则在由多数派影响而形成的决策中，群体中的个体可能并没有运用完整的*系统思考技巧*。

成为自由表达意见的少数派意味着，在面对一定程度的多数派压力情况下，沉着地表达自己的不同观点，并且坚持自己的观点。这无疑会使人们开始思考，并且作更深程度的思考。（"嘿，这一问题可能比我原来的想法要更加复杂一些。可能这几个奇怪的家伙看到了我没有注意到的一些东西。"）在群体决策许多领域内的研究的确已经发现了这一点。相对于没有少数派意见的情况，当少数派坚持自己的判断时，群体在总体上倾向于得到更富有思想和更具创造性的决策（Moscovici，1980；Nemeth，1986）。少数派的异议似乎刺激人们对正在考虑中的问题进行复议，并且鼓励群体多角度地探讨问题从而进行更发散的思维加工。少数派可能不会获胜——它甚至可能是错误的——但是它有可能产生迫使多数派对有关信息"留心地"进行加工这一有益效果（Langer，1989）。近期研究表明，相对于面对多数派观点或者不一致的少数派观点，参与者在面对具有一致性的少数派观点时能够更好地回忆出相关信息（Nemeth et al.，1990）。坚持你的信念，但是要找到能与你共享观点的战友。即使你不能够说服群体接受你的观点，至少你能够使他们最后的决策更具思想性、具有更高的质量。

鉴于这些结论，亨利•方达在《十二怒汉》中的角色显得更加可信。但是就陪审团而言，少数派仅仅坚持不懈地表示反对是不够的。还有 3 种品质是必需的：少数派必须看上去是自信的，它必须避免表现得严厉且独断，同时它必须拥有社会影响的技能。这些品质完美地体现在了一名陪审员身上，在水门事件时期著名的米切尔•斯坦斯阴谋案审判中，该陪审员的影响使多数派中三分之二的人从支持有罪的裁决转而同意无罪的裁决。

约翰•米切尔与莫里斯•斯坦斯是当时的总统理查德•尼克松 1972 年二度竞选班子的主席和财务主管，他们分别被指控合谋阻碍了对一名主要竞选捐助人的联邦调查。根据陪审员们的回忆，在评议开始时，12 名陪审员中只有 4 名赞同无罪裁决（Zeisel & Diamond，1976）。安德鲁•乔就是其中之一，他是一位接受过良好教育的一家大银行的副总裁。在长达 10 周的审判中，乔以关切和友好的态度对待其他陪审员。当评议开始时，他十分从容地宣称他自己确信米切尔和斯坦斯是无辜的。当时，他始终如一地、自信并且清楚地为他自己的少数派立场辩护。乔是所有陪审员中教育程度最高并且最为成功的一员；而这些品质也提高了他的可信度。最后，他改变了整个陪审团。裁决是无罪——毫无异议的。关于乔这位杰出的陪审员，心理学家劳伦斯•赖茨曼（Lawrence Wrightsman）总结说：“他，也只有他，似乎才是导致多数派从有罪裁决转变为无罪裁决的动因。”（Wrightsman，1987，p.224.）

本不应产生影响的事物确实发挥了影响

由于在法庭和合议庭中有如此多的信息和参与者，陪审团的决策总有可能会受到一些理论上不相关的因素的影响。这类因素被认为是“超出法律权限的”因素，因为它们处在法律证据和程序的领域之外。正如我们曾经指出，如果超出法律权限的因素的确对陪审员产生影响，那么这种影响主要就发生在证据不十分清晰的时候。让我们简要地考查一下其中的两个变量。

不被承认的证据。我们在电视上都曾观看过法庭片，在这些电视剧中，法官指出陪审团忽视证人的一个陈述或者律师呈现的一条证据——由于其在法律上是不被承认的。但是，你可能已经问过你自己：“拜托！他们怎么可能忽视掉自己看到过或者听到过的内容呢，更别说是遗忘了？”你是对的，他们确实不能。模拟审判的研究表明，不被接受的证据会对陪审团决策产生影响，甚至可能会比被接受的证据产生更大的影响（Sue et al.，1973；Wolf & Montgomery，1977）。通过驳回证据，法官唤起了对法律证据的注意，将其凸显了出来；因此在陪审员们为了随后的提取而对大量审判信息进行编码时，赋予了该证据一个特别的记忆标签。法官可能也会唤起逆反心理：陪审员们可能会感到他们考虑所有证据重要性的自由受到约束，他们可能通过赋予不被接受的证据比其实际应得的权重更大的权重来做出回应（见第5章）。

并非所有陪审员都是平等的。两三个陪审员常常控制了整个评议。如果我们能够信赖那些非常真实而且投入的模拟陪审员，并以真实陪审员的回忆为补充，那么在大多数由12人组成的陪审团中，似乎超过半数的谈论是由3名陪审员所进行的，而有三名陪审员则完全没有发言（Stasser et al.，1982，1989；Strodtbeck et al.，1957）。事实上，参与的这种不均匀性在所有类型的小群体互动中都很明显（Bales，1958）。在陪审团中，允许偶尔的一个安德鲁·乔（或者亨利·方达）——单独一人——基本上“单枪匹马地”对裁决产生影响。这也意味着一个或者少数几个陪审员的独特偏见能够支配裁决。

为了增加你在评议中拥有更大决定权的机会，你必须当选为首席陪审员。这并不那么难：首先发言，首先被提名，或仅仅是自愿。做出选择；那就足够使你当选了。为了把握选举，如果评议台是矩形的，坐在“权力上座”处——评议台尾部或前部。即使坐在那里没有使你当选首席陪审员，你也能够通过非言语互动施加额外的影响。坐在评议台尾部的个体能够被其他所有人看见，并且能够在与他们说话时和他们每个人进行目光接触。因此，毫不奇怪，坐在尾部的陪审员既能发起又能接收到绝大多数的沟通行为（Strodtbeck & Hook，1961）。然而，这一关系的部分原因应归于这一事实，即那些已有控制经验的陪审员们（例如，经理和企业家）会首先选择评议台尾部的座位。你可能会说，某些人能够将权力安置在不同位置上。

简言之，我们这里的要点是，这种可能性总是存在的，即一个陪审团的裁决反映了对陪审团施加非凡影响的少数几名陪审员的偏差和倾向。对于那些不明确的、有多种解释的案件，这种可能性的发生机会更大。

陪审团遴选：能够对陪审团进行"秘密的事先运作"吗？ 仅仅少数几名陪审员可能左右裁决这一事实引发了由陪审团遴选施加影响的这一问题。在审判前的陪审员选举听证会上，允许案件的双方律师对潜在陪审员进行提问。如果有任何一位律师感觉一名潜在陪审员可能预先就倾向于反对他的当事人或者案件，那么这位律师可以拒绝将这个人纳入陪审团。因此，在一定程度上，律师们在这一被称为陪审团遴选的过程中对谁能进入陪审团拥有发言权。精明的律师是否能够通过选择受众——通过"预先秘密地选出"对他的诉因持同情心的人组成陪审团——从而获得影响上的优势呢？

当然，在某些情况下可以分辨出具有某些特质和背景的陪审员，这些特质和背景使陪审员可能会倾向于一个特定裁决。例如，那些拥有刻板且独裁观点的人可能会倾向于认为一名受人尊重但被控犯有杀人罪的警官有罪（Mitchell，1979）。政治上持自由主义观点的陪审员们可能有的偏差是，赞同对被控为煽动暴乱的反政府示威者宣判无罪。研究显示，如果在陪审团中拥有与你特质相似的人，那么在一些案件中你那一方的战线可能会占有优势（Horowitz，1980；Wrightsman，1987）。然而，你的对方律师也会竭尽全力去选择"合适的"陪审员。你们的努力可能会相互抵消。此外，凭直觉去获知哪种类型的人可能会对哪一方持有同情，并非一件容易的事。这些因素都限制了律师们自主地选择特别偏袒己方的陪审员的可能性。

科学的陪审团遴选法可能或多或少会更佳。这种科学的遴选法就是由一些社会科学家们所提供的咨询服务。他们调查拥有不同背景和特质的人，讯问他们关于将要开庭的案件的意见。通过所获得的这些反应，他们发掘出与律师们想要的裁决有关的特质，建议律师们去选择具有这些特质的人为陪审员（Schulman et al.，1973）。

即便律师们使用了科学的方法，但受陪审团遴选影响的案件数量可能仍然不多。除非案件双方是势均力敌的，否则判决将受到可靠证据的权重的支配。不管陪审员的背景、特质和偏见如何，大多数陪审员仍是以证据作为他们决策的主要向导。

结束语：心理学与法律

　　司法系统由处理人们争端的规则和程序所构成。争端的处理可能是一起犯罪或一起民事诉讼，涉及一系列的决策，而所有的决策则都是由人做出的关于人的决策（Ebbesen & Konecni，1982）。他们的决策、推论和判断受到大量认知偏差的影响，我们也都不可避免地受到这些认知偏差的影响：尽管人们常常对启发法的准确性很有信心并且拥有良好的意图，但是启发法是易犯错误的，并且常常是错误的（Tversky & Kahneman，1974）。争端是变幻无穷的，通常涉及主观的证据，而不是不争的事实。抗辩程序确保决策者不得不应对至少来自两方面的说服论证。因此，抗辩程序理论上是一个法律问题，但在实践中却是一个法律心理问题（psycho-legal issue）。

　　总而言之，女士们、先生们，我们已经为你着想，向你递交了社会科学方面的丰富证据，这些证据证实了一些常识性的观念，也挑战了其他的一些观念，并且（希望）使你对社会影响在哪些地方以及如何在法律程序的每个阶段彰显自己——有时是好的，有时是坏的——有了一个新的洞察。在下一章即最后一章中，我们将会把关注点延伸至日常生活的某些领域，在这些领域中态度改变和社会影响会发挥作用——并且可能为我们所用，以促进我们的健康并提升我们的幸福感。

小　结

　　我们对社会影响过程如何在司法制度中起作用的分析集中在三个主要刑事司法的领域：警察局，法庭，以及合议庭。

● 因为证据是主观的而且通常是言语性质的，因为英美司法体系的抗辩制性质，所以社会影响是很普遍的。双方为调查和辩论不同版本的真相而竞争。

● 人们认为，抗辩制诉讼会比欧洲不偏不倚、由法庭执行调查的讯问制诉讼更加公正。可能是因为抗辩制诉讼激发了双方"获胜"的愿望，从而成功地降低了某一方的巨大优势——无论这一优势值得与否。抗辩制程序能够导致知觉偏差和解释偏差。目击者因受不同方的传唤而会给出不同的证词；因引入方的不同，相同的证据可能会得以完全不同的解释。

- 目击者报告和指证可能非常不准确，部分原因可能是记忆会受到社会影响的作用，以及在刑事司法制度中一些人对记忆准确性报以了不恰当的信任。讯问中的误导性信息或暗示性信息可以被很好地整合进目击者的记忆中，并且稍后被当作是目击事件的一部分而被回忆出来。在列队指认中，不公平的列队（在这其中没有任何人长得像嫌疑人）以及带有偏差的指导语（指导语强烈地暗示某一指证是被期待的或被要求的）可能会导致人们根据糟糕的记忆来行动，从而增加了错误指证的比率。做出选择或者重复回答可能增强个体对记忆的信心，但是它们并没有改善记忆本身。

- 嫌疑人的招供是第二类非常容易受到社会操纵影响的言语证据。嫌疑人在警察审讯中招供的比例很高，其中包括一些无辜者的假供。为了获得招供，警察使用了大量社会影响的技巧。他们利用自身的能力去控制和扭曲心理环境，从而击垮嫌疑人的防御或操纵他们的知觉。

- 利用谎言探测器进行的威胁也被用来逼迫招供。通常来说，测谎仪得出的结果是不可信赖的；它们有显著的错误率，会被"击败"，然而，对于那些相信测谎仪的嫌疑人来说，测谎仪则能更好地发挥效力（安慰剂效应）。

- 法庭是一个说服的战场。研究表明，只要双方传递出了适宜的开庭陈述和总结陈词，那么首因效应或近因效应可能就不会出现。出庭辩护律师被建议，明确地陈述结论，包括辅之以生动的视听手段，并且运用更多断言式的陈述来做长篇宏论。

- 目击者留给陪审员的印象也极其重要。通过训练和诱导式提问，律师能够通过塑造目击者的印象而给己方带来优势。流畅的叙述性陈述以及不模棱两可的、较少限定词的且强有力的断言式风格，能够提升知觉到的目击者的可信性。

- 目击者证词倾向于被陪审员过度地信任，特别是那些逻辑连贯的、详细的，以及（最重要是）被自信地陈述的证词。陪审员和其他实情调查者特别倚重自信和对细节的记忆，但是自信和对细节的记忆却是准确性的糟糕指标，并且容易被提问所操纵。

- 陪审团常常很快就做出裁决。通常，证据的效力决定了裁决，但是当证据不明确时，超出法律权限的因素可能会发生作用。通过信息性影响（说服）和规范性影响（社会接纳措施），多数派常常在陪审团评议中获胜。信息性影响和规范性影响还作为了引发群体极化的媒介，随评议的继续而增加极端性（朝着陪审员们最初倾向的方向）。

- 然而，少数派能够战胜多数派——有时候。当人数较多的少数派赞同无罪裁决时，它可能会动摇多数派。这是由对误判的正常厌恶而形成的慈悲宽厚倾向所带来的结果。更一般的情况是，即使人数较少，畅所欲言和坚持己见的少数派也能够促使整个群体对证据进行更多的思考，从而形成一个更好的决策。

- 在双方势均力敌的案件中，存在着超出法律权限的（非证据性）事件对陪审员产生影响的可能性。例如，那些被认为是"不被承认的"证据，常常能够产生影响。因为群体讨论通常只被少数几个参与者所控制，所以一个单独的陪审员可能会产生过度的影响，或者律师可以成功地在陪审团遴选时秘密地事先选择出一个陪审团；但是这并不常见。

问题与练习

1. 抗辩制审判制度的优点是什么？缺点又是什么？如果你正在接受审讯，而你知道你并没有犯罪但却有相当多对你不利的证据，那么你宁愿选择哪一种模式，抗辩制诉讼或者讯问制诉讼？找出一个在你的社区或者附近社区中的一个著名刑事案件，在这一案件中抗辩制诉讼导致了你认为的错误裁决。那么，什么影响过程导致了这一结果，而你应该如何改变抗辩制诉讼以避免这一失误呢？

2. 基于本章中各个部分对目击者证词的讨论，请略述一个在刑事司法制度中应该怎样"对待"目击者的程序。你所设计的这一程序目的在于保护记忆并且避免对凭记忆做出的报告产生不恰当的社会影响。对从最初的提问到法庭证词这一程序进行叙述。以影响原理来证明你的程序中每一步的合理性。

3. 你一名学法律的朋友知道你对社会心理学感兴趣且拥有很多相关知识，她请你从心理学角度对她的首次模拟法庭作业提供一些建议。她将扮演一起约会强奸案的起诉者。对于案件的呈现、直接和交互讯问目击者、应对陪审团的先入之见等方面，你会给她什么样的建议呢？

4. 从规范性影响和信息性影响的角度对陪审团评议进行分析。在这其中引入一些概念，例如启发法和系统化加工、社会规范、社会支持和少数派影响，尤其是根据态度和信念改变这两个主要基础来对这些概念加以理解。

第 *9* 章

健康与幸福服务中的社会影响

❖

为了实现我们个人和集体的目标，我们每个人往往都会努力改变或塑造他人的行为、信念和情感。即使我们并非职业的影响者，但大多数时候，大多数人通常都精于此道。在人类生活的实验室中，数百年积淀下来的摸索、实践以及经验已经对实用的影响力心理学有着丰富的文化理解。而我们已经详细探讨了这一传承。

我们还考察了通过科学研究所获得的更为系统性的影响知识。其中一些知识已经非常成熟，并转化为了一些有效的策略；运用这些策略，我们得到一些有效的影响技巧和影响工具。如前所述，这些影响工具常常运用在广告、营销和旨在促使我们消费的商品宣传上，或者用于政治舞台，使一些候选人的媒体形象和风格能够掩盖他们内涵的缺乏。但令人遗憾的是，社会心理学有时被错误地用来为当权者一些令人厌恶或有害的目标服务，以维系或扩张他们的权力。

幸运的是，如我们也曾看到的那样，社会心理学同样能用来促进积极目标和亲社会的公益事业，给那些旨在提高生活质量的努力指引方向。在本书最后一章，我们将专门探讨亲社会影响；普通人可以利用这种亲社会影响为自己谋取利益，进而也为社会谋取利益。我们将关注生活质量的三个方面：

- 促进有助于改善我们社区和地球生态状况的亲环境态度和行为。
- 让人们形成并保持有益于身心健康的习惯。
- 通过心理治疗帮助那些有心理问题的个体恢复心理健康。

简言之，我们将关注通过社会影响的神奇作用而获得的更美好生活。

亲环境影响：说服能保护地球吗

1976 ~ 1977 年的那个冬天非常寒冷。同时，对于俄亥俄州哥伦布市的居民来说这个冬天无比黑暗。阿拉伯国家的石油禁运和欧佩克对石油价格的操纵使天然气和石油的价格上涨，并且造成了这些能源的严重短缺。哥伦布市长达数周关闭城市的路灯，以缩减开支，节省当地天然气和电力的消耗。本书的一位作者当时还是俄亥俄州立大学的研究生，回忆起晚上 8 点钟在阴森黑暗、空无一人的大街上行走的经历。这种感觉非常压抑，特别在圣诞节期间，因为当时社区负责人力劝人们尽量关闭门外的圣诞灯——大多数人都响应了这一号召。到了一月份，当俄亥俄州州长在一次祷告会中敦促州众议院采取措施结束能源危机时，这一情形达到了高峰。这次祷告会取得了预期的关注，新闻在美国得到广泛报道。

从 1970 年代开始，出现了许多类似的故事。在加利福尼亚州，"自由之路"和"汽车城堡"并非仅仅是一种隐喻，而是许多司机的基本价值观；排了长队但却没能加上汽油的挫折感，有时会导致邻里间爆发暴力冲突。无怪乎环境保护以及其他环境问题突然变成了"热门问题"。数十年未受控制的工业污染的后果，最终产生了广泛而严重的影响。海滩关闭了，河流干涸了，空气变臭了。露天开采、过度砍伐以及只以利益为重的其他工业活动所带来的糟糕的环境后果日益明显。同时，1973 年阿拉伯国家的石油禁运引发了人们对石油进口的广泛担忧。

这些因素的结合激发了亲环境运动。在大学校园中，"生态标志"——绿色、白色和美国国旗的绿色版——成为一种很流行的符号，而在这片土地上也出现了不少激进的亲环境主义者。同时，还颁布了更严格的工业污染和废弃物排放的联邦和州立法规。在汽车上放置催化式排气净化器以及使用无铅汽油已经成为法律规定。政府设立了清除有毒废弃物的基金。然而，最有力的措施是针对节能的。高速公路的限速降低到了每小时 90 公里。那些安装了诸如太阳能电池板等能源节约装置的家庭可以享受税收减免优惠。美国政府要求公用事业公司提供免费的家庭能源审计。许多家庭狂热地为自己的房屋添置保温材料和防漏材料。对解决生态问题的公司投资被吹捧为明智的理财策略。我们走上了正轨！

可是后来，人们支持节能运动的干劲似乎消失了，化为乌有。油价稳定了下来甚至在 1980 年代初早期还有一些回落。能源供给似乎又充裕了起来。有关汽车尾气排放和工厂排放物的新法规极大地减少了城市的污染，从而使城市污染问题显得不再那么明显。面对这样的倒退，里根政府仍把经济增长放在首位，而轻视环境问题，解除了对许多工业生产的必要控制。节能的税收减免也被取消，同时企业达到清洁生产的最后期限得到延长——迟疑不决拖延了整个计划。随着环境话题的淡出，不再出现在新闻中，公众似乎也已经忘记了生态问题。当拼车、使用公共交通以及资源回收不再是一种普遍的个人习惯时，能源消耗又回升了。那些对住宅、办公室和其他私人场所的清洁很挑剔的人，并没有觉得自己对于保持公共场所的清洁卫生负有责任。

一报还一报。在20世纪的最后十年中，全世界许多国家又恢复了对环境问题的关注。人们开始关注一些惹人注目的新闻，例如，所谓"温室效应"导致的全球变暖；臭氧层中由污染所导致的空洞，而这会增加我们罹患皮肤癌的危险；会破坏我们的植物的酸雨；亚马孙雨林的破坏，而这可能影响到整个地球的气候；还有似乎无穷无尽的废弃物——一些还有毒性——堆得到处都是。讽刺的是，这些问题正是1980年代忽视环境问题时才达到危机的程度，如果我们仍然一如既往地继续注重经济增长而忽视这些问题，那么这些环境问题将一直存在。

环境态度：行为链中的薄弱环节

公众对环境问题关注的摇摆说明了有关环境态度与行为的一个重大问题。对环境的关注无疑是一个"眼不见、心不烦"的问题。当问题公开可见——空气变成了雾霾、散发着臭味或者家里供暖账单突然翻倍时，人们才会对污染、自然景观的损毁或者自然资源的耗尽感到紧张。但是，当环境问题的外在表现消失时，对这一明显持续的问题的内在关注也就随之消失。

这一模式类似于对自然灾害（如洪水和干旱）知觉中的危机效应（crisis effect）（Kates，1976）。在灾害发生和刚刚结束的时候，人们的关注和行动最积极。随着干旱的加剧，人们开始采取行动，呼吁为了预防未来可能的干旱而进行研究并且采取相应的干预措施。人们会认真考虑节水，寻找可替代的水资源，以及在易发生干旱的地区限制人口增长。然而，随着时间的流逝以及没有新的干旱发生，限制减少了，"危机遗忘症"使记忆变得朦胧，人们和政府又恢复了旧习惯——活在拥有无尽的清洁、便宜能源的幻想天堂中。

显著性不突出的问题。可以肯定，你知道这里的潜在心理学原则。如在前面章节中所述，我们倾向于思考那些容易被我们觉察的刺激，并以此为依据来采取行动。不幸的是，对环境的危害常常是难以觉察的。我们不容易将自己的个人行为视为造成环境危害的一个原因，除非危害本身清楚地表明了这一点。个人废弃物消失了：它被带走了或说在卫生间被冲走了：眼不见，心不烦——被置于地下，因此不必关注它。生物学家告诉我们，在污染物被排入湖泊的数十年后，在未受训练的人发现湖泊处在垂死边缘以前，已经造成了95%的危害。此时已经为时过晚，无法逆转这一过程以拯救湖泊以及其中的动植物了。

动机不足的问题。阻碍亲环境行为的一个因素是亲环境的动机必须与强烈的需要和欲望相竞争。如果不使用杀虫剂，你有足够经费承担有机蔬菜种植吗？新的节能炉又如何呢？你会在你繁忙日程中进行废物利用吗？即使你能轻松地负担起所需花费，你仍会愿意减少开车吗？这也是一种显著性突出的问题。相对于为预防或解决你甚至无法看到的大规模环境问题而做出的小小延时贡献，你的金钱和便利常常是有形、易见并且有即刻结果的。

一般来说，在人类与环境的互动中，我们有许多关于态度 - 行为微弱联系的成分，而我们在第5章探讨过这一联系。因为常常无法看到破坏环境行为的后果或者无法意识到他们现在的行为会有一个延迟的破坏性后果，所以人们常常忽视了以下3个有助于形成强有力的态度 - 行为联系的因素：（1）关于态度客体的知识；（2）态度客体的清晰度；（3）对态度客体的直接经验。在一个特定情境中，时间的压力以及其他浪费能源的人的逆向影响可能会战胜我们保护环境的倾向。当情境向一个方向推动而态度向着另一个方向时，除非态度十分坚定，否则通常是情境取胜。尽管如此，上述竞争性的动机可能与特定环境相关联的行为选择有更为密切的关系。我们可能确实有善良的愿望，但是却继续干着坏事。我们的价值观可能会引发良好的行为意向，但是这并不意味着会从事有意义的行动。

那么社会科学能对此有所帮助吗？它的确正在尝试。社会科学家们已经设计出了一些用于影响许多环境行为的技巧。这些行为是多种多样的，包括随意丢弃垃圾、家庭能源的节约、再循环以及私人轿车合乘。尽管环境行为各不相同，但是所采用的技巧却有着许多相似性。这些技巧直接针对低动机的问题或者显著性不突出的问题。让我们来看看每种策略的相关例子。

增强动机：收益高于成本的亲环境行为

如果人们为亲环境行为付出更小成本或者从中获得更大收益，那么就会有更加强烈的动机去从事亲环境行为，这种心理动力可以战胜对从事这种行为所涉及的时间、金钱、精力和便利的顾虑。这看上去似乎是一种运用工具性学习的理想情境，通过系统化地应用奖赏从而对行为进行塑造。

金钱、公共汽车、瓶子和自动调温器。什么是强有力的奖赏呢？对于我们大多数人来说，金钱会是有力的奖赏。如果人们因为在冬天节约热能、使用公共交通或者回收易拉罐而得到金钱，那么他们是否会经常从事这些行为呢？答案是他们当然会。看看这些研究结果。要求对所有玻璃瓶和易拉罐进行回收处理的法律，减少了75%的乱丢弃玻璃瓶和易拉罐的行为（Osborne & Powers，1980）。注意，这是一个以强化为基础的策略：人们可以就每个回收的瓶子得到5美分或一角的硬币（常常是他们自己存积下来瓶子）。类似地，对那些乘坐公交车的人们赠以免费快餐礼券可以大量增加大学公交系统的乘客量，并因此减少了大学校园中的交通堵塞（Everett et al.，1974）。对那些房租中已包含了电费的公寓租赁者（apartment dweller）而言，如果根据他们每周用电量的减少程度而向他们支付一定现金的话，那么他们的用电量平均会减少36%（Hayes & Cone，1977）。研究还发现，私人房屋业主会减少他们的用电量以获得与节约量相挂钩的每月一次的现金回馈（Winett et al.，1978）。

回报人们是要花费金钱的。但是金钱并不是万能的。一个明显的障碍就是其成本。大都市的公共交通公司可能没有财力去经常性地向公交乘客提供免费快餐礼券的奖励。地方政府的税收额度已经到了人们容忍的极限，因而可能无法承担对公用事业公司奖励系统的补贴。

另一个问题则是，当报酬完全停止后，亲环境行为的比率就会有所下降。这意味着那些行为从未"被人们放在心上"，或者说被内化成为一个可指引行为的强有力态度。这并不奇怪。想想自我归因中的过度合理化现象。如果为了报酬而去做什么事情，那么人们就倾向于认为是报酬（外在因素）而非他们自己的态度（内在因素）引发了自己的行为。一旦报酬不存在了，那么你也就不再有相应的行为。

反馈。除了金钱，是否还有其他可供选择的办法来强化节约能源的行为呢？有的，在家庭能源节约领域内，就居民的节约程度向他们提供生动而丰富的信息反馈，同样可以充当具有持续效果的强有力强化物。对那些居住在华盛顿特区市郊的全电气化连排别墅里中上层居民的一项研究（Winett et al., 1979），为这一能源反馈提供了清楚的佐证。在有反馈条件下，每户家庭在长达一个月的时间内每天都收到反馈单，把家里的电力消费较之于前一日上升或降低了多少进行反馈。反馈单很有趣而容易阅读，把每日的用电量，以精确到美分的形式，与家庭先前所设立的节约目标联系起来。有反馈的家庭以平均每月为他们自己节约23美元的速度，最后比无反馈的对照组家庭多节约了13%的用电量。此外，在停止了每日反馈的10周以后，反馈组家庭的用电量仍然会比对照组家庭更少。指向节约行为的动机变得内化了，并且不再与外部的反馈系统有关。

什么使反馈这样有效呢？首先请注意，仅仅只有反馈是不会起作用的。在上述研究中，居民首先被告知了节约的详细理由以及如何去节约的技巧。在那时，降低能源消耗同样被视为一个非常值得去做的亲社会行动；同时，存在一种类似竞争的意愿，竞争意愿把节约界定为"一种你能够掌控的技能"。在这些条件下，反馈因四种原因而有效：（1）它提供了关于成就的回报感；（2）这种回报感源于个体内部，因此它有助于形成这样一种归因，即节约行为的原因是自己愿意这样做；（3）当反馈被有规律地运用时，个体知道了特定行为是如何与消耗结果相关联的（"我昨晚让窗户开了一夜，我今天的消耗指数就上升了"）；（4）反馈为客观地描绘出目标结果的每日波动情况提供了一份进行中的记录，而这一记录是成功的清晰证据。

通过上述回顾，我们非常振奋地知道，有大量利用反馈来塑造良好环境保护习惯的技术。例如，在家庭能源的节约中，新发明了简单易读的室内监控器，可以使用户自己轻松地得到反馈强化信息。

近几年来，公用事业公司开始对天然气费和电费账单提供了一种不同形式的反馈。账单告知用户自己的能源耗费与其他人相比的状况。这是一个不错的主意，因为它采纳了社会比较原则（Festinger, 1954）。的确，应让人们把自己与他人进行比较。然而，公用事业公司得到建议，只有在比较群体被知觉为是相对等的情况下，社会比较的反馈才是有效的。

增加显著性：将亲环境行为牢记于心

先前我们指出，大多数人并不会自发地思考环境行为及其后果。环境本身也不太可能生动地吸引人们的注意。环境常常充当背景；如果要让我们注意到它，那么它就必须成为图形，被拽到显著的位置上来。当然，要这样做就需要采用惹人注目的影响策略，使人们注意到行为方式或者个体行为会对整个环境问题产生的不同影响——及其解决方案。

立刻就做。关于如何行动的提醒、信号或者暗示被称为提示。你看到过许多提示（"节约能源""离开时请随手关灯""垃圾入箱"）。它们有用吗？一般而言，提示的确会对行为产生影响，尽管一些提示会比另一些更加有效。此外，提示并不只局限于电灯开关旁的张贴物或者垃圾箱旁边的标牌。想想那些你在走进百货商店时常常拿到的广告传单（"今日特价"）。这些数不清的纸张最后都成为令人讨厌的垃圾。然而，在一家大型超市实施的一项研究发现，传单上一个简单但显眼的提示能显著地降低这一污染问题（Geller et al.，1977）。这一提示请求人们不要将传单随手乱扔，而是扔在"为了循环利用而设置在走廊边的一个绿色垃圾箱中"。这一指导性的提醒使传单扔在绿色垃圾箱中的比例从9%上升至30%。

为了格外有效，提示必须引人注意。公共垃圾箱上为人们所熟悉的"垃圾入箱"符号可能已经失效，因为它是如此熟悉以至于它不再是一个显著的图形，而是很快融入了背景中。为什么不以有趣的方式每半年就更换一次符号呢？就此而言，用荧光色来油漆垃圾箱可能同样具有增加防止在公共场合胡乱丢弃杂物行为的"提示作用"。当明确而具体地告诉人们在哪里、做什么以及什么时候进行时，提示就会像同超市的广告传单那样有效（Fisher et al.，1984）。

洁净的环境带来的提示。可能是因为洁净的环境令人愉快或者很稀少，洁净的环境本身具有提示作用。我们会注意到洁净的环境。因此，没有垃圾本身就成了一个提示。在超市进行的另一项研究中，当商店已经满是垃圾时，在走廊中随手乱扔广告传单是很常见的；但是当商场一尘不染时，随手乱扔的现象几乎从未发生过（Geller et al.，1977）。洁净的环境使"不要随手乱扔垃圾"这一规范突显了出来，我们在学校和家中已经习得这一规范但在别处却常常被我们遗忘。

　　根据现有情况得出的推断——即规范规定了亲环境行为，而提示之类的提醒则增强了这些规范的显著性——为高频率的关于"环境卫生"的媒体提示提供了一个有力的榜样（Cialdini et al.，1990）。易记的信息的传递需要成为一种常规，以便在一些关键时候能够发挥影响。例如，对于那些习惯于将空的快餐食品袋和烟蒂扔到车窗外的不道德者，如果他们在车载收音机里恰好听到他们所崇敬的名人反对随手乱扔垃圾时，他们可能会控制自己，不再这样做了。

能源印象。就那些提升环境问题显著性的方法而言，提醒和提示只是非常初浅的基本方法。社会心理学家苏珊娜·耶特（Suzanne Yate）和埃利奥特·阿伦森（Elliot Aronson）还提出了许多很简单的技术，如果配合使用这些技术，就能非常明显地节约家庭能源的消耗（Yate & Aronson，1983）。

　　就第一种技术而言，耶特和阿伦森重复了现在我们已经熟悉的"将它变得生动"的建议。干巴巴的统计信息不如生动且具体的例子来得有效（Nisbett & Ross，1980）。例如，假设从一个家庭能源稽查者那里得到了一些节约的建议。听他唠唠叨叨地叙说经由窗户和缝隙而泄露出去的热量在热量总损失中所占平均百分比可能完全不具感染力。但是，如果稽查者指出，"如果我们将你房间中所

清洁社区的卫生。令人愉快的改变将极有可能保持下去，因为在已凸显了"不随手乱扔"这一规则的清洁环境中，人们不太可能随手乱扔垃圾。

有漏风的地方加在一起,你会得到一个篮球那么大的漏洞",那么你可能就会感到吃惊并加以注意(以及使用一些防漏材料和绝缘材料)(Aronson,1990)。

第二种技术强调失去而非强调获得。大多数人"厌恶失去"(loss averse)——可能失去他们已经拥有的东西("扔到窗外的金钱")会比获得一个更小的能源账单更能激发动机(Tversky & Kahneman,1986)。这相当于告诉人们,如果不采取能源节约的行为,他们每年一定会有的损失量。

第三种技术则是提升对具有节约和环境意识的公民的积极印象。将自动调温器的温度调低和与他人合伙拼车这些习惯常使一些人产生负面印象——吝啬或者无法负担小小的奢侈。因此,他们会通过避免这些行为来避免这些自我印象。为消除这一思想,我们应该使人们知道,一些富裕、健康而且具有吸引力的人正参与到节约行动中,以此为节约能源的人塑造一个成功、有能力和迷人的印象。同样,公司可以对月度能源节约之星开展一些表扬与奖赏运动。

最后,利用承诺和一致性原则。起作用的是那些不显眼的小事。如果人们能够被说服去做一些小小的亲环境行为,那么"登门槛"技术可能会导致一个更大的行为(回想一下第2章已经介绍过的一项研究,即 Freedman & Fraser,1966)。同样,通过向那些自称是环保主义者的人揭示他们破坏环境的行为,可以激发他们的认知失调。一项研究向一些人指出尽管他们(在一项调查中)认可节约的重要性,但是他们却浪费了大量的能源。显然,为了解决这种不一致性,这些人比那些没有意识到不一致性的个体更多地减少了自己的用电量(Kantola et al.,1984)。

从个人习惯到全球性的污染:普遍的差距

如果每一点垃圾都会带来危害,那么行为的一个小小改变也就能有所帮助。因此,社会影响的技巧无疑能够被用来改变个体的环境行为。但是对于那些维系全球经济系统但却破坏环境的行为又该如何呢?对于由我们生产、运输和消费商品方式所造成的污染和破坏又该怎样呢?这些行为能够改变吗?

要改变上述行为,就需要在个体水平上引发更多的环境保护的习惯。与门的巨大尺寸相比,登门槛的那只脚也得很大。在现今以自我为中心的生活方式中,我们的投入是巨大的。最为重要的是,恰恰是对于那些重大的环境问题,人们最容易形成眼不见、心不烦的心态。你最近调查过有毒废弃物的垃圾场吗?你这个月有访问过亚马逊雨林，目睹土地开发商、农场主和其他人对那里的蓄意破坏吗？答案应该是几乎没有。你是否又知道使你的新发型看上去不错的发胶是如何导致臭氧层形成空洞从而增加了你患皮肤癌的危险呢？

对多数人所相信的全球性环境危机的解决方法，依赖于在整个文化中培育一种支持环境保护的强烈态度和信念。未来的行政长官和政党领袖必须是彻头彻尾的环保主义者。这是一项十分艰巨的任务。但是，它是能够做到的。有证据表明，从童年早期开始将儿童"沉浸于"环境保护意识中的教育计划，可能会使他们形成亲环境的态度，同时他们会乐于按照这样的态度来行动（Asch & Shore，1975）。当然，这一计划中所涉及的远不止一门科学课程中的"生态学"章节。儿童必须要在教师的指导下直接体验自然，教师向儿童揭示自然的美丽，并且通过足够生动的细节教会儿童知道破坏环境的后果，从而形成美与丑的鲜明对比。"外部的"生态学必须被内化为我们每一人的出发点。

我们需要面对的另一个问题是，大众传媒能够帮助人们"正视"环境问题。晚间新闻对 1989 年艾克森石油公司的瓦尔迪兹号油轮在阿拉斯加州发生的石油泄漏事件进行了报道，报道中使用了浸泡在石油中的海豹和被损毁的海岸场景的图像，而这一新闻极有效地增强了人们的环境保护意识。《时代》杂志在同年开展的环境保护宣传可能也达到了类似效果。该杂志的多期封面都使用了引人注目的环境问题图片，仅在超市的收银台处，每周就有数千万人看到这些杂志。另一个有价值的力量源于歌星和影星，这些明星对环境问题逐渐具有发言权，并且他们对伴随着音乐电视一起长大的这代人所产生的影响能达到传统教育或者媒体宣传所不能达到的程度。1990 年的世界地球日是另一个积极的步骤。简言之，媒体中关于环境保护的清晰观念越多，那么这些观念将越能成功地影响态度与行为——甚至是企业管理者的态度与行为。

社会影响能够帮助我们改善环境质量或说拯救我们的星球，在这一乐观判断的基础上，让我们继续考察社会影响是否能够帮助我们改善个人健康并保持群体健康。

健康的促进

在 20 世纪末，生理健康在我们的社会中已经形成了一个崭新的局面。通过免疫、分布广泛的先进医疗服务、高度发展的卫生系统和容易获得的营养食物，传染性疾病如肺炎、脊髓灰质炎和肺结核，曾经一度是健康的主要威胁，在很大程度上已经被战胜了。技术、医学知识和公共卫生计划为处于工业化国家中的大多数人提供了一个长寿而且健康的美好前景。

但是，这一理想前景并未完全实现。当前，心脏疾病和癌症是分列第一和第二位的致命因素（Harris，1980）。这些疾病几乎占了美国所有死亡中的 60%，并且常常使他们的受害者"过早结束生命"。但是在很大程度上，它们是可预防的疾病。它们是生活方式中的一些因素例如压力、过食和抽烟的产物。药物与酒精滥用既是导致这"两大"疾病的因素，也是导致交通事故、艾滋病和自杀等可规避的死亡的因素。现今，健康专家们认识到，死亡的主要原因是生活方式——我们日常习惯的模式。只要人们有健康的行为习惯，那么他们将可以更长久地拥有生机勃勃的生命。

医学专家们建设性地界定了健康行为。基于传统疾病医疗模式向公共卫生模式转轨，医学科学家和医生们受到了现代健康概念——即不应把疾病看作需要治疗的对象，而应将其视作需要预防的对象——的鞭策。他们就人们能够做些什么以保持和增进健康积累了相当多的知识（表 9.1 列举了最为基础的"健康行为"。你的生活方式占了其中多少条呢？）。关键在于推广这些健康的生活方式，影响人们按照更加健康的方式来行动。尽管我们已经知道一些"健康生活方式"，例

亲环境的态度必然会演变为一种文化规范，指导企业管理者和消费者的行为。以经济利益为代价的环境破坏的突出形象——如这张照片——可能会有助于塑造亲环境的态度。

表 9.1　"健康的"生活方式

1. 不抽烟

2. 定期进行锻炼

3. 适度饮酒或者不饮酒

4. 每晚睡眠时间为 7 或 8 小时

5. 维持适宜的体重

6. 吃早餐

7. 在两餐之间不进食

（资料来源：Belloc & Breslow，1972.）

如有氧运动和食用高纤维食物，但是，这一健康影响任务并不容易实施。

可以在多种不同情境中实施"健康影响"。在宏观水平上，大众传媒是传递健康行为信息的常用渠道。然而，有关健康的重要影响努力常常发生在一个微观的情景中，或者说在亲自动手的情景中。医生极力劝说他们的病人遵从健康而有规律的生活方式，或服用适宜的药物。许多人为了改善与食物、药物、酒精、烟草和锻炼有关的健康习惯，也会光顾相应的工作坊或者诊所。在这些背景中，目标非常简单，就是通过直接的社会影响来改变行为。让我们首先看看影响的心理学原理是怎么样或者说为什么能够被应用在媒体中，从而通过间接影响来促进健康的生活方式；然后我们前往医生的办公室和诊所去了解还有哪些有效的影响策略可以被我们利用。

大众说服：公众有知识就更健康吗

你一定看过数以百计旨在促进健康行为的公益广告。在 1960 年代，美国人经历了一场鼓励使用汽车安全带的闪电攻势。大多数 35 岁以上的人仍然能够哼出他们曾经在电视上观看愉快的一家四口在旅行车中系上安全带时所播放的广告歌（"为了安全系上安全带，系上安全带。 为了安全系上安全带，一直系着安全带……"）。关于安全带使用的新广告旨在针对年轻司机。你可能已经观看过"不要当傻瓜"的系列公益广告，在那些广告中真人大小的假人以摇滚乐手的装扮被用于汽车撞击实验。反抽烟的广告在 1970 年代和 80 年代早期非常具有影响力（"戒烟是生死攸关的事"）。一些新近的宣传提倡安全性行为以预防艾滋病，恳请人们不要吸食毒品，"这个煎鸡蛋就是你吸毒时的大脑"。

公众都接触了这些信息，但是信息是否成功地改变了人们的态度和行为？几乎没有人会怀疑，那些设计周全的媒体健康宣传增加了数百万公众关于健康的知识（Atkin，1979；Roberts & Maccoby，1985）。虽然态度是一块难啃的硬骨头，但是健康宣传常常至少能够产生一定的影响。

然后，是行为改变，这是媒体健康宣传的最终目标。然而，大众传媒的健康宣传本身常常只能对真实的健康行为产生很微弱的影响。尽管花费了数年时间进行大众传媒的宣传，但最终还是通过国家法律把安全带使用率提升至了50%以上（Kalfus et al.，1987）。强制性的法律绝不是彻底的说服，但是法律往往比建议更为有效。那些发誓说痛恨抽烟的抽烟者继续吞云吐雾（以及咳嗽）。尽管我们都知道美国儿童摄入了过多的糖，但是每天早晨，甜甜圈和含糖量过高的谷类食物仍然出现在数以百万计的餐桌上。

有效健康宣传的障碍。事实上，许多真实的障碍，社会障碍和心理障碍，限制了健康信息的说服力量。在这一节，我们讨论4种可通过社会心理的解决途径加以克服的障碍。这些障碍包括：个体从一些不健康习惯中所获得的乐趣，对个体健康的盲目乐观，对健康信息的讥讽以及来自逆向信息的竞争。

不健康的吸引物　成功地进行健康说服的最大障碍是已有态度和习惯对健康信息的反抗，而这些已有态度和习惯正是健康信息所要设法改变的。许多抽烟者享受抽烟的乐趣。油炸食品和甜食吃起来非常不错。是的，一些人乐于改变后的意识状态。但是，单凭信息可能还不足以改变坚固的、悦人心意的习惯。还需要更多的一些东西——一些我们将稍后加以描述的新的干预形式。

不可能发生在我身上　除了特别的喜欢和偏爱以外，媒体健康信息还必须克服更一般的与健康有关的态度和认知。其中一种我们称之为"比你安全"综合征。人们对自己的健康问题似乎总是盲目乐观。许多调查显示，普通人认为他自己的一般健康状况在"平均水平之上"，而同时患病、受伤和早死的可能性却在"平均水平之下"。在一项研究中，要求罗杰斯大学的学生将自己死于45项不同健康危害的机会与"其他相同性别的罗杰斯大学学生"相比较。对于大多数的健康危害，包括性病、心脏病发作、肺癌、偏头痛、肥胖症、牙周病以及龋齿，学生们评定自己患病的可能性显著地低于平均水平（45人中有34人）（Weinstein，1982）。对于任何一种健康危害，学生们都认为自己本人的风险低于他人的风险。

对个人健康的乐观主义和对个人不易患病的错觉，是避免焦虑和烦恼的一种适宜防御机制。但是如果过度乐观，那么我们许多人可能就无法觉察到一些重要健康忠告的自我关联性，因此而无法对其进行系统化的分析。必须克服我们自己不易患病的这种错觉；在不惊吓目标受众的情况下，健康信息必须要逐渐灌输这样一种认识："我也可能会患病，除非我现在就开始做一些正确的事。"

自我防御并非是隐藏在非现实乐观主义背后的唯一因素。"比你安全"的心态也缘于没有充分认识到疾病和伤害能够侵袭那些与我们自己拥有相似习惯和生活方式的人（Weinstein & Lachendro，1982）。为了克服这一认知缺陷，健康公益广告可采用那些被人们认为与自己具有高度相似生活方式的，痊愈或者改过自新的人作为代言人（Atkin，1980）。健康宣传的推广者还可以将信息表述得尽可能的个性化："我们正在和你说话。你今年已21岁了，你感到……就像成百上千患有高血压的年轻人一样。帮帮你自己，去做一次体检。"

对分析的麻木　如果对健康风险的过度乐观不会降低对健康信息的关注，那么讥讽和打击则极有可能。我们几乎每天都会听到关于新的健康危害的新闻。这会导致癌症，那会导致心脏疾病，还有什么（不，已不再是新闻）会导致溃疡。现代科学研究能够发现细微的致病因素，而新闻媒体则会把这一发现向全世界传播（常常过早并且以夸张的形式）。层出不穷的坏新闻迫使一些人放弃健康行为，将有益的健康行为视为"一场无希望的战争"。结果，他们拒绝接受健康信息。你是否曾经向你的朋友提出过健康忠告，但却只听到他们说"嘿，那么什么对你才是有益的呢？"或者"任何东西都会导致癌症"，再或经典的"如果这都无法夺去我的生命，那么别的东西还可能吗"？你能期待这样的一个人会对电视中的健康信息做出积极反应吗？

如何阻止讥讽和打击呢？首先，你应该使健康信息特别引人注意而且能使人保持注意，用一些有趣的听觉成分或视觉成分，以及能激发积极启发法判断的有吸引力口号。你同样还需要强有力的论据以击败讥讽和打击。健康信息必须强调*功效*——在尽量不干扰正常生活的前提下，健康信息能使人们有效地降低他们的健康风险，而在降低健康风险这一领域内的有效性也是个体自我效能感的一部分。

关于有争议的健康议题的信息应该是准确的。否则，那些冷嘲热讽的人在确实听到了这些信息时，他们会提出反驳。在1970年代早期，抵制大麻的信息对

对健康信息予以冷嘲热讽的反应是荒唐可笑的。

青少年几乎没有作用，主要是因为这些信息与那些熟知大麻效果的人的实际经验并不一致。抵制大麻的公益广告激发了嘲笑和激烈的反驳（Ray & Ward，1976；Smart & Feger，1974）。不幸的是，近来所做的使人们对大麻失去兴趣的努力重蹈覆辙，即抵制大麻的信息不能令人信服。你看过那个广告吗？脑电波监视屏上显示出脑电波突然中止，并且将其指认为是青少年"吸食大麻后的大脑活动"。任何一个直接体验过大麻的人都知道大脑活动不会就那样简单地停止。只有在死亡时才会出现这种状况。可悲的是，如果这一信息不能令人信服，那么其他关于毒品严重危险的有效信息可能也会受到不恰当的怀疑。青少年可能会认为，这些有效信息只是成年人用以诋毁青年人乐趣的一种宣传，是不可信的。

　　竞争　健康信息必然常常会与反方信息相竞争。在本书的第1章中，我们曾以香烟广告作为强有力的大众传媒影响的一个经典案例。你还记得烟草公司每年花费在市场研究和广告上的数以百万计的资金吗？健康组织无法与这些巨额金钱匹敌。对于青少年抽烟，健康广告也无法与同伴压力匹敌，同伴是非常高超的影响者。在此，我们再次看到了精心构思信息如何呈现的必要性，也就是说，需要对逆向说服进行防御和预防接种。

变得独特：运用影响技巧的案例。在此，让我们考查一下用于克服阻碍健康行为的心理障碍的一些特殊方法。

你能忍受的恐惧　健康信息的一种流行形式就是恐惧诉求（fear appeal），即通过恐惧来达到改变目的的信息。恐惧诉求是最有效的说服工具之一——但是，其前提是，设计得当，以避免把人们吓得予以否认和拒绝聆听。恰当的设计始于这样一种认识，即恐惧诉求一定不止是恐吓。它还必须告知受众可用来改变他们自己不健康习惯的具体、详细和有效的行动（Leventhal，1970）。关于抽烟导致肺病的鲜明且生动的证据可能会增加抽烟者戒烟的欲望。但是抽烟者可能不知道如何才能戒烟。在信息中添加一些详细的戒烟技巧，会增加人们将欲望转变为实际减少抽烟行为的比率（Leventhal，1967）。

尽管如此，许多人仍然并不使用有关如何从事健康行为的知识，通常是因为他们怀疑这些行为对他们自己是否有用。长期抽烟的烟鬼常常嘀咕说："如果抽烟会造成伤害，那么伤害已经造成了。现在通过戒烟或者降低抽烟量来拯救我自己已为时过晚了。"我们回到了挫败式的思维。为了与原有的不健康行为切断联系，恐惧诉求必须确保反应功效。信息必须呈现强有力的论据，证明其推崇的行为能够防止令人恐惧的结果。在1970年代，反抽烟宣传已经清楚地意识到了这一点，当时，在广告中加入了这样一些语句，例如"你戒烟的那一刻，也就是你的肺开始重返健康的那一刻。"一名作者（曾经的抽烟者）仍然记得他第一次听到这一特别信息时的情况。肺痊愈的意象在坚定他最后下决心戒烟的过程中发挥了很大的作用。

几年后，他戒了烟。最终的动力可能是他增强了对自己戒烟的信心。在这名作者的案例中，这种自我效能感通过观察同事成功戒烟而得到了增强（"如果他们能做到，那么我也能"）。激发恐惧的信息同样能够使人们确信自我效能。（"和你很相似的人通过这些步骤已经成功地戒烟。""研究表明，在那些严肃对待戒烟问题的人中，超过75%的人成功地戒了烟。"）

效能感是一个大问题。心理学家们认识到，当人们形成了一种无助感，当他们感到发生在他们身上的事情是他们无法控制的时候，那么就会有麻烦了。这类宿命论信念与慢性抑郁症相关联，增加了从疾病中康复的困难，也增加了从学术和工作等方面的低成就中恢复的困难（Seligman，1975；Seligman & Schulman，1986；Taylor，1986）。就健康行为而言，如果人们不相信他们能够成功地节食、戒烟或者锻炼，那么他们就不会去从事健康行为，或者轻易就放弃健康行为（Bandura，1986）。

罗纳德·罗杰斯（Ronald Rogers）的防卫动机理论（protection motivation theory）很好地总结了有效的恐惧诉求的成分（Rogers，1983）。根据该理论，人们会有目的地采取行动来保护自己免于健康威胁，当他们相信：（1）威胁是有害的（令人恐惧的）；（2）自己容易受到它的攻击；（3）某些健康行为能有效地克服这些威胁（反应效能）；（4）自己有能力做出这些行为（自我效能）。于是，诀窍就不再是恐吓人们，而是直截了当地就危险向他们提出相关建议，让他们开始思考自己如何才能控制这一威胁——采取一些具体的、即时的行动以实施这一控制。

研究表明，健康信息的有效性可以通过阐述这四个方面的信念，特别有关效能感的信念，而得以增强。在一项研究中，让大学生观看了一部乏味的影片或者一部激发恐惧的有关健康话题的影片，例如性病和抽烟（Rogers & Mewborn，1976）。激发恐惧的影片十分生动，显示了对患病睾丸或者肺进行的真实外科手术，同时引用了一些统计数据表明对此类疾病的高个人易感性。一般而言，影片越令人恐惧，那么它在激发采纳健康行为的意向上越有强烈的效果——但只有在信息同样确保了所推荐的行为的确能够预防令人恐惧的结果时，才会如此。后续一项研究表明，涉及反应效能和自我效能——切实可行——的反抽烟信息，对戒烟意向产生了强烈效果，即使信息并没有涉及可怕的场面或者令人惊讶的统计数据（Maddux & Rogers，1983）。

一项关于在初中阶段抑制毒品使用的追踪研究显示，基于社会影响模型并使用了多种策略相结合的教育计划，能够预防或降低香烟和大麻的使用（Ellickson & Bell，1990）。研究者随机选取了 20 所学校接受"警醒项目"课程，这些课程由 8 个单元组成，再加上当学生到了 8 年级时所追加的 3 个促进单元。另有 10 所作为控制组学校，除了学校通常所提供的课程以外，没有接受任何正式的训练。在随后的第 3、12 和 15 个月，对课程效果进行了追踪评价。"警醒项目"课程旨在帮助学生形成不使用毒品的理由，辨认出施加在他们身上的压力，对遇到的赞成毒品使用的信息予以反驳，学会如何对外部压力和内部压力说不，明白大多数人是不使用毒品的，并且认识到抵抗恼人的影响压力的好处。这一项目中包含了小团体练习、角色扮演以及重复技巧练习，所有一切都涉及学生的高度参与。这一创新的社会影响项目对于高危险和低危险的学生都有积极效果，对于少数民族和非少数民族学生也同样有效。然而，它并不能帮助先前已习惯抽烟的人戒烟，它对青少年戒酒也缺乏持续性效果。

构造知觉 除了关注信息目标人群所持有的特定类型的信念以外，大众传媒的健康宣传还受益于采用那些强调社会知觉和社会判断原则的心理学方法。一个很好的例子是，说服妇女进行乳房自我检查的研究。近 10% 的美国妇女患有乳腺癌，但是只要这一疾病被及早发现并及时治疗，它是高度可治愈的。发现乳腺癌的一种途径就是实施自我乳房检查，而这一检查每次只需花费 5 分钟时间。然而，定期进行这一简单检查的妇女比例十分低；美国癌症协会建议妇女应该每月进行一次检查，但在那些知道这一建议的妇女中，也很少有人这么做。

我们如何能够解释这种不顺从呢？毕竟，为了保全生命，每月 5 分钟的时间只是一个很小的牺牲。研究者猜想，倡议乳房自我检查的信息所吹捧的积极结果太过于贫乏，不足以加强避免在乳房中真正发现肿块的倾向（Meyerowitz & Chaiken，1987）。及早发现所带来的治疗收益或者变得能够熟练地发现肿块（如果有的话）——这些结果看上去是一些不怎么样的收获，尤其是对于那些假定自己是健康的年轻妇女（请想想乐观偏差）。据此，研究者推断，如果信息将这些利益作为可由乳房检查而得以避免的损失，而不视作收益来呈现，那么信息应该会有更大影响。如我们在讨论环境保护的态度时所提过的那样，对小损失的恐惧常常比对小收益的承诺有更大的影响（Tversky & Kahneman，1986）。没有人愿意失去他们已经拥有的利益。因此，措辞表达或者"构造"消极面（损失）的信息应该会更加显眼并且发人深省。

为了证明这些想法，研究者向女大学生们呈献了一些折页小册子，这些小册子中包含了关于乳腺癌和如何进行乳房自我检查的信息。一部分人被随机分配到只接受那些信息的条件中，而其他人还得到 6 条或以通常的收益形式或以损失形式阐述每月乳房检查的说服性论证。例如，两条收益类的论证如下：

> 现在进行乳房的自我检查，你能够知道你正常、健康的乳房触摸起来是什么感觉，因此你将能够更好地做出准备以发觉随你逐渐变老而可能会发生的任何小的、不正常的改变。

> 研究表明，那些进行乳房自我检查的妇女会有更高的机会能够在疾病更容易被治愈的早期发现肿瘤。

现在再看看相同论证以损失性语言所进行的表述：

> 因为没有进行乳房的自我检查，你将无法知道你正常、健康的乳房触摸起来是什么样的感觉，因此你将因准备不足而无法发现随着你变老而可能会发生的任何小的、不正常的变化。

研究表明，那些没有进行乳房自我检查的妇女将更少有机会在疾病更加容易被治愈的早期发现肿瘤。

这一非常微妙操纵的结果（如图9.1所示）却决不微妙。接受损失论证的妇女比那些接受收益论证或者没有任何论证的妇女稍候更加积极地表达了关于乳房检查的态度，并且有更强的意向开始定期进行检查。这些差异在4个月后进行的电话调查中仍然明显。在实施干预的4个月中，接受损失论据的妇女报告实际进行的乳房自我检查显著地多于其他人。

当你思考这一研究结果时，你会发现它是值得关注的。语言上的一个微小变化就增加了从事健康行为的人数，而这种健康行为能够防止未来的病痛甚至能够延长生命。因此，应该经常根据目标受众会如何知觉健康信息所允诺的健康利益来分析健康信息。知觉很重要。

进行"安全的"性行为　在我们将注意力放在知觉上时，让我们暂时将目光转向艾滋病这一重大的健康问题。那些告诉公众使用安全套来防止艾滋病传播和

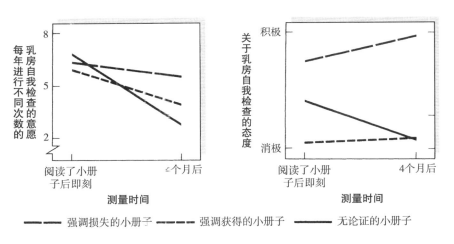

——— 强调损失的小册子　－－－－ 强调获得的小册子　———— 无论证的小册子

图9.1　通过强调损失而获得顺从

向女大学生提供了关于如何进行乳房自我检查（BSE）以预防癌症的小册子。小册子包括了关于进行乳房自我检查的无任何论证的版本，或者强调个体进行乳房自我检查会有何收获的版本，以及强调不进行乳房自我检查个人会有什么损失的版本。强调损失的小册子有更强和更持久的效果。（图中未呈现未得到小册子的控制组，这组参与者的意愿和行为的结果与无论证组结果相似。）

（资料来源：Meyerowitz & Chaiken，1987.）

其他经由性行为传播的疾病的枯燥无味的电台广告是否达到了它预期的效果呢？它们是否使大多数的青少年和大学生觉得有必要总是在性行为中使用安全套呢？由一名年轻妇女将使用安全套的信息传递给一个潜在性伙伴的生动电视广告增加了这种健康行为吗？我们还没有足够的证据可以得出结论，但是已经有了一些富有希望的预兆，或者说希望与挑战并存的预兆。

一项调查和访谈研究发现，在 1979 ～ 1988 年间，十几岁的男孩中安全套的使用增长了一倍（Landers，1990）。据说在 17 ～ 19 岁的青少年中间，安全套使用从 1979 年的 21% 上升至了 1988 年的 58%。这一增长的主要原因似乎是对艾滋病的恐惧，而非对生育的恐惧。但从消极方面来看，有关的研究发现，性生活活跃者，在 1979 年样本（609 名男生）中占三分之二，而在 1988 年样本（742 名男生）中却占了四分之三；而在后者中，42% 的人并没有使用安全套。最为令人困惑的是，大多数具有最大感染 AIDS 风险的群体仍然没有进行安全性行为。在十几岁的静脉毒品注射者（或者那些父母是静脉毒品注射者的少年）中，只有 21% 的人使用安全套，而与性工作者有过性行为的人中只有 17% 的人使用了安全套。同样令人失望的一项发现是，那些性生活最为活跃的十几岁大的男性，通常拥有 5 个或更多的性伙伴，但他们中仅仅只有 37% 的人报告使用了安全套。当然，所有的这些数据都有可能被高估，因为它们来自知道自己本应该使用安全套的青少年。

社会心理学家埃利奥特·阿伦森担忧地指出，大多数宣传安全性行为的广告可能会使人们在脑海中将安全套使用与无菌的卫生习惯、缺乏激情并事先计划的"糟糕"性经历以及死亡威胁建立联系。结果，许多性生活活跃的青少年和年轻人可能会完全拒绝或者反驳这类信息（"嘿，在与我发生性关系的人绝不可能携带艾滋病毒"）。甚至那些"明白这一信息"的人可能也不会自发地想到停下来去做"正确的事"——在他们激情爆发的时候去戴上安全套。与死亡和乏味感相联系的安全套难以融入个体充满激情的性行为脚本，对于男性而言，性行为脚本中（至少）包含了"趁热打铁"这样的次要情节。

阿伦森提供了一种有趣的补救方法：说服人们，使人们相信安全套具有诱惑性（Aronson，1991）。对此，可通过公益广告来实现，在广告中展现能唤起性欲但格调高雅的性爱画面，暗示双方一起参与到安全套的使用中来，将其作为前戏体验中愉快且必要的一部分。从理论上说，这样的一个挑逗性广告可能会有两种结果。首先，它鼓励了人们将使用安全套本身理解为一件吸引人且能够立刻使人满足的行为。其次，通过我们在第 7 章中已讨论过的经典性条件作用，由性爱画面而引发的性唤起与安全套建立了联系，所以受众可能会形成对安全套的积极态度。

跨越所有的阻碍　大众传媒的信息只是社会影响武器之一。那么，为什么不把所有武器都更加直接地用于不健康的行为呢？而这正是那些实施"斯坦福心脏病预防计划"的研究者们的想法（Farquhar et al.，1984；Maccoby et al.，1977；Meyer et al.，1980）。他们进行了一项重要的长期现场实验，以期发现如何能够最好地使成年人理解心血管健康的知识，并且使他们从事能减少患心脏病危险的健康行为。这些健康行为涉及与心血管健康有关的方方面面：合理饮食、不抽烟、锻炼身体、经常检查血压和胆固醇以及减少胆固醇的摄入。并且，目标人群不再是通常的实验室参与者，而是加利福尼亚州三个小镇的居民，每个镇的平均居民数为14 000人。

A 镇充当控制组；除了在当地大众传媒上例行呈现的一些影响外，这个镇没有受到任何特别的影响干预。B 镇接受了为期 2 年的大众传媒的热烈宣传，这些宣传信息中包括了心血管疾病的原因以及影响患病风险的行为模式。而 C 镇在接受相同大众传媒的信息宣传同时，还招募了由当地 100 名志愿者构成的样本，在空前的媒体攻势期间，这些志愿者在数月的时间内参与了一系列的课程学习和工作坊。

这些志愿者的年龄范围在35 ～ 59岁之间，由于不良的健康习惯，他们患心脏病的风险很高。在活动期间内，他们接受了包含各种影响方法与教育方法的指导。志愿者观看了关于抽烟、节食和锻炼的影片。他们受到了各种训练，包括如何对健康和不健康行为进行自我监控，如何购买、烹饪和贮存"健康"食品。同时，还向他们进行了戒烟的认知和行为辅导，并加以实践。对于抽烟量的减少和体重的减轻，则使用了多种形式的强化（表扬和反馈）。当然，志愿者们也得到了做出承诺和进行自我说服的机会。

研究者对 C 镇的志愿者和作为对照组的 A 镇和 B 镇的高风险居民进行了为期 3 年的追踪，该追踪始于干预之前，并且在干预结束后又持续了一年。每年对参与者就心血管健康知识、他们的健康行为以及体重、血压和胆固醇水平进行测量。

在图 9.2 中呈现了主要的结果。通过这些图表我们能够发现，较之于控制组中高风险的居民（A 镇），那些仅仅接受媒体宣传攻势的小镇居民（B 镇）显示出了高风险行为及指标的持续下降和知识的持续增长。大众传媒信息的一个重拳出击无疑产生了积极的健康影响。然而，在那些既接受了媒体信息又亲自参与了培训的 C 镇居民中，则明显出现了更大效果。

这一研究在两个方面是令人鼓舞的。首先，它表明，顺利实施的大众传媒宣传确实能够对健康行为产生影响。其次，它显示，如果有足够的财力和资源，那么进行人际间直接影响和教育的个性化宣传，能够大大地增强宣传的效力。于是，健康宣传得到了回报。而更少花费的方法（大众传媒）甚至也能够在一定程度上有所帮助。

通过媒体，心理学技巧能够在向众多匿名受众有效传递健康忠告方面发挥效力。那么同样的技巧能够影响发生在医生办公室中一对一的沟通吗？让我们来看一看。

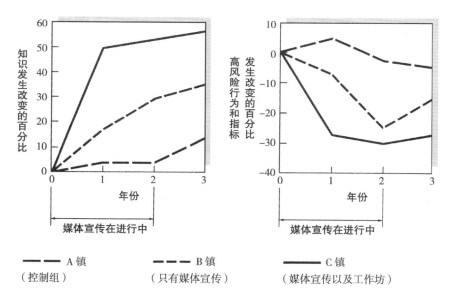

图 9.2　人们对媒体健康信息的回应，参加工作坊之后的人反应更为积极

相对于没有曝光于宣传中的A镇居民，经历了2年大众传媒健康宣传的B镇居民拥有更为丰富的关于心血管疾病的危险致病因素的知识。但是，C镇居民在媒体攻势下参加了为期数月的密集的工作坊和课程学习，知识的获得还要更加丰富。并且随着知识的增加，不良的健康习惯（危险行为）和征兆（指标）减少了，C镇在这方面也名列第一，B镇紧随其后。

（资料来源：Meyer，Nash，McAlister，Maccoby & Farquhar，1980.）

医嘱：为什么病人不按医嘱行事

乍看之下，你可能会认为很少有人会不遵循自己医生所给出的建议，特别是有益的和易于执行的建议，例如"服用两片药丸，然后早上给我一个电话"。通常，病人一片药也不会吃并且丢失了医生的电话号码。健康的人没有遵循预防性健康信息只是一个方面。那么，已经确诊的病人是否会违抗那些直接而且个人化的指示呢？通常病人们为了避免病情加重或者死亡，是必须要遵循这些指示的。但是，你一定会对这个问题的答案感到吃惊。

健康心理学家回顾了医学研究领域内关于病人不顺从的研究。让我们看看他们所列出的这些结论（DiNicola & DiMatteo，1984；Janis，1984）：

- 在病情继续恶化的病人中，半数以上的人不能按照医生在门诊中的嘱咐服用药物。
- 这类不按医嘱服药的病人中，有接近半数的人同样无法在预定的治疗时间复诊。
- 即使患有急性且疼痛的疾病，例如胃溃疡，人们也常常忽略医生所推荐的养生之道。
- 平均而言，溃疡病人住院时所服用的药量不足指定剂量的一半。那些最初遵循医嘱的病人也倾向于在3～5天内就会松懈下来。

当然，病人不应该因为某人恰好是"医学博士"就盲目地赞同他。因为医学博士并非总是正确的，并且在现代医学中的确可能存在着合乎逻辑的意见分歧。米尔格拉姆的研究就是一个有力提醒，它使我们注意到对一些披着权威外衣的人条件反射式服从的危险性。然而，不遵医嘱的比率太高，这所反映出的不再仅仅是一个十分聪明的病人对一个错误诊断的拒绝。应该以这样的方式来看待这种现象：相对于在米尔格拉姆实验中违抗一个陌生实验者要求电击同伴参与者的命令，人们可能更加会违背他们自己医生的命令。

为什么呢？一个原因是当前医疗机构的形象并不十分积极（Gibbs，1989）。在我们的这个时代充满了专家、冷淡而强人所难的技术以及基于门诊的护理，但是似乎亲密的医患关系却不及从前。医疗事故诉讼的威胁使许多医生难以与病人相处，而病人负担的增加使病人有时比较粗鲁。就此而言，公众意识到现代医学的进展，因而常常期待医生带来奇迹。在用户至上的文化中，一些人倾向于对那些投其所好的医生进行预测并货比三家。所有这些倾向联合起来会逐渐破坏病人对医生的吸引力、可信赖性以及专业性的知觉——而正是这三个因素构成了医生作为一个影响者的有效性。

对医生缺乏信任是病人不能遵从医疗建议的主要原因。除了对医疗机构的糟糕印象外，一些医生可能还不具说服力或者不受喜欢。病人不遵医嘱的另一个相关原因可能是医生没有能够使病人清楚地明白他的指示。病人没有遵循医嘱可能只是因为他们误解了（医生的）医学术语或者医嘱中其他一些不清楚的语言（常常是在匆忙中给出）。对此的一个清晰案例就是病人常常没有能够按照指定天数服用必需的药物，如青霉素。他们因为感觉病情有所好转从而过早地停止服药（DiNicola & DiMatteo，1984）。因此，通过清晰明确的说明并辅之以打印的提醒（"约翰，你必须连续 10 天服用这一药物，无论在此之前你是否感到病情有所好转"），可以使不遵医嘱的问题得到很大缓解。

最后，病人的压力可能导致对医生影响尝试的无反应。当生病时，人们根据对疾病严重性、所建议治疗方案的可能效果及其花费的仔细考虑，理论上是应该能够就采取什么行为以及遵循哪个建议做出理性决策（Hochbaum，1958；Janis，1984）。但是，严重的疾病或受伤会产生严重的压力。在压力下做出的决策常常不尽如人意，有许多待改进的地方。例如，疾病非常严重这一事实所引发的焦虑可能会如此强烈，以至于使个体做出防御性回避，否认和轻视疾病的严重性（Janis，1984）。病人可能会忽视医生的建议，以此作为巩固这一否认的一种手段。此外，即使不进行治疗的代价是个体的生命，医生建议的治疗方案可能仍会被知觉为花费太高。近期的小代价要比远期的大代价显得更大。

如果承认生病这一事实会威胁到自我的信念和价值观，那么此时可能同样会发生对医疗建议的防御性回避。一些病人因医嘱对他们的信念或者文化价值观构成了挑战而对其予以坚决抵制，这种坚决抵制与另一种对医嘱的压力反应风格是同一个问题的两个方面。压力可能会导致对医疗建议的非理性反应，即过度警觉（Janis，1984），而不是防御性回避。当病人对自己的疾病感到恐慌，对自己的症状和所遇到的任何与症状相关联的信息做过度反应时，过度警觉就发生了。他们会不加批判地接受所阅读到或者听到的与自己疾病有关的所有信息——每篇杂志文章、每个谣传、熟人所提供的每则轶事。（"你知道，弗雷德，我的一个表兄曾

医生说服他们的病人遵循自己的医嘱和处方是一件困难得让人吃惊的事。

经得过你的这个病，他是被……治好的。"）他们同样殷切地遵循医嘱。但是，如果医嘱没有立刻起作用，那么过度警觉的病人开始马后炮地抨击医生，或者把医生的处方与"丹方"混合起来使用。他可能会不断地更换医生，甚至在医生与信仰治疗师之间不断变换，或者采用"国家探索者"这一通俗杂志所提供的"灵丹妙药"。

总而言之，对医生缺乏信任、对医嘱的误解和病人的压力都导致了医生对病人影响的无效力。幸运的是，这些都是可以通过更有效的社会影响而加以克服的人际关系的问题。认识到这一点后，越来越多的医学院在其课程表中纳入了有关人际关系的课程（Gibbs，1989）。我们建议再加入一些关于社会影响的策略和技巧的课程。医生们应该懂得如何设计有效的恐惧诉求、如何引发病人对遵从所推荐治疗方案的公开承诺、如何表现出他们是更富有同情心、责任感的人，以及他们是关心病人、使人信服的沟通者。

恐惧诉求的经验教训。在讨论社会影响对病人不遵医嘱进行的补救时，让我们从可能是最为困难的问题开始：即病人的压力及其可能会造成的不良判断。医生可能通过良好设计的恐惧诉求来突破防御性回避。但请记住，只有清楚地展现出个人受到健康威胁的严重性，并且同时强调那些采纳了指定治疗方案的人将获得希望和个人控制，恐惧诉求才会有效，实际上，医生必须告诉焦虑的病人："请千万弄清楚违抗我的建议可能会付出的代价，我保证你能够应付这个治疗方案，并且这个治疗方案对你有益处。"

如果恐惧诉求对于通过大众传媒进行的说服已经取得了一些成功，那么在医生办公室中的这种"面对面和个性化"情境下，恐惧诉求甚至会更加有效。医生可以把他们给予每一个病人的信息个性化。同时，作为补充，他们还可以指导和鼓励病人进行积极的思考。例如，医生能够教给病人"积极的自我对话"，包括养成习惯，向自己提供促进自信的信息，例如"我能够应对挑战"，或者"我能够想出许多不同的策略来完成这个任务"。通过这些行为，病人心理上就会把所处情境重新定义为一个充满希望和自信的情境。如我们在第3章中所学到的，行为容易从自我归因中产生。

获得承诺。如果病人做出了口头或者行为上的承诺，那么他更有可能遵循医嘱；对此，你应该不会惊讶。医生可以通过许多小事来鼓励这样的承诺。他们可以提醒病人，是病人自己决定开始治疗的。他们能够识别出已经发生的病情的好转，并且把这归因于病人的合作行为（Janis，1984）。在病人离开诊所时，甚至可以简单地叮嘱他，从而获得的一个口头承诺（"是的，我会这样做"），这一口头承诺可能会提供一种额外的心理压力，以保证遵从医嘱。对于长期治疗，医生甚至可以让病人签署一份行为契约，使病人保证从事所推荐的健康行为（Nelson & Mowrey，1976）。

当医疗建议涉及预防未来的健康问题，而不是治疗现有问题时，人们通常在心理上更加抵制有约束力的承诺。医生们通常抱怨那些感到压力、焦虑但又不去放松或者度假的高管们，不愿戒烟的老烟鬼以及不愿锻炼或者节食的临近肥胖的病人。在这些情况中，我们必须依靠更强有力的影响技巧。你能从情绪化角色扮演（得到消息说自己患有肺癌）会导致许多抽烟者承诺戒烟这一经典研究（第3章）中回忆出一些技巧吗？有胆识的医生能够把短暂的角色扮演中整合进他们的影响武器库。

为了击毁以无意识的防御性回避为基础所带来的对承诺的抵制，医生们可以运用合理化觉察的技术。医生可以准备一个记录了病人不遵循健康建议的常见理由的清单，将它与一条发人深省的信息一起拿出来，交给抵制的病人："贝蒂，这里有一些我的其他病人曾经用过的借口……你在自己身上有发现它们中的任何一个吗？顺便说一下，这些借口的许多主人已经去世了。"

办公室（以及枕边）的礼仪。 以上这些仅仅是一部分运用心理的影响技巧以促进病人遵从医嘱的例子。然而，你是否注意到所有这些方法的成功，在一定程度上，取决于参与者的沟通技巧？医生必须要能够使用容易理解且适合于他们病人的需要及文化水平的语言，来给出医嘱以及这些医嘱背后的医学理由。但是，我们所建议的恐惧诉求和言语操纵要求的远不止言语的清晰。实际上，它们需要的远不止言语本身。它们还需要：（1）能传递出热忱、可信赖性以及对治疗的自信等非言语的沟通；（2）觉察出病人抵制或遵从的非言语信号的能力。还记得（第7章）在情绪和归因上表情和言语表达的重要影响吗？发生在医生办公室内的沟通亦是如此。

一项关于医生的非言语影响的研究表明，仅仅基于医生如何给出建议，就能够预知哪些病人将会遵循医生的建议，去看酒精依赖治疗门诊（Milmoe et al.，1967）。研究对医生——病人的互动进行了录音，并且在一个特殊设备上对这些磁带进行处理，过滤了说话的内容，仅仅留下了医生音调的变化——即言语是如何表述的。评判者们在许多维度上对磁带进行评分，其中包括敌意的非言语表达。当将敌意的评定与病人是否遵医嘱作对照时，出现了一个清楚的模式。如果医生以充满敌意的音调指示病人去看酒精依赖门诊，那么病人最不可能遵从医生建议。病人可能在无意识水平上觉察到了敌意这一非言语表达，而这种敌意表达可能是针对病人，针对酒精依赖，或者针对所制定的治疗方案能够确实发挥作用的可能性。

无论怎样，那些没有遵循医生信息中言语内容（"去做治疗"）的病人，对医生信息中非言语的潜台词（"别去，我不认为它会对你有用"）做出了反应。同样，这一研究还说明了不遵医嘱的另一个原因，那就是医生并不真正相信所制定治疗方案的价值，或说并不真正关心病人是否遵循建议。

有的测试能够测量通过非言语行为表达或"传递"情绪以及从他人的非言语信号中"读出"对方情绪的能力。许多研究表明，当医生被评价为优秀的"沟通者"，而不是不那么善于非言语沟通时，病人会对自己所受治疗更加满意（DiMatteo & Taranta，1979；DiMatteo et al.，1980）。在一项研究中，那些将自己的医生描述为沟通时沉着冷静、有同情心而且体贴（而不是寡情和疏远）的病人，对自己所受治疗表达了更多的满意；但当病人认为医生在炫耀支配性与优越感时，病人则报告了不满意（Burgoon et al.，1987）。

满意为顺从的种子生根发芽提供了肥沃的土壤。这一研究同样发现，满意程度越高的病人，越倾向于报告他们遵循了自己医生的嘱咐。另一项研究发现，对于那些擅长传递积极的非言语线索的医生，他们的病人既有更高的满意度，又更少会取消与医生的约定或不赴约（DiMatteo et al.，1986）。

这些数据迫使我们得出这样一个一般结论，即医生必须不止是一个会运用不容置疑的专业知识的权威角色，他还须是一个善于说服的沟通者。为了最有效地做到这一点，医生们可以从社会心理学中借鉴一些影响技巧，同时运用他们的语言、体态以及情绪表达来传递出个人的真挚。

在讨论如何使人们遵循那些有利于他们的专家忠告时，我们还遗漏了一个明显的社会技巧。当没有妻子陪伴时，我们那位胖乎乎的本书作者就无法通过节食和锻炼来达到缩小腰围的目的。于是，我们在此看到了社会支持的价值。社会支持被认为是对抗形形色色的躯体与心理病态的最有力方法之一，而社会性隔离则是躯体与心理疾病的强有力预测因素之一。成为能产生共鸣的社会支持系统中的一分子，能够建立起对压力和疾病的抵抗性（Cohen & Syme，1985；Pilisuk & Parks，1986）。当他人对我们的承诺进行检查并且就目标计划的进展提供反馈——提醒、表扬、使我们感到羞愧——时，行为意向才会转变为行为矫正。一项关于高血压患者的研究发现，使患者坚持服药的关键是，其配偶所提供的社会支持与高自尊的结合（Caplan et al.，1976）。

那么，在了解了社会影响有助于增进身体健康后，让我们进入本章的最后一部分，看看社会影响的心理学能为我们的心理健康做点什么。

心理健康的社会心理学途径

对于公众而言，心理学最为人所知的领域就是对心理障碍的理解和治疗。通过各种形式的治疗，临床心理学家与心理咨询师力图帮助人们克服严重的焦虑、抑郁症、恐惧症以及更为严重的一些障碍如偏执狂和精神分裂症。现在，对心理治疗的需求空前旺盛。据估计，超过 20% 的美国成年人被确诊为患有某种形式的心理障碍（Shapiro et al.，1984）。患者人数高达 3000 万。竞争、快节奏生活所带来的压力和紧张；家庭与经济结构的改变所带来的社会阶层改变、贫穷和孤独——在美国，这些因素以及其他更多因素导致了 1 400 万例的焦虑、妄想以及恐惧症患者；1000 万例的药物滥用者，以及 2 500 万名女性和 1 200 万名男性在他们生命中的某些时候经历了重度抑郁症（Zimbardo，1988）。单是想到这些问题，就会让我们觉得抑郁，更别说体验其中的任何一部分了。

当然，并非不可救药。我们对心理障碍原因的理解和治疗正在急速增长。对现代的许多心理适应不良存在十分有效的治疗。然而，对于需要心理健康护理的人而言，每 5 人中只有 1 人实际获得了它——即便当这种护理是容易获得时（Shapiro et al.，1984）。妨碍增进社会的集体心理健康的主要问题，是难以向公众传递关于治疗的可获得性以及社会的可接性。这实际上是一个说服的问题——影响并使人们相信，心理困境并非是需要隐藏的污名，即使优秀的"正常"人也会存在心理困境，而人们在应对和克服这些心理困境时是能够获得帮助的。

可能你已经看到过美国心理健康基金会刊登的广告；广告指出，抑郁并不总是无需治疗，就能"克服"的；或者你也看到过他们的大幅广告牌，告诉所有经过的乘客说，精神分裂症是"一种可治愈的疾病，每 100 名美国人中就有 1 人患有此疾病"；同时该广告还宣传了大量详细的信息。这些大众传媒信息通常建立在可靠的说服技巧之上：生动的形象、重复、促进对行为效能的注意（"一种可治愈的疾病"）。然而，单单通过媒体不可能消除人们广泛持有的关于心理疾病的错误知觉。更早地在学校呈现关于心理疾病的真相可能是有益的。正如我们所知道的，当人们已经拥有相关的知识基础但没有可导致冷嘲热讽式反驳的先入为主态度时，他们能够更好地对信息进行加工。

任何名义的治疗……都是一种影响

本书末章最后一节的主要目的是，考察我们已经在本书中讨论过的各种社会心理学形式的影响如何以不同方式整合到心理治疗中。所有心理治疗中都包含了影响。影响就是干预，旨在以某种形式来改变来访者的行为、思想、态度或者情感。当然，本书不会覆盖心理健康的所有领域。一些心理疾病，例如精神分裂症，是十分严重的，涉及脱离现实，并且常常部分地基于遗传因素和生物学上的功能紊乱。这类障碍通过"常规的"社会影响技巧是不能够被完全治愈的。同样，那些深入探测深层无意识冲突的治疗，例如精神分析，也不在我们当前的关注范围内。

另一方面，许多心理问题可归结为：（1）作为一种应对压力与焦虑的手段而形成的适应不良的行为习惯；（2）会阻止有效行为的条件作用的情绪反应；（3）消极思考占优势的认知方式。在这些情况下，通过那些你已经非常熟悉的行为与态度改变，能够改善心理健康。我们将着眼于如何运用那些涉及系统化信息加工、奖励与惩罚、自我归因、获得承诺以及自我辩白的各种方法，使人们在心理健康之路上前进。

作为说服性沟通的治疗

在一些心理疗法中，治疗师将信息传递给来访者。例如，治疗师力图使那些正经历抑郁的来访者相信他们的归因是错误的。或者，一位婚姻顾问企图说服夫妇双方在他们的互动中尝试一些新的或者不同的行为。但这并不意味着治疗师必须具备优秀沟通者的所有品质。

以对治疗师专业性知觉为基础的治疗师的高度可信度，可能会迫使来访者认同治疗师的信息。但是，如果这种认同是肤浅的，仅仅基于信息源专业性的外周线索，那么这种认同不会对行为改变产生很大影响，也不会被深深植入到态度中，特别是当治疗师这一权威人物不在身边时。因此，治疗师必须使来访者对自己的信息进行系统化地加工，以便于这些信息能够在认知深层上拨动来访者的心弦，并且能够根据其对行为和情绪的暗示而得到很好的理解（Heesacker，1986）。一个能够促进来访者对治疗师的建议进行深度思考的品质就是来访者知觉到治疗师与自己有许多相似的状态和价值观。这表明了一种与来访者建立关联以及移情的能力。可是，治疗师最为重要的特质是人本主义心理学家卡尔·罗杰斯所称的治疗的真诚（Rogers，1951）。治疗师必须凸显出他们是与来访者"彼此关联的"和"相互体验的"——治疗师和来访者彼此间相互揭示自己的情感，而不是相互隐瞒。他们彼此相互信任他们改变来访者机能的这一共同目标，并且展望那些悦人心意和有益的前景。

认知-行为治疗与归因治疗：思考并且竭尽全力

行为治疗，或行为矫正（behavior modification），运用工具性条件作用与经典性条件反射的原理来改变令人困扰或适应不良的行为模式。例如，利用工具性条件作用以解决酗酒的方法，可能包括在治疗期间无论来访者何时在"治疗吧"买酒或饮酒，就运用系统的电击予以惩罚，而当每周进行的血液测试显示最近没有饮酒时，则予以表扬或费用折扣以兹奖赏。

经典性条件作用的方法可以用来治疗非理性恐惧或者焦虑。为了克服对飞行的恐惧，一名来访者可能会首先接受放松训练，然后在放松状态下，逐步进入能够诱发恐惧的焦虑激发情境：想象飞行、乘车去机场、坐在候机室中、参观飞机——以及最终乘飞机旅行。因为放松与恐惧焦虑是不相容的反应，如果来访者在体验这些唤起恐惧的刺激时能够保持放松，那么刺激—恐惧的链接将会减弱，然后消失。非理性情绪性反应常常阻碍了适应性行为，而上述这类对抗性条件作用（counterconditioning）是成功改变非理性情绪性反应的最有效方法之一。

行为矫正专门用来改变行为。然而，许多适应不良的行为模式受到那些适应不良者对自我和对社会惯有的知觉和思考方式的影响。此外，一些问题主要是"头脑的问题"：行为是正常的，个体的任务也完成了，各种关系总体还算满意；但是，适应不良者仍会感到痛苦或焦虑。在这些情况下，试图直接地矫正行为本身可能不是有效的治疗。行为矫正可能还需要辅之以对那些错误知觉、信念和态度的治疗。这一结合被称为认知—行为治疗（cognitive-behavioral therapy）。

抑郁症病人的消极观念。就抑郁而言，认知—行为治疗是一个特别有效的治疗方法。我们通常将抑郁视作一种心境状态。但它同样是一个行为问题。长期抑郁的人通常不会采取那些会给予他们强化、使他们受到"鼓舞"的行为。在缺乏由自己带来成功体验的情况下，他们会变得更加沮丧，而这又会让他们更加消沉，继而导致更强的抑郁等等，从而形成了一个恶性循环。

这个循环中的怠惰（缺乏尝试）成分有其认知根源。抑郁的人都是悲观的思考者。他们进行"消沉性归因"。当坏事发生时，他们进行内部归因（"这是我的错……"），并且认为未来的改善不在他们的控制之内（"……我不可能把它做得好一点"）。好的结果被标记上了暂时的幸运或者是其他人行为的结果。这一归因风格导致了绝望感，从此，缺乏改善个人命运的尝试（Peterson & Seligman，1984）。

为了支持他们的消沉性归因，抑郁的人通常倾向于产生过多的消极思维。还记得在病人对艰难的养生法的顺从中，积极的自我对话所起的作用吗？在我们大部分人的头脑中，自我对话在多数时间内会发生。相对于与他人进行的对话，我们更多地是以哈姆雷特式的独白与自己对话。研究显示，平均而言，适应良好者的消极思维与积极思维的比例为 1 比 2 （Schwartz & Garamoni，1986）。

相反，对于抑郁的人，每个消极思维只有少于 1 个的积极思维与之相对。一项研究发现，在这类人中，55% 的思维都是消极的（Kendall，1987）。在抑郁中消极思维几乎变得自动化（Beck，1976）。（"在这所学校，我太笨而无法应对学校生活。""没有人会认为我非常有趣。""我感觉就像一个陈旧的马桶刷。"）这些人的思维充满了失望与不快。他们感觉自己在坠落并且被判出局——经由自我的仲裁。

认知—行为疗法从认知与行为两方面来处理抑郁。就认知而言，治疗师指出消极思考和自我谴责归因，并且说服来访者相信这种消极论是无效的。治疗师使用来访者在其保存的日志中所记录的消极事件，将其消极的结果重塑为是情境因素的产物，而非个人、特质性缺陷的产物。实际上，治疗师传递了高度个人化的说服论证，旨在改变来访者关于世界的信念。

就行为而言，给予来访者一些"行为作业"，要求来访者走出去，做一些积极的事情。但是，首先会有一个仔细计划个体行为的培训，以确保成功。与来访者现今的被动性相对比，这些行为的任何结果几乎都必然是积极的。这为经典的自我归因效应设置了舞台。来访者们从自己的成功行为中能够推断出，他们实际上是有效的行动者，能够控制自己的所作所为。 必须确保，治疗师对所有成功的行为进行鼓励，以获得任何一丁点儿的进行自我归因的可能性。例如，当治疗师听到他的来访者就她最近举办过的一个聚会表达出了极其微小的一点满意感时，治疗师可能会评论说："在这么短的时间内就成功地举行了一个晚宴，你肯定是一个相当有条理的人。"事实上，这种通过对个体自身行为进行自我归因的过程而得出的推论才是最为重要的（Bandura，1986）。

针对抑郁的认知行为疗法拥有可靠的成功记录，特别是对于那些希望有所改变并且在抑郁早期就接受这一治疗的来访者（Baker & Wilson，1985；Kendall，1987）。当然，抑郁并非是由旨在改变归因方式的干预而得以缓解的唯一心理问题。认知行为治疗的短期变式，常常被称作归因治疗（attribution therapy），被运用在了各种类型的咨询中。

以爱的名义。处于不幸福的婚姻和恋爱关系中的人们，经常对其伴侣持有"消极归因偏差"（Fincham & O' Leary，1983；Kyle & Falbo，1985）。配偶的积极行为被归因于情境原因，或者被视作可能是别有用心的一时行为。而消极行为则被归因于配偶的个性。实际上，即使双方的行为相同，抑郁的夫妻在配偶的行为上所看到的积极原因会少于在他们自己的行为上看到的积极原因（Fincham et al.，1987）。就像这样："在聚会上，我挽着你的手是因为我在乎你；你这样做只是为了给他人留下好印象。"或者"昨晚，我没有注意到你是因为我全神贯注于我的工作，而你忽视我则是因为我让你讨厌了。"与之相伴随，配偶的积极行为被认为主要源于不可控的原因。这类推理很盛行："她只有在需要依靠我时才会显得温柔。因此，我无法'赢得'她的爱。"

当然，这些归因也可能是正确的。但是，当伴侣双方都表达了自己的爱与善良意愿并且认为对方缺乏这些时，那么显然，错误归因至少在其中一个人的头脑中发生了，或者可能双方都有。有效的婚姻咨询师会指出他们的"一对动态"归因偏差，鼓励伴侣双方驳斥对方的错误印象，并使双方参与到相互的"归因再训练"中。

大学新生令我们所有人感到棘手。 在面对婚姻危机之前，许多人还将面临他们的大学一年级——他们在高中时曾如此向往并为之而如此努力过的东西；然而，当它最终实现时却又如此地使人惊慌。重要、冷酷而且困难的课程；可能需要离家并与一名室友共住；从"高中时的大人物"变成无足轻重的大一新生，一个必须向每个人证明你确实是大学生而不是一个冒名顶替者——这些都是大多数新生所要面对的现实。适应可能是困难而紧迫的。当学生们在适应大学生活中经历到困难时，他们通常会责怪他们自己。他们将差劲的学业表现或者进展缓慢的社会适应归因于他们自己的个人能力不足。这导致了抑郁，导致了会进一步使表现恶化的抑郁循环，还同样导致了预期证实行为。如果你得出结论自己很愚蠢，那为什么还要学习呢？因此，你更少学习，你瞧，你考试没及格。于是有了证明你正确性的强有力证据：你很愚蠢！

用以解决这种大一新生自责综合征的一个归因方法是，让学生相信他们是不应被责备的。如果咨询师和导师（高度可信的信息源）使新生们相信，第一年的困难事实上是正常的，而成绩总平均绩点（GPA）和个人在学校的舒适性会随着时间得以改善，那么心情和动机通常就会得到改善（Wilson & Linville，1982）。因此，注意力被转向了显然可以克服的情境因素（自我效能再次为健康服务）。拥有乐观，没有"我干不了"的糟糕推论，学生们可能更少会因抑郁和失败而停止自己的努力。

这里，有一个一般规则，借此你会发现自己是有用之才。通过寻找你的问题中的情境性因素（即你与他人所共有的），而不在特殊的特质性原因上纠缠（即把你从命苦的人和劣等人中分离出来），你就会有更健康的心理。

错误归因的有益谎言。 在理论上，归因治疗师们力图纠正"错误的"归因，这种归因充满了不准确的自责偏差，会加剧来访者的问题。然而，基于归因的技巧，治疗师有时可能会鼓励人们使用一套健康但却被适度扭曲的归因，用以取代不健康且被严重扭曲的归因。应该让那些抑郁的人获得适应良好者所展现出来的由个人控制带来的乐观感。

然而，研究显示，并且治疗师们也知道，适应良好者都拥有一种有益健康的错觉，即他们认为自己拥有的控制大于他们实际真正拥有的控制。关于事实，抑郁的人可能对现实有更加准确的认识，但是这会导致悲观、被动和放弃，而不是维持错误的乐观所能带来的美好，这种乐观鼓励我们中那些非抑郁的人更努力地尝试，因此也增加了他们成功的机会，进而证实他们的乐观观点（Lewisohn et al.，1980；Barthe & Hammen，1981）。

同样，在第一学期的 6 门考试中获得了 1 个 F、4 个 D，还有 1 个 C 的大学新生，可能确实学业潜力不足。然而，熟悉归因治疗的咨询师依然会鼓励学生将一些责任归于他的困难情境。希望在于，如果小的归因扭曲可以使来访者摆脱那些使他们困于自责的信念或者摆脱那些逐渐破坏他们社会关系的信念，那么这些有利于来访者的小的归因扭曲是值得的。

认知失调与治疗：承诺、选择与努力

承诺与一致性的原则在社会影响的各种领域与形式中一再地出现。无疑，这些原则也十分适用于心理治疗。于是，心理治疗师在他们的来访者身上寻求努力与合作的承诺。当然，在治疗中越早获得这些承诺越好。

当人们感觉承诺与行为是自由选择做出的时候——他们并没有受到强迫，那么他们会更多地感到需要以与先前行为和承诺相一致的方式来行动的压力。认识到这一点后，一些治疗师实际上会要求来访者自己选择他们将要接受的治疗类型。治疗师会指出各种问题行为，并且列出可用来解决这些问题的备选治疗方案。然后，来访者与治疗师坐下来共同设计治疗，而来访者会明确地做出一些选择。为了突出这一选择，也为了使来访者承担责任，治疗师随后可以要求来访者签署一份描述所选治疗方案的治疗"合同"。有证据显示，在高选择空间治疗条件下的来访者比低选择空间的对照组中来访者表现出了更快的改善（Brehm & Smith，1986）。显然，即使在治疗中，人们也会变得有目的地避免或者消除因未能做到某些他们最初曾经参与设计的东西而引发的认知失调。

除了认知失调以外，做出选择还增强了来访者的个人控制感与责任感。这会促进自我价值感和自我效能感，并形成这样一种认识：即被动地接受一名万能治疗师的患者并不能被完全治愈。治疗只会帮助那些自助者。

库珀的研究极好地说明了选择在治疗中的作用（Cooper，1980）。研究者通过大学校报的广告，招募了一些自称非常害怕蛇的人。当他们来到实验室，参加在实验室中进行的为期1小时的治疗时，这些被招募者被随机分配到一个真正的短期治疗或者一个虚假的治疗中。真正的治疗是"冲击疗法"的一个变式，在治疗过程中，恐蛇症患者会想象一些会激发焦虑、包含了蛇在其中的情景，直至焦虑基本消失。

虚假的治疗被称为"运动疗法"，包括了在适当的位置跑步，玩溜溜球以及其他没有关系的活动。研究者对参与者解释说，由运动引发的唤醒有助于人们对恐惧情绪的原因更加敏感。随后，参与者被进一步划分为高选择空间组与低选择空间组。高选择空间组的参与者被告知他们的治疗"可能会需要非常努力并且会激发焦虑"，由参与者自己亲选择是否继续治疗。低选择空间组的参与者则只被告知需要努力的情况但却从未被询问过是否愿意继续。实验者只是继续进行治疗，

这一方法可能会起作用——通过惩罚，或者通过努力辩解。

而没有让参与者决定是否继续进行。

在真实或者虚假的治疗以后，对所有参与者进行测量，以考察他们恐蛇症改善的情况。特别是，给予他们径直走向并且触摸玻璃箱中一条长达 2 米的大蟒蛇的机会。在治疗以前，参与者向 6 米外的蟒蛇移动的平均距离只有 0.3 米。那么治疗以后呢？结果如图 9.3 所示。无论他们所接受的是真实或虚假的干预，低选择空间下的参与者平均向前多移动了 0.3 米。没有一个人触摸蟒蛇。相反，高选择空间下的参与者向蛇平均多靠近了 3 米，到达了距离蛇 2.7 米远的范围之内。甚至还有 3 个人径直走了上去并且触摸了那个大家伙。这种惊人的改善——表现在恐惧的降低上——在冲击治疗与虚假的运动治疗的接受者中几乎同等地发生。因此，关键是参与进行治疗的决策，而非实际治疗的内容。

库珀认为，在虚假治疗的成功中有两种心理力量发挥了作用：（1）知觉到的选择所发挥的承诺力量，如我们已经讨论过的那样；（2）努力辩解。你可能会回想到，虚假与真实干预中都包括了相当多的生理与心理活动。当濒于失败时，犹豫不决的参与者可能会体验到相当的认知失调：所有辛苦和自由选择的努力与没有达到治疗目标的失败是不一致的。"一切都是徒劳的"是一种失调的悲哀。降低这种认知失调的方法，就是使付出的努力合理化，可能就是渡过难关——走向成功。这正是参与者所做的。

新近的研究复现了这

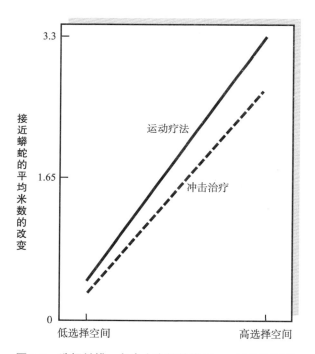

图 9.3 选择触摸一条令人害怕的蟒蛇——你也有可能

无论对恐蛇症的治疗是真实的（冲击疗法）或者虚假的（运动疗法），当且仅当来访者-参与者在得知治疗可能需要付出多大的努力，并且可以自由地选择接受治疗，那么治疗才会发挥作用。

（资料来源：Cooper, 1980.）

些发现，并且还发现，仅仅是对自由选择的治疗的成功期望，就能够导致改善（Axsom，1989）。然而请注意，并不是说这些发现意味着治疗的实际内容完全不重要。事实也并非如此。更确切地说，这些研究——涉及对一些轻微的心理障碍进行短期干预——强有力地表明，通过自我辩白的微妙影响技巧，能够使治疗的效果得到提升。

社会影响、美好生活和你的未来

当然，没有谁可以逃离影响的世界。我们所有人既控制他人也受他人控制。在本章中，我们讨论了运用心理学原理对人们施以影响从而使其受益的一些途径，我们希望你作为读者能够思考一下还可以如何积极地将这些途径应用到你自己生活的各个领域。然而，非常有意思而且重要的是，对于那些自己具有强烈控制感的人，这些有益的社会控制可能产生最为积极的效果。自我效能，有关影响如何发挥作用的知识，以及关于如何区分合理忠告与哗众取宠的心理学空话的智慧——这些品质能够把你塑造成为一个成功者和善于运用社会影响的人。本着这样的精神，我们希望这本书对丰富你自身的这些品质有所帮助。

那么，你现在应该已经准备好，出发去面对美丽新世界，结交新朋友，对正义事业施以影响；同时，抵制来自方方面面的有害压力，包括群体的从众压力，同龄人的顺从压力和媒体的说服压力。本书所提供的新理论与实用信息，应该是增进你在社会影响领域内的自我效能的助推器。但是，请你调整一下你自己的"聪明的影响者"的新感觉；为此，你需要清醒地意识到，除你之外还有其他的人——以及代理者和公司——他们的生计和生存依赖于发展出能够对你们和我们施加新的、更加微妙的和更为有效的心理与行为控制的技巧。我们与你相伴的旅程即将结束，但是你与他们相伴的旅程才刚刚开始。我们希望，本书已经为你尽可能地成为独立自主的人做好了准备，已经为你在未来社会交往中装备了最好的武器——心理学知识的力量。让这种力量一直与你同在；既然你拥有了这种力量，那么就运用它，正直且诚实地运用它。

小　结

最后一章关注于将社会影响的原则应用到各种有意义的亲社会目标上。我们探讨了社会心理学如何被用于增进亲环境行为、健康的生活习惯和心理健康。

- 推广亲环境行为的一个阻碍就是污染、浪费和许多破坏行为是不明显的。通常它们都是看不见或者遥远的，因此"被人们所忘却"。第二个阻碍就是低动机。亲环境的动机必然会与更强的经济动机和个人便利的动机相竞争。

- 运用工具性学习来增强动机。礼券、折扣以及现金奖励在使人们减少能源消耗、胡乱丢弃废物以及汽车使用上确实发挥了作用。内在满意感所带来的奖励以及信息性的反馈成功地使人们节约了家庭能源。

- 为了增强环境作为一个需要保护的对象的显著性，可使用提示与提醒。媒体信息同样可以生动地描述破坏环境的个人代价、推进具有环保意识的人们的积极形象、并且鼓励对亲环境行为的承诺。媒体、政府以及教育系统必须使他们的新努力与更加有效的环境说服相同步。环境意识的培养必须开始于童年，同时媒体必须使环境问题及其解决方法经常地"被人们看到"并因此被人们记住，而不仅限于"地球周"的时候。

- 不健康的生活习惯是早死的主要原因。尽管有大量来自媒体、医生办公室、工作坊与门诊的健康建议，但是糟糕的健康习惯仍然持续。

- 大众传媒的健康信息增加了对健康的知识和积极态度，但是通常不能改变与烟草、药物、酒精、压力、节食和锻炼有关的健康行为。人们无法改变健康行为，可能因为他们自己从其不健康习惯中得到了乐趣，或者被同龄人和广告商们的相反信息所动摇；也可能因为人们对他们的健康过度乐观并且对频繁的健康警告变得冷嘲热讽。为了克服这些因素，信息必须在个人水平上对健康危险进行讨论，使人们相信行为改变并不难，使人们准确地描述危险，并且通过强调所推荐行为能避免损失或把行为与积极情绪相联系从而确保人们改变对健康行为的知觉。

- 如果恐惧诉求强调以下4点，那么恐惧诉求同样有效：（1）影响目标的当前行为会导致有害的健康威胁；（2）影响目标非常容易受到威胁的攻击；（3）行为改变将会消除那种威胁（反应效能）；（4）影响目标有能力进行改变（自我效能）。

- 对医疗忠告的不顺从非常普遍，甚至那些患有严重疾病的病人也是如此。其原因包括了病人对医生信任的缺乏、医生糟糕的沟通能力，以及导致防御性回避（否认疾病严重性）和过度警觉（对所有的"治疗方法"都不加批判地接受）

的病人的高压力水平。为了克服病人的抵制，医生与护士必须愿意并且能够实施有效的恐惧诉求，获得病人的承诺，使病人意识到其合理性，以及通过积极的非言语信号实现对病人的关心。

- 许多的心理健康问题涉及适应不良的习惯，而这些习惯多被用于应对压力、条件作用的情绪以及消极思维方式——一些可以通过通常的改变程序加以矫正的问题。

- 有效的心理治疗需要说服性的沟通。治疗师必须促进系统化的加工，被知觉为是真诚的（"彼此关联的"和"相互体验的"），并且与来访者拥有相似的价值观。

- 抑郁包含了一个恶性循环：消极思考导致活动性的降低，而这又会导致更多的消极思考，如此反复。为了打破这一循环，认知-行为治疗鼓励对消极结果进行情境归因，指导来访者做出成功的行为，并且鼓励对那些成功进行关于特质的自我归因。

- 旨在改变归因的咨询对于婚姻与适应问题同样有效。治疗师可能会设法纠正"错误的"归因。但是，他们同样可能会助长一些微小的归因扭曲，例如适应良好者具有的过分乐观的控制感。

- 从来访者那里获得承诺，允许他们对自己治疗的某些方面进行选择，以及使来访者对治疗付出一定的努力，这些通常会产生积极的治疗结果。这些过程引入了自我归因与自我辩白。

问题与练习

1. 回到第5章，回顾一下态度转变为行为的必要条件。然后，考虑一下本章关于亲环境行为的讨论。将这两部分的信息整合起来以分析下述自相矛盾的事实：大多数人对一个清洁与健康的自然环境拥有积极态度，但是他们却以破坏环境的方式行动。

2. 运用在本章中所叙述的有关社会影响与心理障碍的知识，为你所在大学设计一个宣传运动，以鼓励学生们：（1）变得更加具有环保意识并且从事更多的环保行为，或者（2）拥有一个更加健康的生活方式。请随便运用你所在学校中所有可用的媒体及人际情景。

3. 讨论病人不顺从他们医生的忠告和处方的3个原因。对于每个原因，尽量想出一个你自己或者你所认识的人的真实例子，并且针对这些例子，运用社会影响的解决方式以帮助你自己、朋友或者家人遵循医生的忠告和处方。假设你被当地一家医院聘为顾问，你将推荐采取什么样的措施以增加病人遵守医疗建议的比率呢？

4. 慢性抑郁、严重的害羞以及其他不愉快的状态，通常反映了正常认知与情绪加工的极端情况。同样地，社会心理学的影响技巧——适用于一般人或说"正常"人——能够被用来治疗这些心理问题。假设你被聘为一名治疗师的顾问，需要略述社会影响的技巧和策略如何能够被整合进治疗过程。选择一种心理健康问题，概述你的治疗建议，就你向治疗师推荐的每个行动给出相关科学依据。

附 录 A

研究与实验方法

❖ ————— ❖ —————

　　一般来说，对社会影响的社会心理学研究运用相关法（correlational method）或者实验法（experimental method），后一种方法运用得更为广泛一些。本附录在简述相关法后，将着重论述实验法。

现场研究中的相关法

　　在心理学中，所有的研究都包含了对行为的观察。一些研究，即所谓的现场研究，对自然而然存在的现象或者变量运作进行观察。换句话说，研究者力图对现象或事物的"本来面目"进行系统的、相对客观的和无偏差的观察。研究者不会妨碍它们的运作，或试图改变或控制任何变量。研究者的任务只是确定两个或者更多变量间是否存在相关[1]，以及有何种程度的相关。例如，一项现场研究的研究者揭示，位于佛蒙特州本宁顿学院的女大学生在大学 4 年时间内，其政治态度与社会态度逐渐变得更加的宽容（Newcomb, 1961）。另一项研究表明，对于小学生来说，如果他们的父母具有非权威人格并采用非惩罚性的抚养习惯，随着学校废除种族歧视，这些小学生的种族偏见也会降低。然而，当父母具有权威人格并采用惩罚性的抚养习惯，他们的孩子则没有出现种族偏见的降低（Stephan &

1　当一组数据的变异与相应的另一组的数据的变异（例如，来自同一个体的两次测验分数）有关联时，可运用数学上的相关系数r来表述结论。相关系数值的取值范围为-1到+1。当r=0时，两组数据相互之间没有关联。r大于0表示两组数据中的变异有一个共同的方向：A增加那么B也增加。r小于0则意味着A与B有着相反方向。随着r越接近+1.0或者-1.0，那么就越有可能通过一个已知事件来预测另一个，即根据关于一组观测中变异的知识来解释另一组观察的变异。

Rosenfield，1978）。

这种现场研究，以及其他使用调查法和民意测验所进行的研究，对于发现和分析行为关系，对于指出在这些关系中可能发挥了重要作用的变量，有十分重要的价值。因为观察是在日常生活中进行的，只有最小限度的干预，因此这种观察对日常生活中的应用价值可能高于那些在有更多人为限制的实验室中进行的观察。然而，大多数的现场研究是相关性的。变量仅仅被观察，并没有受到控制或者改变。两个事件或者行为（A 与 B）可能有很强的关联性，或者相关；然而如果仅仅只是观察它们，那么我们无法确定究竟发生的是以下何种情况：是 A 导致了 B，还是 B 导致了 A；这种关系是否只是一种巧合；也许一个因素经由一个中间变量（未知的变量）的运作间接导致了另一个因素；还是第三个变量既导致了A 又导致了 B。

例如，关于婚姻关系的研究有时会报告，幸福的夫妻比不幸福的夫妻有更多的性生活。那么是性导致了幸福，还是幸福导致了性？两种因果关系都有可能，但是仅仅通过观察到的性与幸福婚姻的共变，我们无法确定因果关系。我们同样无法确定是否有第三个变量导致了这一关系。可能一些夫妻繁忙的工作导致他们大多数时间都处于分离状态，而这种分离状态既可作为不幸福的根源，又可成为性生活的一个明显障碍。

通过改变测量变量的时间，有时相关研究能够就因果关系提供较强的（但仍然不是确定的）理解。观察可能发现 A 在时间 1 所发生的改变与 B 在时间 2 所发生的改变有相关，而 B 在时间 1 所发生的改变与 A 在时间 2 所发生的改变几乎没有关系。这一模式暗示 A 对 B 有因果性的影响。当然，使用某些统计程序可能也能够获得关于因果关系的提示。

实验作为因果关系的信息源

为了获得真实的因果关系，你需要做实验。实际上，绝大多数社会心理学研究是实验研究。实验的关键就是控制。实验者对假定的原因变量进行控制，称其为自变量（independent variable）。他操纵自变量，将变量的一种水平、数量或者类型指派给一种处理条件下的参与者，将另一种水平、数量或者类型指派给另一条件下的参与者，等等。同时，对于那些可能对参与者产生影响但是却与需要验证的假设无关的其他变量，实验者则力图使其保持恒定。

实验者通过将参与者随机分配到不同处理条件中，从而对变量进行进一步的控制。这其中包括使用一些随机方法（例如，掷硬币或者参考由计算机生成的随机数据表）来决定每个参与者接受怎样的处理条件。因为处理条件的分配完全基于偶然性，所以接受不同水平自变量的参与者在他们曝光于自变量前不太会存在着任何系统差异。随机分配通常保证了那些使人们存在差异的多种因素在不同处理条件之间是平均分布的。

在引入了假定的原因变量——自变量——之后，对被假定为结果的参与者行为［被称为因变量（dependent variable）］进行观察。如果接受了不同水平自变量的参与者在因变量上表现有所不同，那么根据实验控制的逻辑，自变量必然就是原因。其他所有的变量都是恒定的，而在测量因变量以前对自变量进行了操纵。

因此，你可以发现实验者不是等着行为自然地发生，而是创设出他认为能够诱发行为发生的条件。在这个意义上，实验者是创设出了一种人为的环境或说干涉了自然过程。而他们这样做是为了：（1）在已知条件下使事件发生，而这一已知条件随后能够被单独地重复；（2）在实验者对准确观察做好准备时，使因变量产生；（3）有可能确定自变量对因变量产生影响的趋势和大小；（4）消除了因变量与自变量间的关系源于两者直接因果联系之外的其他因素的可能性（例如，Y既导致了A又导致了B）。

实验始于3个基本决策。在可被许多参与者觉察到而且可以从不同维度进行各种水平的反应的大量刺激中，实验者选出一个特定的刺激，有机体（即参与者），以及反应模式。可将实验看作由三个互相有重叠的圆环构成，它们分别代表：（1）刺激（自变量）；（2）参与者；（3）反应（因变量）。这三者与正在研究的总体问题有关。通常，研究者研究的只是它们交集中很小的一块或一点。例如，在关于说服信息的理解对态度改变的影响的研究中，自变量可能就是伴随录音信息的4种大小的静态噪音，从不会造成干扰的微量噪音到会造成大量信息难以被理解的巨大噪音。参与者是在一所指定的大学选修心理学导论的60名大学生。而因变量则是在10点量表上对信息结论的赞同度的评分。

根据理论意义上的区别，把所有刺激分别划分进了不同的范畴中。例如，1950年代和60年代在耶鲁大学沟通研究项目所进行的说服研究中（见第4章），根据沟通是双向还是单向，是否会唤起恐惧，明确还是含蓄地陈述其结论等等，对所有的沟通进行了分类。当按照这样的方式对刺激进行分类时，实验者有意识地决定忽略刺激的某些方面，而强调刺激的另一些方面。例如，信息中语句的长度乃至信息的主题可能会是无关的。这意味着实验者从有明确结论的、单向的、能够唤起恐惧的这一大类沟通中选择刺激。他所选择的特定沟通可能或多或少地频繁使用到了长度为 25 个单词的语句，并且可能是关于枪支控制而不是关于生育控制的。研究者期望，在所有这些不相关的特征上能够获得相同的结果（即内容、长度、句法等等不会改变所考察的基本关系）。

实验者对参与者类型和反应类型的选择存在共同点。以大学生（或者可能是工人）为研究对象以期发现"一般人"情况的研究者，通常假设不同群体间的许多差异不会影响研究中所建立起来的基本因果关系。例如，许多关于从众的研究（见第 2 章）以大学生为研究对象。当研究者感兴趣于拥有一致意见的多数派的人数（例如，一个，两个或者三个人）是如何影响参与者对多数派意见的顺从频率，那么，平均而言，大学生相对其他成年人是"独立思考者"的程度可能与问题无关。无论某个特定参与者团体的总体从众水平如何，多数派人数与从众之间的关系应该是不变的。与此相似，无论是以按压按钮还是以点头赞同来表示从众的反应，也应该与问题无关。

当然，如果有理由相信，对于不同教育水平、社会地位、年龄、性别或其他特质的人而言，基本关系会有所不同，那么应该进行额外的研究以对不同类别的人进行比较。

如果实验者能够从广泛的变量和参与者中选择大量的特定案例，那么关于选择哪些案例的决策常常基于便利性、易得性和测量准确性以及可控制的程度。因此，自然就产生了两个问题：（1）所选案例确实能够以这样的方式被测量吗，即无论谁来进行测量或何时进行测量都能得到相同的结果吗？（2）所选择的案例是否准确地反映了研究者感兴趣的过程变量或者概念变量？第一个问题关注于信度（reliability），而第二个则关注于效度（validity）。

信度可等同于一致性或稳定性。在其他所有条件都相等的情况下，所选择的反应测量是否能在重复中得到相同的结果呢？而在十分相似的测量条件下是否会得到相同的结果呢？

效度是一个更难论证的复杂问题，它有许多含义，我们在此只涉及其中两个。概念效度（conceptual validity）指实验者进行的处理、观察和测量是适当的，具体地代表了实验者真正想要了解的一般抽象类别。态度研究者感兴趣的是态度，而不是 10 点量表上的评分。在理论上，研究者希望得到的是一系列特定操作，这些特定操作能够将抽象概念锚定于真实世界中的事件，但同时这些操作应该是尽可能纯粹地作为抽象概念的例证。

测量的效度同样可由另一种方式来思考，我们称之为内容效度（content validity）。因变量分数上的任何变异都有两个成分：真实变异和误差变异。随着测量分数更加接近（假定的）真实分数，测量也就变得更加有效。因为测量分数的变异不止受到了所研究的相关反应中的变异的影响，还同样受到无关误差源的影响，因此测量丧失了它作为潜在真实反映系统的有效代表的地位。系统误差使测量得分在特定方向上存在偏差，而随机误差则导致测量得分在任何方向上偏离真实值。

例如，当实验者无意识地把其所期望的反应通过一些线索传递给参与者时，或者当实验者知道某个参与者接受了某个特殊处理（例如药物）因而影响到他对参与者的行为进行客观评价时，可能就会出现系统误差。而随机误差则源于环境的干扰或者方法上的不足。一个瞬时事件可能会改变对任何在特定条件中所操纵刺激（例如，当在一个条件作用的程序中出现了一个意外的噪音）的反应。相似地，当实验者以不同方式把刺激呈现给相同处理条件下的每个参与者，那么测量分数可能会以无规律和未知方式增加或减小。通过使用控制程序、客观的评分方法、随机化和控制组能够减小系统误差。随机误差的消除主要依赖于标准化的方法学，以及利用那些不会使参与者反应随机变化的环境。

根据现在重新界定的研究目的，我们可能会认为实验就是一整套客观的程序，目的是为了从背景噪音中分离出信号。真实分数，或信号，可能会从概念上得到净化以与其他相似的信号相区别。处理程序旨在放大信号，而测量程序应该能够探测到哪怕十分微弱的信号。要做到这两点，必须对竞争性的信号和背景噪音进行适当的控制，可以通过两种方法来进行控制：使二者最小化，以及就二者对主要信号的观测值的贡献进行准确评价。

但是，对实验结果的概化又是怎样的呢？几乎没有科学家会满足于把研究结论局限于特定的刺激与操作以及特定样本所做出的特殊反应。我们希望研究结论能够处在一个更高的抽象水平上。我们知道，当研究基本的心理过程时，研究者可能会假设他们的结果能够放在更大总体的"大背景"中。但是，在实验研究中有许多因素与确保这一假设的合理性有关。我们将在下面这一节中对这些因素进行探讨。

实验的概括化：统计推论

对一项研究的结果进行推论时常会存在风险，即使研究设计精巧并且被认真的实施。然而，通过客观的统计方法对由一套特殊观测得出的特定结论发生错误的可能性进行评价，可以估算出这种风险的范围。假设我们希望评价人们是否通过小组讨论改变了他们对毒品使用的态度。我们可能分别在讨论前和讨论后对参与者的观点进行测量。首先，通过某些描述统计以方便有效的方式对参与者样本的观点评定进行总结。通过计算平均数、中位数或者众数可以回答"讨论前后典型得分或者平均得分是多少"这一问题。而通过反应的变异性（全距、或标准偏差）能够回答"单个参与者相对这一代表值发生了多大偏离"。

然而，为了确定小组讨论是否朝所提倡的方向改变了态度，有必要将所获得的描述统计结果与在没有小组讨论、仅仅对观点评定的重复测量情况下发生的改变进行对比。把测量分数的分布与不同类型的理论分布进行对比，使我们可以估计出数据不是源于偶然性而是源于一个统计上可信赖关系的可能性（推论统计）。对处理变量的不同行为（在最初可比较的参与者组之间）可能是一个更加"真实的"差异，这一差异可能源于3种因素的直接作用：观察的数量，差异的大小以及反应的变异性。随着观察次数（N）的增加，随着不同组之间表现（通过某种描述统计来测量）的差异增加，以及随着每个单组内的变异减少，所获得的差异倾向于更为显著。

在心理学中，显著性（significance）的概念被定义为确定一个特定结果是源于处理的效果而不是观察中的随机波动（误差变异）的最小标准。置信度水平（probability level），任意设定为 $p<.05$（即小于 5%），就是这个最小标准。这意味着所发现的差异在 100 次中可能仅仅只有 5 次是因为偶然性造成的。因此，我们可以推断，在 100 次实验中有 95 次，差异不能归结于偶然性，而这次的结果是属于 95 次的范畴。在某些条件下，研究者可能需要一个更加严格的拒绝概率，例如 $p<.01$ 或者甚至 $p<.001$（即，实验者因把所获得差异作为一个真实差异而得出错误结论的可能性，只有千分之一）。

虽然通过使用概率的语言而非绝对的语言对结论进行表述，降低了结果推论的风险，但是对观察到的行为样本按照两种方向中的任一种进行推论时都有可能包含了相当的风险。人们可能将推论上升至一个更加抽象、概念水平的解释上，也可能下降至一个更加具体、特殊的案例上。在前一种情形下，外推中可能产生误差，因为特殊的结果无法揭示假定的一般关系或者理论过程。在后一种情形中，一般关系能够预测某个特定个体的行为这一假设本身可能有问题。

在上述两种情形的每一种中，都可能存在着两种类型的错误。如果所获得差异的显著性是 $p<.05$，那么实验者在得出结论认为他发现了一个真实的效应时，每 100 次中会有 5 次犯错。这是因为单凭偶然性本身就能够造成那样大小的差异，而一个特殊实验可能刚好代表了 5 次偶然性中的一次。于是我们有了 I 型（或称为 α）错误：当关系实际并不存在时推断关系存在。让我们以一个不同的视角看看概率和决策过程，假设因差异显著性处于 0.06 的概率水平（超出了科学可接受的惯有限度）而拒绝了差异显著的结论。那么当关系存在时，相反地，调查者在 100 次中会有 94 次下结论认为关系不存在。这就是 II 型（或称 β）错误。

心理学家如何决定是更加冒险（ I 型错误）还是更加保守（ II 型错误）呢？无疑，他的策略应该经由以下几点来决定：每种类型结论的行为意义，每种错误类型的相对代价或风险，以及每种错误类型对创造性思维的激励或抑制作用。例如，在通过向上推论形成关于物理现实或心理现实的概念化、理论化的陈述时，II 型错误（它可能会导致过早地封闭了调查研究的领域）对进展造成的损害可能会高于 I 型错误（该错误应该会比较容易地在他人的独立重复研究中发现）。然而，如果没有什么重复性的研究，那么 I 型错误可能会一直存在，从而导致了在测量无根据的原有假设的相关衍生物上白费劲。

从实验室推广至真实世界

实验主义者所面临的困境就是获得控制的同时又丧失了效力。心理变量的全距以及强度无法在实验室背景中获得。这是因为在一个实验中，自变量呈现的时间相当的短。同时，参与者的任务常常与他其他的生活经验只有有限的关联，并且在他未来的活动中也只有非常小的应用。此外，实验操纵的性质和强度常常受到法律、伦理与道德考虑的限制。虽然变量的效力在一个无控制的自然环境中常常能够得到最好证明，但是在这一水平上对现象进行研究可能存在以下风险：丧失对其中相应过程的理解，缺乏对因果关系的详述以及无法将复杂的因素网络分解为相应的成分变量。另一方面，由控制精巧的实验所获得的收益可能会被实验的琐碎内容相抵消。通过提纯、标准化、控制以及选择特定的刺激、反应维度，实验者可能对他意欲研究的现象或者问题创设了一个有所差距、打了折扣的版本。

此种条件下得出的研究结果可能几乎没有任何的实际意义。

通过研究策略的结合使用以及在同一主题上进行多种不同实验，可以在任何特定的研究中克服这些局限性。例如，假设实验者担心在一个诱发顺从的认知失调实验中，使用金钱奖励来改变的"合理化"可能与通过向参与者提供关于顺从的社会原因而改变的"合理化"有所不同。那么他可以通过在实验中引入对"合理化"的概念验证或者运用许多不同的实验来系统化地复现被研究的概念变量，从而对上述可能性进行评估。

实验真实与生活真实。为了填补实验室与现实之间的这条鸿沟，实验研究者们通常力图使他们的实验真实。最为重要的一类真实就是实验真实（experimental realism），实验真实在本质上是指"使实验生活化"（Aronson & Carlsmith，1968；Aronson et al.，1990）。实验务必要使其研究程序对参与者有吸引力，使参与者能够投入到实验中，同时要使自变量能够引起参与者的注意并且维持注意。参与者应被自己在实验室中的经历所吸引，对所发生的事件（自然地）做出反应而不是感到讨厌，考虑（或许担忧）把他们自己视作被仔细审查的对象，或者试图分辨出实验者的理论是什么。如果一个实验不具有实验的真实性，那么就有一种风险，即所观察到的因果关系可能仅局限于当人们知道自己处于一个实验中时。由此，我们通常几乎不可能了解任何的一般心理过程。

在一些情形中，实验者同样会追求生活真实（mundane realism），生活真实是指以变量在日常生活中存在的方式对变量进行处理和测量（Aronson & Carlsmith，1968）。对提问方式如何影响到目击者对犯罪事件的记忆特别感兴趣的研究者（见第 8 章），会让参与者观看一起现场表演的犯罪活动，然后让他们在不同类型的提问条件下报告自己的记忆。相对于让参与者观看一系列的幻灯片然后对他们进行提问，这种方式可能更加具有生活真实性。当寻求把实验结果推广至日常生活中的某个特定背景或者心理过程，而不是推广至一个更为广泛的背景或者过程时，生活真实性就尤其重要。

实验效度。我们已经知道，因变量必须有效。从总体上说，效度的概念同样适用于实验，并且这个概念极好地总结了我们在讨论实验时所关注的主要问题。我们从实验中得出的结论无效——并因此而无法推广——的方式可能有两种。我们可能错误地下结论，认为在所使用的特定处理与特定测量之间存在因果关系，而实际上观察到的关系是源于某个其他的因素，一个人为的结果，或者混淆变量（confounding variable）。在这样的情形下，我们可能会就实验的内在效度（internal validity）得出一个错误结论。此外，还可能是错误得出结论，认为一个特定的因果关系（同样）适用于未在研究中进行评估的概念变量的所有其他实例；即，这一因果关系被推广至其他的人、背景、测量和在概念上等价的处理。在第二种情形下，实验的外部效度（external validity）是关键。为了避免得出这两类无效结论，一种方法就是觉察到导致实验研究中效度缺失的更为普遍的根源，然后考察实验设计的不同方面从而克服每种缺陷。

让我们首先考虑一下内部效度缺失的一些可能根源[2]。

1. 内在的人为问题（internal artifact）：实验者不愿发生的一个未受控制事件可能导致了实验者所观察到的结果。如果发生了这样的情况，那么特定自变量引发特定效果的这一结论可能就是不正确的。

2. 参与者的改变（subject change）：刺激事件（自变量）可能发生于参与者内部，而不是发生在他的外部。例如，参与者可能对个人问题感到厌恶或者担忧。

3. 测验的敏感性（testing sensitization）：参与者对第 2 个测验（后测）的反应，可能会受到初始测验（前测）的影响。

4. 参与者选择的偏差（subject selection biases）：如果不同实验组的参与者不是随机分配的话，那么实验组间的差异总有可能并非是由自变量的差异引发，而是由不同组之间先前就存在的差异所引发。

5. 参与者流失（attrition）：如果在将参与者随机分配到不同实验条件中以后，一个无法控制的因素导致在最后结果分析中剔除了一些参与者，那么就无法得出关于自变量对因变量的影响的有效结论。一种无法控制的因素可能就是参与者选择不再继续进行实验。另一种因素则可能源于实验本身的一些特征。

在理解外部效度——或推广至其他人、背景等等——的来源之前，我们必须对交互作用（interaction）的概念加以讨论。假设我们关注于替代性强化大小对

2　本附录的以下部分大多源自Campbell与Stanley（1963）的著作。

模仿的影响（见第 2 章），那么为了研究这一问题，我们可以向一些年幼儿童呈现一部关于成年男子殴打充气塑料娃娃的影片。影片中作为榜样的男子在殴打塑料娃娃后，得到了 0 个、1 个、2 个、4 个或者 10 个棒棒糖。随后给儿童与充气塑料娃娃玩耍的机会，而研究者则记录了儿童做出与榜样相同的"攻击性"行为的频率。假设模仿反应的平均数量随着榜样接受到的奖励大小的增加而增加。那么，研究者可以下结论，替代性强化数量的增加导致了人们更多的模仿。

请注意以上结论并没有受到限定。这暗示着替代性奖励的数量与模仿数量间的这种关系适用于所有类型的榜样、参与者、奖励、反应、背景以及用来呈现榜样行为的媒体。这一结论并没有说，这一关系只适用于来自一个特定学校的特定年龄群体的儿童，他们观看了在电影中一个特别的男性榜样对一个充气塑料娃娃施以某些特定行为后，得到了棒棒糖。如果一名女性榜样殴打充气塑料娃娃，那会是不同的关系吗？让我们假设，随着对女性榜样奖赏的增加，模仿数量却有所减少。如果自变量（替代性强化的数量）与因变量（模仿的数量）之间的关系因其他某个变量（在这个例子中，榜样的性别）的作用而发生了改变，那么可以认为两个变量发生了交互作用从而共同决定了结果。

交互作用可以有许多类型。模仿的总量在两种榜样中可能都有增加，但是以不同的速率。或者，这种关系也可能会有逆转（一个增加，另一个减少）。这种关系甚至有可能只在一种条件中存在，在另一种条件中却没有出现（替代性强化的数量完全没有效果）。简言之，交互作用的出现，限定了研究者感兴趣的结果或关系能够在跨情境、跨背景、跨参与者等方面进行推广的范围。在对社会影响和态度改变的研究中，很少发现有不受与其他变量的交互作用所限制的变量。研究者事实上常常专门设计某种研究以期发现交互作用，因为交互作用向我们提供了关于某种因果关系什么时候存在而什么时候不会存在这一至关重要的信息。

现在我们可以来考察一下可能限制了外部效度的一些更加普遍的因素。

1. 测量的反应效应（reactive effects of measurement）：当对参与者进行一个测验，假定是自陈式态度量表，那么进行测量本身可能就会对参与者如何做出行为产生影响。在态度测量的研究中，测验可能变成诱发态度的刺激条件；参与者以前可能并没有这一态度，或者在意识到测验或实验的意图以后改变了他的真实反应。因此，任何结论都只限于了进行过测验的参与者。

2. 选择偏差与实验变量的交互作用（interaction of selection bias and experimental variable）：实验变量的效果可能只有在某类参与者身上才会显现。例如，如果研究只选择了具有极端态度的参与者，那么通常会对那些更加温和参与者的态度产生影响的变量，可能就不会对这些极端的参与者产生影响。

3. 实验的反应效应（reactive effects of experiment）：实验背景中与实验背景外之间的一些特殊差异，可能对决定实验结果是否具有应用价值至关重要。例如，在实验中参与者可能总是非常积极地参与到沟通中，而这一情况在自然情景中可能不会发生。

4. 多重处理效应（multiple treatment effects）：有时，每个参与者可能在呈现和不呈现实验变量的情况下均接受测量。因此可能会产生顺序效应；即，第一个处理会影响到参与者对第二个处理的行为反应方式。因此，结果可能仅适用于那些接受了不止一种处理的参与者，并且可能仅适用一种处理的顺序。

实验设计

既然我们已经知道内部效度缺失和外部效度缺失的一些更为普遍的根源，那么让我们来看看如何能够通过不同的实验设计来消除这些误差来源。

表A.1以总结的形式呈现了5个十分复杂的实验设计。表格中的符号〇代表观察或测量，而符号M则代表对在那种条件中所呈现自变量的一个实验处理。在每个这样的实验中，至少有两组参与者。一些参与者接受处理；另一些参与者则不接受处理，这是随机决定的。通过每一参与者组前面的符号R来表示参与者被随机地分配到不同条件中。例如，表A.1中呈现的最简单的设计是一个双组设计，在此，参与者被随机分配到两个组中的任一个。只有组1中的参与者接受处理，随后对两组都进行观察。

组1　R　　　　M　　　〇
组2　R　　　　　　　　〇

同样，在表中列出了先前已描述过的导致外部效度缺乏的各种根源。对于每种设计，如果在与效度缺乏的特定根源相对应的那一栏中标注了"是"，就意味着这类实验设计无法消除那个特定类型的误差。"否"则表示不存在这个问题。（效度缺乏的内部根源没有在表中呈现。只要研究者恰当地设计和监控实验程序，那么对于这些设计来说导致效度缺乏的那些内部根源都不会成问题。）

使效度缺乏的根源最小化的"最好"设计就是不同样本前后测设计。这里，实验者随机将参与者分配至许多条件中。在处理以前，实验者首先对其中一半参与者的反应进行测量。而完成了实验处理后对剩余的另一半进行测量。然而，那些稍后得到测量的参与者同样被分为两半，其中一半接受处理而另一半则不接受。此外，请读者注意，这一设计的一个显著特征。它可能证明自变量的概念地位并不受限于单独的一套特殊处理上。通过使用两套不同的处理（M1 与 M2），这两套不同的处理均源自于概念上相同的自变量，可以得出从具体的观察到抽象变量上的一般化结论。

从上述描述中你可以发现，不管任何设计，随机化都非常重要。当然，同样重要的是，对参与者的观察不能干扰由实验处理引发的行为结果。

表 A.1　使效度缺乏最小化的一些实验设计

实验设计	效度缺乏的外部根源			
	测量的反应效应	选择偏差与实验变量的交互作用	实验的反应效应	多重处理效应
	1	2	3	4
1. 前后测设计 组 1　R　○　　　○ 2　R　○　M　○	有	可能	可能	无
2. 罗门四组设计 组 1　R　○　M　○ 2　R　○　　　○ 3　R　　　M　○ 4　R　　　　　○	无	可能	可能	无
3. 后测设计 组 1　R　　M　○ 2　R　　　　○	无	可能	可能	无
4. 有控制组的时间序列设计 组：时间→ 1　R　○○○○○○○ 2　R　○○○M○○○	有	无	可能	无
5. 不同样本前后测设计 组 1 { R　○ 2 {　R　　　M_1　○ R* 3 { R　○ 4 {　R　　　　　○ 5 { R　○ 6 {　R　　　M_2　○ R* 7　　R　○ 8　　R　　　　○	无	无	无	无

* 此处的随机化既包括将参与者随机分配至不同参与者组，又包括随机决定对照组是否接受处理。

附录B

态度及其成分的测量

❖

在实验研究与现场研究中，研究者测量人们的反应。在本文中，我们将考察许多研究，就因变量如何被测量进行简短描述。同时，我们将对一些基本测量技术进行详细的描述。尽管某一特定的研究常常需要对一些特殊的测量进行调整，但这些基本测量技术常常是特殊测量的基础。我们将主要关注态度的测量，这是本文的核心概念。同样，我们将会简略地提及如何对态度系统的其他成分进行测量。

如果你停下来思考一下，那么你将发现态度的测量并非一项容易的任务。如何能够测量一个人头脑中的看法？如你可能猜测到的那样，这个问题的唯一解决方法就是使这个人将内部态度外显出来，然后你就能够对它进行评定了。换言之，你必须使这个人将其内在态度转换为外在行为。而这一外在行为可能涉及完成一个纸笔测验或问卷。

态度量表

人们已经开发出了许多不同的纸笔测验来测量态度。在这些测验中，有 4 种类型的测验经过不断修订，已经较为成熟。这些主要的技术是瑟斯顿的等距量表法（Thurstone's method of equal-appearing interval），利克特的累积评定法（Likert's method of summated ratings），格特曼的量表图分析法（Guttman's scalogram）以及奥斯古德的语义区分技术（Osgood's semantic differential）。下面我们将简要地回顾一下这些方法，希望能够使你更加清晰地理解社会心理学家如何获得数据，如何从这些数据中得出精彩的推论。

所要讨论的每种技术，对所用测验项目的性质和对所提供的个体态度的信息都有着不同的假设。然而，所有这些方法的某些基本假设是共通的。首先，它们假设可以通过量化技术来测量主观的态度，因此每个人的观点可以通过计分来表述。其次，它们假设一条测验项目的含义对于所有参与者都是相同的，因此对所有参与者的同样反应，计分相同。这些假设可能并不总是正确的，但是不包括这些假设的测量技术至今还没有开发出来。

瑟斯顿的等距量表法。1929年，瑟斯顿在他关于宗教态度的研究中发展出了第一个态度测量的主要技术。他编制的量表把精确的测量引入到了一个以前从未曾用量表研究过的领域。瑟斯顿假设，人们能够获得关于某个特定问题的观点陈述，能够就此问题在明确的喜欢—不喜欢这一维度上对观点陈述进行排序。进而，我们能够在一个连续体上对相邻的两个陈述以相等的间距进行排序。由于后一个假设，我们能够对不同的人之间彼此态度的差异程度进行判断。瑟斯顿还假设，不同陈述间是彼此不关联的，每个陈述是独立于其他陈述而存在的。也就是说，对一个陈述的接受并不必然意味着对其他任何一个陈述的接受。

瑟斯顿量表由关于某一特定问题的20个独立观点陈述所组成。每个陈述均会获得一个量化的量表值，这个量表值取决于在一个连续体上对该陈述判断的平均数。在测量人们对一个特定问题的态度时，要求人们仔细地选择那些他们赞同的陈述。每一个人的得分是他所选择了的那些项目的平均量表值。以下是这类量表的一个简缩版例子。

瑟斯顿量表的一个显而易见的特征是，陈述间的间隔是近乎等距的。量表的这一特性是通过量表的编制方法来达到的。第一步是收集关于某个特定问题的大

特质：对废除种族居住隔离的态度

量表值		陈述
最不赞同	1.5	A．人们可以拒绝向他不喜欢的人出租房子。
	3.0	B．在住房方面取消种族隔离的联邦法律，应该只适用于公有住房，而不应用于私有房产。
	4.5	C　地方政府应该公开地敦促人们参与到公平住房的实施中。
	6.0	D．只有当住房方面存在着歧视的极端情况下，才应该采取法律干预。
完全赞同	7.5	E．人们必须把房屋出租给符合条件的第一个申请者，无论种族、肤色或者宗教。

量观点陈述。任何含糊不清、不明确、有歧义的陈述，或者持相反态度的人可能会同时赞同的陈述，立刻被放弃。然后，由一组鉴定者根据这些陈述所表达的对问题的赞同或者不赞同程度，但不考虑鉴定者自己的态度，将剩余的陈述划分为11个类别。这些类别因此构成了一个量表，量表涉及关于特定问题的观点，从非常赞同，中性，再到极端不赞同。通过将所有鉴定者的评分进行列表，从而有可能计算出每个陈述的量表值（陈述的平均量表值），以及鉴定者对它的位置表示赞同的程度（评定的分布）。最终量表所选择的那些陈述具有很高的鉴定者一致性，并且沿着连续体分布在彼此相对等距的位置上。因此，一个人对某个特定问题的态度，可以从他对这套最终量表项目的反应中获得。

利克特的累积评定法。瑟斯顿量表在应用上的缺陷之一是，它的编制非常费力和耗时。为了解决这一问题，利克特发展出了一种不同的技术，运用这一技术能够相对容易地形成一个同等可信的态度量表。利克特量表由关于某一问题的一系列观点陈述组成。然而，与瑟斯顿量表相反的是，利克特量表通过要求一个人指出对每个项目赞同或不赞同的程度从而对他的态度进行测量。让这个人在5点反应量表（非常同意、同意、不确定、不同意、非常不同意）上，对每个项目进行评定，从而测量了他的态度。一个人的态度分数就是他每个项目评分的总和。以下是一个单一量表项目的例子。

A."判处一级谋杀的罪犯死刑是一件好事"

	评定值
1	（a）非常同意
2	（b）同意
3	（c）不确定
4	（d）不同意
5	（e）非常不同意

利克特假设，量表中的每个陈述在同一态度维度上是一个线性函数。这一假设是对个人单个项目得分累加（或者说得更正式一些，对所有评定求和）从而得到最终分数的基础。这一假设的更进一步意义是，量表中的项目必须与一个共同的属性有高相关，因此各个项目相互间有了高相关；这一点与瑟斯顿量表相反，在瑟斯顿量表中，各个项目是独特的和独立的。需要指出，利克特从未假设过量

表值是等距的。例如,"同意"与"非常同意"之间的差异很有可能远远大于了"同意"与"不确定"之间的差异。这就意味着利克特量表能够提供关于人们在一个连续体上态度排序的信息,但是它无法准确地指出不同态度之间可能多么接近或者相差得多远。

利克特量表的编制方法与瑟斯顿最初收集和编辑大量观点陈述的过程相似。然后,由一个参与者样本根据他们自己对这些陈述的意见在5点反应量表上对剩余的陈述进行评定。这一点与瑟斯顿的技术相反;在瑟斯顿的技术中,由受过专门训练的鉴定者来做出评定,鉴定者做出评定的依据是陈述在连续体上所处位置这种相对客观的标准,而非个人的观点。利克特量表由那些最大限度区分出总分最高与总分最低的参与者样本的项目所组成。

格特曼的量表图分析法。第三种量表编制技术基于这样一种假设:可以通过在"接受的困难性"这一连续体上排序的一套陈述,对一个单独的和单维的特质进行测量。也就是说,陈述是从能被绝大多数人轻易接受到几乎不被人所认可。此类量表的项目是可累加的,因为对一个项目的接受意味着个体接受那些更小量级的(那些更容易被接收的)所有陈述。在一定程度上这一假设是正确的,如果知道了个体所能接受的最困难的陈述,那么就可以预知他对其他陈述的态度了。这类量表的一个示例如下:

特质:对废除种族居住隔离的态度	
可接受性	陈述
非常容易接受	A. 一般而言,人们应该能够居住在他们想要居住的任何地方。
	B. 房地产经纪人不应该歧视少数民族群体。
	C. 全体居民应该积极地支持废除种族居住隔离这一观念。
	D. 应该有一个地方审查委员会,来审查在住房方面的种族歧视的极端案例。
极其难以接受	E. 应该有联邦法律来强制废除种族居住隔离。

为了获得一个表述单一维度的量表,格特曼向参与者样本呈现一套初始项目,并且记录他们在何种程度上按照特定回答模式对项目作答。这些特定回答模式,被称作标量类型(scale types),遵循一个特定的阶梯形顺序。参与者可能不会接受任何一个项目(得分为0),可能只会接受项目A(得分为1),也可能会接受

项目 A 和 B（得分为 2），甚至还可能会受项目 A、B 和 C（得分为 3）等等。如果参与者做出了非标量反应模式（nonscale response pattern）（例如，只接受项目 C 而不接受其他更小量级的项目），那么就认为他犯了一个或者更多的反应错误。通过分析所犯反应错误的数量，格特曼能够确定这套初始项目在何种程度上反映了单一属性（即它们的可测量性达到了何种程度）。通过删除糟糕的项目和对参与者样本重测，直至形成一套可测量性较好的项目，这样就获得了最终量表。

　　于是，通过使个体选择出量表上所有他可接受的陈述，就可以测量出个体的态度。各种格特曼量表被用在了关于态度卷入的研究中，以决定人们接受与拒绝的范围（见第 6 章）。最后的得分是在相应标量类型上的分数，或者最接近于其反应的标量类型上的分数（如果个体做出了非标量反应模式）。后一种计分程序表明，我们几乎不可能开发出一个完美的单维量表。这可能是因为人们的实际反应不是基于那个假定的单一维度，而是基于一个不同的维度或多个维度。

奥斯古德的语义区分技术。上述三种方法都是通过使人们指出自己对各种观点陈述的赞同程度来对态度进行测量。与这一途径相反，奥斯古德通过关注人们对一个单词或者概念所赋予的意义来研究态度。这一技术所暗含的一个基本假设是，存在着一个维度数量未知的语义空间，任何词语或概念的意义都可以表述为这个语义空间的一个特殊点。奥斯古德的方法是，让人们在一套语义量表上对一个特定概念进行判断。这些量表由以中性为中点并包含了七个可辨别等级的成对反义词所构成。 例如，通过让某个特定的人在一套语义量表上对"核能"进行评定，可以获得"核能"这一概念对这个人的意义。

好	——	——	——	——	——	——	——	坏
强	——	——	——	——	——	——	——	弱
快	——	——	——	——	——	——	——	慢
主动的	——	——	——	——	——	——	——	被动的

　　对由这种方法收集到的评定进行分析，可以揭示人们在刻画他们自己经验时用到的特殊维度、视作意义相同或不同的概念类型，以及对特殊概念所赋予的意义强度。奥斯古德自己的研究表明，人们在判断概念时主要会用到 3 个独立维度

（Osgood et al., 1957）。他将这些维度称为评价因素（例如好—坏）、潜力因素（例如强—弱）以及活动因素（例如主动—被动）。尽管这一方法能够提供许多关于概念的信息，但是一个人所赋予概念的意义如何与其态度发生关联，却完全不清楚。

实验中的单一项目量表与少量项目的量表。在大多数关于态度或态度改变的研究中，特别是实验室研究中，态度测量只由单一或少数几个项目组成。通常，测量使用利克特量表形式，而不是系统化地编制多项目的问卷。例如，在一项说服研究中，在说服信息呈现后紧接着出现的第一个项目，复述了信息的结论，并要求参与者在利克特量表上就他对信息的赞同程度进行评定；评定可能会是5点、10点、甚至30点或更多点的量表，并且会在其中一些分数处附加描述性的标记。例如：

大学应该向学生征收每学期50美元的停车费：

1	2	3	4	5	6	7	8	9	10	11	12	13	14	15
非常 不同意			有点 不同意			不确定					有些 同意			非常 同意

　　也可以运用修正过的语义区分技术。通常所选择的语义量表强调好—坏这一维度，这一维度最符合把态度作为总体性评价的这一定义。例如，在聆听了倡导征收学生停车费的信息后，参与者可能会被要求"在以下四个维度上对向学生收取停车费这一想法进行评定"。维度可能是好的—坏的，明智的—愚蠢的，赞同的—不赞同的，以及有益的—有害的。在一些情况中，可能会对每个学生的4个评定进行累加，而最后的总分则被视作这一参与者的态度得分。

　　除了这些常用的方法外，也会使用一些特殊的自评量表。例如，可能要求参与者针对一个态度客体在"喜欢—不喜欢"这一尺度上做出自我评价。

对自我的态度测量。实际上，不同研究在态度测量的方式上相互间有很多差异。这种一致性的缺乏引发了解释性和可比性的问题。事实上，不仅仅是量表或参与者反应任务的不同。即使使用非常相似的测量系统，实验可能也会运用不同的技术来将这些相同的反应转换为定量导出的自变量。当两项研究要求参与者在支持—反对和喜欢—厌恶的尺度上标注一个点从而给出他的观点时，我们就可以看到后一个问题。态度的改变可根据以下任何一种测量来加以描述：（1）显示了任何积极改变的参与者百分比；（2）显示了"巨大"、"中等的"、"微弱的"或者"没有"改变的参与者百分比（任意定义的类别）；（3）净百分比的变化（积极变化减去消极变化）；（4）上述三种测量的任意结合；（5）改变了的绝对平均尺度距离；（6）实际发生的改变与可能发生的改变的比值。

态度测量的多样性有其积极的一面。首先，如果即使采用了不同的测量技术也出现了相似的结果，那么我们能够更加自信地认为，这些结果是有效的和可推广的——所研究的自变量确实以观测到的方式对态度产生影响（Campbell & Fiske，1959）。如果只以完全相同的方式对因变量进行测量，那么有可能是测量程序自身导致了所观察到的结果。其次，精心挑选和开发的态度测量（即使是由少数项目构成的量表）相互间在得分上通常具有高相关，这暗示着它们所测量的是态度的相似方面。第三，我们注意到，不同研究者和不同研究可能不会恰好全都关注于同一态度构想。例如，一些理论阐述或应用研究问题可能主要关注于作为信念和认知总体的态度，而其他理论阐述或应用研究问题可能主要关注态度的情感成分。在前一种情形中，瑟斯顿量表可能最为合适；而在后一种情形中，在喜欢—厌恶和好—坏尺度上的评定可能正合我们所需。两者关注的内容都与态度有关，但是无论在概念上还是在操作上，测量都不相同——它们本不该相同。

对态度系统其他成分的测量

在本书的各个章节中，我们看到了对由个体态度导出的实际行为进行测量的各种案例。例如，在一些说服研究中，实验者能够向参与者提供机会，使其按照说服信息所灌输的新态度来行动：签署请愿书、献血、购买产品或者做出信息所推荐的其他一些反应。在顺从与认知失调的研究中，研究者观察了诸如购买彩票、对另一个参与者撒谎以及公开拒绝团体决策等行为。当的确无法对行为进行观察时，研究者可能会测量通常与未来行为有关系、但却不是绝对相关的行为意向（见第1章和第5章）。研究者可能会要求参与者在数值量表上评定出他们有多大的可能性会做出某一行为（例如，购买产品或者戒烟）。

近年来，社会心理学家对测量态度系统中认知成分的兴趣日渐增长。一项通常被用于说服研究中的常用技术是观念枚举法（thought-listing method）（Greenwald，1968；Petty & Cacioppo，1981）。参与者在聆听或阅读信息后，被要求写下他们自己所能想到的任何与所探讨的问题和信息有关的想法。要求参与者把他们的想法分类为"单独的观念"，并且发给他们一套被分隔为多个部分的答题纸，让其在纸上逐一写下自己的想法。这一任务有时间限制（通常是 3 分钟）。稍后，两个或更多的评判者对这些想法进行评分和分类（评判者们从不知道参与者所处的实验条件）。依据实验关注焦点的不同，可以对每个想法进行各种不同的分类，包括赞成还是反对信息的立场，是反映了信息的内容还是参与者自己产生的想法，是与信息本身有关还是与沟通者有关，等等。通过考察某些种类的想法，研究者通常能够获知与态度的信念和知识基础有关的大量内容，以及信息或其他处理如何影响这些心理变量。

根据观念的复杂程度、观念的评价一致性和议题的知识等维度，可以使用内容分析技术（content analysis technique）来对文章、团体慎思择宜（group deliberation）和其他言语反应进行分析。

反应时测量和生理测量也被用来测量有关态度的概念。人们发出信号表示赞成或反对简短的态度陈述所花费的时间（称为反应时）被用来研究态度的可及性以及强度。

生理测量（如心律和皮肤电反应）长期以来一直被用于探究态度系统中的情绪与情感成分。传统的生理测量程序能够有效地测量出情绪与情感强度的改变，但是无法揭示这些反应所反映出来的是积极态度还是消极态度。然而近来，研究者们正在研究人们对社会刺激的一些非常特殊的身体反应，再加上进一步的测试，就可能揭示出人们对某一社会刺激的真实态度倾向。例如，在一项精心设计的研究中，研究者观察到，当人们聆听和思考说服性信息时，在他们嘴周围的面部肌肉活动有一些微小但可测量的变化（Cacioppo & Petty，1987）。当信息接收者进行反驳时，其面部肌肉改变是一种模式，而当信息引发了积极、赞同的认知反应时，其面部肌肉改变又是另一种模式。这一研究建立在有关情绪与面部表情之间已知的相互关系之上（见第 7 章）。

总而言之，可以说在态度改变与社会影响的研究中所使用的测量技术是多种多样的，其中一些方法比另一些更为成熟。

参 考 文 献

❖

Abelson, R. P., and Prentice, D. A. (1989). Beliefs as possessions: A functional perspective. In A. R. Pratkanis, S. J. Breckler, and A. G. Greenwald (Eds.), *Attitude structure and function* (pp. 361–381). Hillsdale, NJ: Erlbaum.

Adler, R. P., Lesser, G. S., Meringoff, L. K., Robertson, T. S., and Ward, S. (1980). *The effects of television advertising on children.* Lexington, MA: D. C. Heath.

Adorno, T. W., Frenkel-Brunswick, E., Levinson, D. J., and Sanford, R. N. (1950). *The authoritarian personality.* New York: Harper.

Ajzen, I., and Fishbein, M. (1980). *Understanding attitudes and predicting social behavior.* Englewood Cliffs, NJ: Prentice-Hall.

Allen, V. L., and Wilder, D. A. (1980). Impact of group consensus and social support on stimulus meaning: Mediation of conformity by cognitive restructuring. *Journal of Personality and Social Psychology, 39,* 1116–1124.

Allport, G. W. (1954). *The nature of prejudice.* Cambridge, MA: Addison-Wesley.

Altheide, D. L., and Johnson, J. M. (1977). Counting souls: A study of counseling at evangelical crusades. *Pacific Sociological Review, 20,* 323–348.

Altman, D. G., Slater, M. D., Albright, C. L., and Maccoby, N. (1987). How an unhealthy product is sold: Cigarette advertising in magazines, 1960–1985. *Journal of Communications, 37,* 95–106.

Andersen, S. M., and Zimbardo, P. G. (1984). On resisting social influence. *Cultic Studies Journal, 1,* 196–219.

Anderson, C. A., Lepper, M. R., and Ross, L. (1980). Perseverance of social theories: The role of explanation in the persistence of discredited information. *Journal of Personality and Social Psychology, 39,* 1037–1049.

Anderson, N. H., and Hubert, S. (1963). Effects of concomitant verbal recall on order effects in personality impression formation. *Journal of Verbal Learning and Verbal Behavior, 2,* 379–391.

Andrews, L. B. (1984). Exhibit A: Language. *Psychology Today,* Feb., 28–33.

Apple, W., Streeter, L. A., and Krauss, R. M. (1979). Effects of pitch and speech rate on personal attributions. *Journal of Personality and Social Psychology, 37,* 715–727.

Aronson, E. (1969). The theory of cognitive dissonance: A current perspective. In L. Berkowitz (Ed.), *Advances in experimental social psychology* (vol. 4, pp. 1–34). New York: Academic Press.

Aronson, E. (1991). How to change behavior. In R. C. Curtis and G. Stricker (Eds.), *How people change: Inside and outside therapy*. New York: Plenum.

Aronson, E., and Carlsmith, J. M. (1968). Experimentation in social psychology. In G. Lindzey and E. Aronson (Eds.), *The handbook of social psychology* (2d ed., Vol. 2, pp. 1–79). Reading, MA: Addison-Wesley.

Aronson, E., Ellsworth, P. C., Carlsmith, J. M., and Gonzales, M. H. (1990). *Methods of research in social psychology* (2d ed.). New York: McGraw-Hill.

Asch, J., and Shore, B. M. (1975). Conservation behavior as the outcome of environmental education. *Journal of Environmental Education, 6*, 25–33.

Asch, S. E. (1951). Effects of group pressure upon the modification and distortion of judgements. In H. Guetzkow (Ed.), *Groups, leadership, and men*. Pittsburg, PA: Carnegie Press.

Asch, S. E. (1952). *Social psychology*. Englewood Cliffs, NJ: Prentice-Hall.

Atkin, C. K. (1979). Research evidence on mass mediated health communication campaigns. In D. Nimmo (Ed.), *Communication yearbook 3*. New Brunswick, NJ: Transaction Books.

Atkin, C. K. (1980). *Effects of the mass media*. New York: Holt, Rinehart & Winston.

Axsom, D. (1989). Cognitive dissonance and behavior change in psychotherapy. *Journal of Experimental Social Psychology, 25*, 234–252.

Axsom, D., Yates, S., and Chaiken, S. (1987). Audience response as a heuristic cue in persuasion. *Journal of Personality and Social Psychology, 53*, 30–40.

Bailey, F. L. (1985). *To be a trial lawyer*. New York: Wiley.

Baker, A. L., and Wilson, P. H. (1985). Cognitive-behavior therapy for depression: The effects of booster sessions on relapse. *Behavior Therapy, 16*, 335–344.

Bales, R. F. (1958). Task roles and social roles in problem-solving groups. In E. E. Maccoby, T. M. Newcomb, and E. L. Hartley (Eds.), *Readings in social psychology* (3d ed., pp. 437–447). New York: Holt, Rinehart & Winston.

Bandura, A. (1965). Influence of models' reinforcement contingencies on the acquisition of imitative responses. *Journal of Personality and Social Psychology, 1*, 589–595.

Bandura, A. (1977). *Social learning theory*. Englewood Cliffs, NJ: Prentice-Hall.

Bandura, A. (1982). Self-efficacy mechanism in human agency. *American Psychologist, 37*, 122–147.

Bandura, A. (1986). *Social foundations of thought and action: A social-cognitive theory*. Englewood Cliffs, NJ: Prentice-Hall.

Bandura, A. (1990). Mechanisms of moral disengagement in terrorism. In W. Reich (Ed.), *Origins of terrorism: Psychologies, ideologies, theologies, states of mind* (pp. 161–191). New York: Cambridge University Press.

Bandura, A., Ross, D., and Ross, S. A. (1961). Transmission of aggression through imitation of aggressive models. *Journal of Abnormal and Social Psychology, 63*, 575–582.

Bandura, A., Ross, D., and Ross, S. A. (1963). Imitation of film-mediated aggressive models. *Journal of Abnormal and Social Psychology, 66*, 3–11.

Bargh, J. A., and Pietromonaco, P. (1982). Automatic information processing and social perception: The influence of trait information presented outside of conscious awareness on impression formation. *Journal of Personality and Social Psychology, 43*, 437–449.

Barker, E. (1984). *The making of a Moonie: Choice or brainwashing.* Oxford, England: Basil Blackwell.

Baron, R. A., and Byrne, D. (1981). *Social psychology: Understanding human interaction* (3d ed.). Boston, MA: Allyn & Bacon.

Barthe, D. G., and Hammen, C. L. (1981). The attributional model of depression: A naturalistic extension. *Personality and Social Psychology Bulletin, 7,* 53–58.

Basow, S. A. (1986). *Gender stereotypes: Traditions and alternatives* (2d ed.). Belmont, CA: Brooks/Cole.

Batson, C. D. (1975). Rational processing or rationalization? The effect of disconfirming information on a stated religious belief. *Journal of Personality and Social Psychology, 32,* 176–184.

Batson, C. D., Cochran, P. J., Biederman, M. F., Blosser, J. L., Ryan, M. J., and Vogt, B. (1978). Failure to help when in a hurry: Callousness or conflict? *Personality and Social Psychology Bulletin, 4,* 97–101.

Baumeister, R. F. (1982). A self-presentational view of social phenomena. *Psychological Bulletin, 91,* 3–26.

Baumeister, R. F., and Tice, D. M. (1984). Role of self-presentation and choice in cognitive dissonance under forced compliance: Necessary or sufficient causes? *Journal of Personality and Social Psychology, 46,* 5–13.

Baumrind, D. (1964). Some thoughts on the ethics of research after reading Milgram's *Behavioral Study of Obedience. American Psychologist, 19,* 421–423.

Baumrind, D. (1985). Research using intentional deception: Ethical issues revisited. *American Psychologist, 40,* 165–174.

Beaman, A. L., Cole, C. M., Preston, M., Klentz, B., and Steblay, N. M. (1983). Fifteen years of foot-in-the-door research: A meta-analysis. *Personality and Social Psychology Bulletin, 9,* 181–196.

Beck, A. T. (1976). *Cognitive therapy and emotional disorders.* New York: International Universities Press.

Becker, L. B., McCombs, M. E., and McLeod, J. M. (1975). The development of political cognitions. In S. H. Chaffee (Ed.), *Political communication: Issues and strategies for research* (pp. 21–63). Beverly Hills, CA: Sage.

Bedau, H., and Radelet, M. (1987). Miscarriages of justice in potentially capital cases. *Stanford Law Review, 40,* 21–179.

Beebe, S. A. (1974). Eye contact: A nonverbal determinant of speaker credibility. *The Speech Teacher, 23,* 21–25.

Bell, B. E., and Loftus, E. F. (1989). Trivial persuasion in the courtroom: The power of (a few) minor details. *Journal of Personality and Social Psychology, 56,* 669–679.

Belloc, N. B., and Breslow, L. (1972). Relationship of physical health status and family practice. *Preventive Medicine, 1,* 409–421.

Bem, D. J. (1972). Self-perception theory. In L. Berkowitz (Ed.), *Advances in experimental social psychology* (vol. 6, pp. 1–62). New York: Academic Press.

Bem, D. J., and McConnell, H. K. (1970). Testing the self-perception explanation of dissonance phenomena: On the salience of premanipulation attitudes. *Journal of Personality and Social Psychology, 14,* 23–31.

Bettinghaus, E. P. (1980). *Persuasive communication* (3d ed.). New York: Holt, Rinehart & Winston.

Blum, A. (1989). The targeting of minority groups by the tobacco industry. In L. A. Jo⁀ ₋₋ (Ed.), *Minorities and cancer* (pp. 153–162). New York: Springer-Verlag.

Bornstein, R. F., Leone, D. R., and Galley, D. J. (1987). The generalizability of subliminal mere exposure effects: Influence of stimuli perceived without awareness on social behavior. *Journal of Personality and Social Psychology, 53*, 1070–1079.

Bowers, K. S. (1984). On being unconsciously influenced and informed. In K. S. Bowers and D. Meichenbaum (Eds.), *The unconscious reconsidered.* New York: Wiley.

Brehm, J. W. (1972). *Responses to loss of freedom: A theory of psychological reactance.* Morristown, NJ: General Learning Press.

Brehm, S. S., and Smith, T. W. (1986). Social psychological approaches to psychotherapy and behavior change. In S. L. Garfield, and A. E. Bergin (Eds.), *Handbook of psychotherapy and behavior change* (3d ed., pp. 69–115). New York: Wiley.

Brickman, P., Redfield, J., Harrison, A. A., and Crandell, R. (1972). Drive and predisposition as factors in the attitudinal effects of mere exposure. *Journal of Experimental Social Psychology, 8*, 31–44.

Brigham, J. C. (1971). Ethnic stereotypes. *Psychological Bulletin, 76*, 15–33.

Brigham, J. C., and Bothwell, R. K. (1983). The ability of prospective jurors to estimate the accuracy of eyewitness identifications. *Law and Human Behavior, 7*, 19–30.

Broadbent, D. E. (1958). *Perception and communication.* London: Pergamon Press.

Broadbent, D. E. (1971). *Decision and stress.* New York: Academic Press.

Brock, T. C. (1965). Communicator-recipient similarity and decision change. *Journal of Personality and Social Psychology, 1*, 650–654.

Brown, R. (1974). Further comments on the risky shift. *American Psychologist, 29*, 468–470.

Brown, R. (1986). *Social psychology: The second edition.* New York: Free Press.

Bryan, J. H., and Test, N. A. (1967). Models and helping: Naturalistic studies in aiding behavior. *Journal of Personality and Social Psychology, 6*, 400–407.

Buckhout, R. (1974). Eyewitness testimony. *Scientific American, 231*, 23–31.

Burger, J. (1986). Increasing compliance by improving the deal: The that's-not-all technique. *Journal of Personality and Social Psychology, 51*, 277–283.

Burgoon, J. K., Pfau, M., Parrott, R., Birk, T., Coker, R., and Burgoon, M. (1987). Relational communication, satisfaction, compliance-gaining strategies, and compliance in communication between physicians and patients. *Communication Monographs, 54*, 307–324.

Burnstein, E., and Vinokur, A. (1973). Testing two classes of theories about group induced shifts in individual choice. *Journal of Experimental Social Psychology, 9*, 123–137.

Byrne, D. (1971). *The attraction paradigm.* New York: Academic Press.

Cacioppo, J. T., and Petty, R. E. (1979). Effects of message repetition and position on cognitive response, recall, and persuasion. *Journal of Personality and Social Psychology, 37*, 97–109.

Cacioppo, J. T., and Petty, R. E. (1980). Sex differences in influenceability: Toward specifying the underlying processes. *Personality and Social Psychology Bulletin, 6*, 651–656.

Cacioppo, J. T., and Petty, R. E. (1982). The need for cognition. *Journal of Personality and Social Psychology, 42*, 116–131.

Cacioppo, J. T., and Petty, R. E. (1987). Stalking rudimentary processes of social influence: A psychophysiological approach. In M. P. Zanna, J. M. Olson, and C. P. Herman (Eds.), *Social influence: The Ontario Symposium* (vol. 5, pp. 41–74). Hillsdale, NJ: Erlbaum.

Cacioppo, J. T., Petty, R. E., and Sidera, J. A. (1982). The effects of a salient self-schema on the evaluation of proattitudenal editorials: Top-down versus bottom-up message processing. *Journal of Experimental Social Psychology, 18,* 324–338.

Calder, B. J., Insko, C. A., and Yandell, B. (1974). The relation of cognitive and memorial processes to persuasion in a simulated jury trial. *Journal of Applied Social Psychology, 4,* 62–93.

Campbell, D. T., and Fiske, D. W. (1959). Convergent and discriminant validation by the multitrait-multimethod matrix. *Psychological Bulletin, 56,* 81–105.

Campbell, D. T., and Stanley, J. C. (1966). *Experimental and quasi-experimental designs for research.* Chicago: Rand McNally.

Campbell, J. D., Tesser, A., and Fairey, P. J. (1986). Conformity and attention to the stimulus: Temporal and contextual dynamics. *Journal of Personality and Social Psychology, 51,* 315–324.

Caplan, R. D., Robinson, E. A. R., French, J. R. P., Caldwell, J. R., and Shinn, M. (1976). *Adhering to medical regimens: Pilot experiments in patient education and social support.* Ann Arbor, MI: Institute for Social Research, University of Michigan.

Chaiken, S. (1979). Communicator physical attractiveness and persuasion. *Journal of Personality and Social Psychology, 37,* 1387–1397.

Chaiken, S. (1980). Heuristic versus systematic information processing and the use of source versus message cues in persuasion. *Journal of Personality and Social Psychology, 39,* 752–766.

Chaiken, S. (1987). The heuristic model of persuasion. In M. P. Zanna, J. M. Olson, and C. P. Herman (Eds.), *Social influence: The Ontario symposium* (vol. 5, pp. 3–39). Hillsdale, NJ: Erlbaum.

Chaiken, S., Liberman, A., and Eagly, A. H. (1989). Heuristic and systematic information processing within and beyond the persuasion context. In J. S. Uleman and J. A. Bargh (Eds.), *Unintended thought: Limits of awareness, intention, and control.* New York: Guilford.

Chaiken, S., and Baldwin, M. W. (1981). Affective-cognitive consistency and the effect of salient behavioral information on the self-perception of attitudes. *Journal of Personality and Social Psychology, 41,* 1–12.

Chaiken, S., and Eagly, A. H. (1976). Communication modality as a determinant of message persuasiveness and message comprehensibility. *Journal of Personality and Social Psychology, 34,* 605–614.

Chaiken, S., and Eagly, A. H. (1983). Communication modality as a determinant of persuasion: The role of communicator salience. *Journal of Personality and Social Psychology, 45,* 241–256.

Charen, M. (1990). Say no way: Time for good old self-control. *San Francisco Examiner, Chronicle,* This World Section, p. 3.

Christiaansen, R. E., Sweeney, J. D., and Ochalek, K. (1983). Influencing eyewitness descriptions. *Law and Human Behavior, 7,* 59–65.

Church, G. J. (1989). The other arms race. *Time,* Feb. 6, 20–26.

Cialdini, R. B. (1987). Compliance principles of compliance professionals: Psychologists of necessity. In M. P. Zanna, J. M. Olson, and C. P. Herman (Eds.), *Social influence: The Ontario symposium* (vol. 5, pp. 165–184). Hillsdale, NJ: Erlbaum.

Cialdini, R. B. (1988). *Influence: Science and practice* (2d ed.). Glenview, IL: Scott, Foresman.

Cialdini, R. B., Cacioppc, J. T., Bassett, R., and Miller, J. A. (1978). Low-ball procedure for producing compliance: Commitment then cost. *Journal of Personality and Social Psychology, 36,* 463–476.

Cialdini, R. B., and Petty, R. E., (1981). Anticipatory opinion effects. In R. E. Petty, T. M. Ostrom, and T. C. Brock (Eds.), *Cognitive responses in persuasion.* Hillsdale, NJ: Erlbaum.

Cialdini, R. B., Reno, R. R., and Kallgren, C. A. (1990). A focus theory of normative conduct: Recycling the concept of norms to reduce littering in public places. *Journal of Personality and Social Psychology, 58,* 1015–1026.

Clancey, M., and Robinson, M. J. (1985). General election coverage: Part I. *Public Opinion, 7,* 49–54, 59.

Cohen, R. E., and Syme, S. L. (Eds.) (1985). *Social support and health.* Orlando, FL: Academic Press.

Comstock, G., Chaffee, S., Katzman, N., McCoombs, M., and Roberts, D. (1978). *Television and human behavior.* New York: Columbia University Press.

Cooper, J. (1980). Reducing fears and increasing assertiveness: The role of dissonance reduction. *Journal of Experimental Social Psychology, 16,* 199–213.

Cooper, J., and Fazio, R. H. (1984). A new look at dissonance theory. In L. Berkowitz (Ed.), *Advances in experimental social psychology* (vol. 17, pp. 229–266). New York: Academic Press.

Cooper, J., Zanna, M. P., and Taves, P. A. (1978). Arousal as a necessary condition for attitude change following induced compliance. *Journal of Personality and Social Psychology, 36,* 1101–1106.

Crocker, J. (1981). Judgment of covariation by social perceivers. *Psychological Bulletin, 90,* 272–292.

Darley, J. M., and Batson, C. D. (1973). From Jerusalem to Jericho: A study of situational and dispositional variables in helping behavior. *Journal of Personality and Social Psychology, 27,* 100–108.

Davis, J. H. (1980). Group decision and procedural justice. In M. Fishbein (Ed.), *Progress in social psychology.* Hillsdale, NJ: Erlbaum.

Davis, J. H., Holt, R. W., Spitzer, C. E., and Stasser, G. (1981). The effects of consensus requirements and multiple decisions on mock juror verdict preferences. *Journal of Experimental Social Psychology, 17,* 1–15.

Davis, R. M. (1987). Current trends in cigarette advertising. *The New England Journal of Medicine, 316,* 725–732.

DeBono, K. G. (1987). Investigating the social-adjustive and value-expressive functions of attitudes: Implications for persuasion processes. *Journal of Personality and Social Psychology, 52,* 279–287.

Deci, E. L., and Ryan, R. M. (1985). *Intrinsic motivation and self-determination in human behavior.* New York: Plenum.

Deffenbacher, K. (1980). Eyewitness accuracy and confidence: Can we infer anything about their relationship? *Law and Human Behavior, 4,* 243–260.

Deutsch, M., and Gerard, H. B. (1955). A study of normative and informational social influences upon individual judgment. *Journal of Abnormal and Social Psychology, 51,* 629–636.

DeVos, G. and Wagatsuma, H. (1966). *Japan's invisible race.* Berkeley: University of California Press.

Devine, P. G. (1989). Stereotypes and prejudice: Their automatic and controlled components. *Journal of Personality and Social Psychology, 56*, 5–18.

DiMatteo, M. R., and Taranta, A. (1979). Nonverbal communication and physician-patient rapport: An empirical study, *Professional Psychology 10*, 540–547.

DiMatteo, R. M., Hays, R. D., and Prince, L. M. (1986). Relationship of physicians' nonverbal communication skill to patient satisfaction, appointment noncompliance, and physician workload. *Health Psychology, 5*, 581–594.

DiMatteo, R. M., Taranta, A., Friedman, H. S., and Prince, L. M. (1980). Predicting patient satisfaction from physicians' nonverbal communication skills. *Medical Care, 18*, 376–387.

DiNicola, D. D., and DiMatteo, R. M. (1984). Practitioners, patients, and compliance with medical regimens: A social psychological perspective. In A. Baum, S. E. Taylor, and J. E. Singer (Eds.), *Handbook of psychology and health* (vol. 4, pp. 55–84). Hillsdale, NJ: Erlbaum.

Dixon, N. F. (1971). *Subliminal perception: The nature of a controversy.* London: McGraw-Hill.

Dolecek, T. A., Schoenberger, J. A., Omam, J. K., Kremer, B. K., Sunseri, A. J., and Alberti, J. M. (1986). Cardiovascular risk factor knowledge and beliefs in prevention among adults in Chicago. *American Journal of Preventive Medicine, 2*, 262–267.

Dovidio, J. F., and Ellyson, S. L. (1982). Decoding visual dominance behavior: Attributions of power based on the relative percentages of looking while speaking and looking while listening. *Social Psychology Quarterly, 45*, 106–113.

Dovidio, J. F., Ellyson, S. L., Keating, C. F., Heltman, K., and Brown, C. E. (1988a). The relationship of social power to visual displays of dominance between men and women. *Journal of Personality and Social Psychology, 54*, 233–242.

Dovidio, J. F., Brown, C. E., Heltman, K., Ellyson, S. L., and Keating, C. F. (1988b). Power displays between women and men in discussions of gender-linked tasks: A multichannel study. *Journal of Personality and Social Psychology, 55*, 580–587.

Eagly, A. H. (1974). Comprehensibility of persuasive arguments as a determinant of opinion change. *Journal of Personality and Social Psychology, 29*, 758–773.

Ebbesen, E. B., and Konecni, V. J. (1982). Social psychology and the law: A decision-making approach to the criminal justice system. In V. J. Konecni and E. B. Ebbesen (Eds.), *The criminal justice system: A social-psychological analysis.* San Francisco: W. H. Freeman.

Edwards, K. (1990). The interplay of affect and cognition in attitude formation and change. *Journal of Personality and Social Psychology, 59*, 202–216.

Ekman, P. (1985). *Telling lies: Clues to deceit in the marketplace, politics, and marriage.* New York: Norton.

Ekman, P., and Friesen, W. V. (1969). Nonverbal leakage and clues to deception. *Psychiatry, 32*, 88–106.

Ekman, P., and Friesen, W. V. (1971). Constants across cultures in the face and emotion. *Journal of Personality and Social Psychology, 17*, 124–129.

Ekman, P., and Friesen, W. V. (1986). A new pan-cultural facial expression of emotion. *Motivation and Emotion, 10*, 159–168.

Ekman, P., Friesen, W. V., and O'Sullivan, M. (1988). Smiles when lying. *Journal of Personality and Social Psychology, 54*, 414–420.

Elkin, R. A. (1986). *Self-presentation and attitude assessment effects on cognitive processes following attitude-discrepant behavior.* Unpublished doctoral dissertation, Adelphi University.

Elkin, R. A., and Leippe, M. R. (1986). Physiological arousal, dissonance, and attitude change: Evidence for a dissonance-arousal link and a "don't remind me" effect. *Journal of Personality and Social Psychology, 51,* 55–65.

Ellickson, P. L., and Bell, R. M. (1990). Drug prevention in junior high: A multisite longitudinal test. *Science, 247,* 1299–1305.

Ellison, K. W., and Buckhout, R. (1981). *Psychology and criminal justice.* Cambridge, MA: Harper & Row.

Erdley, C. A., and D'Agostino, P. R. (1988). Cognitive and affective components of automatic priming effects. *Journal of Personality and Social Psychology, 54,* 741–747.

Erickson, B., Lind, E. A., Johnson, B. C., and O'Barr, W. M. (1978). Speech style and impression formation in a court setting: The effects of "powerful" and "powerless" speech. *Journal of Experimental Social Psychology, 14,* 266–279.

Eron, L. D. (1980). Prescription for the reduction of aggression. *American Psychologist, 35,* 244–252.

Evans, R. I. (1984). A social inoculation strategy to deter smoking in adolescents. In J. D. Matarazzo, S. M. Weiss, J. A. Herd, N. E. Miller, and S. M. Weiss (Eds.), *Behavioral health: A handbook of health enhancement and disease prevention.* New York: Wiley.

Evans, R. I., Rozelle. R. M., Maxwell, S. E., Raines, B. E., Dill, C. A., Guthrie, T. J., Henderson, A. H., and Hill, P. C. (1981). Social modeling films to deter smoking in adolescents: Results of a three-year field investigation. *Journal of Applied Psychology, 66,* 399–414.

Everett, P. B., Hayward, S. C., and Meyers, A. W. (1974). The effects of a token reinforcement procedure on bus ridership. *Journal of Applied Behavior Analysis, 7,* 1–9.

Exline, R. V., Ellyson, S. L., and Long, B. (1975). Visual behavior as an aspect of power role relationships. In P. Pliner, L. Krames, and T. Alloway (Eds.), *Nonverbal communication of aggression* (pp. 21–52). New York: Plenum.

Falbo, T., and Peplau, L. A. (1980). Power strategies in intimate relationships. *Journal of Personality and Social Psychology, 38,* 618–628.

Farquhar, J. W., Maccoby, N., and Solomon, D. S. (1984). Community applications of behavioral medicine. In W. D. Gentry (Ed.), *Handbook of behavioral medicine* (pp. 437–478). New York: Guilford.

Fazio, R. H. (1979). Motives for social comparison: The construction-validation distinction. *Journal of Personality and Social Psychology, 37,* 1683–1698.

Fazio, R. H. (1987). Self-perception theory: A current perspective. In M. P. Zanna, J. M. Olson, and C. P. Herman (Eds.), *Social influence: The Ontario symposium* (vol. 5, pp. 129–150). Hillsdale, NJ: Erlbaum.

Fazio, R. H. (1990). Multiple processes by which attitudes guide behavior: The MODE model as an integrative framework. In M. P. Zanna (Ed.), *Advances in experimental social psychology* (vol. 23, pp. 75–109). New York: Academic Press.

Fazio, R. H., Sanbonmatsu, D. M., Powell, M. C., and Kardes, F. R. (1986). On the automatic activation of attitudes. *Journal of Personality and Social Psychology, 50,* 229–238.

Fazio, R. H., and Zanna, M. P. (1981). Direct experience and attitude-behavior consistency. In L. Berkowitz (Ed.), *Advances in experimental social psychology* (vol. 14, pp. 162–202). New York: Academic Press.

Fazio, R. H., Zanna, M. P., and Cooper, J. (1977). Dissonance and self-perception: An integrative view of each theory's proper domain of application. *Journal of Experimental Social Psychology, 13,* 464–479.

Fehrenbach, P. A., Miller, D. J., and Thelen, M. H. (1979). The importance of consistency of modeling behavior upon imitation: A comparison of single and multiple models. *Journal of Personality and Social Psychology, 37,* 1412–1417.

Ferguson, T. J., and Wells, G. L. (1980). Priming of mediators in causal attribution. *Journal of Personality and Social Psychology, 38,* 461–470.

Feshbach, S. (1980). Television advertising and children: Policy issues and alternatives. Paper presented at the American Psychological Association convention.

Festinger, L. (1954). A theory of social comparison processes. *Human Relations, 7,* 117–140.

Festinger, L. (1957). *A theory of cognitive dissonance.* Stanford, CA: Stanford University Press.

Festinger, L., and Carlsmith, J. M. (1959). Cognitive consequences of forced compliance. *Journal of Abnormal and Social Psychology, 58,* 203–211.

Fincham, F. D., Beach, S. R., and Baucom, D. H. (1987). Attribution processes in distressed and nondistressed couples: 4. Self-partner attribution differences. *Journal of Personality and Social Psychology, 52,* 739–748.

Fincham, F. D., and O'Leary, K. D. (1983). Causal inferences for spouse behavior in maritally distressed and nondistressed couples. *Journal of Social and Clinical Psychology, 1,* 42–57.

Fisher, J. D., Bell, P. A., and Baum, A. (1984). *Environmental psychology* (2d ed.). New York: Holt, Rinehart & Winston.

Fiske, S. T., Taylor, S. E. (1984). *Social cognition.* Reading, MA: Addison-Wesley.

Flay, B. R., Ryan, K. B., Best, J. A., Brown, K. S., Kersell, M. W., d'Avernas, J. R., and Zanna, M. P. (1985). Are social-psychological smoking prevention programs effective? The Waterloo study. *Journal of Behavioral Medicine, 8,* 37–59.

Freedman, J. L., and Fraser, S. C. (1966). Compliance without pressure: The foot-in-the-door technique. *Journal of Experimental Social Psychology, 4,* 195–203.

Freedman, J. L., and Sears, D. O. (1965). Warning, distraction, and resistance to influence. *Journal of Personality and Social Psychology, 1,* 145–155.

Frey, D. (1986). Recent research on selective exposure to information. In L. Berkowitz (Ed.), *Advances in experimental social psychology* (vol. 19, pp. 41–80). New York: Academic Press.

Frey, D., and Rosch, M. (1984). Information seeking after decisions: The roles of novelty of information and decision reversibility. *Personality and Social Psychology Bulletin, 10,* 91–98.

Fuller, R. G. C., and Sheehy-Skeffington, A. (1974). Effects of group laughter on responses to humorous materials: A replication and extension. *Psychological Reports, 35,* 531–534.

Galanter, H. (1989). *Cults: Faith, healing, and coercion.* New York: Oxford University Press.

Geller, E. S., Witmer, J. F., and Tuso, M. A. (1977). Environmental interventions for litter control. *Journal of Applied Psychology, 62*, 344–351.

Giacalone, R., and Rosenfeld, P. (1986). Self-presentation and self-promotion in an organizational setting. *Journal of Social Psychology, 126*, 321–326.

Gibbs, N. (1989). Sick and tired. *Time*, July 31, 48–53.

Gilligan, C. (1982). *In a different voice: Psychological theory and women's development*. Cambridge, MA: Harvard University Press.

Goethals, G. R., and Darley, J. (1977). Social comparison theory: An attributional perspective. In J. Suls and R. Miller (Eds.), *Social comparison processes: Theoretical and empirical perspectives* (pp. 259–278). Washington, DC: Hemisphere.

Goethals, G. R., and Ebbing, T. (1975). *A study of opinion comparison*. Unpublished manuscript, Williams College.

Goethals, G. R., and Zanna, M. P. (1979). The role of social comparison in choice shifts. *Journal of Personality and Social Psychology, 37*, 1469–1476.

Goleman, D. (May 29, 1990). As bias crime seems to rise, scientists study roots of racism. *The New York Times*, pp. B5, B7.

Gorn, G. J. (1982). The effects of music in advertising on choice behavior: A classical conditioning approach. *Journal of Marketing, 46*, 94–101.

Gouldner, A. W. (1960). The norm of reciprocity: A preliminary statement. *American Sociological Review, 25*, 161–178.

Granberg, D., and Brent, E. (1983). When prophecy bends: The preference-expectation link in U. S. presidential elections, 1952–1980. *Journal of Personality and Social Psychology, 45*, 477–491.

Granberg, D., and Brent, E. E. (1974). Dove-hawk placements in the 1968 election: Application of social judgment and balance theories. *Journal of Personality and Social Psychology, 29*, 687–695.

Gray, F., Graubard, P. S., and Rosenberg, H. (1974). Little brother is changing you. *Psychology Today*, March, 42–46.

Greenwald, A. G. (1968). Cognitive learning, cognitive response to persuasion, and attitude change. In A. G. Greenwald, T. C. Brock, and T. M. Ostrom (Eds.), *Psychological foundations of attitudes* (pp. 147–170). New York: Academic Press.

Greenwald, A. G. (1980). The totalitarian ego: Fabrication and revision of personal history. *American Psychologist, 35*, 603–618.

Greenwald, A. G., Klinger, M. R., and Liu, T. J. (1989). Unconscious processing of dichoptically masked words. *Memory & Cognition, 17*, 35–47.

Grice, H. P. (1986). Logic in conversation. In I. P. Cole and J. L. Morgan (Eds.), *Syntax and Semantics* (vol. 3, pp. 41–58). New York: Academic Press.

Gruder, C. L., Cook, T. D., Hennigan, K. M., Flay, B. R., Alessis, C., and Halamaj, J. (1978). Empirical tests of the absolute sleeper effect predicted from the discounting cue hypothesis. *Journal of Personality and Social Psychology, 36*, 1061–1074.

Grusec, J. E. (1971). Power and the internalization of self-denial. *Child Development, 42*, 93–105.

Grusec, J. E., and Skubiski, S. (1970). Model nurturance, demand characteristics of the modeling experiment and altruism. *Journal of Personality and Social Psychology, 14*, 353–359.

Grush, J. E. (1976). Attitude formation and mere exposure phenomena: A nonartifactual explanation of empirical findings. *Journal of Personality and Social Psychology, 33*, 281–290.

Grush, J. E., McKeough, K. L., and Ahlering, R. F. (1978). Extrapolating laboratory exposure research to actual political elections. *Journal of Personality and Social Psychology, 36,* 257–270.

Hamilton, D. L., and Trolier, T. K. (1986). Stereotypes and stereotyping: An overview of the cognitive approach. In J. F. Dovidio and S. L. Gaertner (Eds.), *Prejudice, discrimination, and racism* (pp. 127–164). New York: Academic Press.

Hardyck, J. A., and Kardush, M. (1968). A modest, modish model for dissonance reduction. In R. Abelson et al. (Eds.), *Theories of cognitive consistency: A sourcebook.* Chicago: Rand McNally.

Haritos-Fatouros, M. (1988). The official torturer: A learning model for obedience to the authority of violence. *Journal of Applied Social Psychology, 18,* 1107–1120.

Harper, R. G., Weins, A. N., and Matarazzo, J. D. (1978). *Nonverbal communications: The state of the art.* New York: Wiley.

Harris, P. R. (1980). *Promoting health—preventing disease: Objectives for the nation.* Washington, DC: U.S. Government Printing Office.

Hass, R. G. (1981). Effects of source characteristics on cognitive responses and persuasion. In R. E. Petty, T. M. Ostrom, and T. C. Brock (Eds.), *Cognitive responses in persuasion* (pp. 141–172). Hillsdale, NJ: Erlbaum.

Hass, R. G., and Grady, K. (1975). Temporal delay, type of forewarning, and resistance to influence. *Journal of Experimental Social Psychology, 11,* 459–469.

Hastie, R., Landsman, R., and Loftus, E. F. (1978). Eyewitness testimony: The dangers of guessing. *Jurimetrics Journal, 19,* 1–8.

Hayes, S. C., and Cone, J. D. (1977). Reducing residential electrical energy use: Payments, information, and feedback. *Journal of Applied Behavior Analysis, 10,* 425–435.

Heesacker, M. (1986). Counseling pretreatment and the elaboration likelihood model of attitude change. *Journal of Counseling Psychology, 33,* 107–114.

Heider, F. (1958). *The psychology of interpersonal relations.* New York: Wiley.

Herbert, F. (1965). *Dune.* Philadelphia: Chilton.

Herek, G. M. (1986). The instrumentality of attitudes: Toward a neofunctional theory. *Journal of Social Issues, 42,* 99–114.

Hersey, J. (1988). Behind barbed wire. *The New York Times Magazine,* Sept., 57–59, 73–76, 120–121.

Hitler, A. (1933). *Mein Kampf.* Trans. by E. T. S. Dugdale. Cambridge, MA: Riverside.

Hochbaum, G. (1958). *Public participation in medical screening programs.* DHEW Publication No. 572, Public Health Service. Washington, DC: U.S. Government Printing Office.

Horowitz, I. A. (1980). Juror selection: A comparison of two methods in several criminal cases. *Journal of Applied Social Psychology, 10,* 86–99.

Hosch, H. M., Leippe, M. R., Marchioni, P. M., and Cooper, D. S. (1984). Victimization, self-monitoring, and eyewitness identification. *Journal of Applied Psychology, 64,* 280–288.

Hovland, C. I. (Ed.) (1957). *Order of presentation in persuasion.* New Haven, CT: Yale University Press.

Hovland, C. I., and Janis, I. L. (1959). *Personality and persuasibility.* New Haven, CT: Yale University Press.

Hovland, C. I., Janis, I. L., and Kelley, H. H. (1953). *Communication and persuasion*. New Haven, CT: Yale University Press.

Hovland, C. I., Lumsdaine, A. A., and Sheffield, F. D. (1949). *Studies in social psychology in World War II.* Vol. 3: *Experiments in mass communication.* Princeton, NJ: Princeton University Press.

Hovland, C. I., and Mandell, W. (1952). An experimental demonstration of conclusion-drawing by the communicator and by the audience. *Journal of Abnormal and Social Psychology, 47,* 581–588.

Hovland, C. I., and Weiss, W. (1951). The influence of source credibility on communication effectiveness. *Public Opinion Quarterly, 15,* 635–650.

Huesmann, L. R., Eron, L. D., Klein, R., Brice, P., and Fischer, P. (1983). Mitigating the imitation of aggressive behaviors by changing children's attitudes about media violence. *Journal of Personality and Social Psychology, 44,* 899–910.

Inbau, F. E., and Reid, J. E. (1962). *Criminal interrogation and confessions.* Baltimore: Williams and Wilkins.

Inbau, F. E., Reid, J. E., and Buckley, J. (1986). *Criminal interrogation and confessions.* Baltimore: Williams and Wilkins.

Insko, C. A., Smith, R. H., Alicke, M. D., Wade, J., and Taylor, S. (1985). Conformity and group size: The concern with being right and the concern with being liked. *Personality and Social Psychology Bulletin, 11,* 41–50.

Iyengar, S., Kinder, D. R., Peters, M. D., and Krosnick, J. A. (1984). The evening news and presidential evaluations. *Journal of Personality and Social Psychology, 46,* 778–787.

Janis, I. L. (1984). Improving adherence to medical recommendations: Prescriptive hypotheses derived from recent research in social psychology. In A. Baum, S. E. Taylor, and J. E. Singer (Eds.), *Handbook of psychology and health* (vol. 4, pp. 113–148). Hillsdale, NJ: Erlbaum.

Janis, I. L., and Field, P. B. (1956). A behavioral assessment of persuasibility: Consistency of individual differences. *Sociometry, 19,* 241–259.

Janis, I. L., Kaye, D., and Kirschner, P. (1965). Facilitating effects of "eating-while-reading" on responsiveness to persuasive communications. *Journal of Personality and Social Psychology, 1,* 181–186.

Janis, I. L., and King, B. T. (1954). The influence of role-playing on opinion change. *Journal of Abnormal and Social Psychology, 49,* 211–218.

Janis, I. L., and Mann, L. (1965). Effectiveness of emotional role-playing in modifying smoking habits and attitudes. *Journal of Experimental Research in Personality, 1,* 84–90.

Janis, I. L., and Mann, L. (1977). *Decision making.* New York: Free Press.

Johnson, B. T., and Eagly, A. H. (1989). Effects of involvement on persuasion: A meta-analysis. *Psychological Bulletin, 104,* 290–314.

Johnson, H. H., and Watkins, T. A. (1971). The effects of message repetition on immediate and delayed attitude change. *Psychonomic Science, 22,* 101–103.

Johnson, M. K., and Raye, C. L. (1981). Reality monitoring. *Psychological Review, 88,* 67–85.

Jones, E. E., and Davis, K. E. (1965). From acts to dispositions: The attribution process in person perception. In L. Berkowitz (Ed.), *Advances in experimental social psychology* (vol. 2). New York: Academic Press.

Jones, E. E., and Harris, V. A. (1967). The attribution of attitudes. *Journal of Experimental Social Psychology, 3,* 2–24.

Jones, E. E., Rock, L., Shaver, K. G., Goethals, G. R., and Ward, L. M. (1968). Pattern of performance and ability attribution: An unexpected primacy effect. *Journal of Personality and Social Psychology, 10,* 317–340.

Judd, C. M., Kenny, D. A., and Krosnick, J. A. (1983). Judging the positions of political candidates: Models of assimilation and contrast. *Journal of Personality and Social Psychology, 44,* 952–963.

Kahn, D. (1987). It's a great ad, but will it sell? *Newsday,* Mar. 29, 80, 77.

Kahneman, D. (1973). *Attention and effort.* Englewood Cliffs, NJ: Prentice-Hall.

Kahneman, D., and Tversky, A. (1979). Prospect theory: An analysis of decision under risk. *Econometrica, 47,* 263–291.

Kalfus, G. R., Ferrari, J. R., Arean, P., Balser, D., Cotronea, R., Franco, M., and Hill, W. (1987). An examination of the New York mandatory seat belt law on a university campus. *Law and Human Behavior, 11,* 63–67.

Kallgren, C. A., and Wood, W. (1986). Access to attitude-relevant information in memory as a determinant of attitude-behavior consistency. *Journal of Experimental Social Psychology, 22,* 328–338.

Kalven, H., and Zeisel, H. (1966). *The American jury.* Boston: Little, Brown.

Kamenetsky, C. (1984). *Children's literature in Hitler's Germany: The cultural policy of National Socialism.* Athens, OH: Ohio University Press.

Kandel, D. B., Kessler, R. C., and Margulies, R. L. (1978). Antecedents of adolescent initiation into stages of drug use: A developmental analysis. *Journal of Youth and Adolescence, 7,* 13–40.

Kantola, S. J., Syme, G. J., and Campbell, N. A. (1984). Cognitive dissonance and energy conservation. *Journal of Applied Psychology, 69,* 416–421.

Kaplan, M. F., and Miller, C. E. (1987). Group decision making and normative versus informational influence: Effects of type of issue and assigned decision rule. *Journal of Personality and Social Psychology, 53,* 306–313.

Karabenick, S. A. (1983). Sex-relevance of context and influenceability, Sistrunk and McDavid revisited. *Personality and Social Psychology Bulletin, 9,* 243–252.

Kassin, S. M., and Wrightsman, L. S. (1980). Prior confessions and mock jury verdicts. *Journal of Applied Social Psychology, 10,* 133–146.

Kassin, S. M., and Wrightsman, L. S. (1981). Coerced confessions, judicial instruction, mock juror verdicts. *Journal of Applied Social Psychology, 11,* 489–506.

Kassin, S. M., Reddy, M. E., and Tulloch, W. F. (1990). Juror interpretations of ambiguous evidence: The need for cognition, presentation order, and persuasion. *Law and Human Behavior, 14,* 43–55.

Kates, R. W. (1976). Experiencing the environment as hazard. In H. M. Proshansky, W. H. Ittelson, and L. G. Rivlin (Eds.), *Environmental psychology: People and their physical settings* (2d ed.). New York: Holt, Rinehart & Winston.

Katz, D. (1960). The functional approach to the study of attitudes. *Public Opinion Quarterly, 24,* 163–204.

Keeton, R. E. (1973). *Trial tactics and methods* (2d ed.). Boston: Little, Brown.

Kelley, H. H. (1967). Attribution theory in social psychology. In D. Levine (Ed.), *Nebraska symposium on motivation* (vol. 51). Lincoln: University of Nebraska Press.

Kelley, H. H. (1972). Causal schemata and the attribution process. In E. E. Jones, D. E. Kanouse, H. H. Kelley, R. E. Nisbett, S. Valins, and B. Weiner (Eds.), *Attribution: Perceiving the causes of behavior.* Morristown, NJ: General Learning Press.

Kendall, P. C. (1987). Cognitive processes and procedures in behavior therapy. In G. T. Wilson, C. M. Franks, P. C. Kendall, and J. P. Foreyt (Eds.), *Review of behavior therapy, theory and practice* (vol. 11). New York: Guilford.

Key, W. B. (1973). *Subliminal seduction*. Englewood Cliffs, NJ: Signet.

Kiesler, C. A. (1971). *The psychology of commitment: Experiments linking behavior to belief*. New York: Academic Press.

Kihlstrom, J. F. (1987). The cognitive unconscious. *Science, 237*, 1445–1452.

Kinder, D. R., and Sears, D. O. (1981). Prejudice and politics: Symbolic racism versus racial threats to the good life. *Journal of Personality and Social Psychology, 40*, 414–431

King, B. T., and Janis, I. L. (1956). Comparison of the effectiveness of improvised versus non-improvised role-playing in producing opinion change. *Human Relations, 9*, 177–186.

Kircher, J. C., Horowitz, S. W., and Raskin, D. C. (1988). Meta-analysis of mock crime studies of the control question polygraph technique. *Law and Human Behavior, 12*, 79–90.

Kleinhesselink, R. R., and Edwards, R. E. (1975). Seeking and avoiding belief-discrepant information as a function of its perceived refutability. *Journal of Personality and Social Psychology, 31*, 787–790.

Koehnken, G. (1985). Speech and deception of eyewitnesses: An information processing approach. In F. L. Denmark (Ed.), *Social/ecological psychology and the psychology of women* (pp. 117–139). New York: Elsevier Science Publishers.

Krauss, R. M., Apple, W., Morency, N., Wenzel, C., and Winton, W. (1981). Verbal, vocal, and visible factors in judgments of another's affect. *Journal of Personality and Social Psychology, 40*, 312–320.

Kraut, R. (1980). Humans as lie detectors: Some second thoughts. *Journal of Communications, 30*(4), 209–216.

Kraut, R. E., and Poe, D. (1980). Behavioral routes of person perception: The deception judgments of customs inspectors and laymen. *Journal of Personality and Social Psychology, 39*, 784–798.

Krosnick, J. A. (1988). The role of attitude importance in social evaluation: A study of policy preferences, presidential candidate evaluations, and voting behavior. *Journal of Personality and Social Psychology, 55*, 196–210.

Kruglanski, A. W., and Mayseless, O. (1987). Motivational effects in the social comparison of opinions. *Journal of Personality and Social Psychology, 53*, 834–842.

Kunst-Wilson, W. R., and Zajonc, R. B. (1980). Affective discrimination of stimuli that cannot be recognized. *Science, 207*, 557–558.

Kyle, S. O., and Falbo, T. (1985). Relationships between marital stress and attributional preferences for own and spouse behavior. *Journal of Social and Clinical Psychology, 3*, 339–351.

Landers, S. (1990). Sex. condom use up among teenage boys. *APA Monitor*, Apr., 25.

Landy, D. (1972). The effects of an overheard audience's reaction and attractiveness on opinion change. *Journal of Experimental Social Psychology, 8*, 276–288.

Langer, E. (1989). *Mindfulness*. Reading, MA: Addison-Wesley.

Langer, E., and Abelson, R. P. (1974). A patient by any other name...: Clinical group differences in labelling bias. *Journal of Consulting and Clinical Psychology, 42*, 4–9.

Langer, E., Blank, A., and Chanowitz, B. (1978). The mindlessness of ostensibly thoughtful action: The role of "placebic" information in interpersonal interaction. *Journal of Personality and Social Psychology, 36,* 635–642.

Langer, E., and Piper, A. (1987). The prevention of mindlessness. *Journal of Personality and Social Psychology, 53,* 280–287.

Lanzetta, J. T., Sullivan, D. G., Masters, R. D., and McHugo, G. J. (1985). Viewers' emotional and cognitive responses to televised images of political leaders. In S. Kraus and R. M. Perloff (Eds.), *Mass media and political thought: An information processing approach* (pp. 85–115). Beverly Hills, CA: Sage.

Lee, M. T., and Ofshe, R. (1981). The impact of behavioral style and status characteristics on social influence: A test of two competing theories. *Social Psychology Quarterly, 44,* 73–82.

Leippe, M. R. (1979). *Message exposure duration and attitude change: An information processing analysis of persuasion.* Unpublished doctoral dissertation, Ohio State University.

Leippe, M. R. (1980). Effects of integrative memorial and cognitive processes on the correspondence of eyewitness accuracy and confidence. *Law and Human Behavior, 4,* 261–274.

Leippe, M. R. (1983). *Persuasion, cognitive responses, and message exposure duration: Evidence for thought reversal.* Paper presented at the meeting of the Eastern Psychological Association.

Leippe, M. R., and Elkin, R. A. (1987). When motives clash: Issue involvement and response involvement as determinants of persuasion. *Journal of Personality and Social Psychology, 52,* 269–278.

Leippe, M. R., and Romanczyk, A. (1989). Reactions to child (versus adult) eyewitnesses: The influence of jurors' preconceptions and witness behavior. *Law and Human Behavior, 13,* 103–131.

Leippe, M. R., Romanczyk, A., and Manion, A. P. (1990). *Eyewitness persuasion: How and how well do factfinders judge the accuracy of adults' and children's memory reports.* Manuscript submitted for publication, Adelphi University.

Leippe, M. R., Wells, G. L., and Ostrom, T. M. (1978). Crime seriousness as a determinant of accuracy in eyewitness identification. *Journal of Applied Psychology, 63,* 345–351.

Lepper, M. R., Greene, D., and Nisbett, R. E. (1973). Undermining children's intrinsic interest with extrinsic reward: A test of the overjustification hypothesis. *Journal of Personality and Social Psychology, 28,* 129–137.

Leventhal, H. (1970). Findings and theory in the study of fear communications. In L. Berkowitz (Ed.), *Advances in experimental social psychology* (vol. 5). New York: Academic Press.

Leventhal, H., Watts, J. C., and Pagano, F. (1967). Effects of fear and instructions on how to cope with danger. *Journal of Personality and Social Psychology, 6,* 313–321.

Lewisohn, P. M., Mischel, W., Chapline, W., and Barton, R. (1980). Social competence and depression: The role of illusory self-perceptions. *Journal of Abnormal Psychology, 89,* 203–212.

Liebert, R. M., and Sprafkin, J. (1988). *The early window: Effects of television on children and youth* (3d ed.). New York: Pergamon.

Lifton, R. K. (1969). *Thought reform and the psychology of totalism.* New York: Norton.

Lind, E. A. (1982). The psychology of courtroom procedure. In N. L. Kerr and R. M. Bray (Eds.), *The psychology of the courtroom* (pp. 13–38). New York: Academic Press.

Lind, E. A., Erickson, B., Conley, J. M., and O'Barr, W. M. (1978). Social attributions and conversational style in trial testimony. *Journal of Personality and Social Psychology. 36*, 1558–1567.

Lind, E. A., Thibault, J., and Walker, L. (1973). Discovery and presentation of evidence in adversary and nonadversary proceedings. *Michigan Law Review, 71*, 1129–1144.

Lindsay, R. C. L., Wells, G. L., and Rumpel, C. (1981). Can people detect eyewitness identification accuracy within and between situations? *Journal of Applied Psychology, 66*, 79–89.

Loftus, E. F. (1979). *Eyewitness testimony*. Cambridge, MA: Harvard University Press.

Loftus, E. F. (1974). Reconstructing memory: The incredible witness. *Psychology Today*, Dec., 116–119.

Loftus, E. F. (1984). Eyewitnesses: Essential but unreliable. *Psychology Today*, Feb., 22–26.

Loftus, E. F., Miller, D. G., and Burns, H. J. (1978). Semantic integration of verbal information into a visual memory. *Journal of Experimental Psychology: Human Learning and Memory, 4*, 19–31.

London, H. (1973). *Psychology of the persuader*. Morristown, NJ: General Learning Press.

Lord, C. G., Lepper, M. R., and Preston, E. (1984). Considering the opposite: A corrective strategy for social judgment. *Journal of Personality and Social Psychology, 47*, 1231–1243.

Lord, C. G., Ross, L., and Lepper, M. R. (1979). Biased assimilation and attitude polarization: The effects of prior theories on subsequently considered evidence. *Journal of Personality and Social Psychology, 37*, 2098–2109.

Luchins, A. (1957). Primacy-recency in impression formation. In C. I. Hovland (Ed.), *The order of presentation in persuasion*. New Haven, CT: Yale University Press.

Luthans, F., Paul, R., and Baker, D. (1981). An experimental analysis of the impact of contingent reinforcement on salespersons' performance behavior. *Journal of Applied Psychology, 66*, 314–323.

Lutz, W. (1989). No one died in Tiananmen Square. *The New York Times*, July 12, A1, A9.

Luus, C. A. E., and Wells, G. L. (1991). Eyewitness identification and the selection of distractors for lineups. *Law and Human Behavior*, in press.

Lydon, J. E., and Zanna, M. P. (1990). Commitment in the face of adversity: A value-affirmation approach. *Journal of Personality and Social Psychology, 58*, 1040–1047.

Maccoby, N., Farquhar, J. W., Wood, P. D., and Alexander, J. (1977). Reducing the risk of cardiovascular disease: Effects of a community-based campaign on knowledge and behavior. *Journal of Community Health, 3*, 100–114.

MacCoun, R. J., and Kerr, N. L. (1988). Asymmetric influence in mock jury deliberations: Jurors' bias toward leniency. *Journal of Personality and Social Psychology, 54*, 21–33.

Maddux, J. E., and Rogers, R. W. (1983). Protection motivation and self-efficacy: A revised theory of fear appeals and attitude change. *Journal of Experimental Social Psychology, 19*, 469–479.

Malpass, R. S., and Devine, P. G. (1981). Eyewitness identification: Lineup instructions and the absence of the offender. *Journal of Applied Psychology, 66,* 345–351.

Mandler, G., and Nakamura, Y. (1987). Aspects of consciousness. *Personality and Social Psychology Bulletin, 13,* 299–313.

Mann, L., and Janis, I. L. (1968). A follow-up study on the long-term effects of emotional role playing. *Journal of Personality and Social Psychology, 8,* 339–342.

Manstead, A. S. R., Proffitt, C., and Smart, J. L. (1983). Predicting and understanding mothers' infant-feeding intentions and behavior: Testing the theory of reasoned action. *Journal of Personality and Social Psychology, 44,* 657–671.

Marbury, C. H. (1989). An excursus on the biblical and theological rhetoric of Martin Luther King. In D. J. Garrow (Ed.), *Martin Luther King, Jr.: Civil rights leader, theologian, orator* (vol. 3). New York: Carlson.

Marcel, A. J. (1983). Conscious and unconscious perception: Experiments on visual masking and word recognition. *Cognitive Psychology, 15,* 197–237.

Maslach, C., Santee, R. T., and Wade, C. (1987). Individuation, gender role, and dissent: Personality mediators of situational forces. *Journal of Personality and Social Psychology, 53,* 1088–1093.

Maslach, C., Stapp, J., and Santee, R. T. (1985). Individuation: Conceptual analysis and assessment. *Journal of Personality and Social Psychology, 49,* 729–738.

McAlister, A. (1981). Antismoking campaigns: Progress in developing effective communications. In R. E. Rice and W. J. Paisley (Eds.), *Public communication campaigns* (pp. 91–103). Beverly Hills, CA: Sage.

McArthur, L. A. (1972). The how and what of why: Some determinants and consequences of causal attribution. *Journal of Personality and Social Psychology, 22,* 171–193.

McCullough, J. L., and Ostrom, T. M. (1974). Repetition of highly similar messages and attitude change. *Journal of Applied Psychology, 59,* 395–397.

McGuire, W. J. (1964). Inducing resistance to persuasion: Some contemporary approaches. In L. Berkowitz (Ed.), *Advances in experimental social psychology* (vol. 1). New York: Academic Press.

McGuire, W. J. (1968). Personality and attitude change: An information processing theory. In A. G. Greenwald, T. C. Brock, and T. M. Ostrom (Eds.), *Psychological foundations of attitudes* (pp. 171–196). New York: Academic Press.

McGuire, W. J. (1985). Attitudes and attitude change. In G. Lindzey and E. Aronson (Eds.), *Handbook of social psychology: Volume II* (3d ed., pp. 233–346). New York: Random House.

McGuire, W. J., and Papageorgis, D. (1961). The relative efficacy of various types of prior belief-defense in producing immunity against persuasion. *Journal of Abnormal and Social Psychology, 62,* 327–337.

McHugo, G. J., Lanzetta, J. T., Sullivan, D. G., Masters, R. D., and Englis, B. G. (1985). Emotional reactions to a political leader's expressive displays. *Journal of Personality and Social Psychology, 49,* 1513–1529.

McPherson, K. (1983). Opinion-related information seeking: Personal and situational variables. *Personality and Social Psychology Bulletin, 9,* 116–124.

Mehrabian, A. (1972). *Nonverbal communication*. Chicago: Aldine-Atherton.

Mehrabian, A. (1981). *Silent messages: Implicit communication of emotions and attitudes* (2d ed.). Belmont, CA: Wadsworth.

Mehrabian, A., and Williams, M. (1969). Nonverbal concomitants of perceived and intended persuasiveness. *Journal of Personality and Social Psychology, 13,* 37–58.

Meyer, A. J., Nash, J. D., McAlister, A. L., Maccoby, N., and Farquhar, J. W. (1980). Skills training in a cardiovascular health education campaign. *Journal of Consulting and Clinical Psychology, 48,* 129–142.

Meyerowitz, B. E., and Chaiken, S. (1987). The effect of message framing on breast self examination attitudes, intentions, and behavior. *Journal of Personality and Social Psychology, 52,* 500–510.

Milgram, S. (1963). Behavioral study of obedience. *Journal of Abnormal and Social Psychology, 67,* 371–378.

Milgram, S. (1965). Some conditions of obedience to authority. *Human Relations, 18,* 57–76.

Milgram, S. (1974). *Obedience to authority*. New York: Harper & Row.

Millar, M. G., and Tesser, A. (1986). Effects of affective and cognitive focus on the attitude-behavior relationship. *Journal of Personality and Social Psychology, 51,* 270–276.

Miller, A. G. (1986). *The obedience experiments: A case study of controversy in the social sciences*. New York: Praeger.

Miller, G. A. (1962). *Psychology: The science of mental life*. New York: Harper & Row.

Miller, K. D. (1986). Martin Luther King, Jr., borrows a revolution: Argument, audience, and implications of a secondhand universe. *College English, 48,* 249–265.

Miller, N. E. (1978). Biofeedback and visceral learning. *Annual Review of Psychology, 29,* 373–404.

Miller, N., and Campbell, D. T. (1959). Recency and primacy in persuasion as a function of the timing of speeches and measurement. *Journal of Abnormal and Social Psychology, 59,* 1–9.

Miller, N., Maruyama, G., Beaber, R. J., and Valone, K. (1976). Speed of speech and persuasion. *Journal of Personality and Social Psychology, 34,* 615–624.

Milmoe, S., Rosenthal, R., Blane, H. T., Chafetz, M. E., and Wolf, E. (1967). The doctor's voice: Predictor of successful referral of alcoholic patients. *Journal of Abnormal Psychology, 72,* 78–84.

Mitchell, H. E. (1979). *Informational and affective determinants of juror decision making*. Unpublished doctoral dissertation, Purdue University.

Molko v. Holy Spirit Association, 179 Cal. 3d 450; Daily Journal D. A. R. 13197 (1988).

Mooney, H., Bradbury, C., and Folmer, K. (1990). *The efficacy of four persuasion techniques in four conceptually different situations*. Paper presented at the meeting of the Western Psychological Association, Los Angeles, CA.

Moore, T. E. (1982). Subliminal advertising: What you see is what you get. *Journal of Marketing, 46,* 38–47.

Moreland, R. L., and Zajonc, R. B. (1979). Exposure effects may not depend on stimulus recognition. *Journal of Personality and Social Psychology, 37,* 1085–1089.

Moriarty, T. (1975). Crime, commitment and the responsive bystander: Two field experiments. *Journal of Personality and Social Psychology, 31*, 370–376.

Morley, D. D. (1987). Subjective message constructs: A theory of persuasion. *Communication Monographs, 54*, 183–203.

Mosbach, P., and Leventhal, H. (1988). Peer group identification and smoking: Implications for intervention. *Journal of Abnormal Psychology, 97*, 238–245.

Moscovici, S. (1976). *Social influence and social change*. London: Academic Press.

Moscovici, S. (1980). Toward a theory of conversion behavior. In L. Berkowitz (Ed.), *Advances in experimental social psychology* (vol. 13, pp. 209–239). New York: Academic Press.

Moscovici, S., and Zavalloni, M. (1969). The group as a polarizer of attitudes. *Journal of Personality and Social Psychology, 12*, 125–135.

Mowen, J. C., and Cialdini, R. B. (1980). On implementing the door-in-the-face compliance technique in a business context. *Journal of Marketing Research, 17*, 253–258.

Mulbar, H. (1951). *Interrogation*. Springfield, IL: Thomas.

Mullen, B., Futrell, D., Stairs, D., Tice, D. M., Baumeister, R. F., Dawson, K. E., Riordan, C. A., Radloff, C. E., Goethals, G. R., Kennedy, J. G., and Rosenfeld, P. (1986). Newscasters' facial expressions and voting behavior of viewers: Can a smile elect a president? *Journal of Personality and Social Psychology, 51*, 291–295.

Myers, D. G., and Kaplan, M. F. (1976). Group-induced polarization in simulated juries. *Personality and Social Psychology Bulletin, 2*, 63–66.

Myers, D. G., and Lamm, H. (1975). The group polarization phenomenon. *Psychological Bulletin, 83*, 602–627.

Neil v. Biggers, 409 U.S. 188 (1972).

Nelson, Z. P., and Mowry, D. D. (1976). Contracting in crisis intervention. *Community Mental Health Journal, 12*, 37–43.

Nemeth, C. J. (1986). Differential contributions of majority and minority influence. *Psychological Review, 93*, 23–32.

Nemeth, C. J., Mayseless, O., Sherman, J., and Brown, Y. (1990). Exposure to dissent and recall of information. *Journal of Personality and Social Psychology, 58*, 429–437.

Newcomb, T. M. (1961). *The acquaintance process*. New York: Holt, Rinehart & Winston.

The New York Times (1990). U.S. tobacco ads in Asia faulted. P. J. Hilts (writer), May 5, p. 19.

The New York Times (1990). Killings in '89 set a record in New York. J. C. McKinley (writer), Mar. 31, L27, L30.

Newsday (1990). Mar. 28.

Newsweek (1990). Feb. 5.

Nisbett, R. E., and Ross, L. (1980). *Human inference: Strategies and shortcomings of social judgment*. Englewood Cliffs, NJ: Prentice-Hall.

Nisbett, R. E., and Schachter, S. (1966). Cognitive manipulation of pain. *Journal of Experimental Social Psychology, 2*, 227–236.

Nisbett, R. E., and Wilson, T. D. (1977a). Telling more than we can know: Verbal reports on mental processes. *Psychological Review, 84*, 231–259.

Nisbett, R. E., and Wilson, T. D. (1977b). The halo effect: Evidence for unconscious alteration of judgments. *Journal of Personality and Social Psychology, 35*, 250–256.

Nix, S. (1989). Weekend with the Moonies. *San Francisco Chronicle*, Aug. 10, B1, B3, B6.

Nizer, L. (1961). *My life in court.* New York: Pyramid.

Nord, W. (1970). Improving attendance through rewards. *Personnel Administration, 33*, 37–41.

O'Barr, W. M. (1982). *Linguistic evidence.* New York: Academic Press.

Ofshe, R. (1990). Coerced confessions: The logic of seemingly irrational action. *Cultic Studies Journal, 6*, 1–15.

Oldenburg, D. (1990). High-tech subliminals: You are what you hear. *The Washington Post*, Apr. 19, B3, B5.

Osborne, J. G., and Powers, R. B. (1980). Controlling the litter problem. In G. L. Martin and J. G. Osborne (Eds.), *Helping the community: Behavioral applications.* New York: Plenum.

Osgood, C. E., Suci, G. J., and Tannenbaum, P. G. (1957). *The measurement of meaning.* Urbana: University of Illinois Press.

Ostrom, T. M., and Brock, T. C. (1968). A cognitive model of attitudinal involvement. In R. P. Abelson, E. Aronson, W. J. McGuire, T. M. Newcomb, M. J. Rosenberg, and P. H. Tannenbaum (Eds.), *Theories of cognitive consistency: A sourcebook* (pp. 373–389). Chicago: Rand McNally.

Packard, V. (1957). *The hidden persuaders.* New York: McKay.

Packwood, W. T. (1974). Loudness as a variable in persuasion. *Journal of Counseling Psychology, 21*, 1–2.

Page, B. I., Shapiro, R. Y., and Dempsey, G. R. (1987). What moves public opinion? *American Political Science Review, 81*, 23–43.

Page, M. M. (1969). Social psychology of a classical conditioning of attitudes experiment. *Journal of Personality and Social Psychology, 11*, 177–186.

Page, M. M. (1974). Demand characteristics and the classical conditioning of attitudes experiment. *Journal of Personality and Social Psychology, 30*, 468–476.

Pallak, M. S., Mueller, M., Dollar, K., and Pallak, J. (1972). Effects of commitment on responsiveness to an extreme consonant communication. *Journal of Personality and Social Psychology, 23*, 429–436.

Papageorgis, D., and McGuire, W. (1961). The generality of immunity to persuasion produced by pre-exposure to weakened counterarguments. *Journal of Abnormal and Social Psychology, 62*, 475–481.

Pennington, N., and Hastie, R. (1986). Evidence evaluation in complex decision making. *Journal of Personality and Social Psychology, 51*, 242–258.

Perlman, D., and Oskamp, S. (1971). The effects of picture content and exposure frequency on evaluations of negroes and whites. *Journal of Experimental Social Psychology, 7*, 503–514.

Peterson, C., and Seligman, M. E. P. (1984). Causal explanations as a risk factor for depression Theory and evidence. *Psychological Review, 91*, 347–374.

Petty, R. E., and Cacioppo, J. T. (1977). Forewarning, cognitive responding, and resistance to persuasion. *Journal of Personality and Social Psychology, 35*, 645–655.

Petty, R. E., and Cacioppo, J. T. (1981). *Attitudes and persuasion: Classic and contemporary approaches.* Dubuque, IA: Wm. C. Brown.

Petty, R. E., and Cacioppo, J. T. (1984). The effects of issue involvement on responses to argument quantity and quality: Central and peripheral routes to persuasion. *Journal of Personality and Social Psychology, 46*, 69–81.

Petty, R. E., and Cacioppo, J. T. (1986). The elaboration likelihood model of persuasion. In L. Berkowitz (Ed.), *Advances in experimental social psychology* (vol. 19, pp. 123–205). New York: Academic Press.

Petty, R. E., Cacioppo, J. T., and Goldman, R. (1981). Personal involvement as a determinant of argument based persuasion. *Journal of Personality and Social Psychology, 41*, 847–855.

Petty, R. E., Wells, G. L., and Brock, T. C. (1976). Distraction can enhance or reduce yielding to propaganda: Thought disruption versus effort justification. *Journal of Personality and Social Psychology, 34*, 874–884.

Pilisuk, M., and Parks, S. H. (1986). *The healing web: Social networks and human survival.* Hanover, NH: University Press of New England.

Pratkanis, A. R., Eskenazi, J., and Greenwald, A. G. (1990). What you expect is what you believe (but not necessarily what you get): On the ineffectiveness of subliminal self-help audiotapes. Paper presented at the Western Psychological Association, Los Angeles, CA, April 1990.

Pratkanis, A. R., and Greenwald, A. G. (1988). Recent perspectives on unconscious processing: Still no marketing applications. *Psychology and Marketing, 5*, 337–353.

Pratkanis, A. R., and Greenwald, A. G. (1989). A sociocognitive model of attitude structure and function. In L. Berkowitz (Ed.), *Advances in experimental social psychology* (vol. 22, pp. 245–285). New York: Academic Press.

Pratkanis, A. R., Greenwald, A. G., Leippe, M. R., and Baumgardner, M. H. (1988). In search of reliable persuasion effects: III. The sleeper effect is dead. Long live the sleeper effect. *Journal of Personality and Social Psychology, 54*, 203–218.

Pyszczynski, T., and Wrightsman, L. S. (1981). The effects of opening statements on mock jurors' verdicts in a simulated court case. *Journal of Applied Social Psychology, 11*, 301–313.

Qualter, T. H. (1962). *Propaganda and psychological warfare.* New York: Random House.

Ravenholt, R. T. (1985). Tobacco's impact on twentieth-century U.S. mortality patterns. *American Journal of Preventive Medicine, 1*, 4–17.

Ray, M., and Ward, S. (1976). Experimentation for pretesting public health programs: The case of the anti-drug abuse campaigns. *Advances in Consumer Research, 3*, 278–286.

Reed, H. B., and Janis, I. L. (1974). Effects of a new type of psychological treatment on smokers' resistance to warnings about health hazards. *Journal of Consulting and Clinical Psychology, 42*, 748.

Regan, D. T. (1971). Effects of a favor and liking on compliance. *Journal of Experimental Social Psychology, 7*, 627–639.

Reis, A., and Trout, J. (1986). *Positioning: The battle for your mind.* New York: Warner.

Reyes, R. M., Thompson, W. C., and Bower, G. H. (1980). Judgmental biases resulting from differing availability of arguments. *Journal of Personality and Social Psychology, 39*, 2–12.

Roberts, D. F. (1982). Children and commercials: Issues, evidence, interventions. *Prevention in Human Services, 2*, 19–36.

Roberts, D. F., and Maccoby, N. (1985). Effects of mass communication. In G. Lindzey and E. Aronson (Eds.), *Handbook of social psychology: Volume II* (3d ed., pp. 539–598). New York: Random House.

Robinson, J., and McArthur, L. Z. (1982). Impact of salient vocal qualities on causal attributions for a speaker's behavior. *Journal of Personality and Social Psychology, 43,* 236–247.

Robles, R., Smith, R., Carver, C. S., and Wellens, A. R. (1987). Influence of subliminal visual images on the experience of anxiety. *Personality and Social Psychology Bulletin, 13,* 399–410.

Rogers, C. R. (1951). *Client-centered therapy: Its current practice, implications and theory.* Boston: Houghton-Mifflin.

Rogers, R. W. (1983). Cognitive and physiological processes in fear appeals and attitude change: A revised theory of protection motivation. In J. T. Cacioppo and R. E. Petty (Eds.), *Social psychophysiology.* New York: Guilford.

Rogers, R. W., and Mewborn, C. R. (1976). Fear appeals and attitude change: Effects of a threat's noxiousness, probability of occurrence, and the efficacy of coping responses. *Journal of Personality and Social Psychology, 34,* 54–61.

Rohrer, J. H., Baron, S. H., Hoffman, E. L., and Swander, D. V. (1954). The stability of autokinetic judgments. *Journal of Abnormal and Social Psychology, 49,* 595–597.

Rokeach, M. (1973). *The nature of human values.* New York: Free Press.

Ronis, D. L., Baumgardner, M. H., Leippe, M. R., Cacioppo, J. T., and Greenwald, A. G. (1977). In search of reliable persuasion effects: I. A computer-controlled procedure for studying persuasion. *Journal of Personality and Social Psychology, 35,* 548–569.

Rosenhan, D. L. (1969). Some origins of the concerns for others. In P. Mussen and M. Covington (Eds.), *Trends and issues in developmental psychology.* New York: Holt, Rinehart & Winston.

Rosenkrans, M. A., and Hartup, W. W. (1967). Imitative influences of consistent and inconsistent response consequences to a model on aggressive behavior in children. *Journal of Personality and Social Psychology, 7,* 429–434.

Rosnow, R. L., and Suls, J. M. (1970). Reactive effects of pretesting in attitude research. *Journal of Personality and Social Psychology, 15,* 338–343.

Ross, L. (1977). The intuitive psychologist and his shortcomings. In L. Berkowitz (Ed.), *Advances in experimental social psychology* (vol. 10, pp. 173–220). New York: Academic Press.

Ross, L. (1988). Situationist perspectives on the obedience experiments. Review of A. G. Miller's *The obedience experiments. Contemporary Psychology, 33,* 101–104.

Ross, L., Amabile, T. M., and Steinmetz, J. L. (1977). Social roles, social control, and biases in social-perception processes. *Journal of Personality and Social Psychology, 35,* 485–494.

Ross, L., and Anderson, C. A. (1980). Shortcomings in the attribution process: On the origins and maintenance of erroneous social assessments. In A. Tversky, D. Kahneman, and P. Slovic (Eds.), *Judgment under uncertainty: Heuristics and biases.* New York: Cambridge University Press.

Ross, L., Lepper, M. R., and Hubbard, M. (1975). Perseverance in self perception and social perception: Biased attributional processes in the debriefing paradigm. *Journal of Personality and Social Psychology, 32,* 880–892.

Ross, M. (1975). Salience of reward and intrinsic motivation. *Journal of Personality and Social Psychology, 32,* 245–254.

Rothschild, M. L. (1987). *Advertising.* Lexington, MA: Heath.

Rule, B. G., and Bisanz, G. L. (1987). Goals and strategies of persuasion: A cognitive schema for understanding social events. In M. P. Zanna, J. M.

Olson, and C. P. Herman (Eds.), *Social influence: The Ontario symposium* (vol. 5, pp. 185–206). Hillsdale, NJ: Erlbaum.

Rushton, J. P. (1975). Generosity in children: Immediate and long-term effects of modeling, preaching and moral judgment. *Journal of Personality and Social Psychology, 31,* 459–466.

Rushton, J. P., and Campbell, A. C. (1977). Modeling, vicarious reinforcement and extraversion on blood donating in adults: Immediate and long-term effects. *European Journal of Social Psychology, 7,* 297–306.

Ryan, W. (1971). *Blaming the victim.* New York: Pantheon.

Sakarai, M. M. (1975). Small group cohesiveness and detrimental conformity. *Sociometry, 38,* 340–357.

Saks, M. J., and Hastie, R. (1978). *Social psychology in court.* New York: Van Nostrand Reinhold.

Salancik, G. R., and Conway, M. (1975). Attitude inferences from salient and relevant cognitive content about behavior. *Journal of Personality and Social Psychology, 32,* 829–840.

San Francisco Chronicle (1990). Jan. 29.

San Francisco Chronicle (1990). Feb. 20.

San Francisco Examiner and Chronicle (1990). Feb. 12.

Santee, R. T., and Jackson, S. E. (1982). Sex differences in the evaluative implications of conformity and dissent. *Social Psychology Quarterly, 45,* 121–125.

Santee, R. T., and Maslach, C. (1982). To agree or not to agree: Personal dissent amid social pressure to conform. *Journal of Personality and Social Psychology, 42,* 690–700.

Saxe, L., Dougherty, D., and Cross, T. (1985). The validity of polygraph testing: Scientific analysis and public controversy. *American Psychologist, 40,* 355–366.

Schachter, S. (1951). Deviation, rejection, and communication. *Journal of Abnormal and Social Psychology, 46,* 190–207.

Scherer, K. R., Feldstein, S., Bond, R. N., and Rosenthal, R. (1985). Vocal cues to deception: A comparative channel approach. *Journal of Psycholinguistic Research, 14,* 409–425.

Schlenker, B. R. (1982). Translating actions into attitudes: An identity-analytic approach to the explanation of social conduct. In L. Berkowitz (Ed.), *Advances in experimental social psychology* (vol. 15, pp. 151–181). New York: Academic Press.

Schooler, J. W., Gerhard, D., and Loftus, E. F. (1986). Qualities of the unreal. *Journal of Experimental Psychology: Learning, Memory and Cognition, 12,* 171–181.

Schulman, J., Shaver, P., Colman, R., Emrich, B., and Christie, R. (1973). Recipe for a jury. *Psychology Today,* May, 37–44, 77–84.

Schultz, D. P. (1982). *Psychology and industry today: An introduction to industrial and organizational psychology* (3d ed.). New York: Macmillan.

Schwartz, R. M., and Garamoni, G. L. (1986). A structural model of positive and negative states of mind: Asymmetry in the internal dialogue. In P. C. Kendall (Ed.), *Advances in cognitive-behavioral research and therapy* (vol. 5, pp. 2–63). New York: Academic Press.

Schwarzwald, J., Bizman, A., and Raz, M. (1983). The foot-in-the-door paradigm: Effects of second request size on donation probability and donor generosity. *Personality and Social Psychology Bulletin, 9,* 443–450.

Scrivner, E., and Safer, M. A. (1988). Eyewitnesses show hypermnesia for details about a violent event. *Journal of Applied Psychology, 73,* 371–377.

Sears, D. O., and Freedman, J. L. (1967). Selective exposure to information: A critical review. *Public Opinion Quarterly, 31,* 194–213.

Seligman, M. E. P. (1975). *Helplessness: On depression, development, and death.* San Francisco: Freeman.

Seligman, M. E. P., and Schulman, P. (1986). Explanatory style as predictor of productivity and quitting among life insurance agents. *Journal of Personality and Social Psychology, 50,* 832–838.

Shapiro, S., Skinner, E. A., Kessler, L. G., Korff, M., Von German, P. S., Tischler, F. L., Leaf, P. J., Benham, L., Cottler, L., and Regier, D. A. (1984). Utilization of health and mental health services. *Archives of General Psychiatry, 41,* 971–978.

Sheridan, C. L., and King, R. G. (1972). Obedience to authority with a genuine victim. *Proceedings of the 30th annual convention of the American Psychological Association,* Los Angeles.

Sherif, C. W., Kelly, M., Rodgers, H. L., Jr., Sarup, G., and Tittler, B. I. (1973). Personal involvement, social judgment, and action. *Journal of Personality and Social Psychology. 27,* 311–328.

Sherif, M. (1936). *The psychology of social norms.* New York: Harper & Row.

Sherif, M., and Hovland, C. I. (1961). *Social judgment: Assimilation and contrast effects in communication and attitude change.* New Haven, CT: Yale University Press.

Sherman, S. J. (1987). Cognitive processes in the formation, change, and expression of attitudes. In M. P. Zanna, J. M. Olson, and C. P. Herman (Eds.), *Social influence: The Ontario symposium* (vol. 5, pp. 75–106). Hillsdale, NJ: Erlbaum.

Sherman, S. J., and Gorkin, L. (1980). Attitude bolstering when behavior is inconsistent with central attitudes. *Journal of Experimental Social Psychology, 16,* 388–403.

Sherman, S. J., Presson, C. C., Chassin, L., Bensenberg, M., Corty, E., and Olshavsky, R. W. (1982). Smoking intentions in adolescents. *Personality and Social Psychology Bulletin, 8,* 376–383.

Shopland, D. R., and Brown, C. (1987). Toward the 1990 objectives for smoking: Measuring the progress with 1985 NHIS data. *Public Health Reports, 102,* 68–73.

Sistrunk, F., and McDavid, J. W. (1971). Sex variable in conformity behavior. *Journal of Personality and Social Psychology, 17,* 200–207.

Sivacek, J., and Crano, W. D. (1982). Vested interest as a moderator of attitude-behavior consistency. *Journal of Personality and Social Psychology, 43,* 210–221.

Smart, R. G., and Feger, D. (1974). The effects of high and low fear messages about drugs. *Journal of Drug Education, 4,* 225–235.

Smith, M., Bruner, J., and White, R. (1956). *Opinions and personality.* New York: Wiley.

Snyder, M. (1979). Self-monitoring processes. In L. Berkowitz (Ed.), *Advances in experimental social psychology* (vol. 12, pp. 85–128). New York: Academic Press.

Snyder, M., and Cunningham, M. R. (1975). To comply or not to comply: Testing the self-perception explanation of the "foot-in-the-door" phenomenon. *Journal of Personality and Social Psychology, 31,* 64–67.

Snyder, M., and DeBono, K. G. (1985). Appeals to image and claims about quality: Understanding the psychology of advertising. *Journal of Personality and Social Psychology, 49,* 586–597.

Snyder, M., and Debono, K. G. (1987). A functional approach to attitudes and persuasion. In M. P. Zanna, J. M. Olson, and C. P. Herman (Eds.), *Social influence: The Ontario symposium* (vol. 5, pp. 107–128). Hillsdale, NJ: Erlbaum.

Snyder, M., and Swann, W. B., Jr. (1978). Hypothesis-testing processes in social interaction. *Journal of Personality and Social Psychology, 36,* 1202–1212.

Snyder, M., and Uranowitz, S. W. (1978). Reconstructing the past: Some cognitive consequences of person perception. *Journal of Personality and Social Psychology, 36,* 941–950.

Sorrentino, R. M., Bobocel, D. R., Gitta, M. Z., Olson, J. M., and Hewitt, E. C. (1988). Uncertainty orientation and persuasion: Individual differences in the effects of personal relevance on social judgments. *Journal of Personality and Social Psychology, 55,* 357–371.

Spelke, E., Hirst, W., and Neisser, U. (1976). Skills of divided attention. *Cognition, 4,* 215–230.

Staats, A. W., and Staats, C. K. (1958). Attitudes established by classical conditioning. *Journal of Abnormal and Social Psychology,* 37–40.

Stasser, G., Kerr, N. L., and Bray, R. M. (1982). The social psychology of jury deliberations: Structure, process, and products. In N. L. Kerr and R. M. Bray (Eds.), *The psychology of the courtroom* (pp. 221–256). New York: Academic Press.

Stasser, G., Kerr, N. L., and Davis, J. H. (1989). Influence processes and consensus models in decision-making groups. In P. B. Paulus (Ed.), *Psychology of group influence* (2d ed., pp. 279–326). Hillsdale, NJ: Erlbaum.

Steele, C. M. (1988). The psychology of self-affirmation: Sustaining the integrity of the self. In L. Berkowitz (Ed.), *Advances in experimental social psychology* (vol. 21, pp. 261–302). New York: Academic Press.

Steele, C. M., Southwick, L. L., and Critchlow, B. (1981). Dissonance and alcohol: Drinking your troubles away. *Journal of Personality and Social Psychology, 41,* 831–846.

Stein, J. A., Newcomb, M. D., and Bentler, P. M. (1987). An 8-year study of multiple influences on drug use and drug consequences. *Journal of Personality and Social Psychology, 53,* 1094–1105.

Stephan, W. G., and Rosenfield, D. (1978). Effects of school desegregation on racial attitudes. *Journal of Personality and Social Psychology, 36,* 795–804.

Stoner, J. A. (1961). *A comparison of individual and group decisions involving risk.* Unpublished master's thesis. School of Industrial Management, Massachusetts Institute of Technology.

Strodtbeck, F. L., and Hook, L. H. (1961). The social dimensions of a twelve-man jury table. *Sociometry, 24,* 397–415.

Strodtbeck, F. L., James, R. M., and Hawkins, D. (1957). Social status in jury deliberations. *American Sociological Review, 22,* 713–719.

Sue, S., Smith, R. E., and Caldwell, C. (1973). Effects of inadmissible evidence on the decisions of simulated jurors: A moral dilemma. *Journal of Applied Social Psychology, 3,* 345–353.

Sullivan Report to Congress (1990).

Surgeon General (1983). *The health consequences of smoking: Cardiovascular disease: A report of the Surgeon General.* DHHS Publication No. PHS 84-50204. Rockville, MD: Office of Smoking and Health.

Swann, W. B., Jr. (1983). Self-verification: Bringing social reality into harmony with the self. In J. Suls and A. G. Greenwald (Eds.), *Social psychological perspectives on the self* (vol. 2, pp. 33–66). Hillsdale, NJ: Erlbaum.

Swann, W. B., Jr., and Ely, R. J. (1984). A battle of wills: Self-verification versus behavioral confirmation. *Journal of Personality and Social Psychology, 46,* 1287–1302.

Swann, W. B., Jr., Pelham, B. W., and Chidester, T. R. (1988). Change through paradox: Using self-verification to alter beliefs. *Journal of Personality and Social Psychology, 54,* 268–273.

Sweeney, P. D., and Gruber, K. L. (1984). Selective exposure: Voter information preferences and the Watergate affair. *Journal of Personality and Social Psychology, 46,* 1208–1221.

Taylor, S. E. (1986). *Health psychology.* New York: Random House.

Taylor, S. E., and Fiske, S. T. (1975). Point of view and perceptions of causality. *Journal of Personality and Social Psychology, 32,* 439–445.

Tedeschi, J. T., and Rosenfeld, P. (1981). Impression management theory and the forced compliance situation. In J. T. Tedeschi (Ed.), *Impression management theory and social psychological research.* New York: Academic Press.

Tedeschi, J. T., Schlenker, B. R., and Bonoma, T. V. (1971). Cognitive dissonance: Private ratiocination or public spectacle. *American Psychologist, 26,* 685–695.

Tesser, A. (1978). Self-generated attitude change. In L. Berkowitz (Ed.), *Advances in experimental social psychology* (vol. 11). New York: Academic Press.

Tesser, A., and Conlee, M. C. (1975). Some effects of time and thought on attitude polarization. *Journal of Personality and Social Psychology, 31,* 262–270.

Tetlock, P. E. (1983). Accountability and complexity of thought. *Journal of Personality and Social Psychology, 45,* 74–83.

Tetlock, P. E., and Kim, J. I. (1987). Accountability and judgment processes in a personality prediction task. *Journal of Personality and Social Psychology, 52,* 700–709.

Tetlock, P. E., Skitka, L., and Boettger, R. (1989). Social and cognitive strategies for coping with accountability: Conformity, complexity, and bolstering. *Journal of Personality and Social Psychology, 57,* 632–640.

Thibaut, J., and Walker, L. (1975). *Procedural justice: A psychological analysis.* Hillsdale, NJ: Erlbaum.

Time (1979). Secret voices: Messages that manipulate. Sept. 10, 71.

Tindale, R. S., Vollrath, D. A., Davis, J. H., Nagao, D. H., and Hinsz, V. B. (1990). Asymmetric social influence in freely interacting groups. A test of three models. *Journal of Personality and Social Psychology, 58,* 438–449.

Traub, J. (1988). Into the mouths of babes. *The New York Times Magazine,* July 24, 18–20, 37–38, 52–53.

Troyer, R. J., and Markle, G. E. (1983). *Cigarettes: The battle over smoking.* New Brunswick, NJ: Rutgers University Press.

Tulving, E. (1983). *Elements of episodic memory.* Oxford: Clarendon Press.

Turtle, J. W., and Wells, G. L. (1988). Children versus adults as eyewitnesses: Whose testimony holds up under cross-examination? In Gruneberg et al. (Eds.), *Practical aspects of memory*. London: Wiley.

Tversky, A., and Kahneman, D. (1974). Judgment under uncertainty: Heuristics and biases. *Science, 185,* 1124–1131.

Tversky, A., and Kahneman, D. (1986). Rational choice and the framing of decisions: *Journal of Business, 59,* S251–S278.

Varela, J. A. (1971). *Psychological solutions to social problems: An introduction to social technology*. New York: Academic Press.

Vidmar, N., and Laird, N. M. (1983). Adversary social roles: Their effects on witnesses' communication of evidence and the assessments of adjudicators. *Journal of Personality and Social Psychology, 44,* 888–898.

Visher, C. A. (1987). Juror decision making: The importance of evidence. *Law and Human Behavior, 11,* 1–17.

Walster, E., and Festinger, L. (1962). The effectiveness of "overheard" persuasive communications. *Journal of Abnormal and Social Psychology, 65,* 395–402.

The Washington Post (1990). Feb. 17.

Watson, D. (1982). The actor and the observer: How are their perceptions of causality different. *Psychological Bulletin, 92,* 682–700.

Watts, W. A. (1967). Relative persistence of opinion change induced by active compared to passive participation. *Journal of Personality and Social Psychology, 5,* 4–15.

Weinstein, N. D. (1982). Unrealistic optimism about susceptibility to health problems. *Journal of Behavioral Medicine, 5,* 441–460.

Weinstein, N. D., and Lachendro, E. (1982). Egocentrism as a source of unrealistic optimism. *Personality and Social Psychology Bulletin, 8,* 195–200.

Weir, W. (1984). Another look at subliminal "facts." *Advertising Age, 46,* October 15.

Weiss, W., and Steenbock, S. (1965). The influence on communication effectiveness of explicitly urging action and policy consequences. *Journal of Experimental Social Psychology, 1,* 396–406.

Wells, G. L. (1980). Asymmetric attributions for compliance: Reward versus punishment. *Journal of Experimental Social Psychology, 16,* 47–60.

Wells, G. L., Ferguson, T. J., and Lindsay, R. C. L. (1981). The tractability of eyewitness confidence and its implications for triers of fact. *Journal of Applied Psychology, 66,* 688–696.

Wells, G. L., and Leippe, M. R. (1981). How do triers of fact infer the accuracy of eyewitness identification? Using memory for detail can be misleading. *Journal of Applied Psychology, 66,* 682–687.

Wells, G. L., Leippe, M. R., and Ostrom, T. M. (1979). Guidelines for empirically assessing the fairness of a lineup. *Law and Human Behavior, 3,* 285–293.

Wells, G. L., Lindsay, R. C. L., and Ferguson, T. J. (1979). Accuracy, confidence, and juror perceptions in eyewitness identification. *Journal of Applied Psychology, 64,* 440–448.

Wells, G. L., and Murray, D. M. (1984). Eyewitness confidence. In G. L. Wells and E. F. Loftus (Eds.), *Eyewitness testimony: Psychological perspectives*. New York: Cambridge University Press.

Wells, G. L., and Petty, R. E. (1980). The effects of overt head movements on persuasion: Compatibility and incompatibility of responses. *Basic and Applied Social Psychology, 1,* 219–230.

Wells, G. L., Wrightsman, L. S., and Miene, P. K. (1985). The timing of the defense opening statement: Don't wait until the evidence is in. *Journal of Applied Social Psychology, 15,* 758–772.

Wilson, T. D., Dunn, D. S., Kraft, D., and Lisle, D. J. (1989). Introspection, attitude change, and attitude-behavior consistency: The disruptive effects of explaining why we feel the way we do. In L. Berkowitz (Ed.), *Advances in experimental social psychology* (vol. 22, pp. 287–343). New York: Academic Press.

Wilson, T. D., and Linville, P. W. (1982). Improving the academic performance of college freshmen: Attribution therapy revisited. *Journal of Personality and Social Psychology, 42,* 367–376.

Wilson, W., and Miller, H. (1968). Repetition, order of presentation, and timing of arguments and measures as determinants of opinion change. *Journal of Personality and Social Psychology, 9,* 184–188.

Winett, R. A., Kagel, J. H., Battalio, R. C., and Winkler, R. C. (1978). Effects of monetary rebates, feedback, and information on residential electricity conservation. *Journal of Applied Psychology, 65,* 73–80.

Winett, R. A., Neale, M. S., and Grier, H. C. (1979). Effects of self-monitoring and feedback on residential electricity consumption. *Journal of Applied Behavior Analysis, 12,* 173–184.

Wolf, S., and Montgomery, D. A. (1977). Effects of inadmissible evidence and level of judicial admonishment. *Journal of Applied Social Psychology, 7,* 205–219.

Wood, W. (1982). Retrieval of attitude relevant information from memory: Effects on susceptibility to persuasion and on intrinsic motivation. *Journal of Personality and Social Psychology, 42,* 798–810.

Wood, W., Kallgren, C. A., and Priesler, R. M. (1985). Access to attitude-relevant information in memory as a determinant of persuasion: The role of message attributes. *Journal of Experimental Social Psychology, 21,* 73–85.

Wood, W., Wong, F. Y., and Chachere, J. G. (1990). Effects of media violence on viewers' aggression in unconstrained social interaction. *Psychological Bulletin,* in press.

Wrightsman, L. S. (1987). *Psychology and the legal system.* Monterey, CA: Brooks/Cole.

Wu, C., and Shaffer, D. R. (1987). Susceptibility to persuasive appeals as a function of source credibility and prior experience with attitude object. *Journal of Personality and Social Psychology, 52,* 677–688.

Yates, S. M., and Aronson, E. (1983). A social psychological perspective on energy conservation in residential buildings. *American Psychologist, 38,* 435–444.

Yukl, G., and Falbe, C. M. (1990). Influence tactics and objectives in upward, downward, and lateral influence. *Journal of Applied Psychology, 75,* 132–140.

Zajonc, R. B. (1968). Attitude effects of mere exposure. *Journal of Personality and Social Psychology Monograph, 9* (2, pt. 2).

Zajonc, R. B. (1980). Feeling and thinking: Preferences need no inferences. *American Psychologist, 35,* 151–175.

Zanna, M. P. (1990). Message receptivity: A new look at the old problem of open- vs. closed-mindedness. In A. Mitchell (Ed.), *Advertising exposure, memory, and choice*. Hillsdale, NJ: Erlbaum.

Zanna, M. P., Kiesler, C. A., and Pilkonis, P. A. (1970). Positive and negative attitudinal affect established by classical conditioning. *Journal of Personality and Social Psychology, 14*, 321–328.

Zanna, M. P., and Rempel, J. K. (1988). Attitudes: A new look at an old concept. In D. Bar-Tal and A. W. Kruglanski (Eds.), *The social psychology of knowledge*. New York: Cambridge University Press.

Ziesel, H., and Diamond, S. S. (1976). The jury selection in the Mitchell-Stans conspiracy trial. *American Bar Foundation Research Journal, 1*, 151–174.

Zillman, D., and Bryant, J. (1974). Effect of residual excitation on the motivational response to provocation and delayed aggressive behavior. *Journal of Personality and Social Psychology, 30*, 782–791.

Zimbardo, P. G. (1960). Involvement and communication discrepancy as determinants of opinion conformity. *Journal of Abnormal and Social Psychology, 60*, 86–94.

Zimbardo, P. G. (1969). *The cognitive control of motivation*. Glenview, IL: Scott, Foresman.

Zimbardo, P. G. (1971). Coercion and compliance. The psychology of police confessions. In C. Perruci and M. Pilisuk (Eds.), *The triple revolution emerging* (pp. 492–508). Boston: Little, Brown.

Zimbardo, P. G. (1977). *Shyness: What is it, what to do about it*. Reading, MA: Addison-Wesley.

Zimbardo, P. G. (1988). *Psychology and life* (12th ed.). Glenview, IL: Scott, Foresman.

Zimbardo, P. G., Weisenberg, M., Firestone, I., and Levy, B. (1965). Communicator effectiveness in producing public conformity and private attitude change. *Journal of Personality, 33*, 233–256.

Zuckerman, M., DePaulo, B., Rosenthal, R. (1981). Verbal and nonverbal communication of deception. In L. Berkowitz (Ed.), *Advances in experimental social psychology* (vol. 14, pp. 1–59). New York: Academic Press.

Zullow, H. M., Oettingen, G., Peterson, C., and Seligman, M. E. P. (1988). Pessimistic explanatory style in the historical record. *American Psychologist, 43*, 673–682.